東洋古典譯註叢書 129

譯註 歷代君鑑 4

附 索引

明 代宗 撰

책임번역 洪起殷

공동번역 全百燦

전통문화연구회

飜譯委員

企劃編輯　東洋古典飜譯編輯委員會
責任飜譯　洪起殷
共同飜譯　全百燦
索　　引　全百燦
常任原文校閱　吳圭根
飜譯硏究管理　南賢熙
潤　　文　朴勝珠
校　　訂　李孝宰
出　　版　白俊哲 李承俊
裝　　幀　김진디자인

飜譯管理

弘報管理　白漢基
普　　及　徐源英
古典情報化　東洋古典情報化硏究室

東洋古典譯註叢書를 발간하면서

우리의 古典國譯事業은 민족문화 진흥의 기초사업으로 1960년대부터 政府 支援으로 古文獻 現代化 작업을 추진하여 많은 成果를 거두었다. 당시 이 사업 추진의 先行課題로 東洋古典이라 일컬어지는 중국의 基本古典을 먼저 飜譯하여야 한다는 學界의 주장이 있었음에도 불구하고 우리 고전이 아니라는 일부의 偏狹한 視角과 財政 事情 등으로 인하여 배제되어 왔다.

전통적으로 중국의 기본고전은 우리 歷史와 함께 숨쉬며 각종 교육기관의 教科書로 활용됨은 물론이고 지식인들의 必讀書가 되어 왔으며, 우리 文化의 基底에 자리잡고 거의 모든 방면의 體系와 根幹을 형성하여 왔다. 그래서 학문연구의 기본서 역할을 해 왔을 뿐만 아니라 오늘날에도 우리의 國學徒 및 東洋學 研究者들에게 같은 역할을 하고 있음은 주지의 사실이다. 그럼에도 불구하고 中國古典은 우리 것이 아니라 하여 專門機關의 飜譯對象에 포함하지 않음으로써, 대부분 原典에서의 직접 번역이 아닌 重譯이나 拔萃譯의 방식이 주를 이루면서 教養水準으로 出版되어 왔다.

오늘날 東洋 三國 중에서 우리의 東洋學 연구가 가장 부진한 이유는, 東洋基本古典에 대한 폭넓은 이해의 부족과 漢文古典 讀解力의 저하에 기인함을 우리는 솔직히 인정하여야 한다. 따라서 이들 중국고전에 대한 신뢰할 만한 國譯이 이루어지는 것이 한국학 연구를 촉진시키는 시급한 先行課題라 할 수 있다.

이에 韓國學 및 東洋學의 연구와 古典現代化의 基盤構築을 위해서는, 전문기관으로 하여금 동양고전을 단기간에 각 분야의 專門 研究者와 漢學者가 상호 협동하여 연구번역하여 飜譯의 傳統性과 效率性, 研究의 專門性을 높일 수 있도록 政策的 配慮가 있어야 한다.

이에 本會에서는 元老 및 中堅 漢學者와 斯界의 專攻者로 하여금 協同硏究飜譯하여 공부하는 사람들이 믿고 引用하거나 깊이 있는 註釋 등을 활용할 수 있게 하고, 知識人들의 敎養을 증진시켜 줄 수 있는 東洋古典의 國譯書 간행을 지속적으로 추진해 왔다. 근래에 다행히 이 사업에 대하여 각계 지도층의 폭넓은 이해와 지원에 힘입어 2001년도부터 國庫補助를 받아 東洋古典譯註叢書를 간행하게 되었다. 이를 계기로 우리 先學의 註釋과 見解를 반영하는 등 국역사업의 內實을 기하게 되었음을 이 자리를 빌어 衷心으로 감사드리며, 아울러 國譯에 參與하신 관계자 여러분의 勞苦에 깊은 謝意를 표한다.

끝으로 우리의 이러한 작업은 오랜 역사 위에 축적된 先賢들의 業績과 現代學問을 이어주는 튼튼한 架橋와 礎石이 되어 진정한 韓國學과 東洋學 발전에 기여할 것을 굳게 믿으며, 21세기를 우리 文化의 世紀로 열어 가는 밑거름이 되도록 우리의 力量을 本 事業에 경주하고자 한다. 江湖諸賢의 부단한 관심과 지원을 기대해 마지않는다.

社團法人 傳統文化硏究會 理事長 李啓晃

凡 例

1. 본서는 ≪譯註 歷代君鑑≫의 제4책이다.

2. 본서의 底本은 明景泰四年內府刊本을 朝鮮時代에 刊印한 木版本 ≪歷代君鑑≫(奎中 1927)이며, 저본의 校勘을 위해 明景泰四年內府刊本인 중국 四庫全書存目叢書(齊魯書社, 1995)의 ≪歷代君鑑≫(中國 湖南圖書館 소장본)과 일본 內閣文庫 소장본 ≪歷代君鑑≫(287-0140, 文政 13年(1830) 刊本) 등을 참고하였다.

3. 본서는 원전의 傳統性과 번역의 現代性을 구현하기 위해 노력하였다.

4. 原文에는 우리나라 전통방식의 懸吐를 하였는데, ≪歷代君鑑≫(奎中 1927)의 懸吐를 참조하였다.

5. 原文은 저본의 圈點(○)과 論贊에 따라 단락을 구분하고 일련번호를 부여하였다. 이 중 원문의 단락이 길 경우 다시 의미 단락별로 分節하였다.

6. 飜譯은 原義에 충실하게 하되, 이해가 어려운 부분은 意譯 또는 補充譯을 하였다.

7. 飜譯文은 한글과 한자를 혼용하였으며, 맞춤법과 띄어쓰기는 한글 맞춤법과 표준어 규정을 따랐다.

8. 원문이나 번역문의 한자 중에 僻字나 讀音이 특수한 글자는 한글로 音을 달아주었다.

9. 譯註는 校勘, 人物, 制度, 官職, 역사적 사건, 인용문의 出典, 異說, 故事, 전문용어, 難解語 등에 관한 사항을 밝혔다.

10. 校勘은 원문의 誤字, 脫字, 衍文, 倒文 등을 대상으로 하였다.

11. 본서의 校勘에 사용된 符號는 다음과 같다.

( )〔 〕: (저본의 誤字)〔교감한 正字〕

〔 〕: 저본의 脫字 보충

( ): 저본의 衍字 표시

12. 본서에 사용한 주요 부호는 다음과 같다.

“ ” : 인용

‘ ’ : “ ” 안의 재인용

「 」: ‘ ’ 안의 재인용

『 』: 「 」 안의 재인용

( ) : 원문에서 讀音이 특수한 글자나 僻字의 音, 원문의 漢字나 句節 표기
번역문에서의 間註

〔 〕: 번역문의 이해를 돕기 위한 原文의 漢字나 句節, 譯註에서 인용한 원문표기

≪ ≫ : 書名

〈 〉: 篇章名, 作品名, 補充譯

目 次

≪歷代君鑑 4≫ 解說

≪歷代君鑑≫은 明나라 代宗 즉, 景泰帝(재위 1449~1457) 때 편찬된 책으로 역대 군주들의 善政과 惡政을 싣고 있다. 후대 군왕들이 이 책을 거울로 삼도록 한 것이다.

≪역대군감≫은 '본받을 만한 善政〔善可爲法〕'과 '경계할 만한 惡政〔惡可爲戒〕' 두 개의 큰 항목으로 나누어진다. '善可爲法'은 군왕들의 귀감이 될 만한 嘉言과 善行 등을 수록한 것이고, '惡可爲戒'는 임금이 타산지석으로 삼아 경계할 내용을 수록한 것이다.

≪歷代君鑑 4≫는 '惡可爲戒'의 부분으로, 漢나라에서 元나라까지 대표적 폭군이나 혼군을 다루고 있다. 우리에게도 익숙한 대표적 폭군인 漢나라 桓帝와 靈帝, 隋나라 煬帝가 포함되어 있다. 또한 西晉의 惠帝와 唐나라 高宗처럼 폭군이라 할 수는 없으나 외척을 전횡을 방조한 임금들도 들어 있다. 혜제의 경우 賈皇后의 정치 개입을 방관하여 八王의 난을, 고종의 경우 則天武后에게 권력을 빼앗겨 武周革命을 초래하였다. 반대로 北齊의 文宣帝와 南朝 宋나라 孝武帝처럼 능력 있는 인물들도 수록되어 있는데, 문선제는 前朝인 東魏의 종친들을 대거 숙청하였으며, 효무제는 자신의 황권을 확립하기 위해 종실의 인물들을 대부분 제거하였다. 이렇듯 여기에 뽑힌 군주들은 전형적인 폭군들도 있지만 특히 국가의 쇠망을 초래한 군주에 그 초점을 맞추고 있다. ≪역대군감≫은 제왕들에게 국가를 잘 다스려 종묘사직을 번창시켜야 한다고 말하는 한편 최소한 종묘사직을 무너지게 해서는 안 된다고 말하고 있는 것이다.

≪역대군감≫은 조선시대에 제왕학의 교과서로 크게 각광을 받아 우리나라에서 교정되어 판각되었으며, 經筵의 교재로 사용되었다. 이 책은 燕山君 때 ≪歷代明鑑≫과 英祖 때의 ≪歷代鑑戒抄略≫의 편찬에 영향을 주었다. 특히 영조는 이를 열독하여 〈御製歷代君鑑小識〉를 짓기도 하였다. 또한 중국보다는 우리나라와 일본에서 주로 읽혔다는 점에서 조선시대 독서 문화의 특징을 보여주는 책이기도 하다.

歷代君鑑 권38

경계할 만한 惡政　惡可爲戒

西漢

元帝

38-1-1

孝元皇帝의 이름은 奭이니, 宣帝의 太子이다. 어머니는 共哀 許皇后이다. 선제 地節 3년(B.C. 67)에 황태자로 책봉되었고, 黃龍 원년(B.C. 49) 12월에 선제가 붕어하자 황제에 즉위하였다.

孝元皇帝의 名은 奭이니 宣帝太子也라 母曰共哀許皇后라 宣帝地節三年에 立爲皇太子러니 黃龍元年十二月에 宣帝崩하니 卽皇帝位하다

38-1-2

初元 2년(B.C. 47) 봄에 史高[1]를 외가의 친속이라고 하여 尙書의 일을 겸하게 하고, 蕭望之[2]와 周堪[3]을 副官으로 삼았다. 소망지와 주감이 모두 師傅의 옛 은혜가 있어 治亂에 대해 자주 말하고 王天下의 일을 진달하고, 宗室 중에 經書에 밝고 덕행이 있는 諫大夫 劉更生[4]을 給事中으로 선발하고 侍中 金敞과 좌우에서 보좌하게

1) 史高 : ?~B.C. 43. 漢 宣帝의 조모 史良娣의 오빠 史恭의 아들이다. 선제 때 외척으로 侍中이 되고, 大司馬 霍禹의 모반을 진압하여 樂陵侯에 봉해졌다. 선제의 병이 중해지자 大司馬·車騎將軍에 임명되고 尙書의 일을 겸하였다. 선제 때 外戚으로 권력을 독점한 許伯과 함께 許史로 병칭되어 權門貴戚을 일컫는 말로 쓰인다.

2) 蕭望之 : ?~B.C. 47. 자는 長倩이다. 漢 宣帝 때 平原太守·左馮翊·御史大夫를 지냈으며, 후에 太子太傅로 遺詔를 받들어 어린 임금 元帝를 보필하였다. 劉向 등과 함께 당시에 정권을 농락하던 宦官 弘恭과 石顯 등을 제거하려다가 그 일이 누설되는 바람에 도리어 홍공 등에게 朋黨이라는 탄핵을 받아 하옥되려고 하자 독을 마시고 자결하였다.

3) 周堪 : ?~B.C. 40. 西漢 사람으로 자는 少卿이다. 夏侯勝에게 ≪今文尙書≫를 배웠고, 宣帝 때 石渠閣에서 五經을 論定하는 데에 참여하였다. 元帝가 즉위한 뒤에 光祿大夫가 되어 蕭望之와 합심하여 원제를 보좌하였는데, 石顯 등의 참소를 받아 죽었다.

하였다. 네 사람이 한마음으로 의논하여 원제에게 옛날의 제도를 따르도록 권면하고 인도하여 바로잡으려는 뜻이 많으니, 원제가 심히 신뢰하여 그들의 말을 받아들였는데, 사고는 자리만 차지하고 있을 뿐이었다. 이 때문에 소망지와 틈이 생기게 되었다.

中書令 弘恭[5]과 僕射 石顯[6]이 宣帝 때부터 오랫동안 樞機를 담당하고 있었는데, 원제가 즉위하여 병이 많았다. 석현은 宦官으로서 외부의 당파가 없다고 하여 마침내 정사를 그에게 맡기고서 크고 작은 일 가릴 것 없이 모두 석현을 통해서 上奏되고 결재되니 온 조정에서 가장 존귀하고 총애를 받으므로 百僚가 모두 석현을 공경하여 떠받들었다. 석현의 됨됨이는 영리하고 일에 익숙하여 능히 임금의 은미한 뜻을 잘 알아내고, 속은 음험하고 궤변을 잘하여 사람을 中傷하였다. 비위에 거슬리거나 작은 원한이 있는 자에게 번번이 작은 죄를 씌우고, 사고와 한통속이 되어 논의할 때 항상 故事를 빙자하고 소망지 등을 따르지 않았다. 소망지 등이 許伯[7]과 史高가 방종하는 것을 싫어하였고, 또 弘恭과 石顯이 권력을 제멋대로 휘두르는 것을 미워하여 건의하기를, "中書는 정사의 근본이고 국가의 樞機이니 통명하고 공정한 자를 임명해야 합니다. 武帝께서 後庭에서 연회를 베풀었기 때문에 환관을 기용한 것이니, 이는 옛날의 제도가 아닙니다. 중서의 환관을 혁파하여 옛날에 형벌을 받은 사람을 가까이 두지 않았던 뜻[8]을 따라야 합니다." 하였다.

---

4) 劉更生 : B.C. 77~B.C. 6. 劉向의 본명이다. 중국 前漢의 경학자로, 자는 子政이다. 漢 高祖 劉邦의 이복동생 劉交의 4세손이며 劉歆의 아버지이다. 宣帝 때 名儒로 선발되어 石渠閣에서 五經을 강의하였으며, 흩어져 있던 先秦時代의 古籍을 수집하여 직접 교감·분류하고 大意를 기록하여 ≪別錄≫을 만듦으로써 중국 목록학의 鼻祖가 되었다. 춘추전국시대부터 漢나라에 이르기까지 사람들의 언행을 분류하여 ≪新序≫와 ≪說苑≫을 편찬하고, ≪詩經≫과 ≪書經≫에 나타난 여인들 중 모범과 경계로 삼을 만한 사례를 모아 ≪列女傳≫을 저술하였다. 그 밖에 ≪洪範五行傳≫·≪列仙傳≫·≪戰國策≫ 등을 저술하였다.

5) 弘恭 : ?~B.C. 47. 西漢 沛縣 사람으로, 어려서 죄를 지어 腐刑을 받고 中黃門이 되어 中尙書에 선발되었고, 宣帝 때에 中書令에 임명되었다. 법령과 故事에 밝고 奏請을 잘하여 신임을 얻었다. 元帝가 즉위하자 石顯과 함께 총애를 받아 蕭望之 등을 참소하여 죽였다.

6) 石顯 : ?~B.C. 32. 西漢 齊南 사람으로, 자는 君房이다. 어려서 죄를 지어 腐刑을 받고 中黃門이 되었다. 宣帝 때에 中書僕射가 되었고, 元帝가 즉위하자 弘恭을 대신하여 中書令이 되었다. 원제가 병이 들자 政事를 모두 석현이 결정하여 권세가 높았으며, 蕭望之·賈捐之·京房·張猛 등을 참소하여 죽였다. 成帝가 즉위하자 권세를 잃고 면직되어 고향으로 돌아가던 길에 病死하였다.

7) 許伯 : ?~B.C. 61. 西漢 宣帝의 皇后 許氏의 아버지이자 元帝의 외조부이다. 이름은 許廣漢이다. 선제가 즉위하여 昌成君에 봉해졌다가 地節 3년(B.C. 67)에 平恩侯에 봉해졌다.

8) 옛날에……뜻 : ≪禮記≫ 〈曲禮 上〉에 "형벌을 받은 사람을 임금 곁에 두지 않는다.〔刑人不在君

○ 初元二年春에 史高以外屬으로 領尙書事하고 蕭望之周堪으로 爲之副하다 望之堪이 皆以師傅舊恩으로 數言治亂하고 陳王事하고 選白宗室明經有行諫大夫更生給事中하야 與侍中金敞으로 竝拾遺左右하니 四人同心謀議하야 勸導上以古制하야 多所欲匡正하니 上甚嚮納之라 史高는 充位而已니 由此로 與望之有隙이러라 中書令弘恭僕射石顯이 自宣帝時로 久典樞機러니 帝卽位에 多疾이라 以顯이 中人無外黨이라하야 遂委以政하고 事無大小히 因顯白決하니 貴幸傾朝하야 百僚皆敬事顯이러라 顯爲人이 巧慧習事하야 能深得人主微指하고 內深賊持詭辯하야 以中傷人하니 忤恨睚眦를 輒被以微法하고 與高爲表裏하야 論議常持故事하고 不從望之等하니 望之等이 患苦許史放縱하고 又疾恭顯擅權하야 建白以爲中書政本이요 國家樞機니 宜以通明公正處之라 武帝游宴後庭故로 用宦者하니 非古制也라 宜罷中書宦官하야 應古不近刑人之義니이다

원제가 처음 즉위해서는 겸양하여 고치는 것을 신중하게 하여 의논이 오래도록 정해지지 않았다. 유갱생을 내보내어 宗正으로 삼으니, 소망지와 주감이 名儒를 자주 천거하여 諫官으로 삼았다. 鄭朋[9)]이 은밀히 소망지에게 붙으려고 상소하여 사고가 간사하게 이익을 취한 사실과 許伯과 사고의 자제들의 죄과를 말해서 그 소장을 주감에게 보이니, 주감이 아뢰어 정붕에게 金馬門에서 待詔[10)]하게 하였다. 소망지가 처음에 정붕을 보고 성의껏 대하였는데, 후에 그가 사특한 사람이라는 것을 알고는 단절하고 교통하지 않자 정붕이 원한을 품고 다시 허백과 사고의 당에 들어가기를 구해서 자기가 허백과 사고에 대해 말한 일을 미루어서 "모두 주감과 유갱생이 나에게 시킨 일이다."라고 하였다. 待詔인 華龍이 주감 등의 당에 들어가려고 하였으나 행실이 더러워 주감 등이 받아주지 않자 그 또한 정붕과 결탁하였다. 홍공과 석현이 두 사람으로 하여금 소망지 등이 상소하여 허백과 사고를 물러나게 하려고 하는 정황을 고하게 하고, 소망지가 쉬는 날을 기다려 상주하게 하였다.

원제가 이 일을 홍공에게 내려 실상을 물으니, 소망지가 대답하기를, "외척이 관

側]"라고 하였고, ≪春秋公羊傳≫ 襄公 29년 조에 "군자는 형벌을 받은 사람을 가까이하지 않는 것이니, 형벌 받은 사람을 가까이하는 것은 죽음을 가볍게 여기는 도이다.[君子不近刑人 近刑人則輕死之道也]"라고 한 말을 가리킨다.

9) 鄭朋 : 西漢 宣帝와 元帝 때 인물이다.

10) 金馬門에서 待詔 : ≪漢書≫에 "太常에서 公孫弘의 對策文을 하등으로 평가하여 올리자 武帝가 제일등으로 뽑았고, 공손홍을 만나보고 그의 용모가 미려하므로 박사로 삼아 金馬門에서 待詔케 하였다."라고 하였는데, 금마문에서 대조하는 것은 漢나라 제도에서 徵士 중에 우수한 사람은 금마문에서 대조하면서 천자의 顧問에 응하도록 한 것을 가리킨다.(≪漢書≫ 권58 〈公孫弘傳〉)

직에 있으면서 사치하고 음란한 일이 많으므로 국가를 바로잡으려고 했던 것이지 사특한 일을 한 것이 아닙니다."라고 하였다. 홍공과 석현이 아뢰기를, "소망지와 주감과 유갱생이 붕당을 만들어 서로 치켜세우고 대신을 자주 참소하고 〈황제의〉 친척을 헐뜯고 이간하여 권세를 독차지하려고 하니, 신하가 되어 충성하지 않고 임금을 무도하게 기망합니다. 謁者를 시켜 廷尉[11]에게 초치해야 합니다." 하였다.

이때 원제가 막 즉위하여 정위에게 초치하는 것이 下獄이라는 것을 몰라서 그 주청을 허락하였다. 그 후에 원제가 주감과 유갱생을 부르니, 옥에 갇혀 있다고 하였다. 원제가 크게 놀라 이르기를, "정위가 묻기만 한 것이 아니었는가?" 하고, 홍공과 석현을 꾸짖으니 모두 머리를 조아리고 사죄하였다. 원제가 이르기를, "나와서 업무를 보게 하라." 하였다. 홍공과 석현이 사고를 시켜 말하기를, "상께서 막 즉위하여 德化로 천하에 소문나지 않고 먼저 師傅를 조사하여 이미 하옥시켰으니, 의당 이 일로 인하여 파면시켜야 합니다." 하였다. 이에 소망지의 죄를 사면하고 印綬를 거두어들이고 주감과 유갱생과 함께 모두 파면하여 庶人으로 삼았다.

上初卽位하야 謙讓重改作하야 議久不定이러니 出更生爲宗正하니 望之堪이 數薦名儒하야 以備諫官이라 鄭朋陰欲附望之하야 上疏言高爲姦利와 及許史子弟罪過하야 章視周堪한대 堪白令朋으로 待詔金馬門이라 望之始見朋하고 接待以意러니 後知其傾邪하고 絶不與通한대 朋怨恨하야 更求入許史하야 推所言事曰 皆堪更生敎我러라 待詔華龍이 行汙穢하야 欲入堪等하니 堪等不納이라 亦與朋相結이러라 恭顯이 令二人告望之等欲疏退許史狀하고 候望之出沐日하야 上之하니 事下弘恭問狀한대 望之對曰 外戚在位하야 多奢淫하니 欲以匡正國家요 非爲邪也니이다 恭顯奏望之堪更生이 朋黨相稱擧하고 數譖訴大臣하고 毁離親戚하야 欲以專擅權勢하니 爲臣不忠하고 誣上不道라 請謁者하야 召致廷尉하노이다 時에 上初卽位하야 不省召致廷尉爲下獄也라 可其奏러니 後上召堪更生한대 曰 繫獄이니이다 上大驚曰 非但廷尉問邪아 以責恭顯하니 皆叩頭謝라 上曰 令出視事하라 恭顯使高言 上新卽位하야 未以德化聞於天下하고 而先驗師傅하야 旣下獄하니 宜因決免이니이다 於是에 赦望之罪하고 收印綬하고 及堪更生으로 皆免爲庶人하다

7월에 이르러 원제가 다시 주감과 유갱생을 불러서 諫大夫로 삼으려고 하였는데 홍공과 석현이 아뢰어 中郎으로 삼았다. 원제가 계속 소망지를 몹시 중시하여 재상

11) 廷尉 : 秦나라 때 처음 설치된 刑獄을 관장하는 官名으로, 九卿 중 하나이다. 漢나라 초에는 그대로 따르다가 景帝 때 大理로 개칭하였고, 武帝 때 다시 廷尉라고 칭하였다. 東漢 이후에는 廷尉, 大理, 廷尉卿, 大理寺卿 등으로 칭하였다.

으로 삼으려고 하니, 홍공과 석현과 허사와 사고가 모두 흘겨보았다. 유갱생이 이에 그 外親을 시켜 변고를 아뢰게 하여 말하기를, "地震은 아마도 홍공 등 때문일 것이니, 홍공과 석현을 물리쳐서 善人을 가린 죄를 드러내고 소망지 등을 등용하여 현자가 벼슬에 나오는 길을 열어야 합니다." 하였다. 홍공과 석현이 유갱생의 소행이라고 의심하여 간사한 행위를 조사하겠다고 아뢰어 청하였는데, 유갱생이 자복하였으므로 마침내 체포하여 옥에 가두고 파면하여 서인으로 삼았다.

이때 소망지의 아들 蕭伋 또한 上書하여 소망지의 지난 일을 호소하니 그 일을 有司에게 내려 조사하게 하였다. 〈홍공과 석현이〉 다시 아뢰기를, "소망지가 아들을 시켜서 상서하였으니, 대신의 체모를 잃었습니다. 불경스러우니 체포하소서." 하였다. 홍공과 석현 등은 소망지가 평소에 절개가 높아서 굴욕을 당하지 않으리라는 것을 알고 진달하기를, "소망지가 전에 요행히 죄를 입지 않아서 다시 爵邑을 하사하였는데, 허물을 뉘우치고 죄를 자복하지 않고서 원망하는 마음을 깊이 품어 스스로 師傅임을 빙자하고 끝내 반드시 굽히지 않을 것이니, 소망지를 감옥에 가두어 굴욕을 주어서 그 불만을 품은 마음을 막지 않으면 聖朝에서 두터운 은혜를 베풀 수 없을 것입니다." 하였다. 원제가 이르기를, "태부는 평소에 강직한 사람인데 어찌 옥리에게 나아가려고 하겠는가?" 하니, 석현 등이 말하기를, "人命은 지극히 중요하고, 소망지가 범한 것은 말을 잘못한 작은 죄이니, 결코 근심할 것이 없습니다." 하였다. 원제가 이에 그 상주 내용을 허락하였다.

석현 등이 알자에게 명하여 소망지를 부르게 하고, 執金吾의 車騎를 급히 보내서 달려가 소망지의 집을 포위하게 하였다. 소망지가 하늘을 우러러 탄식하기를, "내가 일찍이 將相의 지위에 올랐고 나이가 60세가 넘었다. 늙어서 뇌옥에 들어가서 구차하게 살기를 구하는 것 또한 추하지 않겠는가." 하고, 독을 마시고 자살하였다. 천자가 듣고서 놀라 손뼉을 치고 이르기를, "지난날 그가 뇌옥에 들어가지 않을 것이라고 참으로 의심했더니 과연 나의 어진 사부를 죽였구나." 하고, 음식을 물리고 눈물을 흘리니 슬픔이 좌우 신하들을 감동시켰다. 석현들을 불러 상세히 의논하지 않은 것을 꾸짖으니, 모두 冠을 벗고서 사죄하여 한참 뒤에야 그쳤다. 원제가 소망지를 잊지 않고 추념하여 歲時 때면 使者를 보내 그 무덤에 제사 지냈는데 원제가 죽을 때까지 계속하였다.

至七月에 上復徵堪更生하야 欲以爲諫大夫한대 恭顯白以爲中郎하니 上器重望之不已하야 欲倚

以爲相하니 恭顯許史皆側目이러라 更生乃使其外親으로 上變事하야 言地震殆爲恭等이니 宜退恭顯하야 以章蔽善之罰하고 進望之等하야 以通賢者之路니이다 恭顯疑其更生所爲하야 白請考姦詐하니 辭服이라 遂逮繫獄하야 免爲庶人하다 會에 望之子伋이 亦上書訟望之前事하니 事下有司라 復奏望之教子上書하니 失大臣體라 不敬하니 請逮捕하노이다 恭顯等知望之素高節不詘辱하고 建白望之前幸不坐하야 復賜爵邑이어늘 不悔過服罪하고 深懷怨望하야 自以託師傅하고 終必不坐하니 非頗屈望之於牢獄하야 塞其怏怏心이면 則聖朝無以施恩厚니이다 上曰 太傅素剛하니 安肯就吏리오 顯等曰 人命至重하고 望之所坐는 語言薄罪니 必無所憂니이다 上乃可其奏하니 顯等令謁者召望之하고 因急發執金吾車騎하야 馳圍其第한대 望之仰天歎曰 吾嘗備位將相하고 年踰六十矣라 老入牢獄하야 苟求生活이 不亦鄙乎아 飮鴆自殺하니 天子聞之하고 驚拊手曰 曩固疑其不就牢獄이러니 果然殺吾賢傅라하고 卻食涕泣하니 哀動左右라 召顯等責問以議不詳한대 皆免冠謝하야 良久然後已러니 上追念望之不忘하야 每歲時에 遣使者하야 祠祭其冢하야 終帝之世하다

38-1-3

宋나라 학자 司馬光[12]이 다음과 같이 말였다.

"심하도다. 孝元帝가 속이기는 쉽고 깨우치기는 어려움이여. 홍공과 석현의 간사한 말과 간교한 계책은 참으로 변별해낼 수 없는 점이 있지만, 소망지가 자살한 것에 이르러서는 홍공과 석현이 임금을 속인 것 또한 분명하다. 중간 수준의 지혜를 가진 임금이라도 누군들 감동하고 분발하여 간사한 신하의 죄를 처벌하지 않겠는가. 그런데 효원제는 그렇지 않아서 비록 눈물을 흘리고 음식을 먹지 않으면서 소망지의 죽음을 슬퍼하였으나 끝내 홍공과 석현을 처벌하지 않고 겨우 冠을 벗고 사죄하는 데에 그쳤다. 이렇게 한다면 姦臣들이 무엇을 경계하겠는가. 이것이 홍공과 석현으로 하여금 그 邪心을 마음대로 부려서 거리낄 것이 없게 만든 것이다."

宋儒司馬光曰 甚矣라 孝元之易欺而難寤也여 夫恭顯之邪說詭計 誠有所不能辯也어니와 至於望之自殺은 則恭顯之欺亦明矣라 在中智之君이라도 孰不感動奮發하야 以底邪臣之罰이리오 孝元則不然하야 雖涕泣不食하야 以傷望之나 而終不能誅恭顯하야 纔得其免冠謝而已니 如此則姦臣

12) 司馬光 : 1019~1086. 宋나라 학자이자 정치가로, 자는 君實이며, 호는 迂夫 또는 迂叟이고, 시호는 文正이다. 涑水先生이라고도 하며, 죽은 뒤 溫國公에 봉해졌으므로 司馬溫公이라고도 한다. 神宗이 王安石을 발탁하여 新法을 단행하게 하자, 이에 반대하여 새로 임명된 樞密副使를 사퇴하고 지방으로 나갔다. 신종이 죽은 뒤 중앙에 복귀하여 정권을 담당하였다. 저서에 《資治通鑑》, 《涑水紀聞》, 《司馬文正公集》 등이 있다.

安所懲乎아 是使恭顯得肆其邪心하야 而無復忌憚者也니라

38-1-4

建昭 2년(B.C. 37) 가을에 魏郡太守 京房[13]을 죽였다.

경방이 焦延壽[14]에게 ≪易≫을 배웠는데, 초연수가 항상 말하기를, "나의 道를 얻어서 몸을 망칠 사람은 京生이다." 하였다. 그의 설은 災變에 장기를 가지고 있었다. 孝廉으로 郎이 되어 여러 차례 災異를 말하였는데 그 말이 들어맞으니 천자가 기뻐하여 자주 불러서 물었다. 이때 石顯이 권세를 쥐고 五鹿充宗[15]이 尙書令이 되어 권세를 부렸다.

○ 建昭二年秋에 殺魏郡太守京房하다 房學易於焦延壽러니 延壽常曰 得我道以亡身者는 京生也라하더라 其說長於災變이라 以孝廉爲郎하야 屢言災異有驗하니 天子說(열)之하야 數召見問하다 時石顯專權하고 五鹿充宗爲尙書令用事라

경방이 일찍이 원제가 한가할 때에 불려갔는데, 경방이 원제에게 묻기를, "幽王과 厲王이 무엇 때문에 위태로워졌으며, 임용한 사람은 어떤 사람입니까?" 하니, 원제가 대답하기를, "임금이 밝지 못하고 임용한 자는 간교한 자들이었다." 하였다. 경방이 말하기를, "그들이 간교하다는 것을 알고도 임용했습니까, 아니면 어질다고 여겼

---

13) 京房 : B.C. 77~B.C. 37. 자는 君明으로 漢나라 頓丘 사람이며, 본래의 성은 李氏였는데 스스로 京氏로 고쳤다. 今文易學인 京氏易學의 창시자로 焦延壽에게서 易學을 배워 東海의 殷嘉와 河東의 姚平과 河南의 乘弘에게 전수하였는데, 모두 郎과 博士가 되었다. 이로 말미암아 京氏易이 있게 되었다. 경방의 역학은 '通變'으로 ≪易≫을 풀이하고 災異를 위주로 강론하였는데, 그의 易法은 64괘 가운데 60괘를 1년 365일과 4분의 1에 적용시켜 易占을 행하는 방식이었다. 또 정밀한 예언을 위하여 律管候氣法을 자신의 역법과 결합시키고자 절대적 音律論으로 내려온 12律을 60율로 확대하였다. 元帝 때 孝廉으로 천거되어 郎이 되었고, 여러 차례 글을 올려 災異에 대해 말했는데 자주 적중하였다. 환관 石顯과 다른 계파의 역학자인 五鹿充宗의 미움을 받아 魏郡太守로 쫓겨난 뒤에 하옥되어 죽었다. 저서로는 象數易을 체계화한 ≪京氏易傳≫ 등이 있다.

14) 焦延壽 : 西漢 梁 사람으로, 자는 贛이다. 일설에는 이름이 贛이고 자가 延壽라고 한다. 학문을 좋아하여 梁王의 총애를 받았다. 학문이 완성되자 郡吏가 되었고, 小黃令에 임명되었다. 일찍이 孟喜에게 ≪易≫을 배워 京房에게 전수하였다. 저서에 ≪易林≫이 있다.

15) 五鹿充宗 : 西漢 사람으로, 자는 君孟이다. ≪梁丘易≫을 잘하였다. 元帝 때에 尙書令이 되고 小府에까지 올랐다. 원제가 여러 易家들과 논란하게 하였는데, 儒者들 중에 그에게 맞서는 자가 없었으나 朱雲이 그를 꺾었다고 한다. 환관 石顯과 黨友가 되어 지위가 높아지고 임금의 총애를 받았는데, 成帝 초년에 석현이 免官되자 그도 강등되어 玄菟太守가 되었다.

습니까?" 하니, 원제가 대답하기를, "어질다고 여긴 것이다." 하였다. 경방이 말하기를, "그렇다면 오늘날 그들이 어질지 않다는 것을 어떻게 아십니까?" 하니, 원제가 대답하기를, "그 시대가 어지럽고 임금이 위태로웠던 것으로 알 수 있다." 하였다. 경방이 말하기를, "이처럼 어진 이를 임용하면 반드시 다스려지고 불초한 자를 임용하면 반드시 어지러워지는 것은 필연의 도리입니다. 유왕과 여왕은 어찌하여 깨달아서 다시 어진 이를 구하지 않고 어찌하여 끝내 불초한 자를 임용하여 이 지경에 이른 것입니까?" 하니, 원제가 대답하기를, "어지러운 시절의 임금은 각각 그 신하를 어질게 여기니, 그들로 하여금 모두 깨닫게 한다면 천하에 어찌 위태롭고 망한 임금이 있겠는가." 하였다.

경방이 말하기를, "齊 桓公과 秦나라 二世 또한 일찍이 이 임금들의 얘기를 듣고 그르게 여기고 비웃었습니다. 그렇다면 豎刁[16]와 趙高[17]를 임용하여 정치가 날로 어지러워지고 도적이 온 산에 가득하였는데 어찌하여 유왕과 여왕으로 미루어 생각하여 깨닫지 못하였습니까?" 하니, 원제가 대답하기를, "道를 깨달은 자라야 능히 과거의 일을 가지고 미래를 알 수 있다." 하였다. 경방이 冠을 벗고 머리를 조아리고 말하기를, "≪春秋≫에 242년 동안의 災異를 기록하여 萬世의 임금에게 보였는데, 오늘날 폐하께서 즉위하신 이래로 해와 달이 밝음을 잃고, 별들이 逆行하고, 산이 무너지고 샘물은 분출하고, 지진이 나고 운석이 떨어지고, 여름에 서리가 내리고 겨울에 우레가 치고, 봄에 초목이 시들고 가을에 무성하고, 수재와 한재가 일어나고 메뚜기가 창궐하고, 백성들이 굶주리고 역병이 돌고, 도적을 금하지 않고, 형벌을 받은 사람이 저자에 가득하여, ≪춘추≫에 기록된 재이가 대략 갖추어져 있으니, 폐하께서는 지금을 치세라고 여기십니까, 난세라고 여기십니까?" 하니, 원제가 대답하기를, "또한 극도의 난세이니 무엇을 더 말하겠는가." 하였다.

경방이 말하기를, "오늘날 임용한 사람이 누구입니까?" 하니, 원제가 대답하기를,

16) 豎刁 : 춘추시대 齊나라 桓公 때 총애를 받기 위하여 자진해서 宮刑을 가했던 환관이다. 환공이 嫡嗣가 없이 죽자 수조가 易牙와 함께 백관들을 죽이고 公子 无詭를 임금으로 세웠는데, 이에 庶子인 여러 公子들이 서로 권력 쟁탈전을 벌인 소위 五公子의 난이 일어나면서 제나라를 내란에 휩싸이게 하였다.(≪春秋左氏傳≫ 僖公 17년, ≪史記≫ 권32 〈齊太公世家〉)

17) 趙高 : ?~B.C. 207. 중국 전국시대 말기부터 秦나라 시대까지 살았던 환관이자 정치가이다. 秦 始皇이 죽은 뒤에는 奸計를 써서 丞相 李斯와 짜고 詔書를 고쳐 진 시황의 長子인 扶蘇를 죽이고, 次子인 胡亥를 二世皇帝로 삼아 자신이 승상이 되었다. 그 후 다시 이세황제마저 죽이고는 부소의 아들 子嬰을 옹립한 후 또다시 자영을 죽이려고 했으나, 자영이 앞질러 그의 三族을 멸하였다. 중국 역사상 최악의 환관이라는 평가를 받는 인물이다.

"그렇기는 하지만 다행히 그들이 수조나 조고보다는 낫고, 또 이 사람들에게 책임이 있지 않다고 생각한다." 하였다. 경방이 말하기를, "지난 세대의 임금들 또한 모두 그러했으니, 신은 훗날에 오늘날을 보는 것이 오늘날에 옛날을 보는 것과 같을까 염려됩니다." 하였다. 원제가 한참 있다가 말하기를, "오늘날 나라를 어지럽히는 자가 누구인가?" 하니, 경방이 대답하기를, "임금께서 스스로 아실 것입니다." 하니, 원제가 말하기를, "모르겠다. 만약 안다면 무엇 때문에 임용했겠는가." 하였다. 경방이 말하기를, "폐하께서 가장 신임하여 함께 帷幄 안에서 일을 도모하여 천하의 선비들을 등용하고 물리치는 자입니다." 하고, 경방이 석현을 지목하니, 원제 또한 알고 있었기 때문에 경방에게 말하기를, "이미 알고 있다." 하였다.

경방이 罷黜된 뒤에 원제 또한 석현을 내치지 못하였다.

房嘗宴見(현)할새 問上曰 幽厲之君이 何以危며 所任者 何人也잇고 上曰 君不明而所任者巧佞이니라 房曰 知其巧佞而用之邪잇가 將以爲賢也잇가 上曰 賢之니라 房曰 然則今何以知其不賢也잇고 上曰 以其時亂而君危로 知之니라 房曰 若是任賢必治하고 任不肖必亂은 必然之道也라 幽厲何以不覺悟而更求賢하고 曷爲卒任不肖하야 以至於是잇고 上曰 臨亂之君이 各賢其臣하니 令皆覺悟면 天下安得危亡之君이리오 房曰 齊桓公秦二世 亦嘗聞此君而非笑之나 然則任豎刁趙高하야 政治日亂하고 盜賊滿山이어늘 何不以幽厲卜之而覺悟乎잇고 上曰 唯有道者야 能以往知來耳니라 房因免冠頓首曰 春秋에 紀二百四十二年灾異하야 以示萬世之君이어늘 今陛下卽位以來로 日月失明하고 星辰逆行하고 山崩泉湧하고 地震石隕하고 夏霜冬雷하고 春凋秋榮하고 水旱螟蟲하고 民人饑疫하고 盜賊不禁하고 刑人滿市하야 春秋所記災異略備하니 陛下視今을 爲治邪亂邪아 上曰 亦極亂耳라 尙何道리오 房曰 今所任用者誰與잇가 上曰 然이나 幸其愈於彼요 又以爲不在此人也라하노라 房曰 夫前世之君은 亦皆然矣니 臣恐後之視今이 猶今之視昔也일가하노이다 上良久乃曰 今爲亂者 誰哉오 房曰 人主宜自知之니이다 上曰 不知也로라 如知면 何故用之리오 房曰 上最所信任與圖事帷幄之中하여 進退天下之士者是矣니이다 房指謂石顯하니 上亦知之라 謂房曰 已喩로라 房罷出後에 上亦不能退顯也러라

원제가 경방에게 제자 중에서 공적을 채점하여 관리를 고과하는 일에 밝은 사람을 올리게 하여 임용하려고 하니 경방이 中郎 任良과 姚平[18]을 올리고 말하기를, "이들을 刺史로 삼아 考功法을 시험하시고, 신은 殿中에 들어가 일을 아뢰어 막히는

18) 姚平 : 西漢 河東 사람이다. 京房에게 ≪易≫을 배웠다. 벼슬은 郎, 博士를 지냈다.

것을 방비하기를 원합니다." 하였다. 석현과 五鹿充宗이 경방을 미워해서 멀리 내보내려고 하여 건의하기를, "경방을 魏郡太守로 삼아 고공법으로 郡을 다스릴 수 있게 하소서." 하였다. 경방이 떠나서 新豐에 이르러 封事를 올리고 陝에 이르러 또 말하기를, "정책을 논하는 자들이 신을 폐하와 단절시키려고 하는데 폐하께서 들어주시니, 이것이 바로 蒙氣가 풀리지 않고 태양이 빛을 잃은 이유입니다. 폐하께서는 신을 조정에 돌아오게 하는 것을 어렵게 여기지 말고 하늘의 뜻을 거역하는 것을 쉽게 여기지 마소서." 하였다. 경방이 떠난 지 한 달여 만에 마침내 불러서 하옥시켰다.

처음에 淮陽憲王의 외삼촌 張博이 교활하고 품행이 바르지 않았는데 경방에게 배우고 나서는 자기의 딸을 경방에게 시집보냈다. 경방이 원제를 알현하고 나오면 그때마다 장박에게 원제와 대화한 말을 얘기하니, 장박이 이로 인하여 경방이 말한 은밀한 말을 기록해두었는데, 경방에게 회양헌왕을 위해서 入朝하기를 구하는 奏文의 초고를 짓게 하고, 은밀한 말을 기록한 것과 주문의 초고를 모두 편지에 붙여 회양헌왕에게 주어서 증빙거리로 삼았다. 석현이 그 사실을 알고, 경방과 장박이 천자를 비방하고 제후왕을 그르친다고 고하여 모두 하옥시켜 棄市하고 처자는 徙邊하였다.

원제의 재위 기간은 16년이고, 향년은 42세였다.

上令房으로 上弟子曉知考功課吏事者하야 欲試用之한대 房上中郎任良姚平하야 願以爲刺史하야 試考功法하고 臣得通籍殿中하야 爲奏事以防壅塞하노이다 顯充宗이 疾房欲遠之하야 建言以房爲魏郡太守하야 得以考功法治郡하다 房去至新豐하야 上封事하고 至陝하야 又言議者欲隔絶臣而陛下聽之하시니 此蒙氣所以不解而太陽無色者也라 唯陛下毋難還臣而易逆天意하소서 房去月餘에 竟徵下獄하다 初에 淮陽憲王舅張博이 傾巧無行이러니 從房學하고 以女妻房한대 房每朝見退에 輒爲博道其語하니 博因記房所說密語러니 令房爲王作求朝奏草하고 皆持柬與王하야 以爲信驗하니 顯知之하고 告房博非謗天子하고 詿誤諸侯王이라하야 皆下獄棄市하고 妻子徙邊하다 帝在位十六年이요 享年四十二라

38-1-5

史臣 班彪[19]가 다음과 같이 논하였다.

19) 班彪 : 東漢 때 사람으로, 자는 叔皮이다. 처음에는 隗囂를 따르면서 《王命論》을 지어 漢나라 황실을 부흥시켜야 한다고 하였으나, 외효가 깨닫지 못하자, 외효를 떠나 竇融을 따르면서 두융으로 하여금 光武帝를 섬기게 하였다. 역사 찬술에 뜻을 두어 《漢書》를 저술하였으

"원제는 관대하고 공손하고 검소하였으며, 어려서 儒學을 좋아하였는데, 즉위해서는 儒生을 불러서 등용하여 정치를 맡겼으니, 貢禹[20]·薛廣德[21]·韋玄成[22]·匡衡[23]이 번갈아 재상이 되었다. 그러나 원제가 문장의 뜻에만 얽매여 우유부단하였으니, 효선제의 왕업이 쇠퇴하게 되었다."

史臣班彪論曰 元帝寬弘恭儉하고 少而好儒러니 及即位에 徵用儒生하야 委之以政하니 貢薛韋匡이 迭爲宰相이나 而上牽制文義하야 優游不斷하니 孝宣之業이 衰焉하다

成帝

38-2-1

孝成皇帝의 이름은 鷔이니 元帝의 태자이다. 어머니는 王皇后이다. 원제 初元 2년(B.C. 47) 여름 4월에 황태자로 책봉했는데, 竟寧 원년(B.C. 33) 5월에 원제가 붕어하자 6월에 황제에 즉위하였다.

孝成皇帝의 名은 鷔니 元帝太子也라 母曰王皇后라 元帝初元二年夏四月에 立爲皇太子러니 竟寧元年五月에 元帝崩하니 六月에 即皇帝位하다

나 이루지 못하고 죽었는데, 그의 아들인 班固와 딸 班昭에 의해 완성되었다.

20) 貢禹 : B.C. 124~B.C. 44. 西漢 琅琊 사람으로, 자는 少翁이다. 經學에 밝고 행실이 깨끗하여 宣帝의 부름을 받아 博士가 되었다. 다시 賢良으로 천거되었으나 일 때문에 관직을 그만두었다. 元帝 때에 諫議大夫·光祿大夫를 지냈다.

21) 薛廣德 : 西漢 沛郡 相 사람으로, 자는 長卿이다. 蕭望之의 추천에 의해 博士가 되었다. 諫議大夫·長信少府·御史大夫를 역임하였다. 元帝가 宗廟에 제사를 지내려 하면서 樓船을 타고 가려고 하자, 황제 앞에 나가 말하기를, "마땅히 다리〔橋〕를 이용해야 합니다. 폐하께서 신의 말을 듣지 않으시면 신은 스스로 자결하여 피로써 수레의 바퀴를 더럽히게 될 것이니, 폐하께서는 종묘에 들어갈 수가 없게 될 것입니다."라고 하였다.

22) 韋玄成 : ?~B.C. 36. 西漢 魯國 鄒 사람으로, 자는 少翁이다. 韋賢의 막내아들로, 明經으로 발탁되어 벼슬이 丞相에 이르렀다.

23) 匡衡 : 西漢 東海 사람으로, 자는 稚圭이다. 后蒼에게 ≪齊詩≫를 배워 ≪詩≫의 해설을 잘하였다. 宣帝 때 과거에 급제하여 太常掌故가 되었고, 元帝 때에 郎中·博士·給事中을 거쳐 光祿勳·御史大夫·丞相을 역임하고 樂安侯에 봉해졌는데, 石顯을 두려워하여 그의 뜻을 어기지 못하였다. 成帝 建始 3년(B.C. 30)에 封國의 田稅를 많이 거두었다는 죄로 파면되어 庶人이 되었다.

38-2-2

陽朔 원년(B.C. 24) 겨울이다. 이때에 대장군 王鳳[24]이 권세를 부리니 성제가 겸양하여 자기의 뜻대로 하는 것이 없었다. 좌우에서 일찍이 劉向의 작은 아들 劉歆[25]을 천거하니 성제가 불러서 보고 기뻐하여 그를 中常侍로 삼으려고 하였다. 그리하여 불러서 관복을 입히고 벼슬을 제수하려고 하는데 좌우가 모두 말하기를, "대장군에게 아직 알리지 않았습니다." 하였다. 성제가 말하기를, "이것은 작은 일이니 군이 대장군에게 알릴 필요가 있겠는가." 하였는데, 좌우가 머리를 조아리고 간쟁하였다. 성제가 이에 왕봉에게 말하였는데, 왕봉이 불가하다고 하니 마침내 중지하였다.

○ 陽朔元年冬이라 時大將軍王鳳用事하니 上謙讓無所顓이라 左右嘗薦劉向少子歆한대 召見說(열)之하야 欲以爲中常侍하야 召取衣冠하야 臨當拜러니 左右皆曰 未曉大將軍이라한대 上曰 此小事니 何須關大將軍이리오 左右叩頭爭之한대 上於是語鳳하니 鳳以爲不可라한대 乃止하다

五侯擅權

이때 성제가 後嗣가 없고 몸이 항상 편치 못하였는데 定陶共王[26]이 와서 조회하자

24) 王鳳 : ?~B.C. 22. 西漢 濟南 東平陵 사람으로, 자는 孝卿이다. 元帝의 황후 王政君의 오빠이다. 처음에는 衛尉와 侍中이 되어 陽平侯를 세습하였는데, 成帝가 즉위하자 大司馬·大將軍이 되어서 尙書의 일을 겸하였다. 11년 동안 정권을 장악하였고, 그 후로 왕씨들이 정권을 장악하다가 조카 王莽 때에 이르러 漢나라를 멸망시키고 新漢 정권을 세웠다.

25) 劉歆 : ?~B.C. 23. 西漢 말 사람으로, 漢 高祖의 넷째 동생인 楚元王의 5세손이자, 劉向의 아들이다. 자는 子駿이다. 나중에 이름을 秀, 자를 穎叔으로 고쳤다. 漢 成帝 河平 3년(B.C. 26)에 조령을 받아 아버지 유향과 함께 궁중의 장서를 정리하였고, 哀帝 때 유향이 지은 ≪別錄≫을 기초로 하여 중국 최초의 도서 분류 목록인 ≪七略≫을 편수하였다. 특히 ≪春秋左氏傳≫, ≪毛詩≫, ≪逸禮≫, ≪古文尙書≫를 존숭하여 學官에 專門 博士를 설치하려 했으나 太常博士의 반대로 성사하지 못하고 河內太守로 전출되었다. 그 후 王莽이 漢王朝를 찬탈한 후 國師로 초빙되어 그의 국정에 협력하였다. 만년에는 왕망의 暴逆에 반대하여 모반을 기도하였으나 실패하여 자살하였다.

태후와 성제가 先帝의 뜻을 받들어 공왕을 매우 후하게 대하고, 지난 일[27]을 조금도 개의치 않고 경사에 머물게 하였다. 성제가 공왕에게 이르기를, "내가 아들이 없고 죽음은 피할 수 없다. 어느 날 갑자기 죽는다면 장차 다시 보지 못할 것이니 너는 항상 머물면서 나를 모셔라." 하였다. 그 후에 성제의 병이 나았으나, 공왕이 이로 인하여 도성에 있는 私邸에 머무니 성제가 매우 친애하고 소중히 여겼다. 왕봉이 속으로 불편하게 여겼는데, 이때 일식이 일어나자 이로 인하여 말하기를, "일식은 陰이 盛해서 일어난 현상입니다. 정도왕은 藩國의 예를 받들어 자신의 나라에 있어야 하는데, 지금 경사에 머물러 황제를 모시고 있으니 정도를 위배하여 정상이 아닙니다. 그러므로 하늘이 경계를 보인 것이니 본국으로 보내야 합니다." 하였다. 성제가 마지못해 왕봉의 주청을 허락하였다. 정도왕이 하직하고 떠날 때에 성제가 그와 눈물을 흘리며 작별하였다.

時에 上無繼嗣하고 體常不平이러니 定陶共王來朝어늘 太后與上으로 承先帝意하야 遇共王甚厚하고 不以往事爲纖芥하야 留之京師하다 上謂共王호되 我未有子하고 人命不諱라 一旦有他면 且不復相見이니 爾長留侍我矣어다 後疾有瘳하니 共王因留國邸라 上甚親重之한대 鳳心不便이러니 會日食이어늘 因言日食은 陰盛之象이니 定陶王當奉藩在國이어늘 今留侍京師하야 詭正非常이라 故天見戒하니 宜遣之國하소서 上不得已於鳳而許之하다 王辭去할새 上與涕泣而決하다

王章[28]은 평소 성품이 강직하고 과감히 말하여 왕봉에게 천거되기는 하였으나, 왕봉이 권세를 독차지한 것을 그르게 여겨 왕봉을 친하게 따르지 않았다. 마침내 封事를 올려, "일식의 허물은 모두 왕봉이 권세를 독차지하여 임금을 가린 잘못 때문입니다."라고 하였다.

성제가 그를 불러서 소견을 물으니 대답하기를, "災異가 일어난 것은 大臣이 정권을 독차지했기 때문인데, 지금 들으니 대장군이 외람되게도 일식의 허물을 정도왕에게 돌려서 그를 본국으로 보내라고 건의하였다고 하니, 만약 천자로 하여금 위에서 고립되

---

26) 定陶共王 : 定陶王 劉康을 가리킨다. 共은 그의 시호이다. 元帝의 둘째 아들로, 그의 아들이 成帝를 이어 황제가 된 哀帝이다. 共皇帝로 추존되었다.

27) 지난 일 : 元帝가 병들었을 때 傅昭儀와 그 소생인 定陶王은 늘 좌우에서 모시고 황후와 태자는 이따금 찾아뵙자, 원제가 태자를 廢位하고 정도왕을 태자로 책봉하려고 했던 일을 가리킨다.(≪漢書≫ 권82 〈王商史丹傅喜傳〉)

28) 王章 : ?~B.C. 24. 西漢 泰山 鉅平 사람으로, 자는 仲卿이다. 문학으로 벼슬하여 直言을 잘하였다. 元帝 초에 左曹中郎將이 되어 中書令 石顯을 탄핵했다가 면직되었고, 成帝가 즉위한 뒤에 諫大夫가 되었다가 司隸校尉가 되니 貴戚들이 두려워하였다. 京兆尹이 되었을 때 성제의 외삼촌인 王鳳의 전횡을 비난하다가 왕봉의 무함에 빠져 옥중에서 죽었다.

게 하고 조정의 일을 제멋대로 하여 자신의 편함을 도모하려고 한다면 충신이 아닙니다. 또 일식은 음이 양을 침범한 것이니 신하가 임금의 은총을 믿고서 정권을 독차지한 허물 때문에 일어난 현상입니다. 지금 크고 작은 政事가 모두 왕봉으로부터 나오고 천자는 일찍이 한번도 손을 들어 의견을 내지 못하는데, 왕봉이 안으로 반성하여 자책하지 않고 도리어 허물을 선한 사람에게 돌려서 정도왕을 밀쳐서 멀리 보냈습니다.

또 왕봉이 군주를 기망하여 불충한 것이 한 가지만이 아닙니다. 전 丞相 王商[29]이 평소 행실이 독실하고 위엄이 있어 將相의 지위에 있으니 국가의 柱石이 되는 신하였습니다. 정도를 지키고 왕봉을 따르지 않다가 왕봉에 의해 파직당해 근심하다 죽으니 백성들이 안타까워하였습니다.

또 왕봉이 자기 첩의 여동생 張美人이 이미 한번 결혼했던 사람이므로 禮로 볼 때 지존의 妃嬪이 되어서는 안 된다는 것을 알면서도 아들을 잘 낳는다는 핑계를 대서 후궁으로 들여서 구차하게 자기 처제를 사적으로 봐주었습니다. 또 오랑캐도 시집와서 처음 낳은 자식을 죽여서 자궁을 깨끗이 하여 後嗣를 바르게 하는데,[30] 더구나 천자로서 이미 출가한 여자를 가까이할 수 있겠습니까. 이 세 가지는 모두 큰일입니다. 폐하께서 직접 보신 일이니 그 나머지와 보지 않으신 일도 미루어 알 수 있을 것입니다. 왕봉은 오래도록 정사를 맡게 해서는 안 되니 물러나 자기 집에 있게 하고, 충성스럽고 어진 사람을 뽑아서 대신하게 해야 합니다." 하였다.

王章素剛直敢言하야 雖爲鳳所擧나 非鳳專權하야 不親附鳳이러니 乃奏封事하야 言日食之咎 皆鳳專權蔽主之過라한대 召見延問하니 對言災異之發이 爲大臣專政者也어늘 今聞大將軍猥歸日食之咎於定陶王하야 建遣之國하니 苟欲使天子孤立於上하고 專擅朝事하야 以便其私면 非忠臣也로소이다 且日食은 陰侵陽하니 臣顓君之咎라 今政事大小 皆自鳳出하고 天子曾不一擧手어늘 鳳不內省責하고 反歸咎善人하야 推遠定陶王하니 且鳳誣罔不忠이 非一事也라 前丞相商이 內行篤하고 有威重하야 位列將相하니 國家柱石臣也라 守正不隨어늘 爲鳳所罷하야 身以憂死하니 衆庶愍之하고 又鳳知其小婦弟張美人이 已嘗適人하니 於禮에 不宜配御至尊이어늘 託以爲宜子하야

29) 王商 : ?~B.C. 25. 西漢 涿郡 蠡吾 사람으로, 자는 子威이다. 宣帝의 외삼촌 王武의 아들이다. 아버지의 작위를 세습하여 樂昌侯가 되었다. 元帝 때에 右將軍・光祿大夫가 되어 원제가 태자를 교체하려고 할 때에 태자를 옹호하였다. 成帝가 즉위해서는 그를 매우 존중하여 左將軍으로 승진시키고, 다시 승상으로 삼았다. 후에 王鳳이 권세를 독점하는 것에 불만을 품었다가 왕봉의 무함으로 면직되자 원통하여 피를 토하고 죽었다.

30) 시집와서……하는데 : ≪漢書≫ 권98 〈元后傳〉의 顔師古의 주에 의하면, 여자가 처음 시집와서 낳은 자식이 혹시 다른 사람의 자식일 수 있기 때문이다.

納之後宮하야 苟以私其妻弟니이다 且羌胡尙殺首子하야 以盪腸正世어든 況於天子而近已出之女也리오 此三者는 皆大事라 陛下所自見이니 足以知其餘及他所不見者니 鳳不可令久典事라 宜退使就第하고 選忠賢以代之니이다

왕봉이 황제에게 아뢰어 왕상을 파직하고 뒤에 정도왕을 본국으로 보낸 뒤로 원제가 마음이 편치 못했는데, 왕장의 말을 듣고서 감동하고 깨달아 왕장에게 이르기를, "경조윤의 직언이 아니었다면 내가 사직을 위한 계책을 듣지 못할 뻔하였다. 또 현자만이 현자를 알아보는 것이니 그대는 짐을 위해서 보필할 만한 사람을 찾아보라." 하였다.

이에 왕장이 瑯琊太守 馮野王[31]이 忠信하고 質直하며 智謀가 뛰어나다고 천거하였다. 성제가 태자 때부터 풍야왕의 이름을 자주 들었으므로 그에게 의지하여 왕봉을 대신하려고 하였다.

왕장이 소견할 때마다 성제가 좌우를 물리쳤는데, 그때 왕봉의 從弟의 아들 王音이 侍中이라서 홀로 대화를 엿들어 왕장의 말을 듣고서 왕봉에게 얘기하니 왕봉이 몹시 근심하고 두려워하였다. 杜欽이 왕봉에게 병이 있다고 핑계 대고 집으로 가서 상소를 올려 致仕를 청하게 하였는데, 그 내용이 매우 슬펐으므로 太后가 듣고서 눈물을 흘리고 밥을 먹지 않았다. 성제가 어려서 왕봉과 친하게 지내고 의지하였으므로 차마 내치지 못하고 우악한 조서를 내려 강권하여 나오게 하니, 이에 왕봉이 나와서 정사를 보았다. 성제가 尙書로 하여금 탄핵하게 하기를, "왕장이 풍야왕이 전에 왕의 외삼촌이라서 외직으로 나가 지방관에 보임된 것을 알면서도 사적으로 천거하였으니 제후에게 아부하는 것이고, 또 장미인이 지존을 모신 것을 알면서도 망녕되게 오랑캐가 자식을 죽여서 자궁을 깨끗이 한 풍습을 끌어대었으니 해야 할 말이 아니다." 하고, 왕장을 옥리에게 내리니 廷尉가 大逆罪로 다스려서 왕장은 마침내 옥중에서 죽고 처자는 合浦郡으로 이주시켰다. 이때부터 公卿들이 왕봉을 볼 때에 곁눈질로 보았다.

自鳳之白罷商하고 後遣定陶王也로 上不能平이러니 及聞章言하고 感寤納之하야 謂章曰 微京兆直言인들 吾不聞社稷計랏다 且唯賢知賢하나니 君試爲朕求可以自輔者하라 於是에 章薦瑯琊太守馮野王이 忠信質直하고 智謀有餘니이다 上自爲太子時로 數聞野王名이라 方倚欲以代鳳하니

31) 馮野王 : 西漢 上黨 潞 사람으로, 자는 君卿이다. 隴西太守를 지내다 조정에 들어가 左馮翊이 되었고, 大鴻臚가 되었다. 御史大夫에 결원이 생겨 그를 천거하는 사람이 많았으나 그의 누이가 元帝의 후궁인 馮昭儀였기 때문에 원제가 혐의를 피하여 등용하지 않았다. 成帝가 즉위한 뒤에 왕의 외삼촌이라는 이유로 上郡太守로 임명하였는데 병 때문에 면직되어 돌아왔다.

章每召見에 上輒辟左右하니 時鳳從弟子音侍中이라 獨側聽하야 聞章言以語鳳하니 鳳甚憂懼어늘 杜欽令鳳稱病出就第하고 上疏乞骸骨하니 辭旨甚哀라 太后聞之하고 垂涕不食하니 上少而親倚鳳이라 弗忍廢하고 乃優詔報鳳하야 彊起之하니 於是에 鳳起視事하다 上使尙書劾章知野王이 前以王舅로 出補吏而私薦之하니 阿附諸侯요 又知張美人體御至尊호되 而妄稱引羌胡殺子盪腸하니 非所宜言이라 下章吏하니 廷尉致其大逆罪하야 章竟死獄中하고 妻子徙合浦하니 自是로 公卿見鳳하고 側目而視러라

38-2-3

鴻嘉 원년(B.C. 20)에 성제가 처음으로 微行을 하였는데, 期門郞 혹은 私家의 종들을 수행시켜 작은 수레를 타기도 하고 혹은 모두 말을 타고서 市街와 郊外를 출입하고 멀리는 長安 주변의 고을에까지 이르러 鬪鷄를 하거나 말달리기를 할 때에 항상 자기를 富平侯의 집안사람이라고 하였다. 부평후는 侍中 張放[32]인데, 황제의 총애가 견줄 사람이 없기 때문에 그를 가탁하여 일컬은 것이다.

市里微行

32) 張放 : ?~B.C. 7. 西漢 京兆 杜陵 사람으로, 張湯의 5세손이고, 元帝의 누나 敬武公主의 아들이다. 成帝와 함께 지내며 각별한 총애를 받았다. 벼슬은 侍中, 天水屬國都尉를 지냈다.

○ 鴻嘉元年에 上始爲微行하야 從期門郎或私奴하야 或乘小車하고 或皆騎하야 出入市里郊野하고 遠至旁縣하야 鬪鷄走馬하고 常自稱富平侯家人하니 富平侯者는 侍中張放也라 寵幸無比故로 假稱之러라

38-2-4

永始 원년(B.C. 16) 여름 4월에 성제가 趙倢伃[33]를 황후로 세우려고 하니 황태후가 그의 출신이 미천함을 싫어하여 심하게 반대하였다. 태후의 언니의 아들인 淳于長이 황제와 황태후 사이를 왕래하며 말을 전하여 한 해 남짓 되어서야 마침내 허락하였다.

趙飛燕

성제가 먼저 첩여의 아버지 趙臨을 成陽侯로 봉하니, 諫大夫 劉輔[34]가 上言하기를, "신은 들으니 하늘이 나라를 일으키려고 할 때에 반드시 먼저 祥瑞를 내려주고, 하늘이 나라를 버리려고 할 때에 반드시 먼저 災變를 내린다고 하였으니, 이것은 자연의 조짐입니다. 옛날 武王과 周公이 천지의 뜻을 받들어 순종하여 물고기와 까마귀의 상서[35]를 누렸으나 오히려 임금과 신하들이 공경하고 두려워하여 안색이 변하여 서로 경계

33) 趙倢伃 : 西漢 成帝의 두 번째 황후이다. 본래 長安의 宮人 출신으로, 趙臨의 딸인데, 歌舞를 배우면서 飛燕이라고 불렀다. 성제가 微行을 나왔다가 보고서 반하여 궁으로 불러들여 倢伃로 삼았고, 그의 동생도 궁에 불러들여 첩여로 삼았다. 許皇后가 폐위된 뒤에 황후가 되었다.(≪漢書≫ 권97 〈外戚傳〉)

34) 劉輔 : 西漢 景帝의 셋째 아들 河間獻王의 종실이다. 孝廉으로 천거되어 襄賁令에 임명되었고, 諫大夫로 승진하였는데, 成帝가 趙倢伃의 아버지 趙臨을 列侯로 봉하는 것에 반대하다가 鬼薪의 형벌을 받고 집에서 죽었다.(≪漢書≫ 권77 〈蓋諸葛劉鄭孫毋將何傳〉)

35) 물고기와……상서 : ≪史記≫ 〈周本紀〉에 "武王이 殷나라를 정벌하기 위해 황하를 건너는데 강 가운데에 이르렀을 때에 흰 물고기가 무왕의 배 안으로 뛰어 들어오자 무왕이 잡아서 제사를 지냈고, 황하를 건너고 나서 하늘에서 불이 내려와 무왕이 머무는 집 지붕에 이르러 까마귀로 변했는데 그 색이 붉고 그 소리는 魄이었다."라고 하였다. 그 후로 흰 물고기와 붉은 까마귀가 상서의 조짐으로 인식되었다.

하였는데, 더구나 말세에 이르러 후사를 잇는 복을 받지 못하고 하늘이 진노하는 재이를 자주 받았으니 말할 것이 있겠습니까.

비록 아침저녁으로 자책하여 허물을 고치고 행실을 바꾸어 천명을 두려워하고 祖宗을 생각하며 덕이 있는 世家를 정밀하게 가리고 정숙한 여자를 간택하여 종묘를 받들어서 천지신명의 마음에 순종하고 천하 사람들의 바람에 부응하더라도 자손을 얻는 상서가 오히려 늦을까 염려됩니다. 그런데 지금은 정욕에 휩쓸려서 비천한 여자에게 빠져 천하의 母后로 삼으려고 하십니다. 하늘을 두려워하지 않고 사람들에게 부끄러워하지 않으시니, 현혹에 빠진 것이 이보다 큰 것이 없습니다.

속어에 이르기를, '썩은 나무는 기둥으로 삼을 수 없고 비천한 사람은 주인으로 삼을 수 없다.'라고 하였습니다. 하늘과 사람이 인정하지 않으면 반드시 화는 있고 복은 없다는 것은 저자의 사람들도 모두 아는 것인데, 조정에서는 말 한 마디 하려는 자가 아무도 없으니, 신은 삼가 마음이 아파서 죽음을 무릅쓰고 상서하여 아뢰지 않을 수 없습니다." 하였다. 조서를 내려 유보를 포박하여 掖庭의 秘獄에 가두었다.

이에 장군 辛慶忌[36] 등이 上書하여 "유보가 새로 지방에서 올라와 아직 조정의 체통을 몰라서 홀로 忌諱를 범하였으니 심히 나무랄 것이 못 됩니다." 하였다. 성제가 이에 유보를 共工獄[37]에 옮겨 가두고 사형에서 한 등급을 감면하여 鬼薪의 형벌[38]을 내렸다.

성제의 재위 기간은 26년이었고, 향년은 45세였다.

○ 永始元年夏四月에 上欲立趙倢伃爲皇后하니 皇太后嫌其所出微하야 甚難之러니 太后姊子淳于長이 往來通語하야 歲餘에 乃許之하다 上先封倢伃父臨爲成陽侯한대 諫大夫劉輔上言 臣聞天之所興에 必先賜以符瑞하고 天之所違에 必先降以災變하나니 此自然之占驗也라 昔武王周公이 承順天地하야 以饗魚烏之瑞나 然猶君臣祗懼하야 動色相戒어든 況於季世에 不蒙繼嗣之福하고 屢受威怒之異者乎아 雖夙夜自責하야 改過易行하야 畏天命念祖宗하며 妙選有德之世하고 考卜窈窕之女하야 以承宗廟하야 順神祇心하고 塞天下望이라도 子孫之祥이 猶恐晚暮어든 今乃觸情縱欲하야 傾於卑賤之女하야 欲以母天下하니 不畏于天하고 不愧于人하니 惑莫大焉이라 里語曰 腐木은 不可

---

36) 辛慶忌 : 西漢 사람으로, 자는 子眞이다. 元帝 초에 茂才로 천거되고, 郎中·車騎將軍이 되어 이름을 떨쳤다. 成帝 때에 황제의 부름을 받아 光祿大夫·執金吾가 되고, 左將軍에까지 올랐다. 생활이 공손하고 검소하였고, 그의 威信에 힘입어 흉노와 서역이 중국에 親附하였다.

37) 共工獄 : 共工은 少府에 속한 관아이다. 이곳에도 詔獄이 있었다.(≪歷代史選≫ 권9 孝成皇帝)

38) 鬼薪의 형벌 : 땔나무를 하여 宗廟에 공급하는 형벌을 鬼薪이라고 하는데, 3년형이다.(≪史記集解≫ 권6 〈秦始皇本紀〉)

以爲柱요 卑人은 不可以爲主라하니 天人之所不予에 必有禍而無福은 市道皆共知之호되 朝廷莫肯一言하니 臣竊傷心하야 不可不盡死書奏하노이다 詔收縛繫掖庭秘獄하다 於是에 將軍辛慶忌等이 上書以爲輔新從下土來하야 未知朝廷體하야 獨觸忌諱하니 不足深過니이다 上乃徙繫輔共工獄하고 減死一等하야 論爲鬼薪하다 帝在位二十六年이요 享年四十五하다

38-2-5

史臣 班彪가 다음과 같이 논하였다.

"성제는 용모를 잘 꾸며서 조정에 임하여 침묵하고 있으면 존엄하기가 神과 같았으니, 거룩한 천자의 용모가 있다고 할 수 있었다. 그러나 酒色에 빠져서 정권이 外家에 있었다. 建始[39] 이래로 王氏들이 비로소 國權을 장악하고 哀帝와 平帝의 재위 기간이 짧아서 王莽이 마침내 帝位를 찬탈하였으니, 그 禍福의 유래가 점차 진행된 것이다."

史臣班彪論曰 成帝善修容儀하야 臨朝淵嘿에 尊嚴若神하니 可謂有穆穆天子之容矣라 然湛乎酒色하야 政在外家라 建始以來로 王氏始執國命하고 哀平短祚하야 莽遂篡位하니 蓋其威福所由來者漸矣로다

39) 建始 : 成帝의 첫 번째 연호로, B.C. 32년부터 B.C. 29년까지이다.

歷代君鑑 권39

경계할 만한 惡政 惡可爲戒

東漢

安帝

39-1-1

孝安皇帝의 諱는 祜이니, 淸河孝王 劉慶[1]의 아들이고, 肅宗의 손자이다. 어려서 총명하다는 이름이 나서 황태후 鄧氏가 황제로 세웠는데 장성하여서는 부덕한 일이 많아 점차 황태후의 마음에 들지 않았다. 황태후가 죽고 나서야 비로소 정사를 친히 다스렸는데 內寵이 더욱 성하였다.

孝安皇帝의 諱는 祜니 淸河孝王慶之子요 肅宗之孫也라 少號聰明하야 爲皇太后鄧氏所立이러니 長多不德하야 稍不可太后意러라 太后崩에 始親政事하야 而內寵益盛하다

39-1-2

建光 원년(121)에 안제가, 江京[2]이 일찍이 안제를 私邸에서 맞이한 것[3]을 강경의 공이라고 하여 都鄕侯에 봉하고, 李閏[4]을 雍鄕侯에 봉하였다. 이윤과 강경이 모

1) 淸河孝王 劉慶 : 後漢 肅宗 章帝의 후비인 宋貴人의 아들이다. 처음에 황태자로 책봉되었으나 竇皇后의 무함으로 폐위되어 淸河王이 되었다. 그의 아들이 殤帝의 뒤를 이어 安帝가 되었다.

2) 江京 : ?~125. 東漢 사람으로, 安帝 때의 환관이다. 小黃門으로 안제를 맞이하여 옹립한 공으로 都鄕侯에 봉해지고, 中常侍 겸 大長秋가 되었다. 중상시 樊豐과 안제의 유모 王聖 등과 안팎에서 결탁하여 조정을 어지럽히고, 太尉 楊震을 무함하여 죽이고, 태자 劉保를 참소하여 폐위시켰다. 안제가 죽자 또 閻顯 등과 北鄕侯를 少帝로 옹립했다가 소제가 죽자 유보를 順帝로 옹립하였는데, 결국은 피살되었다.

3) 안제를……것 : 延平 원년(106)에 8월에 殤帝가 죽자 京師에 있는 淸河王의 私邸에 머물고 있던 안제를 맞아와서 長安侯로 봉하고 이어 황제에 즉위하게 한 일을 가리킨다.(≪後漢書≫ 권5 〈孝安帝紀〉)

4) 李閏 : 東漢 安帝 때 小黃門이다. 安帝의 유모 王聖과 모의하여 鄧氏 및 平原王을 죽이고, 雍鄕侯에 봉해지고 中常侍로 승진하였다. 후에 楊震을 죽이고 태자 劉保를 폐위하는 데에 참여하였다. 北鄕侯가 죽자 孫程 등의 핍박을 받아 濟陰王을 順帝로 옹립하였다.

두 中常侍로 승진하고, 강경이 大長秋를 겸하여 중상시 樊豐[5] · 黃門令 劉安[6] · 鉤盾令 陳達 · 안제의 유모 王聖[7] 및 왕성의 딸 伯榮과 안팎에서 선동하여 다투어 사치하고 포학하니, 司徒 楊震[8]과 尙書 翟酺[9]가 모두 상소하여 그 잘못을 극언하였으나 안제가 모두 받아들이지 않았다.

楊震

○ 建光元年에 帝以江京嘗迎帝於邸를 以爲京功하야 封都鄕侯하고 封李閏爲雍鄕侯러라 閏京竝遷中常侍하고 京兼大長秋하야 與中常侍樊豐黃門令劉安鉤盾令陳達과 及乳母王聖聖女伯榮으로 扇動中外하야 競爲侈虐하니 司徒楊震尙書翟酺 皆上疏極言其非호되 帝皆不省이러라

39-1-3

延光 2년(123) 겨울에 조서를 내려 使者를 보내 王聖의 집을 대대적으로 수리하고, 중상시 樊豐과 시중 周廣[10] 등이 다시 서로 선동하여 조정이 진동하였다.

양진이 상소하여 말하기를, "신은 삼가 생각건대 지금 재해가 더욱 심해지고 백성

---

5) 樊豐 : ?~125. 東漢 사람으로, 安帝 때 中常侍를 맡아 耿寶와 황태자 劉保를 참소하여 폐위시키고, 太尉 楊震을 죽였다. 順帝가 즉위하자 閻太后가 번풍과 경보 등이 黨을 만들었다고 하여 하옥시켜 죽였다.

6) 劉安 : ?~125. 東漢 사람으로, 安帝 때의 환관이다. 中常侍와 黃門令을 지냈고, 太子 劉保를 폐위시키고 北鄕侯 劉懿를 옹립하는 데 참여하였다. 少帝가 죽자 中黃門 孫程 등에게 피살되었다.

7) 王聖 : 東漢 安帝의 乳母로, 野王君에 봉해졌다. 환관들과 결탁하여 태자의 유모 王男과 廚監 邴吉을 참소하여 죽이고, 안제의 외삼촌 耿寶 · 大鴻臚 閻顯 등과 결탁하여 太尉 楊震을 죽이고 태자 劉保를 폐위시키는 데에 참여하였다. 안제가 죽은 뒤에 딸 伯榮과 함께 鴈門으로 유배되었다.

8) 楊震 : ?~124. 東漢 弘農 華陰 사람으로, 자는 伯起이다. 《歐陽尙書》를 익히고 경전에 밝아서 유자들로부터 '關西孔子 楊伯起'라는 칭호를 얻었다. 나이 오십에 처음으로 벼슬하여 荊州刺史, 東萊太守를 역임하고, 安帝 元初 연간에 부름을 받고 조정에 들어와 太僕과 太常이 되었다. 永寧 원년(120)에 司徒가 되고, 延光 2년(123)에 太尉가 되었다. 외척과 환관의 발호를 막기 위해 무진 애를 쓰다가 오히려 참소를 받고 면직되자 분개하여 음독자살하였다.

9) 翟酺 : 東漢 廣漢 사람으로, 자는 子超이다. 圖緯, 天文, 曆算에 능하였다. 議郞 · 侍中 · 尙書를 역임하였는데, 安帝가 외척을 임용하자 간언하다 酒泉太守로 좌천되었다가 공을 세워 京兆尹이 되었다. 順帝가 즉위한 뒤에 將作大匠이 되었는데, 여러 차례 權貴들의 陰害를 입었다.

10) 周廣 : ?~125. 東漢 사람이다. 安帝 때 侍中을 지내면서 대장군 耿寶, 중상시 樊豐, 안제의 유모 王聖과 결탁하여 권세를 부렸다. 延光 3년(124)에 楊震을 죽게 하고, 태자 劉保를 폐위시켜 濟陰王으로 삼았다. 안제가 죽자 北鄕侯를 옹립하였다가 주살되었다.

들은 흩어져 없고, 三邊은 불안하고, 內帑庫는 고갈되었으니, 사직이 편안한 때가 아닌데 조서를 내려 유모를 위해 집을 지어주면서 두 개의 坊을 합하여 하나로 만들어 집이 거리 끝까지 길게 이어졌고, 집을 단장하면서 끝없는 기교를 부렸고, 산을 허물어 돌을 캐오면서 점점 더 심하게 독촉하여 그 비용이 수만 금이 들었습니다.

주광과 謝惲 형제[11]는 나라의 종실과는 털끝만큼도 관련되지 않은 자들인데, 폐하의 총애를 받는 간사하고 아첨하는 자들에게 빌붙어서 그들과 권세를 나누어 부리며 州郡에 청탁하고 大臣을 뒤흔들었습니다. 宰司(大臣)들이 속관을 辟召할 적에 이들의 뜻에 맞추려 하여 천하의 탐오한 자들을 불러서 그 뇌물을 받고, 심지어는 뇌물을 받아 금고되어 버려진 무리가 다시 중용되는 일까지 있습니다. 흑백이 뒤섞이고 청탁이 하나의 근원에서 나오니, 천하가 시끄럽게 떠들면서 모두들 '〈재화가 위로 흘러들어〉 조정이 비난받게 한다.'[12]라고 합니다. 신은 사람들의 말을 들으니, '위에서 거두는데 재물이 다하면 원망하고, 힘이 다하면 반란을 일으킨다. 원망하고 반란을 일으킨 사람은 다시 부릴 수 없다.'라고 하였습니다. 폐하께서는 헤아려주소서." 하였는데, 안제가 들어주지 않았다.

○ 延光二年冬에 詔遣使者하야 大爲王聖修第하고 中常侍樊豐及侍中周廣等이 更相扇動하야 傾搖朝廷이라 震上疏曰 臣伏念方今災害滋甚하고 百姓空虛하고 三邊震擾하고 帑藏匱乏하니 殆非社稷安寧之時어늘 詔書爲阿母起第舍하야 合兩爲一하야 連里竟街하고 雕修繕飾이 窮極巧技하고 攻山採石하야 轉相迫促하야 爲費鉅萬이요 周廣謝(永)〔惲〕[13]兄弟 與國無肺腑枝葉之屬이어늘 依阿近倖姦佞之人하야 與之分威共權하야 屬託州郡하고 傾動大臣이라 宰司辟召에 承望旨意하야 招來海內貪汙之人하야 受其貨賂하고 至有藏錮棄世之徒 復得顯用이라 白黑溷淆하고 淸濁同源하니 天下讙譁하야 爲朝結譏하니이다 臣聞師言호니 上之所取에 財盡則怨하고 力盡則叛이라 怨叛之人은 不可復使라하니 惟陛下其度之하소서 帝不聽하다

---

11) 謝惲 형제 : 東漢 사람으로, 虎賁中郞將 謝惲·사운의 동생 侍中 謝篤·사독의 동생 大將軍長史 謝宓을 가리킨다. 安帝 때 대장군 耿寶, 중상시 樊豐, 안제의 유모 王聖과 결탁하여 권세를 부렸는데, 北鄕侯가 황제로 등극한 뒤에 閻太后와 閻顯에 의해 耿寶와 함께 하옥되어 죽임을 당했다.(≪後漢書≫ 권60 〈皇后紀〉)

12) 모두들……한다 : 저본에는 '爲朝結譏'로 되어 있는데, ≪後漢書≫ 권54 〈楊震列傳〉에는 '咸曰財貨上流爲朝結譏'로 되어 있다. 축약하면서 앞부분을 삭제하여 문맥이 이어지지 않으므로 〈楊震列傳〉 원문에 의거하여 보충하여 번역하였다.

13) (永)〔惲〕 : 저본에는 '永'으로 되어 있으나, ≪後漢書≫ 권54 〈楊震列傳〉에 의거하여 '惲'으로 바로잡았다.

39-1-4

延光 3년(124) 봄 3월이다. 처음에 번풍과 주광과 사운 등이 양진이 연이어 간언하였으나 안제가 들어주지 않은 것을 보고는 거리낄 것이 없어서 마침내 詔書를 위조하여 司農의 錢穀과 大匠[14]의 노역형을 받고 있는 죄수와 재목을 조발하여 각각 집과 園池와 廬觀[15]을 건설하니 노역과 비용이 셀 수 없이 많이 들었다. 양진이 다시 상소하였는데 말이 더욱 절실하니 안제가 편치 않게 여겼고, 번풍 등이 모두 노여워하였으나 그가 名儒이기 때문에 감히 해치지는 못하였다.

이때 河間의 남자 趙騰이 上書하여 잘잘못을 지적하여 진달하니, 안제가 화를 내어 마침내 詔獄에 가두고 고문하여 임금을 기망하고 무도한 말을 했다는 죄를 씌웠다. 그러자 양진이 상소하여 구원하였으나 안제가 들어주지 않고 조등이 마침내 저자에서 처형되었다.

안제가 동쪽으로 巡守하러 나가자 번풍 등이 이 틈을 타서 다투어 집을 꾸몄는데, 太尉部의 아전 高舒가 大匠의 令史를 불러 조사하여 번풍 등이 위조하여 내린 조서를 찾아서 갖추어 아뢰고 안제가 돌아오기를 기다려 그것을 올리니 번풍 등이 두려워하였다. 이때 太史가 별자리에 변고가 생겨 逆行한다고 하니 마침내 함께 양진을 참소하기를, "조등이 죽은 뒤로 매우 원망하였습니다." 하였다. 안제가 경사로 돌아와서 밤에 사자를 보내 양진이 지니고 있던 太尉의 印綬를 회수하였다.

양진이 이에 대문을 닫아 빈객을 거절하였는데, 번풍 등이 大鴻臚 耿寶[16]로 하여금 양진이 대신으로서 服罪하지 않고 원한을 품고 있다고 아뢰게 하니, 안제가 조서를 내려 양진을 本郡으로 돌아가게 하였다. 양진이 洛陽城의 서쪽 几陽亭에 이르러 慷慨하여 아들들과 門人에게 이르기를, "죽는 것은 선비의 본분이다. 내가 성은을 입고 上司에 있으면서 교활한 간신을 미워하였으나 죽이지 못하였고, 나라를 어지럽히는 총애받는 여자를 미워하였으나 금하지 못하였으니, 무슨 면목으로 다시 해와 달을 보겠는가." 하고, 독을 마시고 죽었다.

---

14) 大匠 : 將作大匠의 준말로 將作監의 별칭이다.
15) 廬觀 : 樓閣과 亭과 臺를 범칭하는 말이다.
16) 耿寶 : ?~125. 東漢 扶風 茂陵 사람으로, 자는 君達이다. 그의 누이가 淸河孝王의 妃로 安帝의 생모이다. 안제가 즉위한 뒤에 대장군이 되었는데, 환관에게 아부하여 황태자 劉保를 폐위시키고 太尉 楊震을 모함하는데 참여하였다. 안제가 죽은 뒤에 閻太后에 의해 亭侯로 좌천되자 자살하였다.

○ 三年春三月이라 初樊豐周廣謝惲等이 見楊震連諫不從하고 無所顧忌하야 遂詐作詔書하야 調發司農錢穀과 大匠見徒材木하야 各起家舍園池廬觀하니 役費無數라 震復上疏에 而所言轉切하니 帝旣不平之하고 而樊豐等皆側目憤怨호되 以其名儒로 未敢加害라 會河間男子趙騰이 上書指陳得失이어늘 帝發怒하야 遂收考詔獄하야 結以罔上不道한대 震上疏救之어늘 帝不聽하고 騰竟伏尸都市하다 及帝東巡에 樊豐等因之하야 競修第宅이러니 太尉部掾高舒 召大匠令史考校之하야 得豐等所詐下詔書하야 具奏하고 須行還上之한대 豐等惶怖러라 會太史言星變逆行이라하니 遂共譖震云 自趙騰死後로 深用怨懟라한대 車駕還京師하야 夜遣使者策收震太尉印綬하니 震於是에 柴門絶賓客이러니 豐等令大鴻臚耿寶로 奏震大臣不服罪懷恚望이라한대 有詔遣歸本郡하니 震行至城西几陽亭하야 乃慷慨謂其諸子門人曰 死者는 士之常分이라 吾蒙恩居上司하야 疾姦臣狡猾而不能誅하고 惡嬖女傾亂而不能禁하니 何面目으로 復見日月이리오 因飮酖而卒하다

39-1-5

가을에 왕성, 강경, 번풍 등이 태자의 유모 王男[17]과 廚監 邴吉 등을 참소하여 죽이고 가속은 比景으로 이주시켰다. 태자가 왕남과 병길을 생각하여 자주 탄식하니, 강경과 번풍이 훗날 자신들에게 해가 있게 될까 두려워서 閻后[18]와 근거 없는 일을 날조하여 태자와 동궁의 관속을 모함하였다.[19] 안제가 노하여 公卿을 불러서 태자를 폐위하는 문제를 의논하게 하니, 경보 등이 황제의 비위를 맞추어 태자를 폐위하여야 한다고 하였다.

太僕 來歷[20]이 太常 桓焉[21] 등과 의논하기를, "經說에 나이가 15세가 되지 않아서는 잘못이 그 몸에 있지 않다고 하였습니다. 또 왕남과 병길의 모의는 태자가 몰

17) 王男 : 孝順皇帝 劉保가 태자일 때 유모였다.

18) 閻后 : 安帝의 황후인 安思閻皇后를 가리킨다.

19) 태자와……모함하였다 : 저본에는 '搆讒及東宮官屬'으로 되어 있으나, ≪資治通鑑≫ 권50 〈孝安皇帝 中〉에는 '搆讒太子及東宮官屬'으로 되어 있다. ≪자치통감≫에 의거하여 번역하였다.

20) 來歷 : ?~133. 東漢 南陽 新野 사람으로, 자는 伯珍이다. 征羌侯 來歙의 손자로, 정강후의 작위를 승습하였다. 어머니는 明帝의 딸 武安公主이다. 安帝 때에 벼슬이 太僕에 이르렀다. 이때 태자가 폐위되어 濟陰王이 되자 光祿勳 祋諷 등 10여 명과 함께 鴻都門에 나아가 태자의 무고함을 증명하였는데, 안제가 中常侍를 시켜 협박하자 내력 혼자 남아서 태자의 무고함을 주장하다가 결국 면직되었다. 順帝가 즉위하여 車騎將軍에 임명하고 大鴻臚에 이르렀다.

21) 桓焉 : ?~143. 東漢 沛郡 龍亢 사람으로, 자는 叔元이다. 經書에 밝고 행실이 독실하여 安帝에게 경서를 가르쳤고, 벼슬이 侍中·太子少傅에 이르렀다. 順帝가 즉위하여 太傅가 되고 陽平侯에 봉해졌는데 고사하였다. 벼슬이 太尉에까지 이르고, 제자가 수백 명이었다.

랐을 수 있으니 충성스럽고 어진 保傅를 선발하여 예의로 보좌하게 해야 합니다. 태자를 폐위하는 일은 중대하니 이 일은 참으로 성상의 은혜로 볼 때 중지해야 합니다." 하였는데, 안제가 따르지 않았다.

張皓[22)]가 물러나서 다시 上書하기를, "지난날 역적 江充이 근거 없는 일을 날조하여 역모를 꾸며서 戾園을 죽게 하였는데, 孝武帝께서 오랜 세월이 지난 뒤에야 깨달았으니,[23)] 지난날의 잘못을 나중에 뉘우친들 어찌 회복할 수 있겠습니까. 황태자께서 지금 10세이고 保傅의 가르침을 익히지 못했으니, 갑자기 꾸짖을 수 있겠습니까." 하였다. 상서가 올라갔으나 안제가 들어주지 않고 태자를 폐위하여 濟陰王으로 삼아 德陽殿 西鍾 아래에서 기거하게 하였다.

내력이 이에 光祿勳 祋諷(대풍),[24)] 宗正 劉瑋, 將作大匠 薛皓, 侍中 閭丘弘·陳光·趙代·施延,[25)] 太中大夫 朱倀[26)] 등 10여 명과 결탁하여 함께 鴻都門에 나아가 태자의 무고함을 증언하였다.

안제가 좌우 근신들과 함께 근심하여 이에 中常侍로 하여금 조서를 받들고 가서 群臣들을 협박하기를, "부자간은 한 몸으로 천성의 자연스러운 것이다. 의리를 가지

---

22) 張皓 : 50~132. 東漢 犍爲 武陽 사람으로, 자는 叔明이고, 張良의 6세손이다. 安帝 때에 廷尉가 되었는데, 이때 안제가 황태자를 폐위하여 濟陰王으로 삼자 간언하였으나 안제가 들어주지 않았다. 順帝가 즉위하여 그를 司空에 임명하였다. 이때 趙騰이 上言하여 災變에 대해 논하면서 조정을 비난하여, 이에 연루된 80여 명이 모두 중벌을 받게 되었는데, 장호가 상소로 간언하여 이들이 모두 감형되었다.

23) 지난날……깨달았으니 : 江充(?~B.C. 91)은 西漢 趙國 사람으로, 본명은 齊이고, 자는 次倩이다. 戾園은 漢 武帝의 長子인 戾太子 劉據(B.C. 128~B.C. 91)를 가리킨다. 武帝 때에 方士·巫覡의 무리들이 宮人들을 蠱惑시켜서 木人을 궁중에 묻고서 제사 지냈다. 이때 마침 무제가 병이 들었는데, 강충은 太子와 틈이 있었으므로 무제의 병은 巫蠱에 의한 것이라고 하면서 궁중의 목인들을 파내고, 태자의 궁중에서 목인이 가장 많이 나왔다고 上言하였다. 이에 태자는 두려워서 군사를 일으켜 강충을 죽였으나 승상의 군대와 싸우다 패하여 달아났다가 湖城縣에서 발각되어 포위되자 자살하였다. 뒤에 田千秋가 태자의 원통한 정상을 간곡히 주달하자, 무제가 그 사정을 알고는 후회하여 思子宮을 짓고 아들이 돌아오기를 기다린다는 뜻의 歸來望思之臺를 만들어 위로하고, 강충의 삼족을 멸하였다. 손자인 宣帝가 시호를 내려 戾太子라고 하고, 무덤을 戾園이라고 하였다.(≪漢書≫ 권63 〈武五子傳〉)

24) 祋諷(대풍) : 東漢 安帝 때 光祿勳을 지냈다. 延光 3년(124)에 태자 劉保를 폐위하여 濟陰王으로 삼자 來歷 등 10여 명과 함께 鴻都門에 나아가 태자의 무고함을 증언하였다. 유보가 즉위하여 順帝가 되었는데 대풍이 이미 죽은 뒤였으므로 그의 아들을 郎에 임명하였다.

25) 施延 : 東漢 沛國 蘄縣 사람으로, 자는 君子이다. 五經에 밝았고, 星官과 風角에 통달하였다. 安帝 때에 侍中에 올랐고, 順帝 때에 太尉에 이르렀다.

26) 朱倀 : 東漢 九江 사람이다. 安帝 때에 太中大夫를 지냈는데, 이때 태자가 폐위되자 來歷 등과 함께 태자의 무고함을 증언하였다. 順帝가 즉위한 뒤에 太常, 長樂少府, 司徒를 역임하였다.

고 은혜를 끊은 것은 천하를 위해서인데 내력과 대풍 등이 大體를 모르고서 여러 소인들과 함께 시끄럽게 떠들어 밖으로는 충직함을 보이지만 속으로는 훗날의 복을 바라서 간사함을 수식하고 의리를 위배하였으니, 어찌 임금을 섬기는 예이겠는가. 조정이 言路를 크게 열었기 때문에 우선은 모두 용서하지만 만약 어리석은 마음을 품고서 마음을 바꾸지 않으면 형법에 따라 처벌할 것이다."라고 하니, 간언한 자들이 모두 실색하였다.

설호가 먼저 머리를 조아리고 아뢰기를, "참으로 밝은 詔令처럼 해야 할 것입니다." 하니, 내력이 발끈하여 조정에서 설호를 꾸짖기를, "근자에 함께 간언한 것이 어떤 말이었는가. 그런데 지금 다시 배신하는가. 대신은 朝車[27]를 타고 國事를 처리하는데 이처럼 변덕스러울 수 있단 말인가." 하였다. 마침내 각자 일어나서 나갔는데 내력이 홀로 대궐에 있으면서 여러 날 동안 가려고 하지 않으니 안제가 크게 노하였다. 尙書令 陳忠[28]이 여러 尙書들과 함께 마침내 내력 등을 탄핵하니, 안제가 내력 형제를 면직시키고, 본국의 조세를 깎고,[29] 내력의 어머니 武安公主를 축출하여 만나지 못하게 하였다.

안제의 재위 기간은 19년이었고, 향년은 32세였다.

○ 秋에 王聖江京樊豐等이 譖太子乳母王男과 廚監邴吉等하야 殺之하고 家屬은 徙比景하다 太子思男吉하야 數爲嘆息하니 京豐懼有後害하야 乃與閻后로 妄造虛無하야 搆讒及東宮官屬하니 帝怒하야 召公卿以下議廢太子하니 耿寶等承旨하야 以爲當廢라한대 太僕來歷이 與太常桓焉等으로 議曰 經說에 年未滿十五면 過惡不在其身이라하고 且男吉之謀는 太子容有不知니 宜選忠良保傅하야 輔以禮義라 廢置事重하니 此誠聖恩所宜宿留니이다 帝不從이어늘 張皓退復上書曰 昔賊人江充이 造搆讒逆하야 傾覆戾園이러니 孝武久乃覺悟하니 雖追前失인들 悔之何及이리오 皇太子方十歲요 未習保傅之教니 可遽責乎잇가 書奏不省하고 廢太子爲濟陰王하야 居於德陽殿西鍾下하다 來歷乃要結光祿勳祋(대)諷宗正劉瑋將作大匠薛皓侍中閭丘弘陳光趙代施延太中大夫朱倀等十餘人하야 俱詣

27) 朝車 : 신분에 따라 탈 수 있는 정해진 수레이다. 三孤는 夏篆을 타고, 卿은 夏縵을 타고, 大夫는 墨車를 타고, 士는 棧車를 타고, 庶人은 役車를 탄다.(≪周禮≫ 〈春官 巾車〉)

28) 陳忠 : ?~125. 東漢 沛國 洨 사람으로, 자는 伯始이다. 安帝 때에 廷尉正이 되었는데, 법률에 밝아 尙書에 발탁되었다. 蠶室刑 등을 없애기를 건의하여 시행되었고, 漢代의 법제 중에 그가 만든 것이 많았다. 후에 僕射가 되어 尙書令을 맡았고, 延光 3년(124)에 司隸校尉에 올랐는데, 中官과 外戚과 근신들이 꺼려하여 江夏太守에 임명되었다가 외직으로 나가지 않고 다시 상서령에 임명되었다.

29) 본국의……깎고 : 來歷이 征羌侯를 승습하였기 때문에 본국인 征羌國에서 받는 조세를 삭감하였다는 뜻이다.(≪資治通鑑≫ 권50 〈孝安皇帝 中〉) 앞의 주 20) 참조.

鴻都門하야 證太子無過한대 帝與左右患之하야 乃使中常侍奉詔脅群臣曰 父子一體라 天性自然이니 以義割恩은 爲天下也어늘 歷諷等이 不識大體하고 而與群小로 共爲讙譁하야 外見忠直이나 而內希後福하야 飾邪違義하니 豈事君之禮리오 朝廷廣開言路라 故且一切假貸어니와 若懷迷不反이면 當顯明刑書호리라한대 諫者莫不失色이러라 薛皓先頓首曰 固宜如明詔로소이다 歷怫然廷詰皓曰 屬(촉)通諫何言이완대 今復背之오 大臣乘朝車處國事어늘 固得輾轉若此乎아 乃各稍自引起어늘 歷獨守闕하야 連日不肯去한대 帝大怒하니 尙書令陳忠이 與諸尙書로 遂共劾奏歷等하니 帝乃免歷兄弟官하고 削國租하고 黜歷母武安公主하야 不得會見하다 帝在位十九年이요 壽三十二라

桓帝

39-2-1

孝桓皇帝의 휘는 志이니, 章帝의 증손자이고, 蠡吾侯 劉翼[30]의 아들이다. 梁冀[31]가 주벌되었는데도 姑息을 일삼았고, 五侯[32]가 포학한 짓을 자행하는데 금제하지 못하니 賢人과 君子들의 忠憤이 격렬하게 일어나 마침내 黨錮의 禍[33]를 이루었다.

孝桓皇帝의 諱는 志이니 章帝曾孫이요 蠡吾侯翼之子也라 梁冀雖誅나 猶事姑息하고 五侯肆虐하야

---

30) 劉翼 : 東漢 章帝의 아들인 河間孝王 劉開의 아들이다.

31) 梁冀 : ?~159. 東漢 安定 烏氏 사람으로, 자는 伯卓이다. 두 누이가 順帝와 桓帝의 황후가 되었다. 처음에 黃門侍郎이 되었다가 순제 때에 大將軍이 되었다. 沖帝가 죽자 質帝를 옹립하였는데, 질제가 그를 跋扈將軍이라고 하자 질제를 독살하고 다시 환제를 옹립하였다. 20여 년 동안 권력을 전횡하고 온갖 사치를 누렸다. 延熹 2년(159)에 梁太后가 죽자 환제가 환관 5인과 합세하여 그를 제거하기 위해 포위하자 양기가 자살하였다.(≪後漢書≫ 권34 〈梁統列傳〉)

32) 五侯 : 東漢 桓帝가 大將軍 梁冀와 그 도당을 소탕하는데 공을 세운 中常侍 5인을 封侯하였는데, 新豐侯 單超·武原侯 徐璜·上蔡侯 左悺·東武陽侯 具瑗·汝陽侯 唐衡이다. 이로부터 환관이 권력을 장악하고 불법을 자행하여 조정이 어지러워졌다.(≪後漢書≫ 권78 〈宦者列傳〉)

33) 黨錮의 禍 : 東漢 때 두 번에 걸쳐 일어난 당고의 옥사를 이르는데, 당고는 朋黨의 무리를 禁錮시킨다는 의미이다. 桓帝가 親政하는 과정에서 공을 세우고 정권을 잡은 환관들이 정사를 농단하여 폐단이 심해지자, 李膺과 范滂, 陳蕃 등이 태학생들과 함께 스스로 淸流라 칭하며 환관들에게 적극적으로 대항하였다. 이에 환관들이 황제를 선동하여 延熹 9년(166) 청류의 당인 2백여 명을 체포하고 다음 해에 금고령을 내려 이들을 종신토록 관리가 되지 못하게 하니, 이것이 제1차 당고의 옥사이다. 환제가 후사 없이 죽고 靈帝가 12세의 나이로 즉위하자, 외척 竇武가 정권을 장악하고 진번과 함께 환관들을 모두 죽이려 하다가 도리어 반역죄로 몰려 멸족의 화를 당하였다. 환관들이 다시 득세하여 이응, 杜密 등을 주륙하고 당인과 태학생들을 대거 체포하였으며 이들과 관련이 있는 자들을 모두 폐출하거나 금고하니, 이것이 제2차 당고의 옥사이다.(≪後漢書≫ 권67 〈黨錮列傳〉)

莫能禁制하니 賢人君子 忠憤激烈하야 卒成黨錮之禍하니라

39-2-2

元嘉 원년(151) 여름 4월에 환제가 微行하여 河南尹 梁胤[34]의 府舍에 갔는데, 이날 큰 바람이 불어 나무가 뽑히고 낮에 컴컴하였다.

尙書 楊秉[35]이 상소하기를, "신은 들으니 하늘은 말을 하지 않고 災異로써 경계한다고 합니다. 왕은 至尊이므로 출입할 때에 일정한 법도가 있어서 벽제를 하여 가고 궁실을 깨끗하게 하여 머무는 것이니, 郊廟의 일이 아니면 鑾旗가 動駕하지 않습니다. 그러므로 제후가 신하의 집에 들어가더라도 ≪春秋≫에서 오히려 경계하는 말을 자세히 썼는데,[36] 더구나 先王의 法服 차림으로 사적으로 궁궐을 나가서 놀아 尊卑의 한계를 어지럽히고 신분간의 위엄에 차서가 없으며, 侍衛는 빈 궁궐을 지키고 玉璽를 妾에게 맡기고 있으니, 만약 비상한 변란과 任章의 꾀[37]와 같은 일이 있으면 위로는 先帝를 저버리고 아래로는 후회해도 미치지 못할 것입니다." 하였는데, 환제가 받아들이지 않았다.

○ 元嘉元年夏四月에 帝微行하야 幸河南尹梁胤府舍하니 是日에 大風拔樹하고 晝昏이라 尙書楊秉上疏曰 臣聞天不言語하야 以災異譴告라 王者는 至尊이라 出入有常하야 警蹕而行하고 靜室而止하나니 自非郊廟之事면 則鑾旗不駕라 故諸侯入諸臣之家라도 春秋尙列其誡어든 況於以先王法

---

34) 梁胤 : ?~159. 東漢 安定 烏氏 사람으로, 梁冀의 아들이다. 16세에 河南胤이 되었는데, 延熹 2년(159)에 아버지 양기가 실권하고 자살할 때에 棄市에 처해졌다.

35) 楊秉 : 92~165. 東漢 弘農 華陰 사람으로, 자는 叔節이고, 楊震의 아들이다. 豫州·荊州·徐州·兗州의 刺史를 역임하면서, 청렴결백하기로 유명하였다. 桓帝 때 太尉가 되어서는 수령들의 불법을 조목조목 아뢰어 지방관 50여 인을 사형시키거나 면직시켰으며, 조정의 得失에 대해서 매번 충성을 다해서 規諫하였다. 그는 본래 술을 좋아하지 않았고 또 일찍이 부인과 사별한 후 再娶하지 않았는데, 스스로 말하기를, "내가 세 가지 不惑하는 바가 있으니, 술과 여색과 재물이다."라고 하였다.

36) 제후가……썼는데 : 춘추시대 齊나라의 대부인 崔杼가 棠公의 상에 조문하러 갔다가 당공의 미망인 棠姜을 보고 반하여 아내로 삼았는데, 제나라 莊公이 다시 당강의 미모에 반하여 밀통하여 자주 최저의 집에 갔다. 이를 안 최저가 격노하여 자신의 집에 온 장공을 시해하였다. ≪春秋≫에 이 내용이 자세히 기록되어 있다.(≪春秋左氏傳≫ 襄公 25년)

37) 任章의 꾀 : 西漢 宣帝 때 代郡太守 任宣이 謀反에 연루되어 죽었는데, 임선의 아들 任章이 밤에 검은 옷을 입고 郎官들 틈에 끼어 창을 들고 사당 문에 서 있다가 선제가 오자 죽이려고 하였으나 발각되어 복주되었다. 선제가 원래는 항상 밤에 사당에 들어갔었는데 그 후로는 아침이 된 뒤에 사당에 들어갔다. 여기에서는 황제를 시해하려는 음모를 가리키는 말로 쓰였다.(≪漢書≫ 권88 〈儒林列傳 梁丘賀〉)

服으로 而私出槃遊하야 降亂尊卑에 等威無序하며 侍衛守空宮하고 璽綬委女妾하니 設有非常之變과 任章之謀면 上負先帝하고 下悔靡及이리이다 帝不納하다

39-2-3

永壽 원년(151) 봄 2월에 司隷[38]와 冀州에 기근이 들어 사람들이 서로 잡아먹자 太學生 劉陶[39]가 상소하여 다음과 같이 일을 진술하였다.

"대저 하늘과 황제의 관계와 황제와 백성의 관계는 머리와 발의 관계와 같아서 서로 의지하여 가는 것입니다. 폐하께서는 눈으로는 鳴條의 일[40]을 보지 않으셨고 귀로는 檀車[41]의 소리를 듣지 않으시어, 하늘이 내린 재앙이 피부에 절실하지 않고 지진과 일식이 폐하의 몸에 곧바로 손상을 입히지 않습니다. 그러므로 三光이 잘못된 것을 무시하고, 하늘의 진노를 경시하시는 것입니다.

삼가 생각건대 高祖께서 일어나실 때에 布衣로부터 시작하여 흩어진 자들을 모으고 상한 자들을 부축하여 능히 帝業을 이루었으니, 그 수고로움 또한 지극하였습니다. 남겨주신 복이 폐하에게까지 이르렀는데, 폐하께서는 훌륭한 先帝의 법도를 더욱 밝히지 못하셨고 고조의 수고를 소홀히 하여 兵權을 남에게 함부로 빌려주고 나라의 권세를 아랫사람에게 맡겨주어 추악한 환관들로 하여금 백성들을 살육하게 하여, 범과 표범이 사슴 목장에 굴을 파고 豺狼이 봄 동산에서 새끼를 치게 하였습니다. 재물을 늘리는 자는 지극히 원통한 원혼이 되고, 가난으로 굶주린 자는 饑寒에 고통받는 귀신이 되게 하여, 죽은 자는 무덤에서 슬퍼하고 산 자는 朝野에서 슬퍼하니, 이것이 바로 어리석은 신이 한탄하고 늘 탄식하는 마음을 품은 이유입니다.

그리고 秦나라가 망하려고 할 때에 바르게 간언한 자를 죽이고 아첨하여 진출한

38) 司隷 : 李賢의 주에 의하면, 州 이름이니, 곧 洛陽이다.(≪後漢書≫ 권7 〈孝桓帝紀〉)

39) 劉陶 : ?~185. 東漢 潁川 사람으로, 다른 이름은 劉偉이고, 자는 子奇이다. 어려서 太學에 유학하였고, ≪尙書≫와 ≪春秋≫에 밝았다. 孝廉으로 천거되어 順陽長에 임명되었고, 靈帝 때에 侍中에까지 올랐는데, 절실한 간언을 자주 하였으므로 權臣들이 그를 꺼려하였다. 諫議大夫에 임명되어 중요하고 급한 여덟 가지 일을 진달하면서 천하가 크게 어지러운 것이 모두 환관으로 말미암는다고 말하여, 환관들의 음해로 하옥되어 죽었다.

40) 鳴條의 일 : 殷나라 伊尹이 湯임금을 도와 桀을 칠 때에 전쟁을 했던 들판 이름이다. 여기에서는 桓帝가 전쟁을 겪지 않았다는 의미로 인용한 것이다.(≪書經≫ 〈商書 湯誓〉)

41) 檀車 : 박달나무로 만든 수레이다. ≪詩經≫ 〈小雅 杕杜〉에 "박달나무 수레의 휘장이 너덜너덜하며 네 필의 말이 병들었으니〔檀車幝幝 四牡痯痯〕"라고 하였는데, 이 檀車를 鄭玄은 役車라고 하였고, 본문의 檀車에 대해 李賢은 兵車라고 하였다.(≪後漢書≫ 권7 〈孝桓帝紀〉)

자에게 상을 주어 좋은 말은 충신의 입에서 묶이고 나라의 운명은 아첨하는 자의 입에서 나와 閻樂[42]을 咸陽에서 멋대로 부리고 趙高에게 車府令[43]을 제수하였습니다. 권세가 자기에게서 떠났는데도 알지 못하고, 위엄이 몸에서 떠났는데도 돌아보지 않았으니, 고금의 법도가 같고, 成敗의 형세가 같습니다. 폐하께서 멀리 강한 秦나라가 기울어진 것을 보시고 가까이 哀帝와 平帝의 변고를 보시면 得失이 환하게 드러나고 禍福을 보실 수 있을 것입니다.

신은 또 들으니, 위태로운 것은 仁이 아니면 붙들 수 없고 어지러운 것은 智가 아니면 구제할 수 없다고 합니다. 삼가 보건대 故 冀州刺史 南陽 朱穆[44]과 신과 같은 郡 출신인 전 烏桓校尉 李膺[45]은 모두 행실이 바르고 청렴하고 공평하며 고결함이 매우 뛰어나니 이들은 실로 中興의 어진 輔佐이고 국가의 동량이 되는 신하입니다. 의당 本朝로 소환하여 왕실을 보좌하게 해야 합니다.

신이 감히 때에 맞지 않는 의리로 간언을 거부하는 조정에 말하고 있으니, 얼음과 서리가 해를 보면 반드시 소멸되는 데에 이르는 것과 같습니다. 신이 처음에는 천하가 슬퍼할 만함을 슬퍼하였는데 지금은 천하가 또한 신의 어리석고 미혹됨을 슬퍼합니다."

상소가 올라갔으나 환제가 받아들이지 않았다.

○ 永壽元年春二月에 司隷冀州饑하야 人相食이어늘 太學生劉陶上疏陳事曰 夫天之與帝와 帝之與民이 猶頭之與足하야 相須而行也하나니 陛下目不視鳴條之事하고 耳不聞檀車之聲하야 天災不有痛於肌膚하고 震食不卽損於聖體라 故蔑三光之謬하고 輕上天之怒니이다 伏念高祖之起에 始自

---

42) 閻樂 : 秦나라의 간신인 趙高의 사위이다. 秦 始皇이 죽고 二世가 즉위한 뒤에 조고가 승상이 되었는데, 二世가 천하에 兵亂이 일어나는 일로 조고를 책망하였다. 그러자 조고는 誅罰당할 것이 두려워 그 사위인 염락을 시켜 사졸들을 거느리고 望夷宮으로 들어가서 이세를 죽이게 하였다.(≪史記≫ 권6 〈秦始皇本紀〉)

43) 車府令 : 秦나라 때 황제의 乘輿와 路車를 담당한 관직이다.

44) 朱穆 : 100~163. 東漢 南陽 사람으로, 자는 公叔이다. 孝廉으로 천거되어 桓帝 때 侍御史에 임명되었다. 永興 원년(153)에 冀州刺史에 임명되어 權貴들을 탄핵하고 정치를 엄명하게 하여 환관들의 미움을 받았다. 후에 尙書에 임명되었다. 수십 년간 벼슬하였으나 蔬食하고 布衣로 생활하였으며, 죽은 뒤 집안에 남은 재물이 없었다. 蔡邕과 門人들이 文忠先生이라는 시호를 올렸다.

45) 李膺 : 110~169. 東漢 潁川 사람으로, 자는 元禮이다. 孝廉으로 천거되었다가 度遼將軍, 河南尹, 永樂少府 등을 역임하였다. 강직하기로 소문이 나 '천하의 모범 이원례〔天下楷模李元禮〕'라 불렸고, 선비들이 그와 교유하면 登龍門하였다고 여겼다. 桓帝 때 환관들의 횡포를 규탄하다 오히려 黨을 결성한다는 무고를 당하고 禁錮에 처하여졌다. 靈帝 초 竇武가 정권을 잡았을 때 長樂少府가 되어 환관을 일소할 계획을 세우다가 일이 누설되어 투옥된 뒤 옥사하였다.

布衣하사 合散扶傷하야 克成帝業하니 勤亦至矣요 流福遺祚하야 至於陛下어늘 陛下既不能增明烈考之軌하고 而忽高祖之勤하야 妄假利器하고 委授國柄하야 使群醜刑隷로 芟刈小民하야 虎豹窟於麑場하고 豺狼乳於春囿라 貨殖者爲窮寃之魂하고 貧餒者作饑寒之鬼하야 死者悲於窀穸하고 生者戚於朝野하니 是愚臣所爲咨嗟長懷歎息者也라 且秦之將亡에 正諫者誅하고 諛進者賞하야 嘉言結於忠舌하고 國命出於讒口하야 擅閻樂於咸陽하고 授趙高以車府하니 權去己而不知하고 威離身而不顧하니 古今一揆요 成敗同勢라 願陛下는 遠覽彊秦之傾하고 近察哀平之變이면 得失昭然하고 禍福可見하리이다 臣又聞危非仁不扶하고 亂非智不救라하니 竊見故冀州刺史南陽朱穆과 前烏桓校尉臣同郡李膺이 皆履正淸平하고 貞高絶俗하니 斯實中興之良佐요 國家之柱臣也라 宜還本朝하야 夾輔王室이니 臣敢吐不時之義於諱言之朝하니 猶氷霜見日에 必至消滅이라 臣始悲天下之可悲러니 (令)〔今〕[46]天下亦悲臣之愚惑也하니이다 書奏不省하다

39-2-4

延熹 6년(163) 겨울 10월에 환제가 廣成苑에서 사냥하다가 마침내 函谷關 上林苑에까지 이르니, 光祿勳 陳蕃이 상소하여 간언하기를, "편안한 때에도 사냥은 절도가 있어야 하는데, 더구나 지금 세 가지가 빈 危難이 있는 때는 말할 것이 있겠습니까. 田野가 비어 있고, 朝廷이 비어 있고, 倉庫가 비어 있는데다 전쟁이 그치지 않고 백성들이 사방으로 흩어지고 있으니, 이는 폐하가 노심초사하여 밤새 고심해야 하는 때입니다. 어찌 깃발을 휘날리고 무력을 드러내서 수레와 말을 타고 달리는 것을 구경하는 데 마음을 빼앗길 때이겠습니까. 또 지난 가을에 비가 많이 와서 백성들이 비로소 보리를 파종하고 있는데 지금 勸農하는 때를 놓치고 백성으로 하여금 짐승을 몰고 길을 닦는 일에 동원되게 하는 것은 성현이 백성을 구휼하는 뜻이 아닙니다." 하였다. 상소가 올라갔으나 환제가 받아들이지 않았다.

○ 延熹六年冬十月에 帝校獵廣成하야 遂幸函谷關上林苑한대 光祿勳陳蕃上疏諫曰 安平之時에도 遊畋宜有節이어든 況今有三空之戹哉아 田野空하고 朝廷空하고 倉庫空이어늘 加之兵戎未戢하고 四方離散하니 是陛下焦心毁顔하고 坐以待(朝)〔旦〕[47]之時也라 豈宜揚旗耀武하야 騁心輿馬之

---

46) (令)〔今〕: 저본에는 '令'으로 되어 있으나, ≪後漢書≫ 권57 〈劉陶列傳〉에 의거하여 '今'으로 바로잡았다.

47) (朝)〔旦〕: 저본에는 '朝'로 되어 있으나, '朝'는 朝鮮 太祖 李成桂가 왕위에 오른 뒤 '旦'으로 개명하였기 때문에 조선에서는 避諱하여 '朝'로 쓴 것이다. 그러므로 원래 글자인 '旦'으로 돌려 놓았다.

觀乎잇가 又前秋多雨하야 民始種麥하니 今失其勸種之時하고 而令給驅禽除路之役이면 非聖賢恤民之意也니이다 書奏不納하다

39-2-5

延憙 8년(165) 봄에 渤海王 劉悝(유회)[48]가 평소 행실이 음험하고 사벽하며 참람하고 교만하여 불법을 저지른 일이 많아지자 北軍中候 陳留 사람 史弼[49]이 封事를 올려 아뢰기를, "신은 들으니, 제왕이 친척에 대해 애정이 크더라도 반드시 위엄을 보이고, 지체는 귀하더라도 반드시 법도로써 금지해야 한다고 하니, 이렇게 해야 화목의 도가 일어나고 골육의 은혜가 이루어집니다. 삼가 들으니, 발해왕 유회가 밖으로는 날쌔고 불순한 무리를 모으고 안으로는 음주와 향락에 빠져서 들어가고 나가는 것이 일정하지 않고, 함께 무리지어 어울리는 자들이 모두 집안에서 버린 자식과 조정에서 내친 신하라고 합니다. 반드시 羊勝[50]과 伍被[51] 같은 변란이 있을 것인데, 州司는 감히 규탄하지 않고 傅相은 바로잡지 못하고, 폐하는 우애가 깊어 차마 끊어내지 못하시니, 마침내 점점 커져서 해가 더욱 커질까 염려됩니다.

신이 아뢴 내용을 드러내서 百官들에게 공포하여 법대로 공평하게 처리하고 법에 의해 죄가 결정되면 차마 엄정하게 다스릴 수 없는 조서를 내렸다가 신하들이 강하게 반대한 뒤에 조금 용서하소서. 이렇게 하면 조정은 친속을 다치게 했다는 비난이 없을 것이고, 발해왕은 제후국의 복록을 누리는 경사가 있을 것입니다. 이렇게 하지

48) 劉悝(유회) : ?~172. 東漢 桓帝의 동생이다. 蠡吾侯에 봉해졌다가 渤海王을 승계하였다. 행실이 음험하고 사벽하며 참람하고 교만하여 불법을 저지른 일이 많자 不道한 일을 도모했다는 죄목으로 癭陶王으로 좌천되었다. 후에 환관 王甫 등으로부터 모반을 도모했다는 무고를 받고 자살하였다.

49) 史弼 : 東漢 陳留 사람으로, 자는 公謙이다. 桓帝 때 平原相이 되어 豪強한 자들을 억눌렀다. 환제가 조서를 내려 黨人를 체포할 때에 한 사람도 보고하지 않아서 탄핵을 받았다. 후에 다시 河東太守가 되었다. 靈帝 때 彭城相이 되었는데 병에 걸려 죽었다.

50) 羊勝 : ?~B.C. 148. 西漢 齊郡 사람이다. 梁孝王이 사방의 호걸들을 초빙할 때 公孫詭, 鄒陽 등과 함께 가서 귀의하였다. 景帝가 栗太子를 폐위하자 竇太后가 梁王을 경제의 후계자로 삼으려고 하였는데, 袁盎 등에 의해 저지되었다. 이에 양왕이 원앙을 원망하여 양승과 공손궤 등과 모의하여 자객을 시켜 원앙을 죽이게 하였다. 경제가 梁王을 의심하여 田叔에게 조사하게 하자 전숙이 양승과 공손궤를 죽이고, 양왕은 무혐의로 처리하였다.

51) 伍被 : ?~B.C. 148. 西漢 楚 사람이다. 淮南王 劉安이 천하의 영재를 초치했을 때 오피가 그중에 으뜸을 차지하여 회남왕의 총애를 받았다. 나중에 회남왕이 역모를 꾀할 때 처음에는 말리다가 결국 역모를 도왔다. 나중에 일이 발각되어 회남왕은 자살하고 오피는 伏誅되었다.

않으면 장차 큰 옥사가 일어날까 두렵습니다." 하였는데, 환제가 듣지 않았다.

유회가 실제로 不道한 일을 도모하자 有司가 폐위시키기를 청하니 조서를 내려 瘿陶王으로 좌천시켜 한 縣을 食邑으로 삼게 하였다.

○ 八年春에 勃海王悝 素行險僻하며 多僭傲不法하니 北軍中候陳留史弼上封事曰 臣聞帝王之於親戚에 愛雖隆이나 必示之以威하고 體雖貴나 必禁之以度라하니 如是라야 和睦之道興하고 骨肉之恩遂矣니이다 竊聞勃海王悝 外聚剽輕不逞之徒하고 內荒酒樂하야 出入無常하고 所共群居 皆家之棄子와 朝之斥臣이니 必有羊勝伍被之變이어늘 州司不敢糾彈하고 傅相不能匡輔하고 陛下隆於友于하야 不忍遏絶하시니 恐遂滋蔓하면 爲害彌大라 乞露臣奏하야 宣示百僚하야 平處其法하고 法決罪定이어든 乃下不忍之詔하고 臣下固執然後에 少有所許니 如是則聖朝無傷親之譏하고 勃海有享國之慶하리이다 不然이면 懼大獄將興矣일가하노이다 帝不聽이러니 悝果謀爲不道하니 有司請廢之한대 詔貶爲瘿陶王하야 食一縣하다

靈帝

39-3-1

孝靈皇帝의 휘는 宏이니, 肅宗의 玄孫이고, 河間孝王[52)]의 증손이다. 桓帝가 죽고 아들이 없었다. 영제가 일찍이 侯爵을 承襲하였는데 그때 나이가 12세였다. 竇太后에 의해 帝位에 올랐는데, 혼미하고 포학하며 不道하여 간악한 자들을 保養하기를 骨肉보다 심하게 하고, 忠良한 신하 죽이는 것은 원수보다 심하게 하여 마침내 何進[53)]이 군대를 불러들이고 董卓[54)]이 그 틈을 타고 袁紹[55)]의 무리가 뒤이어 난을 일

52) 河間孝王 : 肅宗 章帝의 아들 劉開이다.

53) 何進 : ?~189. 東漢 南陽 사람으로 자는 遂高이다. 靈帝 때 그 누이가 황후가 되었다. 潁川太守·侍中 등을 역임하였고, 黃巾賊을 격파한 공으로 愼侯에 봉해졌다. 영제가 죽자 何皇后의 아들 劉辯을 少帝로 옹립하였다. 袁紹와 함께 환관들을 주살하기로 모의하였는데 끝내 주저하며 결정하지 못하다가 도리어 中常侍 張讓 등에게 살해되었다.

54) 董卓 : ?~192. 東漢 말기의 武將으로, 자는 仲穎이고, 甘肅省 출신이다. 처음에는 羌族의 추장을 회유하여 세력을 길렀다가, 189년 외척 何進이 환관을 토멸하고자 할 때 이에 호응하여 군사를 거느리고 洛陽으로 향하였으나 하진은 도리어 환관에게 죽고, 환관들은 袁紹의 군대에 몰살되었다. 그러나 동탁은 그대로 낙양에 입성하여 獻帝를 옹립하고 정권을 잡았다. 이에 대해 원소를 맹주로 하는 동탁 토벌군이 조직되자, 190년 낙양성을 소각하고 長安으로 천도하였다. 천도 후에도 횡포가 심하였고, 그 때문에 司徒 王允의 모략에 걸려 부장 呂布에게 살해되었다. 동탁의 사후 장안은 부장들의 다툼으로 혼란이 거듭되었고 헌제는 장안을 탈출

으켜 漢나라의 국운이 마침내 끊어지게 되었다.

孝靈皇帝의 諱는 宏이니 肅宗之玄孫이요 河間孝王之曾孫也라 桓帝崩에 無子라 帝嘗襲侯爵하야 時年十二러니 爲竇太后所立하니 昏虐不道하야 保養奸回를 過於骨肉하고 殄滅忠良을 甚於寇讎하야 卒致何進召戎하고 董卓乘釁하고 袁紹之徒 從而搆難하니 漢祚遂滅하니라

39-3-2

建寧 2년(197) 여름 4월에 青蛇가 御坐 위에 나타나고, 비바람이 크게 일고 우박이 내리고 벼락이 쳐서 큰 나무 백여 그루가 뽑히니, 公卿 이하는 각자 封事를 올리라는 조서를 내렸다.

大司農 張奐[56]이 상소하기를, "옛날에 周公의 장사를 예에 맞지 않게 하니 하늘이 위엄을 보였는데,[57] 지금 竇武[58]와 陳蕃[59]의 충정이 분명한 용서를 받지 못했으니, 災異가 온 것은 모두 이 때문입니다. 속히 거두어 장사 지내주고 家屬을 고향으로

하여 曹操에게 보호받음으로써 조조가 중국 천하를 제패하는 계기를 만들었다.

55) 袁紹 : ?~202. 東漢 말기의 군인으로, 자는 本初이며 汝南郡 汝陽縣 사람이다. 명문가의 사생아 출신으로 젊어서는 청류파 사상가로 명성을 떨쳤다. 동한의 정치적 부패를 타파하고자 십상시를 일소하였으나, 동탁의 개입으로 정권을 잡는 데 실패하고 중앙에서 쫓겨났다. 원래는 중앙에서 태어난 관료 출신이었지만 사상가・정치가로서의 명망과 경력을 바탕으로 冀州 일대에서 빠르게 군벌화 하였고, 韓馥・公孫瓚・孔融 등의 정부 관료・군벌들을 격파・병합함으로써 가장 강력한 세력을 형성하였으나 官渡大戰에서 曹操에게 크게 패한 뒤 憤死하였다.

56) 張奐 : 110~181. 東漢 敦煌 사람으로, 자는 然明이다. 太尉 朱寵을 師事하여 ≪歐陽尙書≫를 배웠다. 賢良으로 천거되어 여러 차례 邊功을 세웠으나 환관을 섬기지 않아 상을 받지 못했다. 靈帝 때 大司農에 임명되고 侯에 봉해졌으나 받으려고 하지 않았다. 太常에 임명되었는데, 환관들의 미움을 받아 田里에 放歸되었다.

57) 옛날에……보였는데 : 周나라 成王 때 周公이 유언하기를, "내가 죽거든 반드시 成周에 제사지내 천하에 내가 성왕에게 신하임을 보이라."라고 하였는데, 주공이 죽자 우레가 치고 비바람이 불어 곡식이 모두 넘어지고 큰 나무가 뿌리채 뽑혔다. 나라 사람들이 두려워하자 成王이 金縢을 열어서 읽고 울면서 말하기를, "주공이 王家를 위해 수고하였는데 내가 미처 알지 못했다." 하고, 주공을 成周에 장사 지내지 않고 畢에 장사 지내서 천하에 주공을 신하로 여기지 않음을 보였다.(≪尙書大傳≫ 권3 〈金縢傳〉)

58) 竇武 : ?~168. 東漢 扶風 사람으로, 자는 游平이다. 동한 말기의 외척 대신으로, 竇融의 현손이다. 그의 딸이 桓帝의 황후가 되면서 조정에 간여하여 후사 없이 환제가 죽자 靈帝를 옹립하고 대장군이 되고 槐里侯에 봉해졌다. 陳蕃 등과 모의하여 환관 曹節과 王甫 등을 주살하려 하였으나 사전에 누설되어 피살당했다.

59) 陳蕃 : ?~168. 東漢 汝南 사람으로, 자는 仲擧이다. 사람됨이 방정하고 준엄하여, 漢末의 士風이 그로 인해 氣節을 숭상하게 되었다. 太衛 李固가 천거하여 議郎이 되어 豫章太守 등을 역임하였다. 靈帝 때 高陽侯에 봉해져 대장군 竇武와 모의하여 환관 조절과 왕보 등을 주살하려 하였으나 사전에 누설되어 피살당했다.

돌려보내고, 그들을 따라 금고되었던 자들을 모두 풀어주어야 합니다. 또 황태후께서 南宮에서 지내시지만 은혜와 예우를 받지 못하는데 朝臣 중에 말하는 사람이 아무도 없으므로 원근의 백성들이 실망하고 있으니 大義로 돌봐준 은혜에 보답하기를 생각해야 합니다." 하였다.

영제가 장환의 말을 매우 가상하게 여겨 常侍[60]들에게 물었는데 좌우 신하들이 모두 장환을 미워하므로 영제가 자기 뜻대로 장환의 말을 따를 수 없었다. 장환이 또 尙書 劉猛[61] 등과 함께 王暢[62]과 李膺[63]이 三公에 뽑힐 만하다고 천거하자 曹節[64] 등이 그 말을 더욱 미워하여 마침내 조서를 내려 엄하게 꾸짖으니, 장환 등이 모두 스스로 廷尉에게 나아가 갇히자 모두 석 달의 월급을 반납하는 것으로 속죄하였다.

○ **建寧二年夏四月**에 **有靑蛇見**(현)**於御坐上**하고 **大風雨雹霹靂**하고 **拔大木百餘**하니 **詔公卿以下各上封事**한대 **大司農張奐上疏曰 昔周公葬不如禮**하니 **天乃動威**러니 **今竇武陳蕃忠貞**이 **未被明**

60) 常侍 : 東漢 靈帝 때 권력을 쥐고 나라를 어지럽힌 열두 명의 宦官으로, 張讓・趙忠・夏惲・郭勝・孫璋・畢嵐・栗嵩・段珪・高望・張恭・韓悝・宋典을 가리키는데, 十常侍라고 한다.(≪後漢書≫ 권78 〈宦者列傳 張讓〉)

61) 劉猛 : 東漢 琅邪 사람이다. 桓帝 때 宗正이 되었는데 소신대로 하다가 벼슬을 버리고 귀향하였다. 靈帝가 즉위하여 太傅 陳蕃과 대장군 竇武가 정치를 보좌할 때 다시 불러서 임용하였다. 熹平 초에 어떤 사람이 宮門 밖 朱雀闕에 曹節과 王甫가 태후를 유폐시켜 살해하였다고 써 붙이자, 유맹에게 조서를 내려 체포하게 하였는데, 힘써 체포하지 않는다는 이유로 면직되었다.

62) 王暢 : ?~169. 東漢 山陽 高平 사람으로, 자는 叔茂이다. 茂才로 천거되어 司隷校尉에 임명되었다가 일에 연좌되어 면직되었다. 太尉 陳蕃의 천거로 南陽太守에 임명되어 남양의 사치한 풍속을 바로잡았고, 靈帝 초에 司空에까지 올랐다.

63) 李膺 : 110~169. 東漢 穎川 襄城 사람으로, 자는 元禮이다. 孝廉으로 천거되어 河南尹에 올랐고, 太學生의 領袖 郭泰 등과 연대하여 宦官의 專權을 반대하였는데, 선비들이 그와 교제를 맺는 것을 가리켜 '용문에 올랐다.[登龍門]'라고까지 칭하였다. 桓帝 때 司隷校尉가 되어 張讓의 무도한 동생 張朔을 죽이자 환관들이 모두 그를 두려워하였다. 延熹 9년(166)에 환관들의 무함을 받아 黨錮의 화를 당하였다가 靈帝 초에 대장군 竇武의 추천으로 長樂少府가 되었다. 陳蕃과 환관들을 誅殺하려고 꾀하다가 실패하여 면직되었다가 黨錮가 다시 일어나 獄死하였다.

64) 曹節 : ?~181. 東漢 南陽 新野 사람으로, 자는 漢豐이다. 桓帝 때 환관이 되어 총애를 받았으며, 靈帝를 迎立한 공로로 長安鄕侯에 봉해졌다. 환제와 영제 때 2차에 걸쳐 있었던 黨錮之禍의 주역이다. 환제 때 환관의 전횡으로 인해 학자 李膺 등이 태학생들과 연합하여 이를 비난하자 환관들이 이들을 체포했다가 석방한 뒤 죽을 때까지 관직에 나가지 못하도록 조치한 것이 1차 黨錮之禍이다. 이후 영제 때 竇武를 위시한 외척들이 黨禁을 해제하고 환관들을 주멸하려 하다가 일이 발각되어 도리어 환관들이 이응 등 100여 명의 학자와 태학생들을 하옥해 처형하고 계속해서 수백 명을 가두고 귀양 보내고 처형하였다. 뒤에 영제는 환관의 협박으로 조서를 내려 모든 黨人의 문하생과 수하, 부자형제를 관직에서 면직시키고 금고에 처하였다. 이것이 2차 黨錮之禍이다. 후에 벼슬이 尙書令에까지 올랐다.

宥하니 妖眚之來 皆爲此也라 宜急爲收葬하고 徙還家屬하고 其從坐禁錮를 一切蠲除니이다 又皇太后雖居南宮이나 而恩禮不接이어늘 朝臣莫言하야 遠近失望하니 宜思大義顧復之報니이다 帝深嘉奐言하야 以問諸常侍한대 左右皆惡(오)之라 帝不得自從이러라 奐又與尙書劉猛等으로 共薦王暢李膺이 可參三公之選이라한대 曹節等이 彌疾其言하야 遂下詔切責之하니 奐等皆自囚廷尉어늘 竝以三月俸으로 贖罪하다

郎中 謝弼[65]이 封事를 다음과 같이 올렸다.

"황태후(竇太后)께서 빈 궁궐에 유폐되어 근심이 하늘을 감동시키니, 만약 안개와 이슬을 맞고 병이 든다면 폐하께서는 무슨 면목으로 천하 사람들을 보시겠습니까.[66] 孝和皇帝께서 竇氏의 은혜를 끊지 않으셨으니,[67] 지난날 美談으로 여겼습니다. 예에 다른 사람의 後嗣가 된 자를 아들이라고 하였습니다. 지금 桓帝를 아버지로 삼았으니, 어찌 태후를 어머니로 삼지 않을 수 있겠습니까. 台宰는 중요한 관직으로 나라의 命運이 걸려 있는데, 오늘날 四公[68] 중에 오직 司空 劉寵만 專一하게 善을 지키고 있고, 나머지는 모두 하는 일 없이 녹봉만 받아먹고 도둑을 부르는[69]

---

65) 謝弼 : 東漢 東郡 武陽 사람으로, 자는 輔宣이다. 靈帝 建寧 2년(169)에 郎中이 되어 封事를 올려 陳蕃의 원통함을 진달했다가 환관들의 미움을 받아 廣陵府丞으로 좌천되자 벼슬을 버리고 낙향하였다. 東郡太守 曹紹가 中常侍 曹節의 從子였는데, 그의 죄로 체포되어 옥중에서 죽었다.

66) 만약……보시겠습니까 : 西漢 文帝의 아우인 淮南王 劉長이 반란을 도모하자 문제는 그를 경계하기 위하여 짐을 싣는 輜車에 태워 먼 蜀 지방으로 유배를 보내면서 경유하는 고을에서 음식 등을 공급하게 하였다. 이에 袁盎이 간하기를 "회남왕은 성격이 강한데 지금 갑자기 꺾어버리시니, 신은 그가 끝내 안개와 이슬을 맞고 병들어 죽으면 폐하께서는 아우를 죽였다는 나쁜 소문이 있게 될까 염려됩니다.〔淮南王爲人剛 今暴摧折之 臣恐卒逢霧露病死 陛下爲有殺弟之名〕" 하니, 문제는 "내 우선 그에게 고통을 주어 경계할 뿐이니, 지금 돌아오게 하겠다."라고 하였다. 그런데 회남왕은 분하여 음식을 먹지 않고 결국 죽었다. 여기에서는 황태후가 유폐되어 있는데, 그대로 두어 만약 황태후가 죽으면 영제가 황태후를 죽게 했다는 오명을 받게 된다는 의미로 이를 인용한 것이다.(≪史記≫ 권118 〈淮南衡山列傳〉)

67) 孝和皇帝께서……않으셨으니 : 東漢 章帝의 皇后인 竇太后가 죽자 太尉 張酺 등이 태후의 행실을 문제 삼아 太后의 尊號를 깎아내고 先帝와 합장해서는 안 된다고 주장하였다. 이에 和帝가 직접 조서를 내려 "竇氏가 법도를 따르지는 않았지만 태후가 항상 스스로 減損하였고, 짐이 10년을 받들어 섬기며 大義를 깊이 생각하였고, 禮에 臣子가 尊上을 깎아내린다는 글이 없다. 은혜로 볼 때 차마 떨어지게 할 수 없고, 의리로 볼 때 차마 훼손할 수 없다. 前世를 살펴보건대 上官太后 또한 廢黜한 일이 없으니, 다시는 논하지 말라." 하니, 이에 章帝의 능인 敬陵에 합장하였다.(≪後漢書≫ 권10 上 〈竇皇后紀〉)

68) 四公 : 司空 劉寵, 太尉 劉矩, 司徒 許訓, 太傅 胡廣을 가리킨다.(≪後漢書≫ 권87 〈謝弼傳〉)

69) 도둑을 부르는 : 능력이 직책에 걸맞지 않아서 우환을 초래한다는 뜻이다. ≪周易≫ 解卦 六三에 "짐을 지고 다녀야 할 자가 수레를 탄 격이라 도적을 불러오니, 바르더라도 수치스러울 것이다.〔負且乘 致寇至 貞吝〕"라고 한 말을 인용한 것이다. 여기에서는 四公 중에 劉寵을 뺀 나머

사람들이므로 반드시 솥의 발이 부러져 솥 안의 음식을 엎어버리는 흉한 일[70]이 있을 것이니, 災異로 인하여 모두 파면하소서. 그리고 王暢과 李膺을 불러서 함께 政事를 맡게 하면 災變을 소멸시키고 국운은 영구하게 할 수 있을 것입니다."

郎中謝弼上封事曰 皇太后幽隔空宮하야 愁感天心이라 如有霧露之疾이면 陛下何面目으로 以見天下시리잇고 孝和皇帝不絶竇氏之恩하시니 前世以爲美談하고 禮에 爲人後者 爲之子라하니 今以桓帝爲父하시니 豈得不以太后爲母哉잇가 台宰는 重器라 國命所係어늘 今之四公에 唯司空劉寵이 斷斷守善이고 餘皆素餐致寇之人이니 必有折足覆餗之凶이리니 可因災異하야 竝加黜罷하시고 徵王暢李膺하야 竝居政事면 庶災變可消요 國祚惟永하리이다

光祿勳 楊賜[71]가 다음과 같이 아뢰었다.

"왕이 마음에 생각한 바가 있으면 안색에 드러내지 않더라도 五星이 자리를 이동하고 음양이 度數를 바꿉니다. 대저 皇極이 세워지지 않으면 龍蛇의 재앙이 있게 됩니다. ≪詩經≫에 '毒蛇의 꿈은 딸을 낳을 상서로운 꿈이다.'[72] 하였으니, 폐하께서는 乾剛의 道[73]를 생각하고 內外의 마땅함을 구별하시어 皇甫의 권세를 억누르고 艶妻의 사랑을 끊어내시면[74] 독사의 재변을 해소할 수 있고, 祥瑞가 곧바로 응할 것입니다." 하였다.

光祿勳楊賜曰 王者 心有所想에 雖未形顔色이라도 而五星爲之推移하고 陰陽爲其變度하나니 夫

지 세 사람은 모두 四公의 지위에 걸맞지 않으므로 우환을 초래하게 될 것이라고 말한 것이다.

70) 솥의……일 : ≪周易≫ 鼎卦 九四에 "솥이 발이 부러져서 公上에게 바칠 음식을 엎었으니, 그 얼굴이 무안하여 붉어짐이니, 흉하도다.〔鼎折足 覆公餗 其形渥 凶〕"라고 하였는데, 〈繫辭傳〉에서 孔子가 이에 대해 이르기를, "德이 박하면서 지위가 높으며 지혜가 작으면서 도모함이 크며 힘이 작으면서 짐이 무거우면 화가 미치지 않는 자가 드물다.……그 임무를 감당하지 못함을 말한 것이다.〔德薄而位尊 知小而謀大 力小而任重 鮮不及矣……言不勝其任也〕"라고 한 내용을 인용하여, 이들의 능력이 직임을 감당하지 못하여 일을 망치게 될 것임을 말한 것이다.

71) 楊賜 : ?~185. 東漢 弘農 사람으로, 자는 伯獻이다. 桓帝와 靈帝 때 벼슬하여 侍中·司徒·太尉·司空 등을 지내고, 臨晉侯에 봉해졌다. 박식하고, 直言과 極諫을 잘하였다. 시호는 文烈이다.

72) 毒蛇의……꿈이다 : ≪詩經≫ 〈小雅 斯干〉에 보인다.

73) 乾剛의 道 : ≪周易≫ 〈雜卦傳〉의 "乾은 굳세고 坤은 부드럽다.〔乾剛坤柔〕"에서 비롯된 말로, 天道의 강건함을 뜻하는 말인데, 후에 제왕의 강건한 결단력 혹은 군주의 권위를 뜻하는 말로 사용되었다.

74) 皇甫의……끊어내시면 : ≪詩經≫ 〈小雅 十月之交〉에 "皇甫가 卿士이고……艶妻가 화를 일으키며 그대로 있도다.〔皇甫卿士……豔妻煽方處〕"라고 한 구절을 인용한 것인데, 艶妻는 周나라 幽王의 왕후 褒姒이고, 皇甫는 포사의 黨與로서 포사의 은총으로 고위 관직에 있는 자들을 가리킨다. 여기에서는 靈帝를 蠱惑시키는 妃嬪과 그 비빈에 빌붙어 벼슬하는 자들을 가리킨다.(≪後漢書≫ 권54 〈楊震列傳〉)

皇極不建이면 則有龍蛇之孽이라 詩云 惟虺惟蛇는 女子之祥이라하니 惟陛下思乾剛之道하고 別內外之宜하사 抑皇甫之權하고 割艶妻之愛면 則蛇變可消요 禎祥立應하리이다

39-3-3

가을 9월이라. 처음에 李膺 등이 관작이 삭탈되고 禁錮되었지만 천하의 士大夫들이 모두 그의 道를 숭상하고 조정을 더럽게 여겼다. 그들을 앙모하는 자들은 오직 그들에게 미치지 못할까 염려하였고, 또 서로 찬양하여 그들에게 칭호를 붙여서 竇武와 陳蕃과 劉淑[75)]을 三君이라고 하였으니, 君이란 한 시대의 으뜸가는 사람을 말한 것이다. 李膺・荀昱[76)]・杜密[77)]・王暢・劉祐[78)]・魏朗[79)]・趙典[80)]・朱寓[81)]를 八俊이라고 하였으니, 俊이란 사람들 중에 英傑을 말한 것이다. 郭泰[82)]・范滂[83)]・尹

75) 劉淑 : ?~168? 東漢 河間 사람으로, 자는 仲承이다. 五經에 밝았고, 은거하여 제자를 가르쳤는데 제자가 항상 수백 명이었다. 桓帝 때 侍中・虎賁中郞將에까지 올랐다. 靈帝 때에 환관들의 참소로 하옥되어 자살하였다.

76) 荀昱 : ?~169. 東漢 穎川 사람으로, 자는 伯條이다. 荀淑의 조카로 沛相이 되었다. 竇武와 함께 환관들을 제거하려다 실패하고 黨錮의 禍에 걸려 李膺과 함께 죽었다.

77) 杜密 : ?~169. 東漢 穎川 사람으로, 자는 周甫이다. 어려서부터 志氣가 있었다. 桓帝 때 尙書令・河南尹・太僕을 지냈고, 李膺과 명성이 동등하여 '李杜'로 불렸다. 靈帝 초에 竇武가 정권을 잡자 다시 태복이 되었으나 竇武 등이 환관을 제거하려고 도모하다가 실패하자 옥에 갇혀 자살하였다.

78) 劉祐 : 東漢 中山 사람으로, 자는 伯祖이다. 桓帝 때 尙書令・司隷校尉・大司農을 지냈다. 靈帝 때 陳蕃이 정사를 보좌할 때 河南尹이 되었는데, 진번이 실패하자 파출되어 귀향하였다.

79) 魏朗 : ?~168? 東漢 會稽 사람으로, 자는 少英이다. 博士 郤仲信에게 ≪春秋圖緯≫를 배우고, 太學에 나아가 五經을 배웠다. 司徒府, 尙書를 역임하고, 桓帝 때 黨錮에 연루되어 면직되었다. 靈帝 때 竇武 등이 환관을 제거하려다 실패했을 때 붙잡혀 심문을 당하자 자살하였다.

80) 趙典 : 東漢 蜀郡 사람으로, 자는 仲經이다. 桓帝 때 議郞에 제수되어 侍中에 오르고, 아버지 趙戒의 廚亭侯를 襲封하였다. 弘農太守, 將作大匠, 少府, 大鴻臚, 太僕, 太常 등을 역임하였다. 공경들이 표문을 올려, 조전이 학문이 독실하고 박학하므로 國師로 삼아야 한다고 하였는데, 이때 병으로 죽었다. 시호는 獻侯이다.

81) 朱寓 : ?~169. 東漢 沛 사람이다. 벼슬은 司隷校尉를 지냈다. 靈帝 때 黨錮를 만나 옥중에서 죽었다.

82) 郭泰 : 128~169. 東漢 太原 사람으로, 자는 林宗이다. 典籍에 널리 통달하고 담론을 잘하였다. 일찍이 洛陽에 갔다가 河南尹 李膺과 친하게 지내서 이름이 京師에 진동하였다. 조정에서 불렀으나 나가지 않고, 천하의 인물을 잘 품평하였으나 위태로운 말은 하지 않았다. 黨錮의 화가 일어났을 때에도 홀로 화를 당하지 않았고, 집에서 나가지 않고 제자를 가르쳤는데 그 수효가 수천 명이었다. 그가 죽자 蔡邕이 그의 비문을 지었다.

83) 范滂 : 137~169. 東漢 汝南 사람으로, 자는 孟博이다. 孝廉으로 천거되어 淸詔使, 光祿勳主事를 지냈고, 郡縣의 불법을 저지른 관리를 按察하고, 權貴들을 탄핵하였는데, 時政이 부패한 것을 보고 벼슬을 그만두었다. 桓帝 때 1차 黨錮의 禍로 하옥되었다가 풀려났고, 靈帝 때 2차

勳[84]·巴肅[85]·宗慈[86]·夏馥[87]·蔡衍[88]·羊陟[89]을 八顧라고 하였으니, 顧란 능히 德行으로 사람들을 인도하는 것을 말한다. 張儉[90]·翟超[91]·岑晊[92]·苑康[93]·劉表[94]·陳翔[95]·孔昱[96]·檀敷[97]를 八及이라고 하였으니, 及이란 능히 사람들을 인

黨錮의 禍 때 옥중에서 죽었다.

84) 尹勳 : ?~168. 東漢 河南 사람으로, 자는 伯元이다. 孝廉으로 천거되어 尙書令에까지 올랐고, 桓帝 때 梁冀를 주벌하는 데에 참여하여 都鄕侯에 봉해지고 汝南太守, 大司農에 올랐다. 靈帝 초에 竇武 등이 환관을 제거하려고 한 일에 연루되어 옥중에서 자살하였다.

85) 巴肅 : 東漢 勃海 사람으로, 자는 恭祖이다. 孝廉으로 천거되어 靈帝 때 議郎이 되었는데, 竇武 등과 환관을 제거하려다가 실패하여 옥에 갇혀 죽었다.

86) 宗慈 : 東漢 南陽 사람으로, 자는 孝初이다. 孝廉으로 천거되었는데, 公府의 부름에 모두 나가지 않았다. 후에 修武令이 되었는데 당시 太守가 뇌물을 많이 받는 것을 보고 벼슬을 그만두었다. 議郎으로 부름을 받고 가는 도중에 죽었다.

87) 夏馥 : 東漢 陳留 사람으로, 자는 子治이다. 桓帝 때 直言으로 천거되었는데 벼슬에 나가지 않았다. 그러나 그의 명성을 中官들이 꺼려하여 마침내 范滂·張儉 등과 誣告를 당해 林慮山으로 들어가 성명을 바꾸고 고용살이를 하다가 黨錮의 화가 풀리기 전에 죽었다.

88) 蔡衍 : 東漢 汝南 사람으로, 자는 孟喜이다. 孝廉으로 천거되어 冀州刺史, 議郎을 지내면서 환관과 외척의 전횡을 몹시 미워하였다. 일찍이 中常侍 具瑗의 청탁을 거절하고, 병을 핑계 대고 梁冀를 찾아가지 않았다. 후에 上書하여 南陽太守 成瑨의 원통함을 변론하다가 면직되었다. 靈帝 초에 다시 議郎에 제수되었다.

89) 羊陟 : 東漢 泰山 사람으로, 자는 嗣祖이다. 孝廉으로 천거되어 冀州刺史, 尙書令, 河南尹을 지냈다. 黨錮의 禍 때 면직되고 禁錮되었다.

90) 張儉 : 115~198. 東漢 山陽 사람으로, 자는 元節이다. 茂才로 천거되어 桓帝 때 山陽東部督郵가 되었다. 일찍이 中常侍 侯覽과 그 어머니의 죄악을 탄핵하였다가 후람의 미움을 받아 黨錮의 화를 입어 망명했는데, 獻帝가 불러서 衛尉로 삼았다.

91) 翟超 : 東漢 靈帝 때 山陽太守를 지냈다.

92) 岑晊 : 東漢 南陽 사람으로, 자는 公孝이다. 郭泰 등과 교유하였다. 宛富賈와 張汎 등이 환관과 결탁하여 환관의 세력을 믿고 횡행하자 장범을 체포하였는데, 岑晊이 그를 죽여서 桓帝의 노여움을 사자 달아나 齊·魯 사이에 숨었다. 후에 사면되었는데, 黨錮의 禍가 일어나자 다시 달아나 江夏의 산중에서 일생을 마쳤다.

93) 苑康 : 東漢 渤海 사람으로, 자는 仲眞이다. 孝廉으로 천거되어 潁陰令을 거쳐 太山太守가 되어 법령을 엄하게 시행하니 豪强한 자들이 범하지 못하였다. 후에 환관 侯覽의 무고로 하옥되어 日陽으로 옮겨졌는데, 羊陟 등이 그의 원통함을 호소하여 본군으로 돌아왔다.

94) 劉表 : 142~208. 東漢 山陽 사람으로, 자는 景升이다. 漢나라 景帝의 아들인 魯恭王 劉餘의 자손이다. 獻帝 때에 荊州牧이 되어 愛民養士하며 조용히 스스로 보전하여 八俊의 한 사람으로 이름을 날렸다.

95) 陳翔 : 東漢 汝南 사람으로, 자는 子麟이다. 孝廉으로 천거되어 侍御史에 임명되었다. 梁冀가 權貴를 믿고서 불경한 것을 아뢰고, 貪官을 누차 탄핵하여 威名을 떨쳤다. 黨錮로 인하여 하옥되었으나 무혐의로 풀려났다.

96) 孔昱 : 東漢 魯國 사람으로, 자는 元世이다. 어려서 ≪尙書≫를 익혔고, 方正으로 천거되었다. 黨錮의 禍를 만나 禁錮되었다가 靈帝 초에 議郎에 임명되고, 洛陽令에 보임되었는데, 스승의 상을 당했다는 이유로 벼슬을 버리고 낙향하였다.

97) 檀敷 : 東漢 山陽 사람으로, 자는 文有이다. 젊어서 孝廉으로 천거되어 여러 차례 부름을 받았으나 나가지 않았다. 靈帝 때 太尉 黃琼이 方正으로 천거하여 議郎이 되고, 蒙縣令에 보임되었

도하여 추종하여 본받게 하는 자를 말한다. 度尙[98]·張邈[99]·王考[100]·劉儒[101]·胡母班[102]·秦周[103]·蕃嚮[104]·王章[105]을 八廚라고 하였으니, 廚란 능히 재물로 사람들을 구제하는 자를 말한다.

진번과 두무가 用事하게 되자 다시 이응 등을 기용하였는데, 진번과 두무가 죽고 나서 이응 등이 다시 버려지니 환관들이 이응 등을 미워하여 조서를 내릴 때마다 黨人을 금하라고 아뢰었다. 侯覽[106]이 장검을 특히 심하게 원망하였는데, 후람의 同鄕 사람 朱竝이 평소 간사하여 장검에게 버림받았다. 주병이 후람의 뜻을 받들어 上書하여 장검의 동향 사람 24명이 따로 서명하여 함께 붕당을 만들어서 사직을 위태롭게 하기를 도모하고 장검이 우두머리라고 하니, 주병이 올린 疏章에서 〈주병의 이름을〉 지우고 장검 등을 체포하라는 조서를 내렸다.

○ 秋九月이라 初에 李膺等雖廢錮나 天下士大夫 皆高尙其道하고 汙穢朝廷이라 希之者 惟恐不及하고 更相標榜하야 爲之稱號하야 以竇武陳蕃劉淑爲三君이라하니 君者는 言一世之所宗也요 李膺荀昱杜密王暢劉祐魏朗趙典朱(寓)〔寓〕[107]爲八俊이라하니 俊者는 言人之英也요 郭泰范滂尹

는데, 郡守와 불화하여 벼슬을 버리고 돌아갔다.

98) 度尙 : 115~166. 東漢 山陽 사람으로, 자는 博平이다. 桓帝 때 荊州刺史를 지내고, 桂陽·卜陽·潘鴻 등의 봉기를 진압하는 데 공을 세워 右鄕侯에 봉해지고, 桂陽太守와 遼東太守를 지냈다.

99) 張邈 : ?~195. 東漢 東平 사람으로, 자는 孟卓이다. 젊어서 俠名을 날렸고, 獻帝 때 陳留太守를 지냈다. 董卓의 난 때 曹操와 함께 거병하였는데, 조조가 陶謙을 공격할 때 陳宮의 말을 따라 呂布를 맞이하여 兗州牧이 되었다. 조조가 연주를 공격하자 袁術에게 구원을 청했다가 부하에게 살해되었다.

100) 王考 : 東漢 東平 사람으로, 자는 文祖이다. 冀州刺史를 지냈다.

101) 劉儒 : ?~169. 東漢 郡陽 사람으로, 자는 叔林이다. 孝廉으로 천거되어 侍中에 올랐다. 桓帝 때 封事를 올려 得失을 극언하였고, 외직으로 나가 任城相이 되었다가 곧바로 議郎이 되었다. 黨錮의 禍 때 하옥되어 자살하였다.

102) 胡母班 : ?~190. 東漢 泰山 사람으로, 자는 季友 또는 季皮이다. 獻帝 初平 원년(190)에 袁紹가 山東에서 起兵하여 關東軍 聯合을 결성하고 董卓을 치려고 하자 동탁이 胡母班·韓融·陰循·吳循·王瑰 등을 파견하여 관동 연맹군을 와해시키려고 했는데, 원소가 보낸 王匡에 의해 살해되었다.

103) 秦周 : 東漢 陳留 平丘 사람으로, 자는 平王이다. 벼슬은 北海相을 지냈다.

104) 蕃嚮 : 東漢 魯國 사람으로, 자는 嘉景이다. 벼슬은 郎中을 지냈다.

105) 王章 : 東漢 東萊 曲城 사람으로, 자는 伯儀이다. 少府卿을 지냈다.

106) 侯覽 : ?~172. 東漢 山陽 사람으로, 桓帝 초에 中常侍가 되어 권세를 빙자하여 많은 재물을 모았다. 梁冀를 주벌하는 데 참여한 공으로 高鄕侯에 봉해졌다. 靈帝 초에 督郵 張儉이 탄핵하는 奏文을 올렸는데, 후람이 그 소장을 차단하고, 張儉·李膺·杜密 등이 結黨했다고 무고하여 장검 등이 해를 입었다. 전후로 죽이고 유배 보낸 자가 300여 명이었고, 囚禁된 자가 6, 7백 명이었다. 후에 전횡한다고 탄핵을 받아 印綬를 압수하자 자살하였다.

勳巴肅宗慈夏馥蔡衍羊陟爲八顧라하니 顧者는 言能以德行引人也요 張儉翟超岑晊苑康劉表陳翔孔昱檀敷爲八及이라하니 及者는 言其能導人追宗者也요 度尙張邈王(孝)〔考〕[108]劉儒胡母班秦周蕃嚮王章爲八廚라하니 廚者는 言能以財救人者也라 及陳竇用事에 復擧拔膺等이러니 陳竇誅에 膺等復廢하니 宦官疾惡(오)膺等하야 每下詔書에 輒申黨人之禁이러라 侯覽이 怨張儉尤甚이라 覽鄉人朱竝이 素佞邪하야 爲儉所棄러니 承覽意旨하야 上書告儉與同鄉二十四人으로 別相署號하야 共爲部黨하야 圖危社稷而儉爲之冠이라한대 詔刊章捕儉等이라

李膺

郭泰

范滂

겨울 10월에 大長秋 曹節이 이로 인하여 有司에게 넌지시 권하여 結黨한 자들을 아뢰었기 때문에 司空 虞放과 李膺・杜密・朱寓・荀昱・翟超・劉儒・范滂 등을 州郡에 내려 다스리기를 청하니, 이때 영제의 나이 14세였다. 영제가 조절에게 묻기를, "어찌하여 結黨했다고 하는가?" 하니, 조절이 대답하기를, "결당한 자는 곧 黨人입니다." 하였다. 영제가 말하기를, "당인들이 무슨 악행을 하였기에 죽이려고 하는가?" 하니, 조절이 대답하기를, "모두 서로 자기 무리를 천거하여 不道한 짓을 하려고 하였습니다." 하였다. 영제가 말하기를, "不道란 무엇을 하려고 하는 것인가?" 하니, 조절이 대답하기를, "社稷을 도모하려고 하는 것입니다." 하니, 영제가 이에 그 주문을 윤허하였다.

어떤 사람이 이응에게 말하기를, "떠나야 합니다." 하니, 이응이 대답하기를, "임금을 섬길 때에는 어려운 일을 피하지 않고, 죄가 있으면 형벌을 피하지 않는 것이

107) (寓)〔寓〕: 저본에는 '寓'로 되어 있으나, ≪後漢書≫ 권67 〈黨錮列傳〉에 의거하여 '寓'로 바로잡았다.

108) (孝)〔考〕: 저본에는 '孝'로 되어 있으나, ≪後漢書≫ 권67 〈黨錮列傳〉에 의거하여 '考'로 바로잡았다.

신하의 절의이다. 내 나이 이미 육십 세이다. 죽고 사는 것은 운명이 있는 것이니, 떠나서 장차 어디로 가겠는가." 하고 마침내 詔獄에 나아가 고문을 받다 죽었다. 門生과 그 밑에서 벼슬했던 사람들이 모두 禁錮를 당하였다.

侍御史 景毅[109]와 아들 景顧가 이응의 門徒였는데 錄牒[110]이 없기 때문에 처벌을 받지 않았다. 경의가 개연히 말하기를 "본래 이응이 어진 사람이라 아들을 보내 배우게 하였으니, 어찌 名籍에서 빠졌다고 하여 구차하게 편안히 있겠는가." 하고, 마침내 스스로 表文을 올려 벼슬을 버리고 돌아갔다.

汝南 督郵 吳導가 조서를 받고 범방을 체포할 때 征羌에 이르러 조서를 안고서 傳舍를 닫고 침상에 엎드려 우니 온 縣 사람들이 그 까닭을 몰랐다. 범방이 듣고서 말하기를, "필시 나 때문일 것이다." 하고, 즉시 스스로 옥에 나아가니, 縣令 郭揖이 크게 놀라 나와서 현령의 印綬를 벗어버리고 범방을 데리고 함께 도망가며 말하기를, "천하는 큰데 그대는 어찌하여 여기에 있는가." 하니, 범방이 말하기를, "내가 죽으면 禍가 끝날 것인데 어찌 감히 죄로써 임금에게 누를 끼치겠으며, 또 老母로 하여금 떠돌게 하겠는가." 하였다. 그 노모가 와서 영결하기를, "네가 지금 이응·두밀과 명성을 나란히 하고 있으니 죽은들 무슨 여한이 있겠느냐." 하니, 범방이 무릎을 꿇고서 가르침을 받고 재배하고 떠났다.

무릇 黨人으로서 죽은 자가 100여 명이었고, 그 妻子를 모두 변방으로 이주시켰다. 천하의 호걸과 유학자로서 의로운 행실이 있는 자를 환관들이 모두 黨人이라고 지목하니, 평소 원한이 있는 자들이 서로서로 해를 입혀서 노려본 정도의 노여움만 있어도 과도하게 黨人으로 몰아넣었다. 州郡에서는 황제의 뜻에 영합하여 왕래한 적이 없는 자라도 이 재앙에 걸려들었으니, 죽고 변방으로 이주시키고 관직에서 쫓겨나고 금고된 자가 6, 7백 명이었다.

郭泰가 듣고서 애통해하기를, "≪詩經≫에 이르기를, '善人이 없으니 나라가 곤궁해지리라.'[111]라고 하였으니, 漢나라 왕실이 명망하리라. 다만 저 까마귀가 날아가는 것을 보건대 누구의 집에 내려앉을지 모르겠다."[112]라고 하였다.

---

109) 景毅 : 東漢 蜀郡 사람이다. 桓帝 때 侍御史가 되었다.

110) 錄牒 : 錄은 기록한다는 뜻이고, 牒은 장부라는 뜻인데, 이때 무리를 모아 가르친 숫자가 많게는 천 명이 넘었기 때문에 그 성명을 譜牒에 기록한 것이다.(≪資治通鑑≫ 권56 〈漢紀 孝桓皇帝 下〉)

111) 善人이……곤궁해지리라 : ≪詩經≫ 〈大雅 瞻卬〉에 나오는 내용이다.

112) 저……모르겠다 : ≪詩經≫ 〈小雅 正月〉에 나오는 내용이다.

冬十月에 大長秋曹節이 因此諷有司하야 奏諸鉤黨者 故司空虞放李膺杜密朱寓荀昱翟超劉儒范滂等을 請下州郡考治하니 是時에 帝年十四라 問節曰 何以爲鉤黨고 對曰 鉤黨者는 卽黨人也니이다 帝曰 黨人何用爲惡而欲誅之邪아 對曰 皆相擧群輩하야 欲爲不軌니이다 帝曰 不軌는 欲何如오 對曰 欲圖社稷이니이다 帝乃可其奏하다 或謂李膺曰 可去矣니라 對曰 事不辭難하고 罪不逃刑이 臣之節也라 吾年已六十이니 死生有命이라 去將安之리오 乃詣詔獄하야 考死하고 門生故吏 竝被禁錮러라 侍御史景毅子顧 爲膺門徒로되 未有錄牒이라 不及於譴하니 毅慨然曰 本爲膺賢하야 遣子師之하니 豈可以脫漏名籍으로 苟安而已리오 遂自表免歸하다 汝南督郵吳導 受詔捕范滂할새 至征羌하야 抱詔書閉傳舍하고 伏床而泣하니 一縣不知所爲러니 滂聞之曰 必爲我也라하고 卽自詣獄한대 縣令郭揖大驚하야 出解印綬하고 引與俱亡曰 天下大矣니 子何爲在此오 滂曰 滂死則禍塞이니 何敢以罪累君이며 又令老母流離乎아 其母就與之訣曰 汝今得與李杜齊名하니 死亦何恨이리오 滂跪受教하고 再拜而辭라 凡黨人死者 百餘요 妻子를 皆徙邊이라 天下豪傑及儒學有行義者를 宦官一切指爲黨人하니 有怨隙者 因相陷害하야 睚眦之忿으로 濫入黨中이라 州郡承旨하야 或有未嘗交關이라도 亦罹禍毒하니 其死徙廢禁者 又六七百人이라 郭泰聞之하고 爲之慟曰 詩云 人之云亡이니 邦國殄瘁라하니 漢室滅矣라 但未知瞻烏爰止혼대 于誰之屋耳로다

39-3-4

光和 원년(178) 겨울 10월에 宋皇后가 총애를 받지 못하자 황제의 총애를 받는 후궁들이 송황후를 헐뜯었다. 勃海王 劉悝의 妃 宋氏는 바로 황후의 고모였다. 中常侍 王甫가 황후가 원망할까 두려워하여 황후가 左道를 끼고서 저주한다고 참소하니, 영제가 그 말을 믿고서 마침내 황후의 印信을 거두자 황후가 스스로 暴室[113)]에 나아가 근심하다 죽었다. 그의 아버지 不其鄕侯 宋酆 및 형제들이 모두 죽음을 당했다.

이달 그믐에 일식이 있자 尙書 盧植[114)]이 上言하기를, "黨錮의 화를 당한 자들은 대부분 자기의 죄가 아니니 용서해주어 억울함을 풀어주어야 하고, 송황후의 家屬

113) 暴室 : 漢나라의 관서 이름이다. 掖庭令에 소속되어 베를 짜고 염색하는 일을 담당한다. 또 궁중의 부인이 질병이 있거나 皇后나 貴人이 죄가 있을 때에도 이 방으로 간다.(≪後漢書≫ 권10 하 〈鄧皇后紀〉)

114) 盧植 : ?~192. 東漢 幽州 涿郡 사람으로, 자는 子幹이다. 젊었을 때 鄭玄과 함께 馬融에게 학문을 배웠다. 靈帝 때에 博士가 되고 九江太守에 임명되었고, 이어 議郞이 되었다. 黃巾賊이 일어나자 北中郎將이 되어 張角과 싸웠다. 환관의 미움을 받아 옥에 갇혔다가 다시 尙書가 되었다. 董卓이 少帝를 폐위하기를 의논할 때 홀로 반대하다가 면직되어 귀향하여 上谷에 은거하였다. 저작으로는 ≪尙書章句≫·≪三禮解詁≫가 있으며, 蔡邕·楊彪·韓說과 함께 ≪漢記≫를 공동으로 집필하였다.

은 모두 죄가 없이 시신이 버려져서 거두어 장사 지내지 못하고 있으니, 칙령을 내려 수습하여 그 혼백을 편안히 해주어야 합니다. 郡守와 刺史들이 한 달에도 여러 번 자리를 옮기니 黜陟에 따라 능력이 있는지 없는지를 드러내야 합니다. 비록 9년은 채우지 못하더라도 3년은 채워야 합니다.[115] 청탁하여 관직을 구하는 짓을 일체 금해야 하고, 관리를 선발하는 일은 주관하는 자에게 공적을 이루도록 요구해야 합니다. 天子의 事體는 이치상 사적으로 재물을 축적한 것이 없어야 하니, 큰일을 관대하게 하고 자잘한 일은 면제해주어야 합니다." 하였는데, 영제가 받아들이지 않았다.

○ 光和元年冬十月에 宋皇后無寵하니 後宮幸姬 衆共譖毁러니 勃海王悝妃宋氏 卽后之姑也라 中常侍王甫恐后怨之하야 因譖后挾左道祝詛라한대 帝信之하야 遂策收璽綬하니 后自致暴室하야 以憂死하고 父不其鄕侯酆及兄弟 竝被誅하다 是月晦에 日有食之어늘 尙書盧植上言 凡諸黨錮 多非其罪니 可加赦恕하야 申宥回枉이요 宋后家屬이 竝以無辜로 委骸橫尸하야 不得斂葬하니 宜勅收拾하야 以安遊魂이요 郡守刺史 一月數遷하니 宜依黜陟하야 以章能否라 縱不九載나 可滿三歲요 請謁希求를 一宜禁塞이요 選擧之事를 責成主者요 天子之體 理無私積하니 宜弘大務하야 蠲略細微니이다 帝不省하다

39-3-5

12월에 詔中尙方[116]이 鴻都文學[117] 樂松[118]과 江覽 등 32명의 畫像을 그리고 贊

---

115) 9년은……합니다 : ≪書經≫ 〈虞書 舜典〉에 "3년에 한 번 考績하고, 세 번 고적이 끝난 뒤에 能·不能에 따른 승진과 퇴출을 명백히 하자 여러 공적이 모두 넓어졌다.〔三載考績 三考 黜陟幽明 庶績咸熙〕"라고 하였다. 옛날에 지방관은 임기를 9년으로 하여 세 번 고과해서 평가하였는데, 지금은 그렇게는 못하더라도 지방관의 임기를 3년은 채우고서 이임시켜야 한다고 주장한 것이다.

116) 詔中尙方 : 곧 尙方을 가리키는 말로, 少府에 소속되어 있다. 고대에 제왕이 사용하는 기물을 제작하는 官署이다.

117) 鴻都文學 : 李賢의 注에 의하면, 後漢 靈帝 때 鴻都門 안에 학관을 세우고 州郡과 三公에게 문장이나 글씨에 재주가 있는 자들을 추천하게 하여 학생을 뽑았는데, 한때 그 수가 1,000명에 이르렀다고 한다.(≪後漢書≫ 권8 〈孝靈帝紀〉) 홍도문학은 권세 있는 자들에게 빌붙어 요행히 선발된 자들이 많아 당시 선비들이 그들과 어울리는 것을 수치스럽게 여겼다.

118) 樂松 : 東漢 靈帝 때의 寵臣이다. 書畫에 능하여 鴻都學士로 뽑혔고, 이어 영제의 신임을 받았다. 侍中·奉車都尉를 지냈고, 황건적이 일어나기 전에 상소하여 張角 등의 죄상을 아뢰고 붙잡아 처벌하기를 청했으나 영제가 들어주지 않았다. 황건적이 일어난 뒤에 선견지명이 있다고 하여 상을 받았다.

을 지어서 학자들을 권면하려고 하자 尙書令 陽球[119]가 다음과 같이 간언하였다.

“신은 살펴보건대 악송과 강람 등이 모두 미천한 출신으로 하찮은 소인들입니다. 世戚에 의지하고 호강한 權貴에게 붙어서 머리를 숙이고 눈치를 살펴 밝은 시대에 요행으로 벼슬에 나오려고 어떤 자는 賦 한 편을 바치고 어떤 자는 簡編 가득 鳥篆을 써서 지위가 郎中에 오르고 畫像에 들어가려고 도모하였습니다. 또한 붓으로 종이에 글자 한 자 쓰지 않고 말은 마음을 변론하지 못하면서 남의 손을 빌려 글자를 부탁하여 온갖 요망한 거짓을 꾸민 자들이 특별한 은혜를 입지 않은 자가 없어서 매미가 더러운 흙에서 허물을 벗은 것처럼 하였으니, 이 때문에 識者들이 입을 닫고 천하가 한탄합니다.

신은 들으니 畫像을 설치하는 것은 권면과 경계를 밝혀서 임금으로 하여금 得失을 귀감 삼게 하려는 것이지, 소인배들이 공덕을 칭송하는 글을 거짓으로 지어 망령되게 관직을 훔치고 畫像을 후세에 전했다는 말은 듣지 못했습니다. 지금 太學과 東觀[120]이 성상의 교화를 宣揚하기에 충분하니, 鴻都文學을 선발하는 것을 혁파하시어 천하의 비방을 소멸되게 하소서.” 하였다. 상서가 아뢰어졌으나 영제가 받아들이지 않았다.

○ 十二月詔中(上)〔尙〕[121]方爲鴻都文學樂松江覽等三十二人을 圖象立贊하야 以勸學者라한대 尙書令陽球諫曰 臣按松覽等이 皆出於微蔑하니 斗筲小人이라 依憑世戚하고 附託權豪하야 俛首承睫하야 徼進明時하야 或獻賦一篇하며 或鳥篆盈簡하야 而位升郎中하야 形圖丹青하고 亦有筆不點牘하며 辭不(辨)〔辯〕[122]心이요 假手請字하야 妖僞百品이 莫不蒙被殊恩하야 蟬蛻滓濁하니 是以로 有識掩口하고 天下嗟歎이라 臣聞圖象之設은 以昭勸戒하야 欲令人君으로 動鑑得失이요 未聞竪子小人이 詐作文頌하야 而可妄竊天官하며 垂象圖素者也케이다 今太學東觀이 足以宣明聖化니 願罷鴻都之選하야 以消天下之謗하소서 書奏不省하다

---

119) 陽球 : ?~179. 東漢 漁陽 사람으로, 자는 方正이다. 孝廉으로 천거되어 高唐令, 九江太守, 司隷校尉를 지냈다. 靈帝 때에 劉郃, 陳球 등과 환관들을 제거하려고 모의했다가 일이 누설되어 도리어 무고를 받아 하옥되어 죽었다.

120) 東觀 : 東漢 때 洛陽의 南宮 안에 있던 觀 이름이다. 章帝와 和帝 때 황궁의 도서를 보관하는 창고로 삼았는데, 후에는 國史를 修撰하는 장소로 불렸다.

121) (上)〔尙〕: 저본에는 ‘上’으로 되어 있으나, 《資治通鑑》 권57 〈孝靈皇帝 上之下〉에 의거하여 ‘尙’으로 바로잡았다.

122) (辨)〔辯〕: 저본에는 ‘辨’으로 되어 있으나, 《後漢書》 권77 〈酷吏列傳〉에 의거하여 ‘辯’으로 바로잡았다.

39-3-6

이해에 처음으로 西邸[123]를 열어서 관직을 팔아 돈을 받아들였는데, 각각 차등이 있어서 二千石은 2,000만이고, 四百石은 400만이고, 德이 높고 낮은 차례에 따라 선발에 응하는 자는 절반이거나 3분의 1이었다. 西園에 창고를 지어 돈을 저장하였다. 어떤 자가 궁궐에 나아가 上書하여 令長[124]을 구하면 縣이 좋은지 나쁜지 풍요로운지 빈궁한지에 따라 값을 정했는데, 부자는 먼저 돈을 내고 가난한 자는 부임한 뒤에 두 배로 보내왔다. 또 사적으로 좌우에게 명하여 公卿을 팔았는데, 公은 1천만이고 卿은 5백만이었다.

처음에 영제가 侯일 때에 일찍이 가난 때문에 고생하였는데, 즉위하고 나서는 매번 桓帝가 집에 돈을 비축해두지 않아서 일찍이 사적인 돈이 없는 것을 한탄하였다. 그러므로 관직을 팔아 돈을 모아서 사적인 재산으로 삼았다.

영제가 일찍이 侍中 楊奇에게 묻기를, "짐을 환제와 비교하면 어떠한가?" 하니, 양기가 대답하기를, "폐하를 환제와 비교하면 舜임금의 덕이 堯임금의 덕과 동등한 것과 같습니다." 하니, 영제가 불쾌해하면서 말하기를, "경은 목이 뻣뻣하니 참으로 楊震의 자손이다. 죽은 뒤에 반드시 다시 큰 새를 오게 할 것이다."[125] 하였다.

○ 是歲에 初開西邸하야 賣官入錢호되 各有差하야 二千石은 二千萬이요 四百石은 四百萬이고 其以德次應選者는 半之하며 或三分之一하고 於西園에 立庫貯之하고 或詣闕上書하야 占令長이어든 隨縣好醜豐約하야 有賈호되 富者則先入錢하고 貧者는 到官然後倍輸하고 又私令左右로 賣公卿호되 公은 千萬이요 卿은 五百萬이라 初에 帝爲侯時에 嘗苦貧이러니 及即位에 每歎桓帝不能作家居하야 曾無私錢이라 故賣官聚錢하야 以爲私藏이러라 帝嘗問侍中楊奇曰 朕何如桓帝오 對曰 陛下之於

---

123) 西邸 : 官舍 이름이다. 西園에 창고를 지었기 때문에 西邸라고 한 것이다.(≪資治通鑑≫ 권57 〈漢紀 孝靈皇帝 上之下〉)

124) 令長 : 秦나라와 漢나라 시대에 1만 호 이상을 다스리는 縣의 官長을 '令'이라고 하고, 1만 호 이하를 다스리는 현의 관장을 '長'이라고 하였는데, 후에는 縣令과 같은 의미로 사용되었다.

125) 경은……것이다 : 楊奇는 安帝 때 樊豐 등의 모함으로 원통하게 죽은 충신 楊震의 증손자이다. 양진이 죽고 나서 順帝가 즉위하여 번풍 등이 주벌되자 양진의 문생 虞放과 陳翼이 대궐에 나아가 양진의 억울함을 호소하자 순제가 양진을 예를 갖추어 개장하도록 하였다. 장사 지내기 10여 일 전쯤에 키가 1장 남짓 되는 큰 새가 양진의 관 앞에서 눈물을 흘리고 움직이지 않다가 장례를 마치자 날아간 일이 있었다. 靈帝가 양기에게 자기와 桓帝를 비교해서 말하라고 하자, 양기가 순임금과 요임금의 덕이 같음을 말하여 영제가 환제와 같다고 풍자하였다. 이에 영제가 기분이 상하여 양기에게 너희 증조부처럼 억울하게 죽게 될 것이라고 말한 것이다.(≪後漢書≫ 권54 〈楊震列傳〉)

桓帝에 亦猶虞舜이 比德唐堯니이다 帝不悅曰 卿强項이니 眞楊震子孫이라 死後에 必復致大鳥矣로다

西邸鬻爵

39-3-7

光和 3년(180) 겨울 12월에 畢圭苑과 靈昆苑[126)]을 만들려고 하니, 司徒 楊賜가 간언하기를, "先帝의 제도에 왼쪽에 鴻池[127)]를 열고 오른쪽에 上林苑[128)]을 만들었지만 사치스럽지도 검약하지도 않아 禮의 中道에 맞았습니다. 그런데 지금 외람되게 교외와 도성의 땅을 차지하여 비옥하고 평평한 땅은 파괴하고 田園을 폐지하여 살고 있는 백성을 내쫓고 짐승을 기르니, 이른바 '어린아이를 보호하듯이 한다.'[129)]

126) 畢圭苑과 靈昆苑 : 東漢 靈帝가 만든 苑 이름이다. 畢圭苑은 둘이 있는데, 東畢圭苑은 둘레가 1,500步로 가운데에 魚梁臺가 있고, 西畢圭苑은 둘레가 33,00步이다. 모두 洛陽 宣平門 밖에 있다.(≪後漢書≫ 권8 〈靈帝紀〉)

127) 鴻池 : 池 이름이다. 洛陽 동쪽 20里 지점에 있다.

128) 上林苑 : 宮苑 이름으로, 세 곳이 있다. 첫 번째는 秦나라 때 있던 것을 漢 武帝가 중건한 것으로 西安에 있다. 두 번째는 東漢 光武帝 때 축조된 것으로 河南 洛陽 동쪽에 있다. 세 번째는 南朝 宋나라에서 축조한 것으로 江蘇省 南京 玄武湖 북쪽에 있다.

129) 어린아이를……한다 : ≪書經≫ 〈周書 康誥〉에, 周나라 武王이 아우인 康叔을 경계시키면서 "악한 사람 제거하기를 몸에 있는 병을 제거하듯이 하면 백성들이 모두 허물을 버릴 것이

라는 뜻이 아닐 것입니다. 지금 도성 밖의 苑이 이미 5, 6개가 있으니, 답답한 마음을 풀고 계절에 따라 사냥할 수 있습니다. 夏禹가 궁궐을 낮게 짓고[130] 太宗이 露臺를 지으려다 그만둔 뜻[131]을 생각하여 백성들의 노고를 위로하소서." 하였다. 상서가 올라가자 영제가 중지하려고 하면서 侍中 任芝[132]와 樂松에게 물으니 대답하기를, "옛날 文王의 囿는 100里였는데 사람들이 작다고 하였고, 齊 宣王의 囿는 5里였는데[133] 사람들이 크다고 하였습니다. 지금 백성과 함께 사용한다면 정치에 해가 없을 것입니다." 하니, 영제가 기뻐하여 마침내 苑을 만들었다.

○ 三年冬十二月에 作畢(필)圭靈昆苑하니 司徒楊賜諫曰 先帝之制에 左開鴻池하고 右作上林호되 不奢不約하야 以合禮中이러니 今猥規郊城之地하야 壞沃衍廢田園하고 驅居民畜禽獸하니 殆非所謂若保赤子之義로소이다 今城外之苑이 已有五六하니 可以逞情意順四節也니 宜惟夏禹卑宮太宗露臺之意하야 以慰下民之勞니이다 書奏에 帝欲止하야 以問侍中任芝樂松한대 對曰 昔文王之囿百里로되 人以爲小하고 齊宣은 五里로되 人以爲大하니 今與百姓共之면 無害於政也니이다 帝悅하야 遂爲之하다

39-3-8

이때에 중상시 趙忠[134]과 張讓[135] 등이 모두 侯에 봉해지고 총애를 받았다. 靈帝

고, 선한 사람 보호하기를 갓난아이를 보호하듯이 하면 백성들이 편안히 다스려질 것이다. 〔若有疾 惟民其畢棄咎 若保赤子 惟民其康乂〕"라고 한 말을 인용하여, 백성 보호하기를 갓난아이 보호하듯이 하라고 한 것이다.

130) 夏禹가……짓고 : 孔子가 禹임금에 대해 평하기를, "우임금은 내가 흠잡을 수 없도다. 자기의 음식은 박하게 먹으면서 귀신을 섬기는 제사에는 효성을 극진히 하며, 자기의 의복은 검소하게 입으면서 제사에 착용하는 불과 면류관은 아름다움을 극진히 하며, 자기의 궁실은 낮게 지어 살면서 치수 사업에는 힘을 다하였으니, 우임금은 내가 흠잡을 수 없도다.〔禹吾無間然矣 菲飮食而致孝乎鬼神 惡衣服而致美乎黻冕 卑宮室而盡力乎溝洫 禹吾無間然矣〕"라고 하였다.(≪論語≫ 〈泰伯〉)

131) 太宗이……뜻 : 태종은 西漢 孝文帝를 가리킨다. 문제가 靈臺를 지으려고 장인을 불러 비용을 계산하게 하니 그 비용이 百金이 든다고 하였다. 문제가 말하기를, "백금은 中人 10家의 재산이다. 내가 先帝의 宮室을 받들고 있으면서도 항상 수치를 끼칠까 두려워하고 있는데 어찌 臺를 짓겠는가." 하고 그만두었다.(≪漢書≫ 권4 〈文帝紀〉)

132) 任芝 : 東漢 靈帝 때 納言과 侍中를 지냈다는 기록이 있다.

133) 文王의……5里였는데 : ≪孟子≫에는 文王의 囿는 사방 70里이고, 齊 宣王의 囿는 사방 40里였는데, 문왕의 유는 백성들이 작다고 하고 제 선왕의 유는 사람들이 크다고 했다는 내용이 나온다.(≪孟子≫ 〈梁惠王 下〉) 여기에서 말한 100리와 5리는 근거가 없다.

134) 趙忠 : ?~189. 東漢 冀州 사람으로, 靈帝 때 十常侍 중의 한 사람이다.

135) 張讓 : ?~179. 東漢 潁川 사람으로, 동한 시대 대표적 환관인 十常侍 가운데 우두머리로서,

가 항상 말하기를, "張常侍는 나의 아버지이고, 趙常侍는 나의 어머니이다."라고 하니, 이로 말미암아 환관들이 꺼리고 두려워하는 것이 없어서, 그들의 집을 궁실처럼 크게 지었다.

영제가 일찍이 永安宮의 候臺[136]에 오르려고 하니 환관들이 자기들의 집을 보게 될까 두려워서 中大人 尙但[137]으로 하여금 간언하게 하기를, "천자는 높은 곳에 올라가서는 안 되니, 높은 곳에 올라가면 백성들이 흩어집니다." 하였다.

영제가 이때부터 감히 다시는 누대에 올라가지 않았는데, 封諝[138]와 徐奉[139]의 일이 발각되자 영제가 여러 常侍들을 꾸짖기를, "너희들이 항상 黨人들이 不道한 짓을 하려고 한다고 하여 모두 禁錮시키게 하고 伏誅된 자도 있는데, 지금 黨人들은 도리어 나라를 위해서 쓰이고 너희들은 도리어 張角[140]과 교통하였으니 斬首해야 하지 않겠는가." 하니, 모두 머리를 조아리고 말하기를, "이것은 王甫와 侯覽이 한 짓입니다." 하였다.

○ 是時에 中常侍趙忠張讓等이 皆封侯貴寵이라 帝常言張常侍是我公이오 趙常侍是我母라하니 由是로 宦官無所憚畏하야 第宅이 擬則宮室이러라 帝嘗欲登永安候臺러니 宦官恐望見居處하야 乃使中大人尙但諫曰 天子不當登高니 登高則百姓虛散이니이다 帝自是不敢復升臺榭러니 及封諝徐奉事發에 帝詰責諸常侍曰 汝曹常言黨人欲爲不軌라하야 皆令禁錮하고 或有伏誅者러니 今黨人은 更爲國用이요 汝曹反爲張角通하니 爲可斬未아 皆叩頭曰 此王甫侯覽所爲也니이다

이에 모든 常侍들이 저마다 물러나기를 청하여 각자 州郡에 있는 종친의 자제를 불

선비들이 도륙을 당한 黨錮의 禍를 주도하였다. 靈帝는 그를 몹시 신임하여 "張常侍는 나의 아버지이다."라고까지 하였다. 그 뒤 나라가 혼란해져 袁紹가 서울로 쳐들어오자 少帝를 겁박하여 河上으로 달아났다가 다급해지자 강물에 빠져 죽었다.

136) 永安宮의 候臺 : 永安宮은 東漢 洛陽에 있는 궁궐 이름으로, 北宮의 북쪽과 동쪽 중간에 있다. 候臺는 天文을 관측하는 樓臺이다.(≪資治通鑑≫ 권58 〈孝靈皇帝 中〉, ≪古今律曆考≫ 권2 〈尙書考〉)

137) 尙但 : 東漢 靈帝 때 환관이다.

138) 奉諝 : ?~184. 東漢 靈帝 때 환관으로, 황건적이 일어났을 때 황건군 馬元義의 뇌물을 받고 內應하기로 약속했다가 발각되어 죽임을 당하였다.

139) 徐奉 : 東漢 靈帝 때 환관이다.

140) 張角 : ?~184. 東漢 鉅鹿 사람으로, 黃老를 신봉하고 太平道를 창설하여 자칭 '大賢良師'라고 하였다. 부적과 呪術로 병을 치료한다고 하여 10여 년 사이에 수십만 명의 무리를 모았다. 영제 때 내정이 문란해지고 천재지변이 계속 일어나 사회가 어지러워지자 "蒼天은 이미 죽었고 黃天이 일어설 것이다."라고 하며 황색 천을 머리에 둘렀으므로 黃巾軍이라 불렸고, 장각은 天公將軍이라 하였다. 동생 張梁과 함께 幽州와 冀州의 황건군을 거느리고 北中郞將 盧植과 東中郞將 董卓을 격파하였으나 장각이 곧바로 病死하고 반란군도 皇甫嵩의 군대에 패함으로써 진압되었다.

러들였는데, 조충 등이 중상시 呂彊[141]을 참소하기를, "黨人들과 함께 조정을 비난하고 〈霍光傳〉을 자주 읽었고,[142] 여강 형제가 있는 곳에서 모두 貪汚한 짓을 합니다." 하였다. 영제가 中黃門을 시켜 군사를 데리고 가서 여강을 부르니, 여강이 황제가 부른다는 말을 듣고 노하여 말하기를, "내가 죽으면 난이 일어날 것이다. 丈夫가 나라에 충성을 다하려고 하면서 어찌 獄吏를 대할 수 있겠는가." 하고, 마침내 자살하였다.

謝惲이 다시 참소하기를, "여강이 부름을 받고서 묻는 것이 무엇인지 모르면서 밖에서 자살했으니 간악한 뜻이 있음이 분명합니다." 하니, 마침내 그 宗親을 체포하고 재산을 몰수하였다.

侍中 河內 사람 向栩(상허)[143]가 封事를 올려 영제 좌우의 근신들을 비난하자 張讓이 상허가 張角과 같은 마음으로 안에서 호응하려고 했다고 무고하여 상허를 붙잡아 黃門北寺獄에 보내서 살해하였다. 郎中 張鈞[144]이 上書하기를, "삼가 생각건대 장각이 起兵하여 난을 일으키고 萬民이 기꺼이 장각에게 붙은 것은 모두 十常侍가 父子와 兄弟와 姻戚과 賓客을 많이 풀어서 州郡을 점거하여 재물을 긁어모으고 백성을 침탈해서입니다. 백성이 원통함을 하소연할 데가 없기 때문에 不道한 짓을 모의하여 모여서 도적이 되었으니, 십상시를 참수하여 南郊에 머리를 걸어서 백성에게 사죄하고, 사신을 보내 천하에 布告하시면 군대를 동원하지 않아도 큰 도적이 저절로 소멸될 것입니다." 하였다.

영제가 장균의 소장을 常侍들에게 보이니, 상시들이 모두 冠을 벗고 맨발로 머리를 조아리며 스스로 낙양의 詔獄에 나아가고 아울러 집안의 재물을 내서 軍費를 돕겠다고 하니, 조서를 내려 冠을 쓰고 신발을 신고 예전처럼 일을 보게 하였다. 영제가 장균에 대해 노하여 말하기를, "이자는 참으로 미친놈이로다. 십상시 중에 참으로 한 사람이라도 선한 자가 있지 않겠는가." 하였다. 이에 御史가 황제의 뜻을 받들어 마

141) 呂彊 : 東漢 靈帝 때의 환관이다.

142) 霍光傳을……읽었고 : 霍光의 자는 子孟이고, 시호는 宣成이며, 宣帝의 장인이다. 漢나라 武帝 때 大司馬大將軍으로, 무제의 遺詔를 받아 어린 昭帝를 보좌하였다. 소제가 죽은 뒤 昌邑王을 세웠으나 그의 음란한 행동을 보고 폐위하고 宣帝를 세웠다. 그는 전후로 20여 년 동안 조정에서 막강한 권력을 행사하였지만, 항상 행동을 근신하여 법도를 어긴 적이 없다고 한다.(≪漢書≫ 권68 〈霍光傳〉) 여기에서 〈곽광전〉을 읽었다는 것은 呂彊이 곽광처럼 靈帝를 폐위시키고 다른 사람을 황제로 옹립하려고 한다는 의미이다.

143) 向栩(상허) : ?~184. 東漢 河內 사람으로, 자는 甫興이다. 靈帝 때 趙相에 임명되고, 侍中에 올랐는데, 성품이 강직하여 백관들이 꺼려하였다. 張角의 黃巾賊이 일어났을 때 上書하여 군대를 일으킬 필요가 없다고 하고, 환관들을 비난했다가 十常侍 張讓의 무고로 하옥되어 죽었다.

144) 張鈞 : ?~184. 東漢 中山 사람이다. 靈帝 때 郎中이 되었는데, 上書하여 黃巾賊이 일어난 것은 모두 十常侍 때문이라고 했다가 張讓 등의 모함에 빠져 옥중에서 죽었다.

침내 장균이 黃巾의 道를 배웠다고 아뢰어 장균을 체포하여 옥중에서 죽게 하였다.

영제의 재위 기간은 22년이었고, 향년은 34세였다.

於是에 諸常侍人人求退하야 各自徵還宗親子弟在州郡者러니 趙忠等譖中常侍呂彊云 與黨人共議朝廷하며 數讀霍光傳하고 彊兄弟所在에 竝皆貪穢라한대 帝使中黃門으로 持兵召彊하니 彊聞帝召하고 怒曰 吾死면 亂起矣리라 丈夫欲盡忠國家 豈能對獄吏乎아 遂自殺하다 惲復譖曰 彊見召하고 未知所問而就外自屛하니 有姦明審이니이다 遂收捕其宗親하고 沒入財産하다 侍中河內向(상)栩 上便宜하야 譏刺左右한대 張讓誣栩與張角同心하야 欲爲內應이라하야 收送黃門北寺(시)獄殺之하다 郎中張(㫜)〔鈞〕[145] 上書曰 竊惟張角所以能興兵作亂하며 萬民所以樂附之者는 皆由十常侍多放父子兄弟婚親賓客하야 典據州郡하야 辜榷財利하고 侵掠百姓하니 百姓之寃이 無所告訴라 故謀議不軌하야 聚爲盜賊이니 宜斬十常侍하야 縣頭南郊하야 以謝百姓하고 遣使者布告天下면 可不須師旅而大寇自消리이다 帝以(㫜)〔鈞〕章示諸常侍하니 皆免冠徒跣頓首하야 乞自致雒陽詔獄하고 竝出家財以助軍費어늘 有詔冠履視事如故하고 帝怒(㫜)〔鈞〕曰 此眞狂子也로다 十常侍固當有一人善者否아 御史承旨하야 遂奏(㫜)〔鈞〕學黃巾道라하야 收掠死獄中하다 帝在位二十二年이요 壽三十四러라

十侍亂政

145) (㫜)〔鈞〕: 저본에는 '㫜'으로 되어 있으나, 朝鮮 宣祖의 휘가 '鈞'이므로 피휘한 것이다. 이에 '鈞'으로 되돌렸다. 아래도 같다.

39-3-9

蜀漢의 신하 諸葛亮의 〈出師表〉에 이르기를, "어진 신하를 친하게 대하고 小人을 멀리한 것은 前漢이 융성했던 이유이고, 소인을 친히 대하고 어진 신하를 멀리 한 것은 後漢이 망한 이유입니다. 先帝께서 살아 계실 때에 매번 신과 이 일을 논할 때마다 환제와 영제에 대해 탄식하고 통한으로 여기지 않은 적이 없습니다." 하였다.

蜀漢臣諸葛亮出師表曰 親賢臣遠小人은 此先漢所以興隆也요 親小人遠賢臣은 此後漢所以傾頹也라 先帝在時에 每與臣論此事에 未嘗不歎息痛恨於桓靈也러시니이다

歷代君鑑 권40

경계할 만한 惡政 惡可爲戒

西晉

惠帝

40-1-1

孝惠皇帝의 휘는 衷이고, 자는 正度이니, 武帝의 둘째 아들이다. 9세에 황태자에 책봉되었는데, 장성하자 사람이 어리석어서 菽麥을 구분하지 못하니, 조정이 모두 정사를 감당하지 못하리라는 것을 알았고, 무제 또한 폐위시켜 바꾸려고 하였다. 어느 날 東宮의 官屬을 모두 불러 尙書의 일을 태자로 하여금 결재하게 하였는데, 혜제가 대답하지 못하자 賈妃[1]가 給事中 張泓을 보내 초안을 작성하게 하고 혜제로 하여금 그것을 쓰게 하니, 무제가 보고 기뻐하였다. 또 그 아들 司馬遹[2]이 聰明하고 剛猛하여 後嗣를 전할 만함을 보고서 태자의 지위가 마침내 안정되었다. 무제가 붕어하자 帝位에 올라 계모인 황후 楊氏를 높여서 太后로 삼고, 황태자비 賈氏를 皇后로 삼고, 廣陵王 사마휼을 황태자로 삼고, 太尉 楊駿[3]을 太傅로 삼아 조정을 총괄하고 백관들이 맡은 바 모든 직무에 대해 양준의 명을 듣게 하였다.

孝惠皇帝의 諱는 衷이요 字는 正度이니 武帝第二子也라 九歲에 立爲皇太子러니 旣長에 爲人戇騃하야 不辯菽麥하니 朝廷咸知不堪政事하고 武帝亦欲易廢하다 一日에 悉召東宮官屬하야 使以尙書事로 令太子決之하니 帝不能對어늘 賈妃遣給事中張泓具草하야 令帝書之하니 武帝覽而大悅하고 又見其子

1) 賈妃 : 惠帝가 황태자일때 황태자비이다. 혜제가 즉위하자 황후가 되었다.

2) 司馬遹 : 晉나라 惠帝의 맏아들로 자는 熙祖이며, 혜제의 후궁인 謝才人의 소생이다. 武帝 때 廣陵王에 봉해지고 혜제가 즉위하자 황태자가 되었다. 혜제의 황후인 賈后에 의해 金墉城에 유폐되어 24세의 나이로 죽임을 당하였다. 시호가 愍懷이므로 愍懷太子라고 한다.(≪晉書≫ 권53 〈愍懷太子列傳〉)

3) 楊駿 : ?~291. 西晉 弘農 사람으로, 자는 文長이다. 武帝의 장인이 되어 車騎將軍이 되고 臨晉侯에 봉해졌다. 惠帝가 즉위하자 太傅・大都督이 되어 권력을 전횡하다가 賈皇后의 미움을 받아 三族이 멸족당하였다.

遹聰明剛猛하야 可以傳後라 太子遂安하다 武帝崩에 卽位하야 尊繼母皇后楊氏하야 爲太后하고 立妃賈氏하야 爲皇后하고 廣陵王遹로 爲皇太子하고 以太尉楊駿으로 爲太傅錄朝政하고 百官總己以聽하다

40-1-2

賈皇后는 성격이 흉포하고 權謀術數가 많아 매번 정사에 간여하려고 하였으나 太傅 楊駿에 의해 저지되었다. 永康 원년(300)에 황후가 양준이 예우하지 않는 黃門 董猛[4]과 殿中中郎 孟觀[5]과 李肇[6]로 하여금 양준을 죽이는 일을 도모하게 하였다.

그전에 황후가 태자비일 때에 일찍이 妬忌로 몇 사람을 직접 죽이고, 또 창을 임신한 첩에게 던져 아기가 창날에 딸려 나와 땅에 떨어지니 무제가 크게 노하여 폐비시키려고 하였는데, 楊皇后가 말하기를, "賈公閭[7]가 社稷에 큰 공훈이 있으니, 어찌 그의 딸이 투기한다고 해서 잊을 수 있겠습니까." 하여, 賈皇太子妃가 폐비되지 않을 수 있었다. 양황후가 가황태자비에게 자주 주의를 주자 가황태자비가 자기를 도와주었다는 사실을 모르고 도리어 원한을 품고 있다가 이때에 이르러 며느리의 도리로 태후를 섬기지 않고 또한 폐위시키려고 도모하였다. 또 楚王 司馬瑋[8]에게 알리게 하니, 사마위가 허락하여 마침내 入朝하기를 청하였다.

---

4) 董猛 : ?~300. 西晉 초 사람으로 환관이다. 武帝 초에 寺人監이 되어 東宮에서 給事하여 賈皇后의 신임을 얻었다. 惠帝 때 中常侍・黃門令이 되었고, 外戚 楊駿을 제거하는 데 참여한 공으로 武安侯에 봉해지고, 그의 삼형제 모두 亭侯에 봉해졌는데, 가황후가 폐위되자 동맹 또한 피살되었다.

5) 孟觀 : ?~301. 西晉 渤海 사람으로, 자는 叔時이다. 惠帝 때 殿中中郎이 되었고, 賈皇后의 뜻을 받들어 楊駿을 무함하였고, 양준이 제거되자 上谷郡公에 봉해졌다. 혜제 元康 9년(299)에 齊萬年을 사로잡아 右將軍에 제수되었다. 趙王 司馬倫이 찬탈했을 때에 사마륜을 따라서 積弩將軍이 되었는데, 사마륜이 패하여 죽고 혜제가 復位하자 피살되었다.

6) 李肇 : 晉나라 惠帝 때 賈皇后의 심복으로 楊駿을 제거하는 데 공을 세웠다. 벼슬은 殿中中郎, 積弩將軍을 지냈다.

7) 賈公閭 : 賈充(217~282)의 자이다. 三國時代 魏나라 말 西晉 初 平陽 사람이다. 위나라에 벼슬하여 尙書郎, 大將軍司馬, 廷尉를 지냈으나 司馬氏가 曹氏를 대신하여 晉나라를 세우는 계획에 참여하였다. 晉나라에 들어와서 車騎將軍에 제수되고 魯郡公에 봉해졌다. 딸들이 한 명은 太子妃가 되었다가 惠帝의 황후가 된 賈皇后이고, 한 명은 齊王 司馬冏의 妃가 되었다.

8) 楚王 司馬瑋 : 271~291. 자는 彦度이고, 武帝의 다섯째 아들이다. 처음에 始平王에 봉해졌다가 후에 楚王으로 옮겨 봉해졌다. 무제가 죽은 뒤에 衛將軍・侍中・太子少傅를 지내고, 楊駿을 제거하는 데 참여하였다. 이때 汝南王 司馬亮과 太保 衛瓘이 사마위의 병권을 빼앗으려고 모의하자 사마위가 사마량과 위관을 賈皇后에게 참소하여 가황후가 조서를 위조하여 두 사람을 죽이게 하였다. 사마위가 가황후까지 제거하려고 하자 가황후가 함부로 사람을 죽인 죄를 씌워 참수하였다.

賈氏南風奪朝權

이에 맹관과 이조가 혜제에게 아뢰어 밤에 詔書를 지어 양준이 모반한다고 무고하니, 屯衛殿中 段廣[9]이 혜제에게 무릎 꿇고 아뢰기를, "양준은 아내가 죽고 아들이 없으니 어찌 모반할 이치가 있겠습니까. 폐하께서는 살피소서." 하였는데, 혜제가 대답하지 않고 東安公 司馬繇[10]에게 명하여 殿中의 병사 400인을 거느리고 가서 치게 할 때 사마위가 司馬門에 주둔하고 있었다. 양태후가 들었으나 안팎이 막혀 있으므로 비단에 편지를 써서 화살에 달아 성문 밖으로 쏘아 보내서 말하기를, "太傅를 구하는 자에게는 상이 있을 것이다."라고 하였다. 가황후가 이로 인하여 태후가 함께 모반했다고 선포하였다.

9) 段廣 : 楊駿의 甥姪이다. 혜제 때 양준이 정권을 장악하고 나서 황제에게 이간질하는 사람이 있을까 염려하여 그를 散騎常侍로 삼아 황제를 가까이서 모시게 하였다. 양준이 제거될 때 단광 역시 삼족이 멸족되었다.(《資治通鑑》 권82 〈孝惠皇帝 上之上〉)

10) 東安王 司馬繇 : ?~304. 자는 思玄이고, 高祖 司馬懿의 손자이다. 처음에 東安公에 봉해지고 散騎常侍를 지냈다가 楊駿을 제거하는 데 공을 세워 右衛將軍에 제수되고 東安王에 봉해졌다가 이어 상벌을 마음대로 한다는 죄목으로 면직되었다. 惠帝 말에 봉작이 회복되고, 宗正卿에 제수되었다가 尙書僕射에 제수되었다. 右衛將軍 陳眕 등이 혜제의 조서를 받고 司馬穎을 공격하자 사마영에게 항복하기를 권하였는데, 후에 사마영에게 살해되었다.

얼마 뒤 전중의 병사가 나가서 양준의 府에 불을 지르니 양준이 마구간으로 달아나자 쫓아가 죽였다. 마침내 楊珧[11]와 楊濟[12] 및 張劭[13]와 段廣 등을 붙잡아 모두 三族을 멸하였다. 가황후가 詔書를 위조하여 황태후를 永寧宮으로 보내고, 특별히 태후의 모친 高都君 龐氏의 목숨을 살려서 태후가 있는 곳으로 가도록 하락하고, 다시 群公과 有司를 선동하여 태후가 사직을 위태롭게 하려고 도모해서 스스로 황제와 단절하였으니 폐위시켜 庶人으로 만들어 金墉城에 보내기를 청하니 혜제가 허락하였다.

또 아뢰기를, "지난번 조서에서 양준의 처 방씨를 용서해준 것은 태후의 마음을 위로하기 위해서인데, 지금 태후가 폐위되었으니 방씨를 廷尉에 보내 사형시키소서." 하니, 혜제가 따랐다. 방씨가 사형을 당하려고 할 때에 양태후가 부둥켜안고 부르짖고 머리카락을 자르고 머리를 조아리고서 가황후에게 表文을 올려 妾이라고 칭하면서 어머니의 목숨을 살려주기를 청했으나 들어주지 않았다.

그 전에 양태후가 금용성에 유폐되어 있을 때에는 그래도 시중드는 사람 10여 명이 있었는데, 그 후에 가황후가 그 사람들을 빼앗고서 음식을 끊은 지 8일 만에 죽었다.

○ 賈后性凶悍多權略하야 每欲干預政事나 而爲太傅楊駿所抑이러니 永康元年에 后使黃門董猛과 與殿中中郎孟觀李肇皆駿所不禮者로 謀誅駿하다 初에 后爲太子妃에 嘗以妬로 手殺數人하고 又以戟擲孕妾하야 子隨刃墮하니 武帝大怒하야 將廢之러니 楊后曰 賈公閭有大勳於(杜)〔社〕[14]稷하니 豈可以其女妬而忘之邪아 妃得不廢호되 后數誡厲妃하니 妃不知其助己하고 反以爲恨이러니 至是하야 不以婦道事太后하야 亦謀廢之하고 又使報楚王瑋하니 瑋許之하야 乃求入朝어늘 於是에 觀肇啓帝夜作詔하야 誣駿謀反한대 屯衛殿中段廣이 跪言於帝曰 楊駿孤公無子하니 豈有反理리오 願陛下審之하소서 帝不答하고 命東安公繇하야 帥殿中四百人討之할새 瑋屯司馬門이러니 太后聞之호되 內外隔塞이라 題帛爲書하야 射城外曰 救太傅者면 有賞호리라 賈后因宣言太后同反이라하더니

11) 楊珧 : ?~291. 西晉 弘農 사람으로, 자는 文琚이고, 楊駿의 동생이다. 형 양준과 동생 楊濟와 함께 권세가 천하를 좌지우지할 정도여서 당시에 '三楊'이라고 하였다. 尙書令과 衛將軍을 역임하고, 武帝의 총애를 받았다. 만년에 붕당을 결성하여 齊王 司馬攸를 참소하였다. 양준이 제거될 때 피살되었다.

12) 楊濟 : ?~291. 西晉 弘農 사람으로, 자는 文通이고, 楊駿의 동생이다. 鎭南將軍과 征北將軍을 지냈고 太子太傅가 되었다. 양준이 王佑를 河東太守로 내보내고 皇儲를 세운 일이 모두 양제의 계책에서 나왔다. 賈皇后가 양준을 제거할 때 함께 피살되었다.

13) 張劭 : 楊駿의 甥姪이다. 혜제 때 양준이 정권을 장악하고 나서 황제에게 이간질하는 사람이 있을까 염려하여 그를 中護軍으로 삼아 황제를 가까이서 모시게 하였다. 양준이 제거될 때 장소 역시 삼족이 멸족되었다.(≪資治通鑑≫ 권82 〈孝惠皇帝 上之上〉)

14) (杜)〔社〕 : 저본에는 '杜'로 되어 있으나, ≪晉書≫ 권31 〈武悼楊皇后列傳〉에 의거하여 '社'로 바로잡았다.

尋殿中兵出燒駿府하니 駿逃于廐어늘 就殺之하고 遂收楊珧楊濟及張劭段廣等하야 皆夷三族하고 賈后矯詔하야 送太后于永寧宮하고 特全太后母高都君龐氏之命하야 聽就太后居止하고 復諷群公有司하야 奏太后圖危社稷하야 自絶于天하니 請廢爲庶人하야 詣金墉城이라한대 詔可라하다 又奏昨詔原駿妻龐氏는 以慰太后之心이러니 今太后廢하니 請以龐付廷尉行刑하야지이다 詔從之하다 龐臨刑에 太后抱持號叫하고 截髮稽顙하야 上表賈后稱妾하야 請全母命호되 不省하다 初에 太后幽金墉城에 尙有侍御十餘人이러니 後賈后奪之하고 絶膳八日而卒하다

40-1-3

어느 날 가황후가 거짓으로 혜제가 병이 있다고 하고서 태자를 불러 入朝하게 하고는, 태자가 이르자 別室에 있게 하고 계집종을 보내 춤을 추게 하고서 황제의 명으로 술 세 되를 내려 모두 마시게 하니 태자가 마침내 크게 취하였다.

가황후가 黃門侍郎 潘岳[15]을 시켜 글을 짓게 하고서 황제의 명이라고 칭하고서 태자에게 베껴 쓰게 하였는데, 그 글의 내용은 "폐하께서는 스스로 생을 마치십시오. 스스로 마치지 않으면 내가 들어가서 마쳐드리겠습니다. 中宮(가황후)은 또 빨리 스스로 생을 마치십시오. 스스로 마치지 않으면 내가 직접 마쳐드릴 것입니다. 아울러 謝妃[16]와 함께 기한을 정해서 양쪽에서 일어나 우환을 제거하겠습니다."라고 하였는데, 태자가 술에 취해 정신이 혼미하여 마침내 그대로 쓰니 글자가 절반도 제대로 써지지 않았다.

가황후가 보완해서 완성하여 혜제에게 올리니, 혜제가 式乾殿에 임어하여 公卿을 불러들여 태자의 글을 보이고 말하기를, "遹의 글이 이와 같으니 賜死하게 하겠다." 하였는데, 여러 王과 公이 의논하였으나 해가 지도록 결정하지 못하였다.

裴頠[17]만이 말하기를, "먼저 글을 전한 자를 조사해야 합니다." 하고, 또 청하기

---

15) 潘岳 : 247~300. 西晉 滎陽 사람으로, 자는 安仁이다. 楊駿이 집권할 때 太傅主簿가 되었으나 양준이 제거되면서 면직되었다. 후에 給事黃門侍郎이 되었고, 趙王 司馬倫이 집권할 때에 사마륜과 친한 孫秀와 묵은 원한이 있어 손수의 무고로 죽임을 당했다. 반악은 미남으로 젊어서 집을 나서면 여자들이 과일을 던져주어 수레에 가득하였다. 詩賦를 잘하여 詩로 陸機와 병칭되었다. ≪潘黃門集≫이 있다.

16) 謝妃 : 愍懷太子 司馬遹의 생모인 혜제의 후궁 謝才人이다.

17) 裴頠 : 267~300. 西晉 河東 사람으로, 자는 逸民이다. 박학하고 원대한 식견이 있었다. 아버지 裴秀의 작위를 승습하였고, 太子中庶子가 되었는데, 惠帝가 즉위하여 國子祭酒 兼 右軍將軍이 되었다. 楊駿을 제거하는 데 참여한 공으로 侍中이 되었다. 賈皇后와 인척관계였으나 愍懷太子를 보호하였고, 張華・賈模와 함께 太后를 폐위시키려고 도모했다가 실패하였다. 趙王 司

賈后謀害皇太子

를, "태자의 글씨와 비교하십시오. 그렇지 않으면 속임수가 있을까 염려됩니다." 하였다. 가황후가 事變이 생길까 두려워하여 표문을 올려 태자를 폐위하여 庶人으로 만들기를 청하니 혜제가 허락하였다.

그의 아들 司馬虨·司馬臧·司馬尙을 모두 금용성에 유폐시키고 태자의 생모 謝淑媛을 죽였다. 西戎校尉司馬[18] 閻纘[19]이 棺을 수레에 싣고 대궐에 나아가 上書하기를, "태자의 죄는 有無를 알 수 없지만 설사 있더라도 師傅를 신중히 선발하여 먼저 엄히 가르치고, 만약 고치지 않으면 그때 버려도 늦지 않습니다." 하였다. 상서가 올라갔으나, 혜제가 받아들이지 않았다.

馬倫과 평소 사이가 나빴는데, 사마륜이 가황후를 제거할 때 그도 피살되었다.

18) 西戎校尉司馬 : 西晉의 武帝가 襄陽에 南蠻校尉를 설치하고, 長安에 西戎校尉를 설치하고, 寧州에 南夷校尉를 설치하고 각각 長史와 司馬를 두었다.(≪資治通鑑≫ 권83 〈晉紀5 孝惠皇帝 上之下〉)

19) 閻纘 : 西晉 巴西 사람으로, 자는 續伯이다. 젊어서 영걸들과 교유하고, 전적에 박식하였다. 太傅 楊駿의 舍人이 되어 安復令이 되었는데, 양준이 죽임을 당하자 벼슬을 버리고 양준을 장사 지냈다. 河間王 司馬顒이 그를 西戎校尉司馬로 삼았는데 공을 세워 平樂鄕侯에 봉해졌다. 愍懷太子가 폐위되자 上書하여 伸冤하였고, 皇太孫이 즉위하자 여러 차례 上書하여 직언하였다. 벼슬은 漢中太守에까지 이르렀다.

○ 一日에 賈后詐稱帝不豫하야 召太子入朝하야 旣至에 置于別室하고 遣婢陳舞하야 以帝命으로 賜酒三升하야 逼使盡飮之하니 遂大醉어늘 后使黃門侍郞潘岳作書草하고 稱詔하야 使書之하니 文曰 陛下宜自了하소서 不自了면 吾當入了之요 中宮又宜速自了니 不自了면 吾當手了之요 幷與謝妃로 共要刻期兩發하야 埽除患害라하니 太子醉迷하야 遂依而寫之하니 字半不成이어늘 后補成之以呈帝한대 帝幸式乾殿하야 召公卿入하야 以太子書示之曰 遹書如此하니 令賜死호리라 諸王公議至日西不決이어늘 惟裴頠曰 宜先檢校傳書者라하고 又請比校太子手書하소서 不然이면 恐有詐妄이라한대 后懼事變하야 乃表免太子爲庶人한대 詔許之하고 其子虨臧尙을 皆幽于金墉城하고 殺太子母謝淑媛하니 西戎校尉司馬閻纘이 輿棺詣闕上書하야 以爲太子之罪는 未審有無어니와 縱有라도 宜重選師傅하야 先加嚴誨하야 若不悛改어든 棄之未晩이니이다 書奏不省하다

40-1-4

가황후가 또 黃門을 시켜 태자와 역모하려고 했다고 자수하게 하자 혜제가 자수한 내용을 公卿들에게 보이고, 1천의 병사를 보내 태자를 호위하여 許昌에 유폐시켰다. 후에 또 趙王 司馬倫[20]과 孫秀[21]로 인하여 사람을 시켜 反間計를 써서 殿中의 사람이 황후를 폐위하고 태자를 맞아들이려고 한다고 말하게 하여, 가황후가 太醫令 程據를 시켜 독약을 타서 황문 孫慮를 보내 허창에 이르러 태자를 핍박하여 살해하였다.

○ 后又使黃門自首하야 欲與太子爲逆이어늘 詔以首辭班示公卿하고 遣千兵衛太子하야 幽于許昌이러니 後又因趙王倫孫秀하야 使人行反間言殿中人이 欲廢皇后迎太子라한대 后使太醫令程據로 和毒藥하야 遣黃門孫慮하야 至許昌하야 逼太子殺之하다

40-1-5

趙王 司馬倫이 조서를 위조하여 三部司馬[22]에게 명하기를, "中宮이 賈謐[23] 등과

20) 趙王 司馬倫 : 高祖 宣帝의 아홉째 아들이다.
21) 孫秀 : ?~301. 西晉 琅邪 사람으로, 자는 俊忠이다. 처음에는 낭야의 小吏였으나 趙王 司馬倫의 신임을 받았다. 惠帝 寧康 원년에 사마륜과 모의하여 賈皇后를 폐위시키고 혜제에게 禪位하도록 핍박하였다. 사마륜이 황위를 찬탈하여 그를 中書令으로 삼았는데, 모든 일이 그의 손에서 결정되었다. 潘岳과 石崇 등을 죽였는데, 이듬해 齊王 司馬冏이 군대를 일으켜 사마륜과 함께 살해하였다.
22) 三部司馬 : 晉나라 二衛에 편제된 前驅司馬, 由基司馬, 彊弩司馬를 가리킨다.(≪晉書≫ 권24 〈職官志〉)
23) 賈謐 : ?~300. 西晉 南陽 사람으로, 자는 長深이다. 賈充이 후사가 없어 그를 후사로 삼았는

함께 태자를 죽였으므로 지금 車騎로 하여금 들어가서 중궁을 폐위시키게 하였다. 너희들이 명을 따르면 關內侯를 내릴 것이고, 따르지 않는 자는 三族을 멸하겠다.” 하니, 군사들이 모두 따랐다.

궐문을 열고 밤에 들어가서 齊王 司馬冏[24]을 보내 100명을 거느리고 가서 閤門을 밀치고 들어가 혜제를 맞이하여 東堂으로 가게 하고, 가밀을 불러서 참수하고, 마침내 가황후를 폐위시켜 서인으로 삼아서 금용성으로 보냈다. 사마륜이 또 마침내 교서를 위조하여 使者를 보내 金屑酒를 가지고 가서 금용성에서 가황후를 賜死하게 하고, 고 태자의 位號를 회복시키고 그의 아들 司馬臧을 세워 皇太孫으로 삼고, 사마륜 자신은 相國이 되고 이어 스스로 九錫[25]을 받았다.

○ 趙王倫矯詔하야 勅三部司馬曰 中宮與賈謐等으로 殺太子하니 今使車騎入廢中宮하나니 汝等從命이면 賜爵關內侯하고 不從者는 誅三族호리라 衆皆從之어늘 開門夜入하야 遣齊王冏하야 將百人하야 排閤迎帝幸東堂하고 召賈謐斬之하고 遂廢后爲庶人하야 送于金墉城하다 倫이 又遂矯詔하야 遣使齎金屑酒하야 賜賈后死于金墉城하고 復故太子位號하고 立其子臧하야 爲皇太孫하고 倫自爲相國이러니 尋自加九錫하다

40-1-6

永寧 원년(301)에 조왕 사마륜이 황제라고 자칭하고 혜제를 金墉城으로 옮겨 그를 높여 太上皇이라고 하고, 황태손을 폐위시켜 濮陽王으로 삼았다가 곧이어 살해하였다.

○ 永寧元年에 趙王倫이 自稱皇帝하고 遷帝于金墉城하야 尊爲太上皇하고 廢皇太孫爲濮陽王이러니 尋殺之하다

40-1-7

齊王 司馬冏이 使者를 보내 成都王 司馬穎[26]과 河間王 司馬顒[27]과 長沙王 司馬

데, 그 권세가 온 나라를 뒤흔들었고, 사치가 과도하여 石崇·歐陽建 등과 24友로 병칭되었다. 散騎常侍·秘書監·侍中을 역임하였다. 賈皇后와 태자를 모함하다가 趙王 司馬倫에게 살해되었다.

24) 齊王 司馬冏 : 晉나라 文帝 司馬昭의 손자이고, 武帝의 조카로, 아버지 司馬攸의 封爵인 齊王을 계승하였다.

25) 九錫 : 천자가 제후나 대신을 예우하여 내리는 아홉 가지 기물로, 車馬·衣服·樂則·朱戶·納陛·虎賁·弓矢·鈇鉞·秬鬯이다.(≪春秋公羊傳注疏≫ 권6 〈莊公〉)

乂[28] 및 新野公 司馬歆[29]에게 고하고 檄文을 보내 가서 진압할 때 "逆臣 孫秀가 趙王(사마륜)을 미혹하였으니 함께 토벌해야 할 것이다. 만약 명을 따르지 않는 자가 있으면 삼족을 멸하겠다." 하니, 遠近에서 호응하여 수효가 20만 명에 이르렀다. 사마륜을 토벌하자 사마륜이 군대를 거느리고 막을 때 성도왕 사마영이 溴水에서 사마륜의 군대를 격파하니 左衛將軍 王輿[30] 등이 혜제를 맞이하여 복위시키고 손수를 中書省에서 참수하고 사마륜을 賜死하고 그 아들을 잡아서 죽였다.

제왕 사마경이 功을 자부하여 교만하고 사치하며 권세를 부리자 하간왕 사마옹이 표문을 올려 사마경의 죄를 진달하고 장사왕 사마예에게 사마경을 폐위시키기를 청하였다. 사마옹의 표문이 이르자 사마경이 크게 놀라 董艾[31]를 보내 습격하니, 사마예가 좌우 100여 명을 거느리고 궁궐에 달려 들어가 모든 문을 닫고 천자를 모시고 大司馬府를 공격하자 도성 안에서 큰 싸움이 벌어졌다. 혜제가 上東門으로 가자 화살이 御前에 쏟아져서 신하들이 죽어 넘어져 뒤엉켰다. 사마경의 무리가 크게 패하자 사마경을 잡아서 참수하였다.

○ 齊王冏이 遣使告成都王穎河間王顒長沙王乂及新野公歆하고 移檄征鎭할새 稱逆臣孫秀 迷誤趙王하니 當共討之니 有不從命者면 誅及三族호리라 遠近響應하야 衆至二十萬이어늘 討倫하니 倫以兵拒之할새 成都王(穎)〔穎〕[32]擊敗倫兵于溴(취)水하니 左衛將軍王輿等이 迎帝復位하고 斬孫秀於中書省하고 賜倫死하고 收其子誅之하다 齊王冏이 恃功驕奢擅權이어늘 河間王顒이 表陳冏罪하야 請長沙王乂廢冏한대 顒表至에 冏大懼하야 遣董艾襲之하니 乂將左右百餘人하야 馳入宮閉諸門하고 奉天子하야 攻大司馬府하니 城內大戰이라 帝幸上東門하니 矢集御前하야 群臣死者相枕이라 冏衆大敗하니 執冏斬之하다

26) 成都王 司馬穎 : 晉나라 武帝의 16째 아들이다.
27) 河間王 司馬顒 : 晉나라 高祖 宣帝 司馬懿의 동생 安平獻王 司馬孚의 손자이다. 아버지 太原烈王 司馬瓌의 작위를 계승하였다.
28) 長沙王 司馬乂 : 晉나라 武帝의 여섯째 아들이다.
29) 新野公 司馬歆 : 晉나라 高祖 宣帝의 넷째 아들 司馬駿의 아들이다. 武帝 太康(280~289) 연간에 형인 順陽王 司馬暢의 요청으로 新野縣公에 봉해졌다.
30) 王輿 : ?~301. 西晉 사람이다. 惠帝 때 左衛將軍이 되었는데, 趙王 司馬倫이 稱帝하는 것을 도왔다. 齊王, 河間王, 成都王 등이 사마륜을 토벌하자 마침내 사마륜을 배반하여 사마륜의 主謀者인 孫秀와 그 도당을 죽인 공로로 처벌을 면하였다. 永寧 원년(301)에 東萊王 司馬蕤와 모의하여 齊王 司馬冏을 謀殺하려다 누설되어 피살되었다.
31) 董艾 : 晉나라 惠帝 때 龍驤將軍으로, 齊王 司馬冏의 심복이다.
32) (穎)〔穎〕 : 저본에는 '穎'으로 되어 있으나, ≪晉書≫ 권59 〈成都王穎列傳〉에 의거하여 '穎'으로 바로잡았다. 아래도 같다.

40-1-8

太安 2년(303)에 하간왕 사마옹과 성도왕 사마영이 擧兵하여 반란을 일으키자 혜제가 직접 군대를 거느리고 토벌하여 三十里橋에 갔는데, 사마옹이 張方[33]을 거느리고 습격하여 무찌르자 혜제가 緱氏[34]로 갔다. 장방이 경성에 들어가서 크게 노략질하자 장사왕 사마예가 혜제를 모시고 장방을 토벌하였으나 이기지 못하였다. 사마영이 진군하여 京師를 핍박하자 東海王 司馬越[35]이 장방을 시켜 장사왕 사마예를 죽이게 하였다. 사마영이 경사에 들어가 스스로 丞相이 되고, 황후 羊氏와 태자 司馬覃을 폐위시키니, 동해왕 사마월이 혜제를 모시고 사마영을 정벌하여 황후와 태자를 복위시켰다.

사마영이 군대를 보내 蕩陰에서 막아 싸웠는데 혜제가 상처를 입고 뺨에 화살 세 대를 맞았다. 시중 嵇紹[36]가 그곳에서 죽었는데 그 피가 혜제의 옷에 튀었다. 훗날 좌우 신하가 옷을 빨기를 청하니 혜제가 말하기를, "嵇 侍中의 피니 빨지 말라." 하였다.

사마영이 혜제를 모시고 鄴에 들어가서 東安王 司馬繇를 죽이니, 장방이 다시 경

---

33) 張方 : ?~306. 西晉 河間 사람으로, 재능이 있고 용맹하여 河間王 司馬顒의 신임을 얻었다. 永寧 2년(302)에 사마옹이 齊王 司馬冏을 토벌하였는데, 사마경이 長沙王 司馬乂에게 살해되자 다시 사마옹을 위해 사마예를 토벌하였다. 사마예를 죽이고 나서 洛陽에 들어가 대대적으로 노략질을 하고 長安으로 돌아와서 馮翊太守가 되었다. 蕩陰의 싸움 때 사마옹이 그를 보내 낙양을 진압하고 羊皇后를 폐위시키고 惠帝를 겁박하여 장안으로 오게 하였다. 벼슬이 中領軍・錄尙書事가 되고, 京兆太守가 되었다. 永興 2년(305)에 東海王 司馬越 등이 기병하여 사마옹과 장방을 치자 장방이 劉喬와 막았는데, 유교가 패하여 사마월의 군대가 장안을 공격하자 사마옹이 두려워하여 장방을 살해하고 화친을 청하였다.

34) 緱氏 : 중국 河南省에 있는 지명이다.

35) 東海王 司馬越 : ?~311. 자는 元超이다. 晉 高祖 宣帝의 조카인 高密王 司馬泰의 次子이다. 처음에는 騎都尉였는데, 楊駿을 토벌한 공으로 東海王에 봉해졌다. 惠帝 太安 2년(303)에 長沙王 司馬乂를 잡아서 죽이고, 이듬해 혜제를 겁박하여 司馬穎을 정벌했다가 패하였다. 懷帝가 즉위하여 정사를 그에게 맡기고 丞相으로 삼았다. 懷帝 永嘉 3년(309)에 군대를 이끌고 궁궐에 들어가 황제 옆에서 近臣 繆播와 장인 王延 등 10여 명을 죽이고 권세를 천단하였다. 영가 5년(311)에 石勒이 공격해오자 자기 무리를 이끌고 許昌으로 나가서 근심하다 죽었다.

36) 嵇紹 : 253~304. 西晉 譙郡 사람으로, 자는 延祖이고, 嵇康의 아들이다. 越王 司馬倫이 執政할 때 侍中이 되었고, 河間王 司馬顒과 成都王 司馬穎이 長沙王 司馬乂를 토벌할 때 군대를 거느리고 항거하였다. 사마예가 패배하자 서인이 되었다. 후에 다시 복위되었는데, 惠帝 永興 원년(304)에 東海王 司馬越이 혜제를 끼고서 鄴을 공격할 때 사마영의 장수 石超가 蕩陰에서 격파하였다. 이때 혜소가 몸으로 혜제를 보호하다가 화살에 맞아 죽었다. 시호는 忠穆이다.

성에 들어가서 황후와 태자를 폐위시켰다. 幽州와 幷州의 군대가 鄴에 이르니, 사마영이 장방을 시켜 혜제를 맞이하여 洛陽으로 돌아가게 하였다. 장방이 낙양에 있은 지 오래되어 거의 모두 약탈하였기 때문에 군병을 이끌고 궁전에 들어가 자기가 타던 수레로 혜제를 맞이하여 혜제를 핍박해서 수레에 오르게 하고 長安으로 옮겼다.

이에 동해왕 사마월이 스스로 徐州都督을 겸하여 격문을 보내서 장방을 토벌하게 하니, 〈太宰 사마옹이〉[37] 장방을 죽여 그 머리를 사마월에게 보내왔다. 사마월이 진군하여 溫州에 주둔하여 祁弘[38]을 보내 장안에 들어가 혜제를 모시고 동쪽으로 돌아오고 羊后를 복위시키니, 동해왕 사마월을 太傅로 삼았다. 혜제가 떡을 먹다가 중독되어 죽으니, 혹자는 태부 사마월이 독살했다고 하였다. 재위 기간은 17년이고, 향년은 48세였다.

○ 二年에 河間王顒成都王(穎)〔穎〕이 擧兵反이어늘 帝自將討之하야 如三十里橋하니 顒將張方이 襲敗之한대 帝幸緱氏하니 張方入京城大掠하니 長沙王乂奉帝討張方不克하다 (穎)〔穎〕進兵逼京師하니 東海王越이 使張方殺長沙王乂하다 (穎)〔穎〕入京師하야 自爲丞相하고 廢皇后羊氏及太子覃하니 東海王越奉帝征(穎)〔穎〕하야 復皇后太子한대 (穎)〔穎〕遣兵하야 拒戰蕩陰하니 帝傷頰中三矢라 侍中嵇紹死之하니 血濺帝衣러라 他日에 左右請浣之한대 帝曰 嵇侍中血이니 勿浣也하라 (穎)〔穎〕以帝入鄴하야 殺東安王繇하니 張方復入京城하야 廢皇后太子러니 幽幷兵至鄴하니 (穎)〔穎〕使張方으로 迎帝還洛陽하다 張方在洛旣久하야 剽掠殆竭이라 乃引兵入殿하야 以所乘車迎帝하야 逼使上車하야 遷於長安하다 於是에 東海王越이 自領徐州都督하야 傳檄討張方한대 殺之하야 送首於越하니 越進屯溫하야 遣祁弘入長安하야 奉帝東還하고 復羊后하니 以東海王越爲太傅하다 帝食麮하야 中毒而崩하니 或曰 太傅越之鴆也라 在位十七年이요 享年四十八이라

40-1-9

史臣이 다음과 같이 논하였다.

"혜제는 자질이 용렬하고 어리석으며 사리에 어둡고 나약해서 능력이 없었다. 그러므로 帝位에 있을 때에 권세를 중궁(가황후)이 제멋대로 휘두르고 정사가 신하들의 손에서 나와 기강이 크게 무너지고 뇌물이 공공연히 행해졌다.

그가 일찍이 華林園에 있을 때에 청개구리가 우는 소리를 듣고서 좌우에게 말하

---

37) 太宰 사마옹이 : ≪御製歷代通鑑輯覽≫ 권31 〈晉 孝惠皇帝〉에 의거하여 보충하여 번역하였다.
38) 祁弘 : 陽武王 司馬淩의 장수이다.(≪御製歷代通鑑輯覽≫ 권31 〈晉 孝惠皇帝〉)

기를 '이것이 우는 것은 官을 위해서인가, 私를 위해서인가?' 하니, 어떤 사람이 대답하기를 '관의 땅에 있는 것은 관을 위해서 울고, 사유지에 있는 것은 사를 위해서 웁니다.' 하였는데, 혜제는 그가 자기를 속인다는 것을 몰랐으며, 천하가 어지러워져서 백성들이 굶어 죽자 혜제가 듣고서 말하기를, '어찌하여 고기죽을 먹지 않는가?'라고 한 것을 보건대, 그의 어리석음이 모두 이런 부류들이다. 그렇기 때문에 母后를 시해하고 태자를 해치고, 무고한 사람을 도륙하고 골육이 서로 죽이면서 모두 다른 사람의 손을 빌렸으니, 신하에게 제압당해 폐위되고 옮겨지고 끝내 독살을 당하여 천하 후세의 웃음거리가 된 것이 당연하다."

史臣論曰 帝資質庸愚하며 昏懦無爲라 故居大位에 權專中宮하고 政出群下하야 綱紀大壞하고 貨賂公行하니라 觀其嘗在華林園하야 聞蝦蟆聲하고 謂左右曰 此鳴者 爲官乎아 爲私乎아 或對曰 在官地者爲官이요 在私地者爲私니이다 帝亦不識其紿러니 及天下荒亂에 百姓餓死하고 帝聞之曰 何不食肉糜오하니 其蒙蔽皆此類라 所以弒母后害太子하며 屠戮無辜하며 骨肉殘殺이 咸假他人之手하니 宜乎受制廢遷하야 終死𨡖毒하야 而貽笑天下後世也哉인져

東晉

孝武帝

40-2-1

孝武皇帝의 휘는 曜이고, 자는 昌明이니, 簡文帝의 셋째 아들이다. 처음에 會稽王에 봉해졌다가 咸安 2년(372)에 황태자가 되었다. 간문제가 죽었는데 申時가 되도록 가지 않자 좌우에서 간언하니 대답하기를, "슬픔이 이르면 곡하는 것이지 어찌 일정하게 정해진 법이 있겠는가." 하였다. 곧이어 제위에 올랐는데, 그해에 三吳[39]에 큰 가뭄이 들어 굶어 죽은 사람이 많으니 崇德太后[40]가 조정에 임하여 攝政하였다.

39) 三吳 : 지명으로, 시대에 따라 가리키는 곳이 다르다. 晉나라 때에는 吳興·吳郡·會稽를 병칭하는 말로 쓰였는데, 北魏 酈道元의 ≪水經注≫ 〈漸水〉에 의하면 浙江 이서가 오흥과 오군이고, 절강 이동이 회계이다.

40) 崇德太后 : 康帝의 황후인 康獻褚皇后를 가리킨다. 崇德宮에서 지냈기 때문에 崇德太后 또는 崇德皇太后라고 부른다.(≪晉書≫ 권8 〈穆帝紀〉)

孝武皇帝의 諱는 曜요 字는 昌明이니 簡文帝第三子也라 初封會稽王이러니 咸安二年에 立爲皇太子하니라 簡文帝崩에 至晡不臨한대 左右進諫이어늘 答曰 哀至則哭이니 何常之有오 尋卽帝位하니 其年에 三吳大旱하야 人多餓死하니 崇德太后臨朝攝政하다

40-2-2

太元 원년(376)에 효무제가 元服을 입고 처음으로 조정에 임하였다.

2년에 지진이 일어나고 폭풍에 나무가 꺾이고 지붕이 날아갔다.

3년에 효무제가 새 궁궐을 짓느라 會稽王邸로 옮겨 지냈는데, 우레가 치고 큰비가 내리고 폭풍이 불어 지붕이 날아가고 나무가 꺾였다.

4년에 큰 가뭄이 들어서 곡식이 여물지 않으니 백성이 많이 궁핍하였다.

5년에 큰물이 지고, 우레가 含章殿의 네 기둥에 쳐서 內寺 2명을 한꺼번에 죽였다.

6년에 효무제가 불법을 숭봉하여 궁전 안에 精舍를 세우고 승려를 불러들여 기거하게 하니, 尙書 王雅[41]가 간언하였으나 듣지 않았다. 揚州·荊州·江州 세 주에 큰물이 지고, 江東에 큰 기근이 들었다.

8년 2월에 黃砂가 가득 끼고, 始興·南康·廬陵에 큰물이 져서 평지보다 5丈이나 높았다. 會稽王 司馬道子[42]를 錄尙書六條書로 삼고, 王國寶[43]를 尙書郎으로 삼았다.

○ (大)〔太〕[44]元元年에 帝加元服하야 始臨朝政하다 二年에 地震하고 暴風折木發屋하다 三年에 帝作新宮하야 移居會稽王邸하니 雷雨暴風이 發屋折木하다 四年에 大旱하야 年穀不登하니 百姓

---

41) 王雅 : 334~400. 東晉 東海 사람으로, 자는 茂達이다. 효무제의 신임을 얻어 조정의 기밀에 많이 참여하였고, 少傅에 임명되어 사람을 알아본다는 명성을 얻었다. 효무제가 王恭과 殷仲堪을 등용하려고 하면서 그에게 물으니 불가하다고 하였는데, 그 후에 과연 두 사람이 일을 실패하였다. 벼슬이 左僕射에까지 올랐다.

42) 會稽王 司馬道子 : 364~403. 이름이 道子이고, 자도 道子이다. 東晉 簡文帝의 아들이다. 처음에 琅邪王에 봉해졌다. 효무제 太元 초에 散騎常侍에 제수되고, 태원 10년(385)에 謝安이 죽자 揚州刺史·錄尙書·都督中外諸軍事를 맡았다. 揚州總錄이 된 뒤로 효무제와 술 마시고 노래하는 것을 일삼아 권세를 농단하였고, 會稽王에 봉해졌다. 安帝가 즉위하여 사마도자가 정사를 보좌하고 王國寶 등을 총애하여 정치와 형벌이 문란해졌다. 元興 원년(402)에 桓玄이 擧兵하여 建康을 격파하니, 사마도자가 쫓겨나고 이어 독살되었다.

43) 王國寶 : ?~397. 東晉 太原 사람으로, 王坦의 아들이다. 孝武帝 太元 연간에 司馬道子가 정권을 잡았을 때 秘書丞에서 中書令·中領軍으로 승진하였고, 사마도자와 결탁하여 뇌물을 쓰고 정치와 형벌을 문란하게 하였다. 安帝가 즉위하자 尙書左僕射·後將軍·丹楊尹이 되었는데, 王恭이 擧兵하여 공격하자 사마도자가 두려워하여 왕국보에게 죄를 떠넘겨 살해하였다.

44) (大)〔太〕 : 저본에는 '大'로 되어 있으나, ≪晉書≫ 권9 〈孝武帝紀〉에 의거하여 '太'로 바로잡았다.

多賈러라 五年에 大水하고 雷震含章殿四柱하고 并殺內侍二人하다 六年에 帝奉佛法하야 立精舍於殿內하고 引諸沙門居之한대 尙書王雅諫호되 不從하다 揚荊江三州大水하고 江東大飢하다 八年二月에 黃霧四塞하고 始興南康廬陵大水하야 平地五丈이러라 會稽王道子로 錄尙書六條事하고 王國寶로 爲尙書郎하다

40-2-3

太元 10년(385)에 회계왕 사마도자가 권세를 전횡하였다. 왕국보는 太保 謝安[45]의 사위였는데, 사안이 그의 됨됨이를 미워하여 매번 억누르고 기용하지 않으니 이 때문에 사안을 원망하였다. 왕국보의 從妹는 사마도자의 妃였다. 이때 효무제와 사마도자가 모두 술을 좋아하고 사악하고 아첨하는 자를 친압하였다. 왕국보가 이에 사안을 사마도자에게 참소하여 효무제와 이간시키게 하였는데, 효무제가 알아차리지 못하고 마침내 사안을 소원히 대하고 꺼렸다. 이때 秦나라[46]가 구원을 요청하니 사안이 이에 자신이 가겠다고 청하여 廣陵으로 나가서 新城을 쌓고 그곳에서 지냈다.

○ 十年에 會稽王道子專權하고 王國寶는 大(태)保謝安壻也라 安惡其爲人하야 每抑而不用하니 由是怨安이라 國寶從妹 爲道子妃라 時에 帝與道子로 皆嗜酒하고 狎昵邪諂하니 國寶乃譖安於道子하야 使離間之於帝하니 帝不察하고 遂疏忌安이러니 會秦求救한대 安迺請自將하야 出鎭廣陵하고 築新城居之하다

40-2-4

太元 14년(389)에 효무제가 酒色에 빠져서 밤새도록 술을 마셨다. 이때 정사를 琅邪王 사마도자에게 맡겼는데 사마도자 역시 荒淫하고 술을 좋아하여 밤낮으로 효무제와 술에 취해 노래하는 것을 일삼았다. 또 불교를 숭상하여 사치를 극도로 하고 가까이 지내는 사람은 모두 乳母와 승려였다. 近習들이 권세를 농단하여 서로 내통

45) 謝安 : 320~385. 東晉 陳郡 사람으로, 자는 安石이다. 일찍이 會稽의 東山에 20여 년 은거하면서 산수를 즐기며 조정에서 불러도 나아가지 않다가 40여 세에 桓溫이 그를 초청하여 司馬로 삼았다. 孝武帝 때 中書監이 되었는데 이때 前秦이 강성하여 晉나라가 여러 차례 패배하였다. 太元 8년(383)에 전진의 군대가 대거 남하하자 사안이 征討大都督이 되어 대승을 거두고 建昌縣公에 봉해졌다. 이어 아우 謝石 등을 시켜 북쪽을 정벌하여 洛陽과 靑州와 兗州 등을 수복하였다. 이때 會稽王 司馬道子가 권세를 전횡하여 그를 배제하니 廣陵으로 나갔다가 병들어 죽었다. 시호는 文靖이다.

46) 秦나라 : 前秦의 왕 苻堅을 가리킨다.(≪資治通鑑≫ 권106 〈晉紀 烈宗孝武皇帝 中之上〉)

하여 청탁하고 뇌물이 공공연히 행해져서 관작이 문란하고 刑獄이 어지러워졌다.

그러자 左衛將軍 許營[47]이 상소하기를, "臺府의 局吏와 宿衛하는 武官과 노비들까지 모두 수령이 되고, 혹은 직책을 가지고 大內에 있으며, 승려와 유모들이 다투어 친한 黨與를 진출시키고, 또 뇌물을 받아서 곧바로 벼슬하게 하니, 정치와 교화가 고르지 않고 죄가 없는 사람들을 포학하고 무도하게 대합니다. 또 부처는 맑고 현묘한 神인데 지금 승려들이 간단한 五誡도 지키지 못하는데도 시속 사람들이 다투어 공경히 섬겨서 백성을 침탈하는 데에 이르고 재물 취하는 것을 은혜로 여기니, 이 또한 布施(보시)[48]하는 도리에도 맞지 않습니다." 하였다.

상소가 아뢰어졌으나 효무제가 받아들이지 않았다.

○ 十四年에 帝溺於酒色하야 爲長夜之飮하다 於是에 委政於琅邪王道子하니 道子亦荒淫嗜酒하야 日夕與帝로 以酣歌爲事하다 又崇尙浮屠하야 窮奢極費하고 所親昵者 皆姏姆僧尼라 近習弄權하야 交通請託하고 賄賂公行하야 官爵濫雜하고 刑獄繆亂이어늘 左衛將軍許營上疏曰 局吏衛官과 僕隷婢兒 皆爲守令하며 或帶內職하고 僧尼乳母 競進親黨하며 又受貨賂하야 輒使臨官하니 政敎不均하고 暴濫無罪라 且佛者는 淸遠玄虛之神이어늘 今僧尼於五誡麤法에도 尙不能遵이어늘 而流俗競加敬事하야 以至侵漁百姓하고 取財爲惠하니 亦未合布(보)施之道也로소이다 疏奏不省하다

사마도자의 권세가 온 나라를 좌지우지하고 왕국보가 아첨으로 사마도자에게 총애를 받으니 中書侍郎 范甯[49]이 자주 忠言을 올려서 잘못된 것을 바로잡고 奸黨을 지적하였다. 왕국보는 범녕의 생질이었기 때문에 범녕이 그가 아첨하는 것을 더욱 미워하여 효무제에게 그를 내치라고 권하였다.

왕국보가 마침내 사마도자와 함께 범녕을 참소하니 효무제가 도리어 범녕을 내쳐서 豫章太守로 삼았다. 범녕이 출발하면서 상소하기를, "지금 변경에 봉화가 올라오지 않았는데도 창고는 텅 비었습니다. 옛날에는 백성을 동원하는 것이 한 해에 3일을 넘

47) 左衛將軍 許營 : ≪晉書≫ 권64 〈簡文三子〉에는 '左衛領營將軍會稽許榮'으로 되어 있다. 또한 본서 40-2-7에도 '許榮'으로 되어 있다.

48) 布施(보시) : 승려에게 재물이나 음식을 희사하는 행위를 가리키는 용어이다.

49) 范甯 : 339~401. 東晉 南陽 사람으로, 자는 武子이다. 儒學을 숭상하고 불교를 배척하고 淸談을 배격하는 글을 지어 王弼과 何晏의 죄가 桀紂보다 크다고 하였다. 臨淮太守에 제수되고 陽遂鄕侯에 봉해졌다. 생질인 왕국보가 會稽王 司馬道子에게 참소하여 범녕이 豫章太守로 좌천되었다. 예장에서 학교를 대대적으로 설치하고 옛 제도를 개혁하니 학생이 1천여 명이 모였는데, 江州刺史 王凝의 탄핵을 받아 면직되었다. 저서에 ≪春秋穀梁傳集解≫가 있다.

지 않았는데 지금 백성을 노역시키는 것은 거의 한 해에 3일의 휴식도 없습니다. 심지어 아이가 태어났는데도 더 이상 부양하지 못하고, 홀아비와 과부가 감히 혼인하지 못하는 일까지 있으니, 신은 사직의 근심이 쌓아놓은 장작에 불을 놓는 것으로도 비유하기에 부족할까 염려됩니다." 하였는데, 효무제가 이 또한 받아들이지 않았다.

道子勢傾中外하고 王國寶以讒佞으로 有寵於道子하니 中書侍郎范寗이 數進忠言하야 補正缺失하고 指斥奸黨이라 國寶는 寗之甥也라 寗尤疾其阿諛하야 勸帝黜之한대 國寶遂與道子譖寗하니 帝反出寗하야 爲豫章太守한대 寗臨發上疏曰 今邊烽不擧而倉庫空匱라 古者使民에 歲不過三日이러니 今之勞擾는 殆無三日之休하야 至有生兒에 不復擧養하고 鰥寡不敢嫁娶하니 臣恐社稷之憂 厝火積薪이 不足喩也로소이다 帝亦不省하다

40-2-5

太元 17년(392)에 淸河 사람 李遼가 표문을 올려 兗州에 명하여 孔子의 사당을 수리하고 民戶를 정해주어 청소하게 하고, 이어 庠序를 세워서 학자들을 가르치게 하기를 청하고서, "일에는 느긋하게 해도 될 것 같지만 실제로는 급한 것이 있으니, 이것을 가리킵니다." 하였다. 상소가 아뢰어졌으나 받아들이지 않았다.

○ 十七年에 淸河人李遼上表하야 請勅兗州하야 修孔子廟하고 給戶灑埽하고 仍立庠序하야 以敎學者曰 事有如賒而實急者는 此之謂也니이다 疏奏不省하다

40-2-6

太元 20년(395)에 회계왕 사마도자가 권세를 전횡하고 사치스럽고 방종하였다. 趙牙는 본래 광대이고, 茹千秋는 도둑을 잡는 아전이었는데 모두 아첨하고 뇌물을 써서 벼슬에 나아갔다. 사마도자가 조아를 군수로 삼고 여천추를 參軍으로 삼았는데, 조아가 사마도자를 위해서 東第를 열어서 산을 쌓고 못을 파니 공사 비용이 수만 금이었다. 그런데도 효무제가 벌주지 않고 도리어 그 집에까지 가서 더욱 위임하는 뜻을 보였다.

長星이 나타나 須女[50]로부터 哭星[51]에 이르니, 효무제가 속으로 싫어해서 華林園

50) 須女 : 28宿 중 하나로 북방 玄武七宿의 세 번째 별인 女宿다. 네 개의 별로 이루어져 있고, 織女星의 남쪽에 있다.

에서 술잔을 들어 축원하기를, “長星아, 너에게 한 잔 술을 권하노니, 자고로 어찌 만세토록 천자의 자리를 누린 자가 있었더냐.” 하였다.

○ 二十年에 會稽王道子 專權奢縱이라 趙牙는 本倡優요 茹千秋는 捕賊吏也라 皆以諂賄得進하니 道子以牙爲郡守하고 千秋爲參軍한대 牙爲道子開東第하야 築山穿池하니 功用鉅萬이라 帝不罪하고 反幸其第하야 愈見委任이러라 有長星이 見自須女至于哭星하니 帝心惡(오)之하야 於華林園에 擧酒祝之曰 長星아 勸汝一杯酒하노니 自古何有萬歲天子邪아하더라

40-2-7

太元 21년(396)에 효무제가 술을 좋아하여 內殿에서 끝없이 주연을 벌이니 외부 사람이 뵙는 일이 드물었다. 張貴人이 후궁 중에서 가장 총애를 받았는데 그때 나이가 30세에 가까웠다. 효무제가 희롱하기를, “네가 나이로 보면 마땅히 폐기되어야 할 것이다. 나의 뜻은 다시 젊은 사람에게 쏠린다.” 하니, 장귀인이 분해하였다. 얼마 뒤에 효무제가 술에 취하여 淸暑殿에서 잠들었는데 장귀인이 시해하고 좌우에게 많은 뇌물을 써서 “황제가 가위에 눌려 죽었다.”고 하였다.

재위 기간은 21년이었고, 향년은 35세였다.

○ 二十一年에 帝嗜酒하야 流連內殿하니 外人이 罕得進見이라 張貴人이 寵冠後宮하니 時年近三十이라 帝戲之曰 汝以年으로 亦當廢矣로다 吾意更屬(촉)少者로라 貴人憤恨이러니 已而요 醉寢淸暑殿이어늘 貴人弑之하고 重賂左右云 魘崩이라하니라 在位二十一年이요 享年三十五라

40-2-8

史臣이 다음과 같이 논하였다.

“효무제가 어린 나이에 즉위하였으나 장성하여 정사에 임해서는 황제의 권위를 직접 행사하여 임금의 국량이 있었는데, 얼마 지나지 않아 갑자기 아첨하는 말을 믿고서 어진 輔相을 내쳤다. 그리하여 사마도자가 조정의 정사를 문란하게 하고 왕국보가 小人들을 끌어 모아 관직을 받는 영광이 애당초 천자의 뜻이 아니었고, 형벌을 면제해주는 대가로 받은 財貨가 절로 權門勢家로 몰려들어, 가혹한 세금은 해마다 늘어나고 곤궁한 백성은 해마다 늘어났다. 그런데도 酒色에 빠지고 불교를 숭상하

51) 哭星 : 28宿 중 하나로 북방 玄武七宿의 네 번째 별인 虛宿다. 號哭하는 일을 상징한다.

여 孔子의 사당을 수리하기를 청하는 상소가 들어갔으나 받아들이지 않았고, 許榮의 무리가 급하게 上書하였을 때 그 말이 강직한 말이라는 것을 알면서도 귀에 거슬리는 말을 듣기 싫어하였다. 술에서 깨어 있는 날이 적어서 매번 밤새 술을 마셨으며, 妖星이 나타났는데도 또 華林園에서 요성에게 술을 권하였으며, 張貴人을 희롱하는 말을 한번 내뱉어서 재앙이 침실에서 일어났으니, 슬프도다."

史臣論曰 帝雖卽位幼沖이나 旣長臨政에 威權已出하야 有人主之量이러니 未幾에 遽信諂言하야 疏退賢輔하니라 道子荒于朝政하며 國寶彙以小人하야 拜受之榮이 初非天旨요 鬻刑之貨 自走權門하야 毒賦年滋하고 窮民歲廣이어늘 方且荒耽酒色하고 崇尙浮屠하야 請修孔廟는 疏入不報하고 許榮之徒 馳書詣闕에 雖知抗直이나 惡(오)聞逆耳라 醒日旣少하야 每飛長夜之觴하고 妖星已見에 復勸華林之酒하며 以至戲言一發에 禍生房幃하니 悲夫로다

경계할 만한 惡政 惡可爲戒

南朝

宋나라 少帝

41-1-1

宋나라 군주 少帝의 휘는 義符이고, 성은 劉氏이니, 武帝(劉裕)의 장자이다. 힘이 세고, 말타기와 활쏘기를 잘하고, 音律을 알았다. 무제가 만년에 아들이 없었는데 의부가 태어나자 매우 기뻐하였다. 永初 원년(420)에 황태자에 책봉하였는데, 무제가 죽자 의부가 황위를 계승하였다. 居喪하면서 예를 지키지 않아 무제의 棺이 아직 殯所에 있는데 곧바로 樂府의 樂官을 불러서 관현악을 모두 연주하게 하고, 진수성찬을 평소보다 더 성대하게 하였다. 또 좌우와 친압하는 것을 좋아하여 노는 데에 절도가 없고, 직접 채찍을 들고서 죄 없는 자를 때려서 웃고 즐길 거리로 삼고, 첩을 뽑아서 자식을 낳아 궁에 데려오니 추한 소문이 사방에 퍼졌으나 뻔뻔하게 부끄러워하는 기색이 없었다.

宋主少帝의 諱는 義符요 姓은 劉氏이니 武帝之長子也라 有膂力하고 善騎射하고 解音律이러라 武帝晩無男이러니 及義符生에 甚悅하더라 永初元年에 立爲皇太子러니 武帝殂에 義符嗣位하다 居喪無禮하야 大行이 尙在殯에 卽徵集樂府伶官하야 備奏絃管하고 珍羞甘膳이 有加平日하고 且好與左右狎暱하야 遊戲無度하고 親執鞭扑하야 毆擊無辜者하야 以取笑樂하고 採擇媵御하야 產子就宮하니 醜聲四達이로되 而靦然無怍焉이러라

41-1-2

景平 원년(423) 太皇太后 蕭氏가 죽었는데, 장사 지낼 때에 劉義符가 직접 좌우 신하들과 상여 줄을 잡고서 노래하고 梓宮을 밀며 손뼉을 치고 웃고 장난하였다. 또 匠人을 불러 宮室을 새로 짓고 연못을 파고 누대를 지었는데, 아침에 완성시키고 저녁

에 헐어버리니 갖가지 소모되는 비용이 헤아릴 수 없이 많았다. 內帑庫가 이 때문에 바닥나고 인력이 극도로 피로해지니 원근에서 한탄하고 원망하지 않는 이가 없었다.

○ 景平元年에 太皇太后蕭氏殂하니 及葬에 義符親與左右로 執紼歌呼하며 推排梓宮하고 抃掌笑謔이러라 又徵召工匠하야 興造宮室하고 穿池築觀이라가 朝成而暮毁之하니 費用萬端이라 帑藏爲之空竭하고 疲極人力하니 遠近莫不嗟怨이러라

41-1-3

景平 2년(424)에 유의부가 항상 후궁에 있으면서 武鼓를 연습하니 북소리가 밖에까지 들렸다. 特進으로 致仕한 范泰[1)]가 上書하여 간언하기를, “삼가 들으니 폐하께서 궁궐에서 과도하게 무예를 익혀서 궁궐이 떠들썩하다고 하니, 사방의 오랑캐에게 위엄을 떨치기에 부족할 뿐만 아니라 원근의 괴이한 소문만 생길 뿐입니다. 또 폐하께서 즉위하시어 정사를 宰臣에게 맡긴 것은 실로 高宗이 諒闇 때 했던 아름다운 일[2)]과 동일하지만 또 소인들을 가까이하셨으니, 社稷을 위한 지극한 계책과 세상을 다스리는 도리가 아닐까 염려됩니다.” 하였는데, 받아들이지 않았다.

○ 二年에 義符常在後宮하야 習武鼓하니 鞞聲이 聞於外라 特進致仕范泰上書諫曰 伏聞陛下黷武掖庭하고 諠譁省闥하니 非徒不足以威四夷라 祇生遠近之怪로소이다 且陛下踐阼에 委政宰臣은 實同高宗諒闇之美나 而更媟狎群小하니 懼非社稷至計와 經世之道也로소이다 不聽하다

41-1-4

유의부가 일찍이 廬陵王 劉義眞[3)]과 사이가 좋지 않았는데, 이때에 이르러 폐위시켜 庶人으로 만들었다.

---

1) 范泰 : 355~428. 南朝 宋나라 順陽 사람으로, 자는 伯倫이다. 經學者 范寧의 아들이고 역사학자 范曄의 아버지이다. 처음에 東晉에서 벼슬하여 太學博士가 되었고, 일찍이 謝安 및 司馬道子의 參軍이 되었다가 뒤에 劉裕를 따라 盧循을 진압하는 데 참여하여 護軍將軍이 되었다. 宋나라에 들어와서 國子祭酒가 되었고, 少帝가 과실이 많자 상소하여 극간하였다. 文帝가 즉위하여서는 侍中, 左光祿大夫가 되었다. 만년에는 불교를 신봉하였다. 저서에 ≪古今善言≫이 있다.

2) 高宗이……일 : ≪論語≫ 〈憲問〉에 殷나라 高宗 武丁이 諒陰 때 삼년 동안 말하지 않은 까닭에 대해 “임금이 죽었을 때에는 백관들이 자기가 맡은 직책의 일을 총괄하여 삼년 동안 총재의 명을 듣는다.〔君薨 百官總己 以聽於冢宰三年〕”라고 한 일을 가리킨다.

3) 廬陵王 劉義眞 : 407~424. 南朝 宋나라 武帝의 둘째 아들로, 少帝의 동생이고, 文帝의 형이다. 景平 2년(424)에 徐羨之와 傅亮 등에 의해 유배지에서 살해되었는데, 이때 나이가 18세였다.

전 吉陽令 張約之[4]가 상소하기를, "여릉왕이 어려서 先皇의 큰 사랑을 받았고, 자라서는 폐하께서 우애로 대하신 은혜를 입었기 때문에 마음속에 있는 것은 반드시 말하여 간혹 신하의 도리를 범하기도 하였지만 관대하게 용서하여 善은 수용하고 허물은 덮어주어 가르칠 때 옳은 도리를 다하고 進退시키기를 점진적으로 해야 하는데, 지금 갑자기 작위를 박탈하고 먼 郡으로 내쫓았으니, 위로는 폐하께서 수족처럼 사랑하시는 마음을 손상시키고 아래로는 원근의 사람들이 두려워 망연자실하게 하였습니다.

신은 삼가 생각건대 우리 宋나라가 개국한 지 얼마 되지 않아 뿌리와 가지가 번성하지 못하니, 친척을 藩王으로 많이 세워 도리로써 화목하게 해야 합니다. 사람이 누군들 허물이 없겠습니까. 스스로 새로워지는 것이 귀하니, 武皇帝께서 자식을 사랑하는 마음과 폐하께서 아우를 아끼는 마음으로 볼 때 어찌 한번의 허물을 가지고 오래도록 버려둘 수 있겠습니까." 하였다. 상소가 아뢰어졌는데, 장약지가 살해되었다.

○ 義符嘗與廬陵王義眞有隙이러니 至是하야 廢爲庶人한대 前吉陽令張約之上疏曰 廬陵王少蒙先皇優慈之遇하고 長受陛下睦愛之恩이라 故在心必言하야 容犯臣子之道나 宜在容養하야 錄善掩瑕하야 訓盡義方하고 進退以漸이어늘 今猥加剝辱하고 幽徙遠郡하니 上傷陛下手足之愛하고 下令遠近恇然失圖라 臣伏思大宋開基造次하야 根條未繁하니 宜廣樹藩戚하야 敦睦以道라 人誰無過리오 貴能自新이니 以武皇之愛子와 陛下之懿弟로 豈可以其一眚으로 長致淪棄哉잇가 書奏에 見殺하다

41-1-5

司空 徐羨之[5] 등이 유의부를 폐위시키려고 할 때, 檀道濟[6]가 先朝의 옛 장수이고

---

4) 張約之 : 南朝 宋나라 堂邑 사람으로, 벼슬은 吉陽縣令을 지냈다. 權臣 徐羨之가 廬陵王 劉義眞을 무함하여 庶人으로 만들어 新安郡으로 옮기자 상소하여 간언하였다가 梁州府 參軍으로 좌천되었는데 얼마 지나지 않아 피살되었다.

5) 徐羨之 : 364~426. 南朝 宋나라 東海 사람으로, 자는 宗文이다. 東晉 말에 吏部尙書·丹陽尹을 지냈다. 劉裕의 심복이 되어 유유가 晉나라를 무너뜨리고 稱帝하여 南昌縣公에 봉하고 揚州刺史로 삼았다. 무제가 죽을 때 傅亮·謝晦 등과 顧命을 받아 少帝를 옹립하였다. 후에 소제가 무도하자 소제와 廬陵王 劉義眞을 폐위시켜 죽이고, 宜都王 劉義隆을 즉위시키니 곧 文帝이다. 문제 때 南平郡公에 봉해졌다가, 元嘉 3년(426)에 군주를 폐위시키고 시해했다는 죄명으로 하옥시켜 치죄하니 자살하였다.

6) 檀道濟 : ?~436. 南朝 宋나라 高平 사람이다. 東晉 말에 劉裕를 따라 桓玄의 난을 평정하여 太尉參軍에 제수되었다. 東晉 安帝 義熙 12년(416)에 後秦을 공격하여 멸망시켰다. 宋 武帝가 즉위한 뒤에 護軍將軍·散騎常侍·丹陽尹을 역임하고, 鎭北將軍·南兗州刺史가 되어 北魏의 공격을 막았고, 文帝가 즉위한 뒤에 征北將軍에 제수되고 武陵郡公에 봉해졌다. 謝晦의 반란을 평정하고 南征大將軍·江州刺史에 제수되었다. 元嘉 8년(431)에 北伐에 참여했다가 군량이 떨어져

檀道濟

위엄이 宮廷과 臺省의 信服을 받고 있었으므로 단도제와 江州刺史 王弘[7]을 불러 入朝하게 하여 그들의 계책을 알리고, 謝晦[8]가 府 안에서 將士를 모아 中書舍人 邢安泰와 潘盛으로 하여금 內應하게 하였다. 이때 유의부가 華林園에 나가서 가게를 늘어놓고 직접 장사를 하고 또 물길을 내고 흙을 모아 破岡埭[9] 모양으로 만들고서 좌우 신하들과 배를 당기며 呼唱하여 즐길 거리로 삼았다. 저녁에 天淵池에서 놀고 龍舟로 가서 잤는데, 그날 아침에 유의부가 아직 일어나지 않았는데 군사들이 들이닥쳐 두 侍臣을 죽이고 유의부를 붙들고 나와서 옥새를 거두었다. 신하들이 절하여 작별하고 군사들이 호위하여 옛 태자궁으로 보냈다. 그리고 황태후의 명령이라고 칭하고 유의부의 죄악을 열거하게 하고 그를 폐위시켜 營陽王으로 삼아 吳郡으로 보내고 나서 형안태를 시켜 가서 시해하게 하였는데, 유의부가 힘이 세서 갑자기 달려서 昌門을 나가자 추격하는 자가 문의 빗장으로 넘어뜨려 시해하니, 그때 나이가 19세였다.

○ 司空徐羨之等이 將廢義符할새 以檀道濟는 先朝舊將이요 威服殿省이라 乃召道濟及江州刺史王弘入朝하야 以謀告之하고 謝晦聚將士於府內하야 使中書舍人邢安泰潘盛으로 爲內應하다 時에 義符出於華林園하야 爲列肆하고 親自沽賣하고 又開瀆聚土하야 以象破岡埭하고 與左右引船唱

군대를 온전히 보전하여 철수하였다. 원가 13년(436)에 조정의 의심과 시기를 받아 온 집안이 피살되었다.

7) 王弘 : 397~432. 南朝 宋나라 琅邪 사람으로, 자는 休元이다. 東晉 말에 會稽王 司馬道子의 부름을 받아 主簿가 되고 江州刺史를 역임하였다. 宋나라 들어와서 佐命한 공으로 華容縣公에 봉해졌고, 徐羨之 등이 少帝를 폐위하는 데에 참여하였다. 文帝가 즉위하자 司空에 올랐다. 서선지 등이 피살될 때 그는 首謀者가 아니었고 또 동생 王曇首가 문제의 신임을 받고 있어서 화를 면하고, 侍中・司徒・揚州刺史를 역임하였다. 元嘉 9년(432)에 太尉에 오르고 中書監이 되었는데 그 해에 죽었다. 글씨에 뛰어 그의 書法을 '王太保家法'이라고 한다. 武帝의 廟庭에 배향되었다.

8) 謝晦 : 390~426. 南朝 宋나라 陳郡 사람으로, 자는 宣明이다. 東晉 때 建威將軍 孟昶에게 투신하여 中兵參軍이 되었고, 후에 劉裕에게 귀순하여 太尉參軍・刑獄賊曹・豫州治中從事가 되었다. 宋나라에 들어와서는 武昌縣公에 봉해지고, 宿衛를 총괄하였다. 武帝가 죽을 때에 顧命大臣에 들어 少帝를 보좌했는데, 곧이어 소제를 폐위시키고 文帝를 迎立한 공으로 衛將軍・荊州都督이 되었다. 元嘉 3년(426)에 傅亮이 伏誅되었다는 말을 듣고 반란을 일으켰다가 檀道濟와 到彦之에게 패하여 피살되었다.

9) 破岡埭 : 洑의 이름이다. 삼국시대 吳나라 大帝 赤烏 8년(245)에 校尉 陳勳을 시켜 군대 3만 명을 조발하여 句容縣에서 雲陽까지 운하를 파서 오나라와 통하게 하였는데 이 운하의 이름을 破岡瀆이라고 하였고, 파강독의 상하에 14개의 보〔埭〕가 만들어졌다고 한다. 이로 인하여 東郡의 배들이 다시는 京江에 다니지 못하게 되었다고 한다.(≪景定建康志≫ 권16 〈疆域志2 堰埭〉)

呼하야 以爲歡樂이라 夕遊天淵池하고 卽龍舟而寢이어늘 其朝未興에 軍士進殺二侍者하고 扶義符出하야 收璽綬라 群臣拜辭하고 衛送故太子宮하고 乃稱皇太后令數義符過惡하고 廢爲營陽王하야 遷于吳하고 使邢安泰就弑之하니 義符多力하야 突走出昌門이어늘 追者以門關으로 踣而弑之하니 時年十九라

列肆後宮

41-1-6

史臣 裴子野[10]가 다음과 같이 논하였다.

“옛날에 임금이 자식을 기를 때에, 아이가 말을 하면 師가 말을 가르치고, 걸음을 걸으면 傅가 禮를 돕는 것인데, 宋나라에서 자식을 가르치는 것은 이것과 달라서[11]

10) 裴子野 : 469~530. 南朝 梁나라 河東 사람으로, 자는 幾原이다. 처음에 齊나라에 벼슬하여 江夏王參軍이 되었다. 梁나라에 들어와서 著作郎이 되어 國史와 起居注를 담당하였다. 또 中書의 詔誥를 담당하여 여러 符檄이 모두 그의 손에서 나왔다. 中書侍郎·鴻臚卿·步兵校尉를 역임하였다. 만년에 불교를 신봉하였다. 文章이 典雅하여 후세에 칭송을 받았고, 저서에 ≪集注喪服≫·≪續裴氏家傳≫·≪衆僧傳≫·≪百官九品≫·≪附益諡法≫·≪方國使圖≫·≪宋略≫이 있다.

11) 이것과 달라서 : 저본에는 ‘雅異於斯’로 되어 있고, ≪資治通鑑≫에도 같은데, ≪建康實錄≫에

궁궐에 있을 때에는 노복과 첩에게 맡기고 밖에 있을 때에는 執役하는 자들과 가까이 지내서 호위와 고문을 담당하는 두 직책이 모두 하인들이었다. 그 행동을 제어하고 법칙을 가르쳐서 善惡을 드러내는 것이 그들로 말미암지 않은 것이 없었으니, 말은 예의에 미치지 않고 식견은 古今에 통달하지 못하였다. 삼가고 신칙하는 자는 인색함으로 권하고, 狂傲하고 어리석은 자는 흉악하고 사특함으로 꾀고, 비록 師傅가 있더라도 대부분 나이가 매우 많은 大夫가 담당하고, 함께 문학을 하는 벗은 대부분 부귀한 집안의 연소한 자가 맡으니, 자리만 갖추고 있을 뿐이고 함께 어울리지 않았다. 이 때문에 뿌리와 가지가 무성하더라도 바르고 선량한 사람이 매우 적었다. 아래로 太宗에 이르러서는 온 천하가 그를 버렸으니, 이 또한 가까이한 것이 그렇게 만든 것이다. 오호라. 국가를 소유한 자는 귀감 삼을지어다."

史臣裴子野論曰 古者人君養子에 能言이어든 師授之辭하고 能行이어든 傅相之禮어늘 而宋之教誨는 雅異於斯하야 居中則任僕妾하고 處外則近趨走하야 帥侍二職이 皆臺皁也라 制其行止하며 授其法則하야 導達臧否를 罔弗由之하니 言不及於禮義하고 識不達於今古이라 謹勅者는 能勸之以吝嗇하고 狂愚者는 或誘之以凶慝하며 雖有師傅라도 多以耆艾大夫爲之하고 友及文學은 多以膏粱年少爲之하니 具位而已요 亦弗與遊라 是以로 本枝雖茂나 而端良甚寡라 降及太宗에 擧天下而棄之하니 亦昵比之爲也라 嗚呼라 有國有家는 其鑑之矣어다

宋나라 孝武帝

41-2-1

宋나라 군주 효무제의 휘는 駿이고, 자는 休龍이니, 文帝(劉義隆)의 셋째 아들이다. 어려서 총명하여 독서할 때에 7행을 한꺼번에 읽어 내렸고, 才思와 文彩가 매우 아름답고 英明하고 과단하여 무예를 사랑하였다. 元嘉 12년(435)에 武陵王에 봉해졌는데, 元凶劭[12]가 효문제를 시해하고 반역하자 군대를 일으켜 원흉소를 토벌하고

는 '則異於斯'로 되어 있다. 문맥으로 볼 때 ≪건강실록≫이 타당하여 이에 의거하여 번역하였다.(≪建康實錄≫권11 〈宋 廢帝 滎陽王〉)

12) 元凶劭 : 南朝 宋나라 文帝의 長子로, 元皇后 소생이다. 처음 이름은 劭이고, 자는 休遠이다. 황태자로 봉해졌으나 반란을 일으켜 문제를 시해하고 황제에 즉위하였는데, 효무제에 의해 토벌되어 죽었다. 元凶劭는 그의 별칭으로 그가 부친을 시해하고 즉위하였기 때문에 즉위를 인정하지 않아 '元凶'이라 한 것이다.

마침내 궁궐에 들어가 즉위하여 孝建으로 연호를 바꾸었다.

宋主孝武帝의 諱는 駿이요 字는 休龍이니 文帝第三子也라 少穎爽하야 讀書에 七行俱下하고 才藻甚美하며 雄決愛武러라 元嘉十二年에 立爲武陵王이러니 元凶劭弑逆이어늘 擧兵討劭하고 遂入卽位하고 改元孝建하다

41-2-2

孝建 2년(455)에 효무제가 宗室이 彊盛한 것을 싫어하여 王侯를 약화시키려고 하니, 江夏王 劉義恭[13] 등이 왕후의 수레와 복장과 사용하는 물품과 樂舞의 제도 등 도합 아홉 가지 일을 삭감하기를 주청하였다. 효무제가 이로 인하여 有司를 시켜 그것을 늘려서 24조목으로 만들었는데, 일을 들을 때에 남쪽을 향하여 앉아서 장막을 치지 못하고, 劍은 鹿盧[14]의 형상으로 만들지 못하고, 內史와 相, 그리고 封國 안의 官長은 〈제후왕에게〉 下官이라고만 칭하고 臣이라고 칭하지 못하며 관직을 그만두면 다시 追敬하지 못하게 하였다.[15]

○ 二年에 宋主惡(오)宗室彊盛하야 欲削弱王侯하니 江夏王義恭等이 奏裁損王侯車服器用樂舞制度凡九事한대 宋主因諷有司하야 增廣爲二十四條하니 聽事에 不得南向坐施帳하고 劒不得爲鹿盧形하고 內史相及封內官長이 止稱下官하고 不得稱臣하고 罷官則不復追敬하다

41-2-3

孝建 3년(456) 가을에 熒惑星이 南斗의 자리에 머물고 있자[16] 효무제가 西州의

13) 劉義恭 : 武帝의 아들로 袁美人 소생이다. 文帝 元嘉 초에 江夏王에 봉해졌다. 성격이 교만하고 사치스러우며 절도가 없었다. 彭城에 出鎭하여 北魏의 군대와 싸웠는데, 북위의 군대가 오자 도망가려고 하였고 물러나도 추격하지 못하여 驃騎將軍으로 강등되었다. 태자 劉劭가 文帝를 시해하자 나가서 武陵王 劉駿에게 투신하였고, 유준이 즉위하여 孝武帝가 되자 太傅에 올랐다. 효무제가 죽자 劉元景과 함께 遺詔를 받았다. 前廢帝(劉子業)가 즉위하여 패려하고 무도하자 유원경과 폐위시키려고 모의하다가 발각되어 피살되었다.(≪宋書≫ 권61 〈江夏文獻王義恭〉)

14) 鹿盧 : 秦 始皇이 가지고 있던 칼의 이름이다. 燕나라 자객 荊軻가 진 시황을 암살하려다 실패하자 진 시황이 이 녹로검을 뽑아 형가의 한쪽 다리를 잘라서 화를 면했다고 한다.(≪古詩紀≫ 권4 〈琴女歌〉)

15) 郡縣……하였다 : ≪南史≫ 권13 〈江夏文獻王義恭列傳〉에 "郡縣의 內史·相 및 封國 안의 長官이 그 封君에 대해 관직을 그만두면 다시 追敬하지 못하고 臣이라고 칭하지 못한다.〔郡縣內史相及封內長官於其封君 罷官則不復追敬 不稱臣〕"라고 하였다.

16) 熒惑星이……있자 : 熒惑星은 火星으로, 이 별이 나타나면 재난이 발생한다고 한다. 南斗는

舊館을 폐하고 그의 아들 西陽王 劉子尙[17]을 揚州刺史로 삼아 東城으로 治所를 옮겨서 하늘의 변고를 진압하게 하였는데, 別駕 沈懷文[18]이 아뢰기를, "天道가 변고를 보였으니 德으로 호응해야 합니다. 西州를 비우더라도 무익할 듯합니다." 하였는데, 효무제가 따르지 않았다.

○ 三年秋에 熒惑守南斗어늘 宋主廢西州舊館하고 以其子西陽王子尙으로 爲揚州刺史하야 使移治東城하야 以厭之한대 別駕沈懷文曰 天道示變하니 宜應之以德이니 雖空西州라도 恐無益也니이다 不從하다

41-2-4

大明 원년(457)에 효무제가 삼년상을 마친 뒤로 제멋대로 사치하고 음란하여 工役을 많이 일으키자 顔竣[19]이 藩朝[20]의 옛 신하로서 자주 간곡하게 간쟁하자 효무제가 점점 좋아하지 않아서 안준을 내보내 東揚州刺史로 삼았다. 竟陵王 劉誕이 모반하자 마침내 안준이 그와 共謀했다고 무함하여 그를 체포하여 廷尉에 내려서 다리를 자르고 賜死하고, 처자를 交州로 이주시키고, 또 그 집안의 남자들을 강에 빠뜨려 죽였다.

○ 大明元年에 宋主自卽吉之後로 奢淫自恣하야 多所興造어늘 顔竣以藩朝舊臣으로 數懇切諫

28宿 중 斗宿를 가리킨다.

17) 西陽王 劉子尙 : 南朝 宋나라 孝武帝의 둘째 아들로, 자는 孝師이다. 文穆皇后 소생으로 前廢帝 劉子業의 母弟이다. 뒤에 豫章王으로 改封되었다.

18) 沈懷文 : 409~462. 南朝 宋나라 吳興 사람으로, 자는 思明이다. 처음에 江夏王 東閣祭酒가 되고 후에 尙書殿中郞이 되었다. 文帝 元嘉 30년(453)에 태자 劉劭가 문제를 시해하고 스스로 왕이 되었을 때 中書侍郞에 임명되었다. 후에 유소의 비위를 거슬려 武陵王 劉駿에게 투신하였다. 孝武帝 大明 3년(459)에 會稽撫軍長史가 되었다가 侍中이 되었는데, 백성들의 질고를 자주 진달하다가 효무제의 비위를 거슬려 廣陵太守로 좌천되었다. 후에 일에 연루되어 禁錮되고 賜死되었다.

19) 顔竣 : ?~459. 南朝 宋나라 琅邪 사람으로, 자는 士遜이다. 처음에 太學博士가 되었다가 후에 劉駿의 主簿가 되었다. 文帝 元嘉 말에 태자 劉劭가 문제를 시해하자 劉駿이 기병하여 토벌할 때에 내외의 업무를 총괄하였다. 孝武帝가 즉위하자 侍中·吏部尙書로 승진되고 建城縣侯에 봉해졌다. 효무제에게 심하게 간쟁하다 효무제의 미움을 받아 東揚州刺史로 좌천되었고, 大明 3년(459)에 竟陵王 劉誕이 모반했는데, 안준과 공모했다고 무고하여, 賜死되었다.

20) 藩朝 : 효무제가 藩王으로 있을 때 顔竣이 僚佐로 있었기 때문에 藩朝의 舊臣이라고 한 것이다. 南朝 晉나라와 宋나라 때 임금이 황제가 되기 전에 郡에 있었으면 郡朝라고 하고, 府에 있었으면 府朝라고 하고, 藩王으로 있었으면 번조라고 한다. 효무제가 황제가 되기 전에 武陵王이었으므로 번조라고 한 것이다.(≪資治通鑑≫ 권128 〈宋紀10 世祖孝武皇帝 上〉)

爭한대 宋主寖不悅하야 出竣爲東揚州刺史러니 及竟陵王誕反에 遂誣竣與通謀하야 收付廷尉하야 折足賜死하고 妻子徙交州하고 復沈其男口於江하다

41-2-5

大明 2년(458)이다. 처음에 효무제가 江州에 있을 때 戴法興[21]·戴明寶[22]·蔡閑[23]이 典籤이었는데, 효무제가 즉위하자 모두 南臺侍御史가 되어 中書通事舍人을 겸직하였다. 이해에 모두 처음에 擧兵할 때 密謀에 참여했다고 하여 縣男의 작위를 내렸다. 이때 효무제가 조정의 정사를 직접 관장하고 大臣에게 맡기지 않았으나, 심복이자 이목이 되는 신하에게는 위임하는 일이 없게 할 수 없었다.

대법흥은 고금의 일을 잘 알아서 평소 효무제에게 친근한 대우를 받았고, 巢尙之[24]는 말단의 文士라서 文史를 섭렵하였는데, 그 또한 중서통사사인을 삼았다. 관직을 제수하고 이동시키고 상벌을 내리는 큰 처분을 효무제가 모두 대법흥과 소상지와 상의하고, 내외의 雜務는 대부분 대명보에게 맡기니, 세 사람이 당시에 권세가 막중하였다. 대법흥과 대명보가 뇌물을 많이 받아서 대문 밖이 저자를 이루었고, 집에 千金을 쌓아두었다.

○ 二年이라 初에 宋主在江州에 戴法興戴明寶蔡閑爲典籤이러니 及卽位에 皆以爲南臺侍御史하야 兼中書通事舍人이라가 是歲에 竝以初擧兵預密謀로 賜爵縣男하다 時에 宋主親覽朝政하야 不任大臣이나 而腹心耳目은 不得無所委寄라 法興頗知古今하야 素見親待하고 巢尙之는 人士之末이라 涉

21) 戴法興 : 414~465. 南朝 宋나라 會稽 사람으로, 학문을 좋아하고 글을 잘 지으며, 고금의 일에 통달하여 효무제에게 중한 대우를 받았다. 南魯郡太守에 임명되고, 中書通事舍人을 겸하여 관직을 제수하고 이동시키고 상벌을 내리는 일에 모두 참여하게 하니, 이로 인하여 뇌물을 많이 받고 권세가 당시에 막중하였다. 그러나 효무제의 총애를 받는 내시를 홀대하다가 참소를 받아 면직되고 賜死되었다.

22) 戴明寶 : 南朝 宋나라 東海 사람이다. 員外散騎侍郎과 給事中을 역임하고, 孝武帝 때 南淸河太守를 지냈다. 前廢帝 때에 권세가 약화되었다가, 明帝 때에 다시 임용되었다. 후에 뇌물을 받은 일로 옥에 갇혔다가 곧이어 풀려났고, 順帝 昇明 초에 太中大夫에 임명되었다.

23) 蔡閑 : 채한은 이때 이미 죽은 뒤이므로 작위를 追賜한 것이다.

24) 巢尙之 : 南朝 宋나라 魯郡 사람이다. 文帝 元嘉 연간에 皇太子 始興王의 劉濬의 독서를 도와 文史를 섭렵하여 劉駿(孝武帝)의 지우를 받았다. 효무제가 즉위한 뒤에 東海國侍郎 兼 中書通事舍人이 되어 戴法興과 함께 政事에 참여하였다. 효무제의 성격이 엄하고 사나워서 殺戮에 이르는 경우가 많았는데, 소상지가 자주 주선해서 풀어주어 벗어난 자가 많으므로 殿省의 관원들이 그에게 의지하였다. 前廢帝 때 정권을 잡았는데, 후에 대법흥이 죄로 죽자 소상지도 淮陵太守로 옮겨졌다. 明帝 초에 다시 중서통사사인을 겸하였다가 新安太守로 옮겨졌다.

獵文史러니 亦爲中書通事舍人하야 凡選授遷徙誅賞大處分을 宋主皆與法興尙之로 參懷하고 內外雜事를 多委明寶하니 三人權重當時하고 而法興明寶 大納貨賄하야 門外成市하고 家累千金이러라

41-2-6

大明 4년(460)에 廬陵內史 周朗[25])이 일을 말하는 것이 매우 直切하였기 때문에 미워하여 有司로 하여금 주랑이 모친상을 당하였을 때에 예법대로 하지 않았다고 아뢰게 하여 寧州로 보내고서 도중에 죽였다.

○ 四年에 以廬陵內史周朗이 言事切直으로 銜之하야 使有司로 奏朗居母喪不如禮라하야 傳送寧州라가 於道殺之하다

41-2-7

青·冀刺史 顔師伯[26])이 아첨으로 신임을 받아 侍中에 발탁되니 신하들 중에 그에게 미치는 자가 없었다. 그 또한 뇌물을 많이 받아서 집에 千金을 쌓아두었다.

○ 青冀刺史顔師伯이 以諂佞被親任하야 擢爲侍中하니 群臣莫及이라 亦多納貨賄하야 家累千金하다

41-2-8

大明 5년(461) 정월 초하루 朝賀 때에 눈이 太宰 劉義恭의 옷에 떨어졌는데 여섯 개의 꽃잎처럼 된 것이 있자 유의공이 祥瑞라고 아뢰니 효무제가 기뻐하였다. 그러나 유의공은 효무제가 시기가 많고 포학하므로 몹시 두려워하여 매번 말과 표정을 겸손하게 하고 자기의 뜻을 굽히고 효무제를 공손히 받들었다. 이 때문에 효무제가

25) 周朗 : 425~460. 南朝 宋나라 汝南 사람으로, 자는 義利이다. 처음에 南平王 劉鑠의 冠軍行參軍이 되었다가 江夏王 劉義의 太尉參軍이 되었다. 효무제가 즉위한 뒤에 建平王 劉宏의 中軍錄事參軍이 되어 教學·農桑·賦稅·選官用人·對外作戰 등에 대해 上書하였다가 자신을 자랑한다고 하여 효무제의 비위를 거스르게 되자 스스로 관직을 떠났다. 후에 廬陵內史가 되었는데, 어머니 상에 居喪할 때 무례했다는 有司의 탄핵을 받고 寧州로 보내졌다가 도중에 피살되었다.

26) 顔師伯 : 419~465. 南朝 宋나라 琅邪 사람으로, 자는 長淵이다. 武陵王 劉駿이 徐州刺史가 되었을 때 主簿가 되어 깊은 신임을 받았다. 효무제가 즉위하자 侍中이 되었고, 吏部尙書·尙書左僕射가 되어 큰 총애를 받았다. 효무제가 죽을 때 遺詔를 받아 정치를 보좌했는데 뇌물을 많이 받고 사치하고 음란하여 左僕射·丹陽尹이 되었다. 前廢帝가 親政하려고 하였으나 그의 권세가 중한 것을 꺼려서 조금 削奪을 가하니, 안사백이 두려워서 柳元景 등과 함께 폐위시키려고 모의했다가 일이 누설되어 피살되었다.

죽을 때까지 화를 면할 수 있었다.

○ 五年正(朝)〔旦〕[27]朝賀에 雪落太宰義恭衣하야 有六出이어늘 義恭奏以爲瑞라한대 宋主悅이러니 義恭以宋主猜暴로 懼不自容하야 每卑辭遜色하야 曲意祇奉하니 由是로 終宋主之世토록 得免於禍하니라

41-2-9

효무제는 사냥하고 유락하는 것이 절도가 없었다. 일찍이 나갔다가 밤에 돌아올 때 궁문을 열라고 하였는데, 侍中 謝莊[28]이 居守하면서 棨信[29]이 가짜일 수 있다고 하여 명령을 따르지 않고 墨勅[30]을 기다려서 마침내 열었다. 효무제가 후에 연회를 하다가 그 일을 언급하니 사장이 대답하기를, "신은 들으니 王者는 제사와 사냥과 유락하기 위해 출입하는 것이 절도가 있다고 하였는데, 지금 폐하께서는 새벽에 나갔다가 밤중에 돌아오시니, 신은 不逞한 무리가 망녕되게 속임수를 쓸까 두려웠습니다. 이 때문에 삼가 황상의 친필을 기다린 뒤에야 감히 궁문을 열었습니다." 하였다.

○ 宋主畋遊無度하야 嘗出夜還할새 敕開門한대 侍中謝莊居守하야 以棨信或虛라하야 執不奉旨하고 須墨敕乃開러니 宋主後因宴飮하야 言及한대 莊對曰 臣聞王者祭祀畋遊出入有節이라하니 今陛下晨往宵歸하시니 臣恐不逞之徒 妄生矯詐라 是以로 伏須神筆하야 乃敢開門耳로소이다

41-2-10

이때 士族으로서 雜婚한 자에 대해 조서를 내려 모두 將吏에 보임하니, 사족 중에

27) (朝)〔旦〕: 저본에는 '朝'로 되어 있으나, '旦'는 朝鮮 太祖 李成桂가 왕위에 오른 뒤 '旦'으로 개명하였기 때문에 조선에서는 避諱하여 '朝'로 쓴 것이다. 그러므로 원래 글자인 '旦'으로 돌려놓았다.

28) 謝莊 : 421~466. 南朝 宋나라 陳郡 사람으로, 자는 希逸이다. 처음에 諸王의 屬官을 지내다가, 孝武帝가 즉위한 뒤에 侍中·左衛將軍을 지냈고, 前廢帝(劉子業) 때 金紫光祿大夫가 되었다. 저술한 글 400여 편이 있는데, 明나라 사람이 그 글을 모아서 ≪謝光祿集≫을 만들었다. 시호는 憲이다.

29) 棨信 : 棨傳과 같은 말로, 나무로 만들어 적흑색의 비단으로 싼 儀仗用 창인데, 符節로 사용한다. ≪漢官儀≫에 "모든 궁중에 기거하는 자는 모두 掖門의 인명부에 성명을 기록하고, 궁궐에 들어오는 자는 本官의 長吏가 棨傳을 봉해두었다가 印信을 확인한 뒤에 들여보낸다."라고 하였다.(≪兩漢博聞≫ 권9 〈棨信〉)

30) 墨勅 : 手勅과 같은 말로, 황제가 친필로 하달한 명령서이다.(≪資治通鑑≫ 권129 〈宋紀 世祖孝武皇帝 下〉)

役을 피해서 달아난 자가 많았다. 이에 엄하게 제도를 만들어 체포하면 즉시 참수하니, 왕왕 호수나 산속으로 달아나고 숨어서 도적이 되었다. 沈懷文[31)]이 간언하였으나 듣지 않았다.

○ 時에 士族雜婚者를 詔皆補將吏하니 士族多避役逃亡이어늘 乃嚴爲之制하야 捕得卽斬之하니 往往奔竄湖山하야 爲盜賊이라 沈懷文諫호되 不聽하다

41-2-11

大明 6년(462) 봄에 中堂에서 孝廉과 秀才에게 對策 시험을 실시하였는데, 揚州의 秀才 顧法의 대책에 "근원이 맑으면 지류가 깨끗하고, 정신이 성스러우면 형체가 온전하고, 몸소 교화하면 바람이 풀 위에 부는 것보다 쉽고, 몸소 가르치면 바람에 풀이 넘어지는 것보다 빠릅니다." 하였는데, 효무제가 그 직설적으로 말한 것을 싫어하여 그 책문을 땅바닥에 던져버렸다.

○ 六年春에 策孝秀于中堂하니 揚州秀才顧法對策曰 源淸則流潔하고 神聖則形全이니 躬化易(이)於上風이요 體訓速於草偃이라한대 宋主惡(오)其諒하야 投策於地러라

41-2-12

侍中 沈懷文이 평소에 顔竣·周朗과 친하였는데, 자주 直諫으로 황제의 비위를 거슬렀다. 효무제가 이르기를, "안준이 만약 내가 자기를 죽이리라는 것을 안다면 그가 감히 이와 같이 하지 못할 것이다." 하였다.

일찍이 밖에 나가서 꿩사냥을 할 때 비바람이 갑자기 몰아치자 심회문이 王彧[32)]·江智淵[33)]과 함께 간언하기로 약속하고, 심회문이 아뢰기를, "비바람이 이와

31) 沈懷文 : 409~462. 南朝 宋나라 吳興 사람으로, 자는 思明이다. 처음에 江夏王東閤祭酒가 되었다가 후에 尙書殿中郎이 되었다. 文帝 元嘉 30년(453)에 태자 劉劭가 문제를 시해하고 自立하여 中書侍郎을 제수하였는데, 후에 유소의 비위를 거슬려 武陵王 劉駿에게 투신하였다. 孝武帝 大明 3년(459)에 會稽撫軍長史가 되었다가 조정에 들어와 侍中이 되었다. 백성들의 疾苦를 여러 차례 진언하였다가 효무제의 비위를 거슬려 廣陵太守로 좌천되었고, 후에 일에 연루되어 면직되고 금고되었다가 賜死되었다.

32) 王彧 : 413~472. 南朝 宋나라 琅邪 사람으로, 자는 景文이다. 누이가 明帝의 황후이다. 효무제 때 司徒左長史를 지냈고, 명제가 즉위한 뒤에 江安縣侯에 봉해졌다. 中書監·尙書左僕射·揚州刺史를 역임하였고, 명제의 병이 위독해지자 그가 왕의 외삼촌으로서 어린 임금을 받들지 않을까 염려하여 명제가 賜死하였다.

같으니 성상께서 무릅쓸 일이 아닙니다." 하고, 왕욱이 아뢰기를, "심회문이 아뢴 말을 따르셔야 합니다." 하고, 강지연이 미처 말하기 전에 효무제가 쇠뇌에 화살을 메기고 안색이 변하면서 말하기를, "경은 안준을 본받으려고 하는가?" 하였다.

효무제가 연회 때마다 자리에 있는 사람들에게 모두 술에 취하게 하고 희학하기를 절도가 없이 하였다. 심회문이 평소에 술을 마시지 않고 또 희학하기를 좋아하지 않았는데, 효무제가 고의로 자기와 다르게 하려고 한다고 하여 廣陵太守로 내보냈다.

이때에 이르러 정월에 천자를 알현하는 일을 마치고 돌아갈 때에 딸의 병 때문에 거듭 기한을 요청했다가 有司의 탄핵을 받아 면직되고 10년 금고에 처해졌다. 심회문이 집을 팔고 동쪽으로 돌아가려고 하자,[34] 효무제가 크게 노하여 賜死하게 하니, 세 아들인 沈澹·沈淵·沈沖이 곡을 하며 목숨을 구해줄 것을 청하였다. 柳元景[35]이 그를 위해 말하기를, "심회문의 세 아들이 도탄에 빠진 것을 차마 볼 수 없으니, 폐하께서는 속히 죄를 바로잡아주소서." 하였는데, 효무제가 결국 심회문을 죽였다.

○ 侍中沈懷文이 素與顔竣周朗善이러니 數以直諫忤旨라 宋主謂曰 竣若知我殺之면 亦當不敢如此리라 嘗出射雉할새 風雨驟至어늘 懷文與王彧江智淵으로 約相與諫하야 懷文曰 風雨如此하니 非聖躬所宜冒니이다 彧曰 懷文所啓宜從이니이다 智淵未及言에 宋主注弩作色曰 卿欲效顔竣邪아 宋主每燕集에 在坐者皆令沈醉하고 嘲謔無度러니 懷文素不飮하고 又不好戲嘲하니 宋主謂故欲異己라하야 出爲廣陵太守러니 至是하야 朝正事畢에 當還할새 以女病求申期라가 爲有司所糾하야 免官禁錮十年하니 懷文賣宅欲還東이어늘 宋主大怒하야 賜死하니 三子澹淵沖이 行哭請命이어늘 柳元景爲之言曰 懷文三子 塗炭不可見이니 願陛下速正其罪하소서 宋主竟殺之하다

---

33) 江智淵 : 418~463. 南朝 宋나라 濟陽 사람이다. 처음에 著作郎이 되었다가 孝武帝 大明 초에 竟陵王 劉誕의 從事中郎이 되었는데, 유탄이 장차 모반하리라는 것을 알고 먼저 돌아왔다. 유탄의 일이 발각된 뒤에 中書侍郎이 되었다. 효무제가 연회 때마다 신하들을 욕보이므로 간언하였는데 효무제가 불쾌하게 여겨 은총이 크게 쇠해서 南東海太守로 내보냈다. 貴妃 殷氏의 시호를 의논할 때 효무제의 뜻에 맞지 않았으므로 두려워하다 죽었다.

34) 동쪽으로……하자 : 沈懷文은 吳興 사람으로, 오흥은 建康의 동쪽에 있다.(≪資治通鑑≫ 권129 〈宋紀 世祖孝武皇帝下〉)

35) 柳元景 : 406~465. 南朝 宋나라 河東 사람으로, 자는 孝仁이다. 일찍이 江夏王 劉義恭과 武陵王 劉駿에게 투신하여 누차 蠻族을 정벌하여 공을 세웠고, 후에 北伐에 참가하여 建威將軍이 되어 弘農郡을 공격하여 蕭斌을 참살하고 元凶의 난을 평정하였다. 효무제가 즉위한 뒤에 侍中·左衛將軍·雍州刺史·領軍將軍·散騎常侍를 역임하고, 劉義宣의 난을 평정하여 驃騎將軍·太子詹事가 되고 巴東郡公에 봉해졌다. 孝武帝가 죽을 때에 유조를 받아 前廢帝(劉子業)를 보좌하여 侍中·尙書令·丹陽尹을 지냈다. 전폐제가 戴法興을 죽이자 전폐제를 폐위시키려고 모의했다가 일이 누설되어 피살되었다.

41-2-13

淑儀 殷氏가 후궁 중에서 가장 총애를 받았는데 이해에 죽자 효무제가 몹시 슬퍼하여 정신을 차리지 못하여 거의 정사를 폐기하였고, 龍山에 장사 지냈는데 백성들이 그 노역 감당하지 못하여 죽고 도망한 자가 매우 많았다. 江南으로 온 이후(東晉 이후)로 이보다 성대하게 장사 지낸 일이 없었다. 또 따로 사당을 세우고 貴妃로 봉해주고 시호를 宣이라고 하였다. 그 후로 효무제가 자주 신하들과 殷貴妃의 묘에 갔는데, 劉德願에게 이르기를, "경이 귀비를 위해 슬피 운다면 후한 상을 주겠다." 하니, 유덕원이 가슴을 치고 발을 구르며 크게 통곡하여 눈물과 콧물을 쏟자 효무제가 매우 기뻐하여 유덕원을 豫州刺史로 삼았다.

○ 淑儀殷氏 寵傾後宮이러니 是年卒이어늘 宋主痛悼不已하야 精神罔罔하야 頗廢政事하고 葬於龍山하니 民不堪役하야 死亡甚衆이라 自江南葬埋之盛이 未之有也러라 又爲之別立廟하야 追拜貴妃하고 謚曰宣이라하다 是後에 宋主數與群臣至殷貴妃墓러니 謂劉德願曰 卿哭貴妃悲者인댄 當厚賞호리라 德願擗踊號慟하야 涕泗交流어늘 宋主甚悅하야 以德願爲豫州刺史하다

41-2-14

효무제가 신하들을 업신여기기를 좋아하여 太宰 劉義恭으로부터 이하 신하들이 모욕을 면치 못하였다. 金紫光祿大夫 王玄謨[36]를 항상 老傖[37]이라고 불렀고, 僕射 劉秀之[38]를 늙은 구두쇠라고 불렀고, 顔師伯을 빼드렁니라고 불렀고, 그 외에 키

---

36) 王玄謨 : 388~468. 南朝 宋나라 太原 사람으로, 자는 彦德이다. 東晉 말에 劉裕의 부름을 받아 從事史가 되었고, 宋 文帝 元嘉 연간에 汝陰太守가 되었다. 劉劭가 문제를 살해하고 自立하자 劉駿이 군대를 일으켜 토벌할 때 군대를 이끌고 호응하였다. 유준이 稱帝하자 徐州刺史에 제수되었고, 劉義宣과 臧質을 토벌하는 데 참여하여 曲江縣侯에 봉해졌다. 孝武帝가 죽을 때에 顧命을 받았는데, 엄격하고 강직하여 불의를 용납하지 않았다. 少帝가 패려한 짓을 하자 자주 표문을 올려 간언하였고, 明帝 때에 南豫州刺史가 되었다.

37) 老傖 : 江南 사람들이 中州 사람을 부를 때 傖이라고 하였는데, 王玄謨가 太原 사람이기 때문에 노창이라고 부른 것이다.(≪資治通鑑≫ 권129 〈宋紀 世祖孝武皇帝 下〉)

38) 劉秀之 : 397~464. 南朝 宋나라 東莞 사람으로, 자는 道寶이다. 어려서 부모가 없이 가난하게 살았으나 지조가 있어서 何承天의 사위가 되었다. 宋나라 少帝 景平 2년(424)에 駙馬都尉에 제수되었다. 文帝 元嘉 연간에 建康令이 되어 정치를 잘한다는 명성이 있었고, 襄陽令이 되어서는 六門의 제방을 수복하여 백성들이 그 이로움을 받았다. 元嘉 27년(450)에 대대적으로 北伐을 할 때 참여하여 楊高를 참수하였다. 劉劭가 文帝를 시해하자 起兵하였는데, 그 공

가 큰 사람과 작은 사람과 살찐 사람과 마른 사람에 대해 모두 부르는 이름이 있었다. 또 崑崙奴[39] 한 사람을 총애하여 그로 하여금 몽둥이로 신하들을 때리게 하였는데, 蔡興宗[40]만은 방정하고 엄숙한 것을 두려워하여 감히 함부로 건드리지 못하였다.

○ 宋主好狎侮群臣하야 自太宰義恭以下로 不免穢辱이라 常呼金紫光祿大夫王玄謨하야 爲老傖이라하고 僕射劉秀之를 爲老慳이라하고 顔師伯을 爲齴이라하고 其餘短長肥瘦皆有稱目하고 又寵一崑崙奴하야 令以杖擊群臣호되 惟憚蔡興宗方嚴하야 不敢侵媟이러라

41-2-15

효무제는 됨됨이가 영민하고 과감하며 학문이 廣博하고 文章이 화려하고 민첩하였고, 또 말타기와 활쏘기를 잘하였는데, 사치를 부리는 욕심에 절도가 없었다. 晉나라가 양자강을 넘어온 이래 宮室이 초라하였는데, 효무제가 처음으로 淸暑殿을 지었고,[41] 宋나라가 일어나서 더 증축하거나 개수하지 않았는데, 이때에 이르러 비로소 궁실을 크게 增修하여 土木에 錦繡를 입히고, 상을 내리느라 나라의 창고가 고갈되었다.

高祖가 지내던 陰室[42]을 헐고 그곳에 玉燭殿을 세우려고 신하들과 구경할 때 고조가 사용하던 침상 가에 흙으로 만든 가리개가 있고 벽에 칡으로 만든 燈籠과 삼으로 만든 파리채가 걸려 있었다. 侍中 袁顗[43]가 그것을 보고 고조의 검소한 덕을 크

로로 康樂縣侯에 봉해졌다. 최종 관직은 雍州刺史에 이르렀다.

39) 崑崙奴 : 崑崙奴는 그 생김새가 崑崙國 사람과 비슷하기 때문에 그렇게 부른 것이다. 崑崙國은 林邑 남쪽에 있다.(≪資治通鑑≫ 권129 〈宋紀 世祖孝武皇帝 下〉)

40) 蔡興宗 : 415~472. 南朝 宋나라 濟陽 사람으로, 자도 興宗이다. 어려서 학문을 좋아하였고, 처음에 司徒行參軍·太子舍人을 지냈다. 孝武帝 때 侍中이 되어 직간을 잘하여 吏部尙書가 되었다. 前廢帝 때 직언을 하다가 江夏王 劉義恭 등의 미움을 받아 新昌太守로 나갔다가 유의공이 피살되자 다시 이부상서가 되었다. 明帝가 즉위하자 尙書右僕射가 되고 安樂縣伯에 봉해졌다. 명제가 죽을 때 顧命을 받아 征西將軍·開府儀同三司·荊州刺史가 되었다.

41) 孝武帝가……지었고 : 南朝 東晉 孝武帝 太元 21년(396)에 淸暑殿을 지었다.(≪晉書≫ 권9 〈孝武帝〉)

42) 高祖가……陰室 : 南朝 때에 황제가 죽으면 그가 지내던 궁실을 陰室로 만들어 사용하던 물건과 옷들을 보관하였는데, 여기에서는 고조가 지내던 궁실을 고조가 죽자 음실로 만들었다는 뜻이다.(≪資治通鑑≫ 권129 〈宋紀 世祖孝武皇帝 下〉)

43) 袁顗 : 420~466. 南朝 宋나라 陳郡 사람으로, 자는 景章이다. 처음에 豫州主簿 벼슬을 하였고, 여러 차례 승진하여 晉陵太守·侍中에 올랐다. 孝武帝가 후에 前廢帝(劉子業)가 된 太子를 폐위하려고 할 때 그가 태자가 학문을 좋아한다고 크게 칭찬하여 마침내 폐위되지 않았다.

게 칭송하니, 효무제가 말하기를, "농사짓던 늙은이가 이것을 얻은 것도 너무 과분하다."[44] 하였다.

○ 宋主爲人이 機警勇決하고 記問博洽하야 文章華敏하고 又善騎射로되 而奢欲無度하야 自晉氏渡江以來로 宮室草創이러니 孝武始作淸暑殿하고 宋興에 無所增改러니 至是하야 始大修宮室하야 土木에 被錦繡하고 賞賜傾府藏이라 壞高祖所居陰室하야 於其處에 起玉燭殿하고 與群臣觀之할새 牀頭有土障하고 壁上掛葛燈籠麻蠅拂이어늘 侍中袁顗 因盛稱高祖儉素之德한대 宋主曰 田舍公得此도 已爲過矣니라

41-2-16

말년에 재화를 더욱 탐내어 刺史와 二千石(郡守)이 임기를 마치고 돌아오면 반드시 기한을 정해서 재물을 헌납하게 하고, 또 摴蒱[45]를 하여 빼앗아 모두 빼앗고서야 그쳤다. 종일토록 술에 취해 항상 几에 기대어 졸다가 간혹 밖에서 일을 아뢰는 일이 있으면 곧바로 숙연히 용모를 가다듬어 취한 기색이 없었다. 이로 말미암아 안팎의 사람들이 두려워하여 감히 해이하고 게으른 자가 없었다. 이때에 이르러 玉燭殿에서 죽었다. 재위 기간은 11년이고, 향년은 35세였다.

○ 末年에 尤貪財利하야 刺史二千石罷還에 必限使獻奉하고 又以蒱戲取之하야 罄盡乃止하고 終日酣飮하야 常憑(凡)〔几〕[46]昏睡라가 或外有奏事면 卽肅然整容하야 無復酒態하니 由是로 內外畏之하야 莫敢弛惰러라 至是하야 殂於玉燭殿하니 在位十一年이요 壽三十五러라

전폐제가 즉위하여 그를 吏部尙書로 삼았는데, 후에 총애가 쇠하여 雍州刺史로 나갔다. 明帝가 즉위하자 군대를 일으켜 晉安王 劉子勛을 받들고 명제에게 저항하다 패하여 피살되었다.

44) 농사짓던……과분하다 : 농사짓던 늙은이는 南朝 宋나라 太祖를 가리킨다. 태조가 황제가 되기 전에 직접 농사를 지었기 때문에 田舍公이라고 한 것이다. ≪南史≫에는 袁顗가 태조의 검소함을 크게 칭송하자 효무제가 대답하지 않고서 혼자 말하기를, "농사짓던 늙은이가 이것을 얻은 것도 너무 과분하지." 하였다. 그러므로 능히 천하를 크게 소유하여 大業을 이루었으니, 성대하다고 기록되어 있다.(≪南史≫ 권1 〈宋本紀 上 第一〉)

45) 摴蒱 : 樗蒲, 擲骰, 擲骰子라고 하는 놀음의 일종이다. 주사위 같은 것을 나무로 만들어 던져서 그 끗수로 승부를 겨루는 것으로, 윷놀이와 비슷하다.(≪資治通鑑≫ 권129 〈宋紀 世祖孝武皇帝 下〉)

46) (凡)〔几〕 : 저본에는 '凡'로 되어 있으나, ≪資治通鑑≫ 권129 〈宋紀 世祖孝武皇帝 下〉에 의거하여 '几'로 바로잡았다.

41-2-17

史臣 沈約[47]이 다음과 같이 논하였다.

"자신을 수고롭게 하여 천하를 이롭게 하는 것은 堯舜의 마음이고, 자신을 이롭게 하여 만물에게 미치는 것은 中等의 才德을 가진 군주의 뜻이고, 백성의 생명을 다 희생시켜 자신을 봉양하는 것은 桀紂의 행실이다. 효무제 때는 백성의 생명을 다 희생시킬 상황이었다. 周公 같은 훌륭한 재능을 가진 신하가 있었더라도 끝내 나라를 어지럽히는 것을 막지 못했을 것이니, 무슨 도움이 되겠는가."

史臣沈約論曰 役己以利天下는 堯舜之心也요 利己以及萬物은 中主之志也요 盡民命以自養은 桀紂之行也라 孝武之世에 將盡民命하니 雖有周公之才之美라도 猶終之以亂이니 何益哉리오

47) 沈約 : 441~513. 南朝 梁나라 吳興 사람으로, 자는 休文이다. 학문을 좋아하고 서적에 박식하였으며, 글을 잘 지었다. 宋나라에 벼슬하여 安西外兵參軍이 되었고, 齊나라 때에는 國子祭酒·司徒左長史가 되었다. 梁나라에 들어와서는 梁 武帝 蕭衍을 옹립한 공으로 尙書左僕射·尙書令·左光祿大夫를 지냈다. 후에 양 무제의 노여움을 받아 견책을 당해 두려워하다 죽었다. 시호는 隱이다. 저서에 ≪宋書≫·≪齊記≫·≪梁武記≫가 있는데 모두 일실되었고, 明나라 사람이 그의 글을 모아 ≪沈隱侯集≫을 만들었다.

경계할 만한 惡政　惡可爲戒

南朝

齊나라 鬱林王

42-1-1

齊나라 군주 鬱林王의 휘는 昭業이고, 자는 元尙이고, 성은 蕭氏이니, 武帝(蕭賾)의 손자이고, 文惠太子의 長子이다. 어렸을 때에 용모가 아름다웠고, 진알하여 대답할 때에 말과 태도가 훌륭하다는 명성이 자자하였으므로 특별히 무제의 사랑을 받았다. 또 隸書를 좋아하였는데, 무제가 일찍이 명하기를, "皇孫이 쓴 글씨를 함부로 밖에 내보내지 말고 귀중하게 다루라." 하였다. 처음에 南郡王에 봉해졌는데, 문혜태자가 죽자 황태손에 봉해졌고, 무제가 죽자 황태손이 즉위하여 隆昌으로 改元하였다.

齊主鬱林王의 諱는 昭業이요 字는 元尙이요 姓은 蕭氏니 武帝之孫이요 文惠太子之長子也라 少에 美容止요 進對音吐에 甚有令譽라 特爲武帝所愛하고 且好隸書하니 武帝嘗敕皇孫手書를 毋得妄出하야 以貴重之하라 初封南郡王이러니 文惠薨에 立爲皇太孫하고 及武帝殂에 太孫卽位하고 改元隆昌하다

42-1-2

蕭昭業이 일찍 어머니를 여의고 竟陵王 蕭子良[1]의 妃 袁氏의 손에서 자랐다. 이로 인하여 소자량을 따라서 西州에 있으면서 좌우 소인 20여 명과 입고 먹는 것을 함께하고 기거를 함께하니, 문혜태자가 매번 그의 起居를 금하고 씀씀이를 절제하게 하였는데, 소소업이 몰래 부자에게 돈을 구해서 밤에 後閤을 열고 여러 營署에서 음란한 연회를 열었다. 師 史仁祖와 侍書 胡天翼이 서로 말하기를, "만약 二宮[2]에

1) 蕭子良 : 460~494. 南朝 齊나라 武帝의 아들로, 자는 雲英이다.
2) 二宮 : 황제와 東宮을 가리킨다.(≪資治通鑑≫ 권138 〈齊紀4 世祖武皇帝 下〉)

말하면 그 일이 쉽지 않고, 만약 다른 사람에게 맞거나 개에게 물린다면 어찌 그 한 몸만 죄를 입겠는가. 또한 온 집안에 화가 미칠 것이다."라고 하고, 서로 이어서 자살하였는데, 二宮은 알지 못하였다. 그가 아끼는 좌우 사람들에게 미리 官爵을 주고서 누런 종이에 써서 주머니에 담아 지니고 다니게 하고, 황제가 되는 날에 그대로 시행하겠다고 하였다

또 천성이 말재주가 있고 총명하며 슬퍼하고 즐거워하는 것이 보통 사람보다 지나쳐서 본심을 숨기고 거짓을 꾸며서 속으로 비열하고 사특한 마음을 품고 있었다. 일찍이 문혜태자의 병 수발을 들 때 근심하는 모습으로 울고 얼굴이 수척하다가 자기 집에 돌아오자마자 곧바로 웃고 술을 마셨고, 居喪할 때에도 이와 같이 하였다. 항상 巫女 楊氏에게 제사를 올려 기도해서 황제의 자리를 빨리 구하게 하였고, 문혜태자가 죽자 양씨의 힘 때문이라고 하여 배나 더 공경하고 믿었다. 무제가 병이 나자 다시 기도하게 해서 무제가 빨리 죽기를 바라고, 이로 인하여 자기의 妃 何氏에게 보낸 편지에 종이 중앙에 '喜'자 한 자를 크게 쓰고 작은 글씨로 '喜'자 36자를 빙 둘러서 썼다.

○ 昭業이 蚤喪其母하고 育於竟陵王子良之妃袁氏하고 因從子良하야 在西州하야 與左右群小二十餘人으로 共衣食하고 同臥起하니 文惠太子 每禁其起居하고 節其用度하니 昭業密就富人求錢하야 夜開後閤하고 淫宴諸營署러니 師史仁祖와 侍書胡天翼이 相謂曰 若言於二宮이면 其事未易하고 若爲異人所驅와 及犬物所傷이면 豈直罪止一身이리오 亦當盡室及禍라하고 相繼自殺하니 二宮不知也러라 所愛左右를 皆逆加官爵하야 疏於黃紙하야 使囊盛帶之하고 許南面之日에 依此施行하다 又性辯慧하며 哀樂過人하고 而矯情飾詐하야 陰懷鄙慝이라 嘗侍文惠疾에 憂容號毁라가 裁還私室에 卽歡笑酣飮하고 及居喪에 亦如之러라 常令女巫楊氏禱祀하야 速求天位하고 文惠薨에 謂由(揚)〔楊〕[3] 氏力이라하야 倍加敬信하고 及武帝有疾에 復令祈禱하야 欲宮車早晏駕하고 因與其妃何氏書에 作一大喜字하고 而三十六小喜字以繞之러라

42-1-3

처음에 무제가 일찍이 東宮에 가자 소소업이 맞이하여 절하고서 소리 내어 울고 애통해하여 기절했다가 다시 깨어났다. 무제의 병수발을 들 때에 또 말을 하면 눈물

3) (揚)〔楊〕: 저본에는 '揚'으로 되어 있으나, ≪資治通鑑≫에 의거하여 '楊'으로 바로잡았다.

을 흘렸고, 무제가 存亡을 말할 때마다 소소업이 목이 메어서 가누지 못하니 무제가 믿어서 반드시 大業을 짊어질 수 있으리라고 여겨 임종할 때 그의 손을 잡고 말하기를, "만약 할아비가 생각나거든 잘하도록 해라." 하고 마침내 붕어하였다.

大斂을 마치자마자 소소업이 무제의 樂工을 모두 불러 여러 음악을 모두 연주하게 하니, 악공들이 위엄이 두려워 따르기는 하였으나 모두 목이 메고 눈물을 흘렸다. 무제의 梓宮에 하직하고 나서 상여가 端門[4]을 나가기도 전에 소소업이 곧바로 아프다고 핑계 대고 大內로 돌아갔고, 閤에 들어가자마자 곧바로 胡伎를 시켜 연주하게 하여 풍악을 울리는 소리가 궁궐 안팎에 울려 퍼졌다. 山陵의 일을 마치고 나서 곧바로 좌우와 함께 微服 차림으로 저자에 돌아다니며 擲塗[5]와 賭跳[6] 등 여러 천한 놀이를 하였다.

○ 初에 武帝嘗往東宮에 昭業迎拜號慟하야 絶而復蘇하고 及侍武帝疾에 又言發淚下하고 武帝每言及存亡에 昭業輒哽咽하야 不自勝하니 武帝信之하야 以爲必能負荷大業이라하야 臨終에 執其手曰 若憶翁이어든 當好作하라하고 遂殂하니 大斂始畢에 昭業悉呼武帝諸伎하야 備奏衆樂하니 諸伎雖畏威從事나 而皆哽咽流涕러라 及奉辭武帝梓宮에 轀輬車未出端門에 昭業亟稱疾還內하고 裁入閤에 卽奏胡伎하야 鞞鐸之聲이 響震內外焉이러라 自山陵之後로 卽與左右로 微服遊走市里하야 擲塗賭跳하야 作諸鄙戲러라

42-1-4

일찍이 武帝가 지은 殿을 허물어서 그 재목을 幸臣 徐龍駒[7]에게 하사하고, 그 자리에 騎射를 익히는 연습장을 만들어 말을 달리다가 말에서 떨어져 얼굴을 다쳐서 병을 핑계 대고 며칠간 나오지 않았다. 이름 있는 매와 빨리 달리는 개를 많이 모아서 좋은 음식을 먹이고, 또 鬪鷄를 좋아하여 닭을 매입하는 값이 수천에 달하였다.

---

4) 端門 : 궁궐의 정남문이다.(≪資治通鑑≫ 권138 〈齊紀4 世祖武皇帝 下〉)
5) 擲塗 : 塗는 진흙인데, 진흙을 서로 던지는 놀이이다.(≪資治通鑑≫ 권139 〈齊紀5 高宗明皇帝 上〉)
6) 賭跳 : 跳는 뛰는 것인데, 높이 뛴 사람이 이기는 놀이이다.(≪資治通鑑≫ 권139 〈齊紀5 高宗明皇帝 上〉)
7) 徐龍駒 : ?~494. 南朝 齊나라 사람이다. 본래 安陸侯 蕭緬의 내시였는데, 황태손 蕭昭業을 시위하고 齋帥가 되었다. 소소업이 즉위하자 총애를 받아 後閤舍人·黃門署令·淮陵太守를 지냈다. 소소업이 매사냥을 하고 개싸움을 하고 음란한 행실을 하는 것 등은 모두 그가 유혹하고 권한 것이었다. 항상 궁궐 안에 있으면서 황제를 대신하여 결재를 하였는데, 蕭昭業이 폐위되어 살해되자 그도 피살되었다.

항상 발가벗고 지내고 紅紫色 비단으로 수놓은 새 옷과 비단 모자와 붉은 비단으로 된 잠방이와 여러 색이 섞인 祖服을 입었다. 또 中書舍人 綦母珍之[8]와 朱隆之와 直閤將軍 曹道剛[9]과 周奉叔[10]과 서용구 등을 총애하니, 有司들이 서로 말하기를, "차라리 지존의 칙령을 거부할지언정 舍人의 명을 거슬러서는 안 된다."라고 하였다. 서용구가 항상 含章殿에 기거하며 南面하여 결재하고 좌우에 시위를 두는 것이 齊나라 군주와 다를 것이 없었다.

○ 嘗毁武帝所起殿하야 以其材로 賜幸臣徐龍駒하고 而於其處에 爲馬埒하야 馳馬라가 墜傷面額하야 稱疾不出者數日하다 多聚名鷹快犬하야 餧以粱肉하고 又好鬪鷄하야 買鷄價至數千하고 常裸袒하고 着紅紫錦繡新衣錦帽紅縠褌雜采袒服하고 又寵幸中書舍人綦母珍之朱隆之와 直閤將軍曹道剛周奉叔幷龍駒等하니 有司相與語云 寧拒至尊勅이언정 不可違舍人命이라하더라 龍駒常居含章殿하야 南面畫敕하고 左右侍直이 與齊主不異러라

42-1-5

蕭昭業이 측근들에게 마음껏 상을 주었는데, 걸핏하면 백 수십만이었다. 매번 돈을 볼 때마다 "내가 옛날에는 너를 생각해도 하나도 얻지 못하였는데 지금은 얻었으니 너를 쓰지 않겠는가." 하였다. 무제가 돈과 황금과 비단을 모은 것이 이루 셀 수 없었는데, 소소업이 즉위해서는 한 해가 못 되어 이미 절반 넘게 써버렸으니, 모두 불령한 소인배들에게 주었고, 여러 가지 寶器를 何妃와 寵姬에게 서로 때려서 깨뜨리게 하여 웃음거리로 삼았으므로 廢黜될 때에 이르러서는 府庫에 저장한 것이 모두 소진되었다.

---

8) 綦母珍之 : ?~494. 南朝 齊나라 사람으로, 鬱林王을 옹립한 공으로 中書舍人에 임명되어 총애를 받았다. 권세를 멋대로 부리고, 매관매직하고, 뇌물을 받는 등 못 하는 짓이 없었다. 左將軍・南彭城太守・領中書通事舍人을 역임하였다. 울림왕에게 千戶侯를 봉해주기를 요구했다가 조정에서 허락하지 않고 울림왕이 300호를 허락하니 얼굴에 노여운 기색을 드러냈다. 후에 蕭鸞이 用事할 때 살해되었다.

9) 曹道剛 : ?~494. 南朝 齊나라 彭城 사람으로, 자는 景昭이다. 鬱林王이 제위에 올랐을 때 直閤將軍에 임명하였다. 성격이 質直하고 아첨하지 않았는데, 蕭鸞이 울림왕을 폐위시킨 날 피살되었다.

10) 周奉叔 : ?~494. 南朝 齊나라 北蘭陵 사람이다. 周盤龍의 아들로, 젊어서 용력이 絶人하였다. 鬱林王의 총애를 받아 거리끼는 것이 없이 권세를 농단하였다. 蕭鸞이 정사를 보좌할 때에 그를 꺼려해서 황제에게 청하여 그를 淸州와 冀州의 刺史로 내보내고 曲江縣男에 봉하였는데, 鎭으로 가려고 할 때 소란이 그를 제어하지 못할까 염려하여 계책을 써서 죽였다.

○ 昭業이 極意賞賜左右할새 動至百數十萬이라 每見錢曰 我昔思汝一箇不得이러니 今得用汝未아 武帝聚錢及金帛이 不可勝計러니 昭業卽位에 猶未朞歲에 用已過半하니 皆與諸不逞群小하고 諸寶器를 令何妃及寵姬로 相擊破碎之하야 以爲笑樂이러니 及至廢黜에 而府藏悉空矣라

42-1-6

西昌侯 蕭鸞[11]이 자주 간언하였으나 따르지 않았다. 소소업이 마음속으로 소란을 꺼려서 제거하려고 하였는데, 소란이 서용구를 주벌하라고 아룀에 미쳐서는 마음속으로 소란을 꺼리는 것이 더욱 심해졌다. 中書令 何胤[12]이 황후의 從叔으로 소소업과 친한 관계여서 함께 소란을 죽이려고 모의하였으나 실행에 옮기지 못했다. 얼마 뒤에 소란이 蕭諶 등을 보내서 조도강과 주융지 무리를 죽이고 소심이 군사를 이끌고 閤에 들어가니 소소업이 칼을 빼서 스스로 목을 찔렀으나 칼이 들어가지 않았다. 乘輿를 연이어 갈아타고 나가다가 西弄[13]에 이르러 시해되었다. 이때 나이가 22세였다. 嬖幸들이 모두 복주되고, 太后의 명령으로 죽은 뒤에 폐위되어 울림왕이 되었다.

○ 西昌侯鸞이 數諫호되 不從이라 昭業이 心忌鸞하야 欲除之러니 及鸞啓誅徐龍駒하야 而心忌鸞益甚이라 中書令何胤이 以后之從叔爲昭業所親하야 與謀誅鸞이러니 不果하고 旣而요 鸞遣蕭諶等하야 誅曹道剛及朱隆之輩하고 諶引兵入閤하니 昭業拔劒自刺不入이라 (與)〔輿〕[14]接而出하야 行至西

---

11) 蕭鸞 : 452~498. 南朝 齊나라 明帝이다. 자는 景栖이고, 小字는 玄道이다. 高帝의 조카이고 蕭道生의 아들이다. 어려서 고아가 되어 고제가 거두어 길렀는데 자기의 자식보다 더 사랑하였다. 劉宋 말에 安吉令, 淮南과 宣城의 太守를 지냈다. 齊나라에 들어와 書昌侯에 봉해지고, 郢州刺史를 지냈다. 武帝 때에 侍中·尙書左僕射·右衛將軍을 지냈다. 무제의 遺詔를 받고 鬱林王을 보좌하다가 울림왕과 海陵王을 연이어 폐위시켜 죽이고 스스로 황제가 되었다. 즉위한 뒤에 北魏가 자주 침범하여 新野, 南陽, 義陽 등지에서 제나라를 격파하였다. 성격이 시기심이 있고 걱정을 많이 하며, 道術을 좋아하여, 재위 동안에 高帝와 武帝의 자손을 거의 다 죽였다. 재위 기간은 5년이고, 廟號는 高宗이다.

12) 何胤 : 446~531. 南朝 梁나라 廬江 사람으로, 자는 子季이다. 학문을 좋아하여 劉瓛에게 師事하여 《易》·《禮記》·《毛詩》를 배웠고, 또 鍾山 定林寺에 들어가 佛經을 배워서 불교에 정통하였다. 齊나라에서 秘書郎·太子舍人·建安太守를 지냈는데, 정치에 은혜와 신의가 있었다. 후에 표문을 올려 사직하였다. 梁나라에 들어와 누차 불렀으나 나오지 않고 秦望山에 은거하여, 《百法論》·《門論》·《周易》에 주를 내고, 《毛詩總集》·《毛詩隱義》·《禮記隱義》·《禮問答》을 저술하였다.

13) 西弄 : 弄은 궁중에 있는 작은 길이다. 서롱은 延德殿 서쪽의 작은 길이다.(《資治通鑑》 권139 〈齊紀5 高宗明皇帝 上〉)

14) (與)〔輿〕 : 저본에는 '與'로 되어 있으나, 《御批歷代通鑑輯覽》 권40에 의거하여 '輿'로 바로잡았다.

弄 弑之하니 時年二十二라 諸嬖幸이 皆伏誅하고 以太后令으로 追廢爲鬱林王하다

42-1-7

史臣 蕭子顯[15)]이 다음과 같이 논하였다.

"鬱林이 풍채가 있어 외모가 아름다웠으므로 많은 사람들이 함께 현혹되었다. 진심을 숨기고 속임수를 썼으므로 외모에 드러난 것으로 진심을 구하기 어려웠다. 적장자를 세울 때에 흠이 있는 줄을 알지 못했으니, 世祖(蕭賾)의 마음이 周나라의 道를 바꾸지 않았다. 얼마 지나지 않아 허물이 안에서 만들어져 조짐이 궁궐에서 시작되었으니, 그 해가 멀리 퍼지지는 않았으나 사직을 기울게 하기에 충분하였다. ≪春秋≫에 梁伯의 허물을 기록하였으니, 스스로 망할 짓을 했음을 말한 것이다.[16)]"

史臣蕭子顯論曰 鬱林이 風華外美하니 衆所同惑이요 伏情隱詐하야 難以貌求요 立嫡以長에 未知瑕舋하니 世祖之心이 不變周道라 旣而요 釁鄙內作하야 兆自宮闈하니 雖害未遠이나 足傾社稷이라 春秋에 書梁伯之過하니 言其自取亡也니라

齊나라 明帝

42-2-1

제나라 군주 明帝의 휘는 鸞이고, 자는 景栖이니, 高帝의 형 蕭道生의 아들이다. 어려서 고아가 되어 고제가 거두어 기르기를 자기 자식처럼 하였다. 처음에 西昌侯에 봉하였고, 蕭昭業이 즉위하여 尙書令으로 삼았다. 정치를 보좌하던 초기에 逋欠

15) 蕭子顯 : 489~537. 南朝 梁나라 南蘭陵 사람으로, 자는 景陽이다. 齊나라 때에 寧都縣侯에 봉하고 給事中에 임명하였다. 梁나라 때에 子爵을 내렸다. 학문을 좋아하고 글을 잘 지었다. 侍中・國子祭酒・吏部尙書를 역임하고, 吳興太守로 관직을 마쳤다. 史學에 정통하여, 沈約・吳均・檀超・江淹 등의 원고에 근거하여 ≪南齊書≫를 수찬하고, 또 ≪後漢書≫・≪貴儉傳≫ 등을 찬술하였는데, 지금은 ≪남제서≫만 남아 있다.

16) 春秋에……것이다 : 梁伯이 토목공사를 좋아하여 자주 성을 쌓았는데, 백성들이 피로하여 견디지 못하자 그는 아무 도적이 침입해올 것이라고 하였고, 궁 주위에 해자를 파도록 하고는 秦나라가 장차 습격할 것이라고 하니 백성들이 두려워하여 도망하였다. 이에 진나라가 梁나라를 쳐서 멸망시켰다. 진나라가 양나라를 쳐서 멸망시켰는데, ≪春秋≫에서 "양나라가 망했다.〔梁亡〕"라고만 쓰고 진나라가 멸망시켰다고 쓰지 않은 것은 양나라가 스스로 멸망할 짓을 한 것을 미워해서이다.(≪春秋左氏傳≫ 僖公 19년)

과 三調[17]를 면제하고, 御府[18]와 池田[19]과 邸冶[20]를 없애고, 關市[21]의 징세를 줄이니 백성들이 모두 기뻐하였다. 소소업이 소란을 꺼려서 죽이려고 하자 소란이 마침내 소소업을 시해하고 新安王 蕭昭文[22]을 황제로 세우고, 자신은 驃騎大將軍 錄尙書事 揚州刺史가 되고 宣城郡公에 봉하였다.

齊主明帝의 諱는 鸞이요 字는 景栖니 高帝兄道生之子也라 少孤에 高帝撫育을 如己子하야 初封西昌侯러니 昭業卽位에 以爲尙書令하다 輔政之初에 蠲逋調하고 省(생)御府池田邸(治)〔冶〕[23]하고 減關市征稅하니 衆皆悅之러라 及昭業忌鸞欲誅之하얀 鸞遂弑昭業而立新安王昭文하고 自爲驃騎大將軍錄尙書事揚州刺史하고 封宣城郡公하다

42-2-2

蕭鸞이 권세가 날이 갈수록 더욱 커지자 몰래 반역을 도모하려는 뜻을 품어서 鄱陽王 蕭鏘[24] 등 7명을 죽이고, 또 衡陽王 蕭鈞[25] 등 4명을 죽이고 마침내 스스로 太傅・揚州牧이 되고, 작위를 올려 王이 되었다. 이에 자신이 大統을 계승할 계책을 꾸며 名士를 많이 끌어들여 계책에 참여시켰다.

그러나 사람들이 복종하지 않을까 염려하여 肩胛에 있는 붉은 사마귀를 王洪範[26]

---

17) 三調 : ≪資治通鑑≫ 권138 〈齊紀4 世祖武皇帝 下〉의 胡三省의 주에 의하면, 糧食을 징수하는 調粟과 비단을 징수하는 調帛과 勞役을 부과하는 雜調를 가리킨다.

18) 御府 : 帝王의 창고를 가리킨다.

19) 池田 : 顔師古의 설에 의하면, 御苑 안에 있는 田地를 가리킨다.(≪漢書≫ 권9 〈元帝紀〉)

20) 邸冶 : 御府와 池田을 근거로 볼 때, 궁중에 있거나 궁중에서 운영하는 대장간을 가리키는 것으로 보인다.

21) 關市 : 邊境에서 열리는 시장을 가리킨다.

22) 蕭昭文 : 480~494. 南朝 齊나라 海陵王의 이름이다. 자는 季尙이고, 鬱林王의 동생이다. 中軍將軍・揚州刺史에 제수되고, 新安王에 봉해졌다. 울림왕이 폐위되자 尙書令 蕭鸞이 그를 황제로 옹립하였다. 이때 소란이 정사를 보좌하였는데, 황제의 기거와 음식을 모두 소란에게 물은 뒤에 행하였다. 재위 4개월 만에 소란이 황태후의 명으로 폐위시켜 해릉왕으로 삼고, 이어 살해하였다.

23) (治)〔冶〕: 저본에는 '治'로 되어 있으나, ≪南史≫ 권5 〈齊本紀 下〉에 의거하여 '冶'로 바로잡았다.

24) 鄱陽王 蕭鏘 : 469~494. 南朝 齊나라 高帝의 일곱째 아들로, 자는 宣韶이다.

25) 衡陽王 蕭鈞 : 473~494. 南朝 齊나라 高帝의 아들로, 자는 宣禮이다.

26) 王洪範 : 南朝 齊나라 齊郡 臨淄 사람이다. 後廢帝 元徽 2년(474)에 桂陽王 劉休範이 尋陽에서 起兵했을 때 蕭道成을 따라 新亭을 진압했는데, 항상 몸으로 화살을 막아 소도성에게 인정을 받았다. 후에 晉壽太守가 되어 뇌물을 많이 바쳤고, 소도성이 정사를 보좌할 때 그를 끌어들여 심복으로 삼았다. 明帝 建武 초에 青州와 冀州의 刺史를 지냈고, 北魏를 침략하겠다고 청하여 출전했으나 패하여 사상자가 많이 나자 심하게 자책하여 병들어 죽었다.

에게 보여주고 말하기를, "사람들이 말하기를 이것은 日月相[27]이라고 하니, 경은 누설하지 말라." 하였다. 왕홍범이 말하기를, "공은 日月이 몸에 있으니 어찌 숨길 수 있겠습니까. 마땅히 소문낼 것입니다." 하였다. 이때 소소문이 帝位에 있었으나 기거와 음식을 모두 소란에게 물은 뒤에 행하였다. 이때에 이르러 소란이 황태후의 명으로 소소문을 폐위시켜 海陵王으로 삼고서 스스로 황제가 되고, 또 거짓으로 해릉왕이 병이 있다고 하여 자주 御師를 보내서 살펴보게 하다가 이로 인하여 죽였다.

○ 鸞이 權勢日益重하니 陰蓄不臣之志하야 乃殺鄱陽王鏘等七人하고 又殺衡陽王鈞等四人하고 遂自爲太傅揚州牧하고 進爵爲王하니 於是에 謀繼大統할새 多引名士하야 與參籌策호되 恐人情未服하야 自以胛有赤誌로 以示王洪範而謂之曰 人言此是日月相이라하니 卿幸勿泄하라 洪範曰 公日月在軀하니 如何可隱이리오 當轉言之호리라 時에 昭文이 雖在位나 起居飲食을 皆諮鸞而後行이러니 至是하야 鸞以皇太后令으로 廢昭文爲海陵王而自立하고 又詐稱海陵王有疾하고 數遣御師瞻視러니 因而殞之하다

42-2-3

제나라 군주 소란이 鬱林王을 폐위시킬 때에 蕭諶[28]에게 揚州牧을 허락했는데, 얼마 뒤에 南徐州刺史를 제수하였다. 소심이 공을 믿고 정사에 간여하여 자기가 선발하여 등용시키려는 사람이 있으면 곧 尙書에 명하여 上申하게 하니, 소란이 듣고서 꺼려하였으나 그의 아우 蕭誕[29]과 蕭誄[30]가 장병을 거느리고 北魏를 막고 있으

27) 日月相 : 옛날에 肩胛에 붉은 사마귀〔赤痣〕가 있는 것을 지극히 귀한 사람이 될 相이라고 믿었다.

28) 蕭諶 : ?~495. 南朝 齊나라 蘭陵 사람으로, 자는 彦孚이고, 高帝 蕭道成의 族子이다. 처음에 劉宋에서 벼슬하다가 元徽 말년에 蕭賾에게 투신하여 심복이 되었다. 蕭賾이 즉위하여 武帝가 되자 南蘭陵太守에 봉하고 국가의 기무에 참여하게 하였다. 鬱林王이 즉위하여 衛尉卿을 제수하고 크게 신임하였다. 蕭鸞이 즉위하여 明帝가 되자 衡陽郡公에 봉하였는데, 자기의 훈로를 믿고서 조정에 간여하자 명제가 의심하여 원망을 품었다는 죄목을 씌워 賜死하였다.

29) 蕭誕 : ?~495. 南朝 齊나라 蘭陵 사람으로, 자는 彦偉이고, 蕭諶의 형이다. 齊나라의 대신이고, 高帝 蕭道成의 族子이다. 처음에 殿中將軍이 되었다가 永明 연간에 建康令이 되고, 외직으로 나가 徐州刺史가 되었다. 延興 원년(494)에 司州刺史에 임명되었고, 明帝가 즉위하여 安德郡侯에 봉해지고 冠軍將軍이 되었다. 建武 2년(495)에 北魏의 침공을 물리치고 左衛將軍이 되었는데, 아우 蕭諶에게 연좌되어 賜死되었다.

30) 蕭誄 : ?~495. 南朝 齊나라 蘭陵 사람으로 자는 彦文이고, 蕭諶의 동생이다. 齊나라 鬱林王 隆昌 연간에 蕭鸞이 정사를 보좌할 때 소심과 함께 소란에게 붙어서 廢立에 관여하여 寧朔將軍이 되었다. 明帝가 즉위하자 西昌侯에 봉해지고 太子左率이 되었다. 建武 2년(495)에 군대를 거느리고 가서 司州의 포위를 풀고 돌아왔는데, 소심과 함께 명제에게 살해되었다.

므로 참고서 드러내지 않다가 이때에 이르러 살해하고, 그의 아우들과 西陽王 蕭子明[31] · 南海王 蕭子罕[32] · 邵陵王 蕭子貞[33]까지 죽였다.

○ 齊主鸞之廢鬱林王也에 許蕭諶以揚州러니 旣而요 除南徐州刺史하니 諶恃功干政하야 所欲選用을 輒命尙書申論하니 齊主聞而忌之호되 以其弟誕誄 方將兵拒魏라하야 隱忍不發이러니 至是殺之하고 幷其諸弟及西陽王子明南海王子罕邵陵王子貞하다

42-2-4

建武 3년(496)에 太官이 정월 초하루에 上壽할 때 은술잔이 있자 明帝가 깨버리려고 하였다. 王晏 등이 모두 盛德을 칭송하니 衛尉 蕭穎胄[34]가 아뢰기를, "조정의 성대한 예식으로는 三元만 한 것이 없고 이 그릇은 옛날부터 내려오는 것이므로 사치가 되지 않습니다." 하니, 명제가 불쾌해하였다.

후에 曲宴을 만나서 은그릇이 상에 가득하자 소영주가 아뢰기를, "폐하께서 전에 은술잔을 깨버리려고 하셨으니, 이쪽 그릇으로 옮겨두어야 할 듯합니다." 하니, 명제가 매우 부끄러워하였다.

○ 建武三年에 太官이 元日에 上壽할새 有銀酒鎗이어늘 齊主欲壞之한대 王晏等咸稱盛德이어늘 衛尉蕭穎胄曰 朝廷盛禮 莫若三元이요 此器舊物이니 不足爲侈니이다 齊主不悅이러니 後遇曲宴에 銀器滿席이어늘 穎胄曰 陛下前欲壞酒鎗이러니 恐宜移在此器로소이다 齊主甚慙이러라

42-2-5

명제가 자잘한 일까지 직접 하고 綱目 또한 치밀하였다. 이에 郡縣과 六署[35]와 九

31) 西陽王 蕭子明 : 南齊 武帝의 妃 蔡倢伃 소생이다.
32) 南海王 蕭子罕 : 南齊 武帝의 妃 樂容華 소생이다.
33) 邵陵王 蕭子貞 : 南齊 武帝의 妃 謝昭儀 소생이다.
34) 蕭穎胄 : 462~501. 南朝 齊나라 蘭陵 사람으로, 자는 雲長이다. 蕭赤斧의 아들이다. 부친의 작위인 南豐伯을 襲爵하였다. 蕭鸞이 海陵王을 폐위시키고 明帝로 즉위할 때 이견을 내지 않았다. 明帝 建武 연간에 侯에 봉해지고, 南兗·徐·靑·冀州의 군대를 감독하고 南兗州刺史가 되었다. 東昏侯가 즉위하여 尙書令 蕭懿를 독살하자 소의의 동생 雍州刺史 蕭衍이 襄陽에서 반란을 일으키니, 동혼후가 劉山陽을 보내 몰래 그에게 소연을 습격하라고 명하였는데, 명을 듣지 않고 유산양을 죽이고서 소연에게 붙었다. 和帝가 즉위하여 侍中·尙書令·荊州刺史가 되었는데, 蕭璝를 막지 못한 일을 근심하고 부끄러워하여 죽었다. 시호는 獻武이다.
35) 六署 : 胡三省의 注에 의하면, 尙書左右僕射와 左右丞이 공동으로 처리하는 除署·功論·封爵·貶黜·八議·議獻을 가리킨다.(≪資治通鑑≫ 권140 〈齊紀6 高宗明皇帝 中〉)

府[36]가 통상적으로 행하는 직무를 모두 啓聞하여 결재를 받지 않은 일이 없었고, 文武와 勳舊大臣들에 대한 人事權이 모두 選部로 돌아가지 않았다. 이로 말미암아 친척들이 권세를 빙자하여 서로 자기 사람들을 추천하여 올리니, 南康王의 侍郎 鍾嶸[37]이 上書하기를, "옛날에 명철한 임금이 신하들의 재능을 헤아려 정사를 나누어 주고 능력을 헤아려 직책을 주어서 三公은 앉아서 道를 논하고 九卿은 일을 하여 일을 이루면 천자는 공손한 태도로 南面만 하고 있었습니다." 하였다.

명제가 기분이 상하여 太中大夫 顧暠에게 이르기를, "종영은 어떤 사람이기에 짐의 機務를 끊으려고 하는가?" 하니, 대답하기를, "종영이 비록 지위가 末職이고 명성이 낮으나 그가 한 말은 채택할 만한 점이 있습니다. 그리고 번잡하고 자잘한 職事는 각각 담당한 有司가 있는데 지금 임금이 모두 직접 처리하시니, 이는 임금은 더욱 수고롭고 신하는 더욱 안일해지는 것입니다. 이른바 '주방장을 대신하여 고기를 썰고, 목수를 대신하여 끌질을 한다.'라는 것입니다." 하니, 명제가 돌아보지 않고 다른 말을 하였다.

○ 齊主躬親細務하고 綱目亦密이라 於是에 郡縣及六署九府常行職事를 莫不啓聞取決하고 文武勳舊 皆不歸選部하니 由是로 親近憑勢하야 互相通進이어늘 南康侍郎鍾嶸上書言 古者明君에 揆才頒政하고 量能授職하야 三公坐而論道하고 九卿作而成務어든 天子唯恭己南面而已니이다 齊主不懌하야 謂太中大夫顧暠曰 鍾嶸은 何人이완대 欲斷朕機務오 對曰 嶸雖位末名卑나 而所言或有可采니이다 且繁碎職事 各有司存이어늘 今人主總而親之하니 是人主愈勞而人臣愈逸이니 所謂代庖人宰하고 而爲大匠斲也로소이다 齊主不顧而言他러라

42-2-6

永泰 원년(498)에 명제가 병이 있자 가까운 친척은 세력이 약하고 高帝와 武帝의 자손으로 열 명의 왕이 있다고 하여 모두 제거하려고 太尉 陳顯達[38]에게 물으니 대

36) 九府 : 胡三省의 注에 의하면, 南齊에서 설치한 太常·光祿勳·衛尉·廷尉·大司農·少府·將作大匠·太僕·大鴻臚로 九卿의 官府를 말한다.(≪資治通鑑≫ 권140 〈齊紀6 高宗明皇帝 中〉)

37) 鍾嶸 : 468?~518? 南朝 梁나라 潁川 사람으로, 자는 仲偉이다. 南齊 때에 南康王 侍郎를 지냈고, 梁나라에 들어가서 中軍臨川王行參軍·西中郎將·晉安王記室을 지냈다. 일찍이 漢나라와 魏나라로부터 梁나라에 이르기까지 시인 120여 명의 시를 상중하 3品으로 나누어 품평한 ≪詩品≫이라는 책을 지었다.

38) 陳顯達 : 428~499. 南朝 齊나라 南彭城 사람이다. 宋나라에 벼슬하여 軍功으로 廣州刺史에 이르렀고, 齊나라에 들어와서 平北將軍·益州刺史·侍中을 역임하고, 鬱林王을 폐위시키는 데

답하기를, "이런 일은 무슨 염려할 것이 있겠습니까." 하였다. 또 始安王 蕭遙光[39]에게 물으니, 소요광이 차례차례 시행해야 한다고 하였다. 소요광이 매번 주위 사람을 물리치고 명제와 오래도록 대화를 하고 나면 다음날 반드시 사람을 죽이는 일이 있었다.

이때 명제의 병이 심해지자 마침내 河東王 蕭鉉, 臨賀王 蕭子岳, 西陽王 蕭子文, 衡陽王 蕭子峻, 南康王 蕭子琳, 永陽王 蕭子珉, 湘東王 蕭子建, 南郡王 蕭子夏, 桂陽王 蕭昭粲, 巴陵王 蕭昭秀 도합 10명을 죽였다. 이에 태조(蕭道成)와 세조(蕭賾) 및 세종(蕭長懋)의 자식들이 모두 없어졌다.

○ 永泰元年에 齊主有疾이어늘 以近親寡弱하고 而高武子孫이 猶有十王이라하야 欲盡除之하야 以問太尉陳顯達한대 對曰 此等何足介慮리잇고 又問始安王遙光한대 遙光以爲當以次施行이니이다 遙光每與齊主屛人久語면 明日에 必有所誅러니 會에 齊主疾甚에 遂殺河東王鉉臨賀王子岳西陽王子文衡陽王子峻南康王子琳永陽王子珉湘東王子建南郡王子夏桂陽王昭粲巴陵王昭秀凡十人하니 於是에 太祖世祖及世宗諸子皆盡矣러라

42-2-7

명제가 밝게 살피고 吏才가 있고 법을 집행함에 있어 가차가 없으며 총애하는 자들을 제어하니 신하들이 엄숙하고 청렴하였고, 節儉에 뜻을 두어 일찍이 乘輿에서 金銀으로 된 장식을 떼라고 명하였다. 太官이 일찍이 裹蒸[40]을 올리자 명제가 이르기를, "내가 이것을 다 먹지 못하니 4등분하여 나머지는 저녁 음식에 올리도록 하라." 하였다. 또 일찍이 皁莢[41]을 쓰고 남은 덩어리를 좌우 신하에게 주면서 이르기

에 관여하였다. 明帝가 즉위하자 太尉가 되고 鄱陽郡公에 봉해졌다. 東昏侯 永元 원년(499)에 군대를 거느리고 北魏를 공격하였고, 동혼후가 대신 徐孝嗣 등을 죽이자 불안하여 尋陽에서 군대를 일으켜 建康에 이르렀으나 패하여 죽었다.

39) 蕭遙光 : 468~499. 南朝 齊나라 南蘭陵 사람으로, 자는 元暉이다. 蕭鳳의 아들로 아버지 始安王의 작위를 계승하였다. 蕭鸞이 정권을 잡았을 때 賞罰 등의 일을 오직 소요광과 의논하였다. 明帝가 즉위하자 大將軍에 오르고, 명제에게 高帝와 武帝의 자손을 죽이라고 권하였다. 東昏侯가 즉위하자 정권을 잡고서 江祏 형제와 모의하여 스스로 황제가 되려고 하였으나 강석이 살해되자 두려워하여 東府를 점거하여 반란을 일으켰다가 피살되었다.

40) 裹蒸 : 胡三省의 주에 의하면, 엿과 찹쌀을 섞고 거기에 香藥·잣·호도 등을 넣고 죽순 껍질로 싸서 찐 음식으로, 크기는 손가락 두 개 두께라고 한다.(≪資治通鑑≫ 권140 〈齊紀6 高宗明皇帝 中〉)

41) 皁莢 : 쥐엄나무의 열매를 말린 한약재이다. 성질이 따뜻하고 맛은 시고 짜며 약간의 독이 있다. 중풍이나 마비의 치료와 가래를 없애는 데 쓴다.

를, "이것은 다시 쓸 수 있다." 하였다.

그러나 성격이 남을 시샘하고 염려하는 것이 많아 자주 誅戮을 행하였고, 出入하는 일이 적어 끝내 南郊에 가서 하늘에 제사 지내지 않았다. 또 무당을 깊이 믿어 나갈 때마다 먼저 利害를 점쳐서 동쪽으로 나가면 서쪽으로 간다고 하고 남쪽으로 나가면 북쪽으로 간다고 하였다. 처음에 병이 있을 때에 심하게 숨겼는데, 臺省과 府署에 명하여 白魚를 구해 약으로 쓸 때에 이르러서야 외부에서 비로소 알았다. 몸에 항상 붉은 옷을 입고, 복식을 모두 붉은색으로 하고서 厭勝[42]이라고 하였다.

재위 기간은 5년이었고, 향년은 40세였다.

○ 齊主明審有吏才하고 持法無所借하고 制御親幸하니 臣下肅淸하고 志慕節儉하야 嘗詔去乘輿金銀飾하다 太官이 嘗進裹烝한대 齊主曰 我食此不盡하니 可四破之하고 餘充晩食하라 又嘗用皁莢이러니 以餘濼으로 授左右曰 此可更用이라 然性猜多慮하야 亟行誅戮하고 簡於出入하야 竟不郊天하고 又深信巫覡하야 每出에 先占利害하야 東出에 云西하고 南出에 云北이러라 初에 有疾하야 甚秘之러니 及勅臺省府署하야 求白魚爲藥하야 外始知之러라 身衣絳衣하고 服飾皆赤하고 以爲厭勝云이라 在位五年이요 壽四十이라

42-2-8

史臣이 다음과 같이 논하였다.

"명제는 스스로 제위를 얻은 것이 의롭지 않다고 여겨 高帝와 武帝의 자손을 시기하여 거의 다 죽였다. 또 東昏侯를 심히 경계하여 일에 앞서 남을 제어하였으나 대신이 의구심을 품고 禍變이 이어져 마침내 나라를 망하였으니, 아름다운 덕을 힘쓰지 않고 사람을 죽여서 자신을 편안케 한 자 중에는 예로부터 능히 일을 이룬 자가 없다."

史臣論曰 明帝自以得之不義로 猜忌高武子孫하야 誅夷殆盡하고 深戒東昏하야 以先事制人이나 而大臣疑懼하고 禍變相尋하야 卒亡其國하니 夫不務令德하고 而殺人以自安은 自古以來로 未有能濟者也니라

---

42) 厭勝 : 주술을 써서 사람을 누르는 일, 또는 그런 주술을 가리키는 말이다.

陳나라 後主

42-3-1

陳 後主

陳나라 後主의 휘는 叔寶이고, 자는 元秀이고, 성은 陳氏이니, 宣帝의 嫡長子이다. 선제가 죽자 始興王 陳叔陵[43]이 난을 일으켰다가 伏誅되고 陳叔寶가 즉위하였는데, 이때 創傷을 앓아 정사를 보지 못하고 크고 작은 정사가 모두 長沙王 陳叔堅[44]에 의해 결재되었다. 창상이 낫자 마침 아버지 선제의 山陵 일이 막 끝났는데, 즉시 연회를 열어 스스로 경하하고, 吏部尙書 江總[45] 이하를 불러 풍악을 울리고 시를 짓게 하였다.

陳後主의 諱는 叔寶요 字는 元秀요 姓은 陳氏니 宣帝嫡長子也라 宣帝殂에 始興王叔陵이 作亂伏誅하고 叔寶即位하니 時에 病創不能視事하야 政無大小히 皆決於長沙王叔堅이러라 及創愈에 適山陵初畢에 即置酒自慶하고 引吏部尙書江總以下하야 展樂賦詩러라

---

43) 陳叔陵 : 554~582. 南朝 陳나라 吳興 사람으로, 자는 子嵩이다. 宣帝의 둘째 아들로, 文帝 天嘉 3년(562)에 康樂縣侯에 봉해지고, 宣帝 太建 원년(569)에 始興王에 봉해졌다. 都督, 江州刺史, 侍中을 역임하였다. 선제가 죽자 新安王 陳伯固와 簒位를 모의하여 後主가 애도하느라 부복하고 있는 틈을 타서 칼로 그의 목을 치려다가 동생 陳叔堅의 제지를 받아 실패하였다. 東府城으로 달아나 東城에 갇혀 있는 죄수를 풀어서 戰士로 충원하여 난을 일으켰는데, 후에 右衛將軍 蕭摩訶에게 살해되었다.

44) 陳叔堅 : 南朝 陳나라 吳興 사람으로, 자는 子成이다. 宣帝의 넷째 아들로, 文帝 天嘉 연간에 豊城侯에 봉해지고, 宣帝 太建 원년에 長沙王에 봉해졌다. 선제가 죽었을 때 後主가 그의 도움으로 陳叔陵의 시해를 모면하였기 때문에 그 공으로 驃騎將軍, 開府儀同三司, 揚州刺史, 司空을 역임하였다. 후주가 다시 그를 멀리하고 꺼려하여 거의 피살될 뻔하다가 후에 荊州刺史로 나갔다. 隋나라가 건국되자 瓜州로 옮기고 이름을 叔賢으로 고치고 妃 沈氏와 술을 팔고 고용살이를 하였다. 煬帝 大業 연간에 寧郡太守가 되었다.

45) 江總 : 519~594. 南朝 陳나라 濟陽 사람으로, 자는 總持이다. 梁나라 武陵王의 法曹參軍으로 벼슬을 시작하여 尙書殿中郎이 되었다. 陳나라 文帝 天嘉 4년(563)에 中書侍郎을 맡아 조정에 돌아왔다. 後主 때에 尙書令을 지내고 宰相이 되었으나 政務를 다스리지 않고 날마다 후주와 後庭에서 연회를 열어 그를 狎客이라고 하였다. 陳나라가 망하고 隋나라가 건국되자 上開府가 되었다가 江都에서 죽었다.

42-3-2

至德 2년(584)에 後主가 酒色에 빠져 政事를 돌보지 않고 宮室을 성대하게 수리하고 이목의 즐거움을 극도로 누렸다. 光昭殿 앞에 臨春閣·結綺閣·望仙閣을 지으니 각각 높이가 수십 丈이고 길이가 수십 間이었다. 窓牖와 壁帶와 懸楣와 欄檻을 모두 沈香木과 檀木으로 만들고 金玉과 珠翠로 장식하고, 珠簾을 달고 寶帳을 치고 服玩의 진기하고 화려함이 近古에 없던 것이었다. 매번 微風이 잠깐 불면 향기가 몇 리 밖까지 풍겼다. 그 아래에 돌을 쌓아서 산을 만들고, 물을 끌어들여 못을 만들고, 온갖 꽃을 심고서 후주가 임춘각에서 지내고, 張貴妃는 결기각에서 지내고, 龔貴嬪과 孔貴嬪은 만선각에서 지내면서 複道를 통해 왕래하였는데, 宮人 袁大捨 등을 女學士로 삼았다. 江總이 宰輔가 되었지만 정무를 직접 수행하지 못하였고, 날마다 尙書 孔範[46]과 散騎 王瑳[47] 등 文士 10여 명과 後庭에서 후주를 모시고 연회에 참석하여 그들을 狎客이라고 불렀다. 여러 妃嬪과 여학사로 하여금 압객들과 함께 시를 지어서 서로 화답하게 하고, 그중에 특히 화려한 것을 뽑아 새로운 음악을 만드니, 그 곡에 玉樹後庭花·臨春樂 등이 있었는데, 대체적으로 모두 여러 비빈의 容色을 찬미한 것이었다. 君臣이 음주가무에 빠져 저녁부터 아침까지 놀았는데, 이것으로 일상을 삼았다.

장귀비는 본래 兵家의 여자라서 성격이 명민하고 神彩가 있어서 임금의 안색을 잘 살폈고, 또 呪術을 부리는 재주가 있어서 궁중에서 淫祠를 설치하고 여자 무당을 모아서 북을 치고 춤을 추었다. 또 百司에서 올리는 奏文을 모두 환관을 통해서 올리면 후주가 장귀비의 무릎 위에 놓고 함께 재결하였다. 이로 말미암아 宦官과 近習이 안팎으로 연결하여 宗室과 外戚이 거리낌 없이 권세를 부리고 뇌물이 공공연히 행해져서 大臣 중에 따르지 않는 자가 있으면 이로 인하여 참소하였다. 이에 대신이 모두 휩쓸려서 아첨하였다. 공범이 공귀빈과 오누이 관계를 맺었는데, 후주가 허물 듣는 것을 싫어하였으므로 나쁜 일이 있을 때마다 공범이 반드시 왜곡시켜 꾸며서

---

46) 孔範 : 南朝 陳나라 會稽 사람으로, 자는 法言이다. 陳 宣帝 太建 연간에 宣惠江夏王長史를 지냈고, 後主가 즉위해서는 都官尙書가 되어 江總과 함께 狎客이 되었다. 후주가 자신의 과실 듣기를 싫어하므로 공범이 반드시 왜곡시켜 꾸며서 찬양하였고, 후주의 총애를 받는 孔貴嬪과 오누이 관계를 맺었다. 陳나라가 망하고 隋나라가 건국된 뒤에 隋 文帝가 그를 간사하고 아첨하는 자라고 하여 먼 변방에 유배 보냈다.

47) 王瑳 : 南朝 陳나라 琅邪 사람이다. 陳 後主 때 侍中·散騎常侍를 지냈는데, 각박하고 탐욕스러웠고 재능 있는 사람을 꺼렸다. 항상 궁중에서 연회 때 후주를 모시고 참석하여 당시에 狎客이라고 하였다. 隋 文帝가 즉위하여 그를 간사하고 임금을 현혹시켰다고 하여 먼 변방에 귀양 보냈다.

찬양하니, 이로 말미암아 우악한 은총을 입어 말을 하면 들어주고 계책을 내면 따라주고, 신하들 중에 간언하는 자가 있으면 곧바로 벌을 주어 내쳤다.

玉樹新聲

○ 至德二年에 陳主荒于酒色하야 不恤政事하고 盛修宮室하고 窮極耳目하야 光昭殿前에 起臨春結綺望仙三閣하니 各高數十丈이요 連延數十間이라 牕牖壁帶懸楣欄檻을 皆以沈檀爲之하고 金玉珠翠爲飾하고 珠簾寶帳하고 服玩瑰麗 近古未有라 每微風暫至에 香聞數里러라 其下積石爲山하고 引水爲池하고 雜植花卉하고 陳主自居臨春하고 張貴妃居結綺하고 龔孔二貴嬪居望仙하야 複道往來할새 以宮人袁大捨等으로 爲女學士하고 江總雖爲宰輔나 不親政務하고 日與尙書孔範散騎王瑳等文士十餘人으로 侍宴後庭하고 謂之狎客이라 使諸妃嬪及女學士로 與狎客共賦詩하야 互相答贈하고 采其尤艷麗者하야 被以新聲하니 其曲有玉樹後庭花臨春樂等하니 大略皆美諸妃嬪之容色이러라 君臣酣歌하야 自夕達(朝)〔旦〕[48]하야 以此爲常이라 張貴妃는 本兵家女라 性敏慧有神彩하야 善候人主顔色하고 又有厭魅之術하야 置淫祠宮中하고 聚女巫鼓舞하다 百司啓奏를 竝因宦者以進이어든 陳主置妃膝上하고 共決之하니 由是로 宦官近習이 內外連結하야 宗戚縱橫하고 貨賂公行하야 大臣有不從者면 因而譖之하니 於是에 大臣皆從風諂附러라 孔範이 與孔貴嬪으로 結爲兄

48) (朝)〔旦〕: 저본에는 '朝'로 되어 있으나, '朝'는 朝鮮 太祖 李成桂가 왕위에 오른 뒤 '旦'으로 개명하였기 때문에 조선에서는 避諱하여 '朝'로 쓴 것이다. 그러므로 원래 글자인 '旦'으로 돌려놓았다.

妹러니 陳主惡聞過失이라 每有惡事면 範必曲爲文飾하야 稱揚贊美하니 由是로 寵遇優渥하야 言聽計從하고 群臣有諫者를 輒以罪斥之러라

中書舍人 施文慶[49]이 典籍을 많이 섭렵하여 일찍이 동궁에서 후주를 섬겼었는데, 총명하고 기억을 잘하고 관리의 일에 밝고 익숙하여 크게 총애를 입었다. 또 그와 친하여 천거한 沈客卿[50]·楊惠朗·徐哲·暨慧景 등이 관리의 재능이 있다고 하여 모두 발탁하여 등용하였다. 심객경이 언변이 있고 典故를 잘 알고, 양혜랑과 기혜경은 본래 小吏 집안사람이라 관부의 문서를 검토할 때에 털끝만큼도 어긋나지 않고 督責하는 것이 각박하고 까탈스러우며 가렴주구를 끝없이 하니 士民들이 한탄하고 원망하였다. 옛날 제도에 軍人과 士人은 關市의 세금이 없었는데, 심객경 등이 府庫가 비어서 토목공사를 하는 데 부족하다고 하여 군인과 사인에게도 아울러 세금을 거둘 것을 주청하고, 또 예전 관시의 세금보다 증액하여 歲入이 수십 배로 늘어나니 후주가 크게 기뻐하고 더욱더 시문경이 사람을 알아본다고 하여 점점 서로 끌어들여서 귀고리에 貂蟬冠을 쓴 자가 50명이었다. 공범이 스스로 文武의 재능이 온 조정에 자기보다 나은 사람이 없다고 생각하여 조용히 후주에게 아뢰기를, "諸將들이 병졸에서부터 올라왔으니 匹夫를 대적할 뿐이고, 심오한 견해와 원대한 생각은 그들이 어찌 알겠습니까." 하였다. 이로부터 장수들에게 조금이라도 과실이 있으면 곧바로 그 병졸을 빼앗아 문관 관리에게 나누어주었다. 이로 말미암아 문무 관원들의 마음이 떠나서 나라가 멸망하는 데에 이르렀다.

中書舍人施文慶이 頗涉書史하야 嘗事陳主於東宮하니 聰敏强記하고 明閑吏職하야 大被親幸이라 又薦所善沈客卿楊惠朗徐哲暨慧景等이 有吏能이라하야 皆擢用之하다 客卿有口辯하고 頗知典故하고 惠朗慧景은 家本小吏라 考校簿領에 毫釐不差하고 督責苛碎하며 聚斂無厭하니 士民嗟怨이러라 舊制에 軍人士人은 無關市之稅러니 客卿等이 以府庫空虛로 興造不給이라하야 奏請竝責其征하고 且

49) 施文慶 : ?~589. 南朝 陳나라 吳興 사람이다. 처음에 後主가 東宮일 때 섬기다가 후주가 즉위하자 中書舍人이 되어 총애를 받았는데, 가렴주구가 심하여 權貴들의 미움을 받았다. 禎明 3년(585)에 湘州刺史에 임명되었는데 관소에 도착하기 전에 隋나라가 쳐들어오자 다른 장수들이 공을 세울까 염려하여 상황을 보고하지 않았다. 수나라 군대가 建康에 들어오자 피살되었다.

50) 沈客卿 : ?~589. 南朝 陳나라 吳興 사람으로, 많은 서적을 섭렵하고 언변이 있었다. 後主 至德 초에 中書舍人이 되었고, 후주가 궁실을 성대하게 수리할 때 府庫가 비자 세금을 많이 거두어 충당하였다. 散騎常侍가 되어 施文慶과 함께 국가의 기밀을 관장하였다. 隋나라 군대가 建康에 들어오자 피살되었다.

增於舊關市之稅하야 歲入이 數十倍하니 陳主大悅하야 益以文慶으로 爲知人이라하야 轉相汲引하야 珥貂蟬者五十人이라 孔範이 自謂文武才能이 擧朝莫及이라하야 從容白陳主曰 諸將起自行伍하니 匹夫敵耳라 深見遠慮 豈其所知리오 自是로 將帥微有過失이면 卽奪其兵하고 分配文吏하니 由是로 文武解體하야 以至覆滅하니라

42-3-3

至德 3년(585)에 시문경과 심객경이 함께 中書通事舍人 傅縡[51)]가 高句麗 사신의 돈을 받았다고 참소하니, 후주가 부재를 잡아들어 하옥시켰다.

부재가 옥중에서 上書하기를, "대저 임금이란 上帝를 공손히 섬기고 백성들을 사랑하며, 嗜欲을 줄이고 아첨을 멀리하며, 날이 밝기 전에 옷을 찾아 입고 날이 저물도록 식사를 잊고 정무에 힘쓰는 것입니다. 이 때문에 은택을 온 천하에 입히고 福澤이 자손에게 전해집니다. 폐하께서는 지난날 酒色에 과도하고 郊廟의 大神을 공경히 섬기지 않고 淫昏한 귀신에게만 아첨하며, 小人이 측근에 있고 환관이 권세를 농간하며, 충직한 사람 미워하기를 원수처럼 하고 백성 보기를 초개처럼 여기며, 후궁들은 수놓은 비단을 끌고 다니고 마구간의 말들에게 먹일 곡물은 넘쳐나는데 백성들은 유리걸식하여 죽어 널려 있는 시체가 들을 덮으며, 뇌물이 공공연히 행해지고 내탕고의 재물은 소모되어 없어졌습니다. 神은 노여워하고 백성은 원망하며 大衆은 반란을 일으키고 친척은 떠나가니, 신은 東南의 王氣가 이로부터 끝날까 두렵습니다." 하였다.

상서가 올라가자 후주가 크게 노하였는데, 잠시 뒤에 마음이 조금 풀려서 使者를 보내 이르기를, "내가 경을 용서하려고 하니 경은 마음을 고치겠는가?" 하니, 대답하기를, "신의 마음은 얼굴과 같으니, 얼굴을 고칠 수 있다면 마음을 고칠 수 있을 것입니다." 하였다. 후주가 더욱 화를 내어 마침내 賜死하였다. 후주가 매번 郊祀 때가 되면 항상 병을 핑계 대고 가지 않았기 때문에 부재가 언급한 것이다.

○ 三年에 文慶客卿이 共譖中書通事舍人傅縡 受高麗使金이라한대 陳主收縡下獄하니 縡於獄中에 上書曰 夫君人者는 恭事上帝하고 子愛下民하며 省嗜欲하며 遠諂佞하며 未明求衣하며 日旰忘食하나니

51) 傅縡 : 531~585. 南朝 陳나라 北地 사람으로, 자는 宜事이다. 어려서부터 학문을 좋아하고 글을 잘 지었는데, 梁나라 湘州刺史 蕭循에게 의탁하여 많은 서적을 널리 읽었다. 陳나라에 들어와서 文帝의 부름을 받아 撰史學士가 되었고, 後主 때에 秘書監・中書通事舍人이 되어 詔誥를 담당하였다. 성품이 강직하고 재능을 자부하고서 호기를 부려 마침내 施文慶 등의 참소를 받아 하옥되어 죽었다.

是以로 澤被區宇하고 慶流子孫이라 陛下頃來로 酒色過度하야 不虔郊廟大神하고 專媚淫昏之鬼하며 小人在側하고 宦豎弄權하며 惡忠直若仇讎하고 視生民如草芥하며 後宮曳綺繡하고 廐馬餘菽粟이어늘 百姓流離하야 僵尸蔽野하며 貨賄公行하고 帑藏損耗하니 神怒民怨하고 衆叛親離하니 臣恐東南王氣 自斯盡矣일가하노이다 書奏에 陳主大怒러니 頃之요 意稍解하야 遣使謂曰 我欲赦卿하니 卿能改過不아 對曰 臣心如面하니 面可改면 則心可改矣리이다 陳主益怒하야 遂賜死하다 陳主每當郊祀에 常稱疾不行이라 故綷言及之하니라

42-3-4

禎明 원년(587)에 大市令 章華[52)]가 상서하여 極諫하였는데, 그 대략의 내용에 이르기를, "폐하께서 先帝의 어려움을 생각지 않고 天命이 두렵다는 것을 모르고서, 총애 받는 妃嬪에게 빠지고 酒色에 미혹되어 七廟[53)]에 제사를 지내는데도 나오지 않고 三妃[54)]를 임명하면서도 軒檻에 계시며, 연로한 신하와 오래된 장수를 초개처럼 버리고 아첨하고 간사한 자가 조정에 오르고 있습니다. 지금 疆域이 날로 축소되고 隋나라 군대가 국경을 압박하고 있으니, 폐하께서 만약 완전히 달라지지 않는다면 신은 麋鹿이 다시 姑蘇臺에서 노

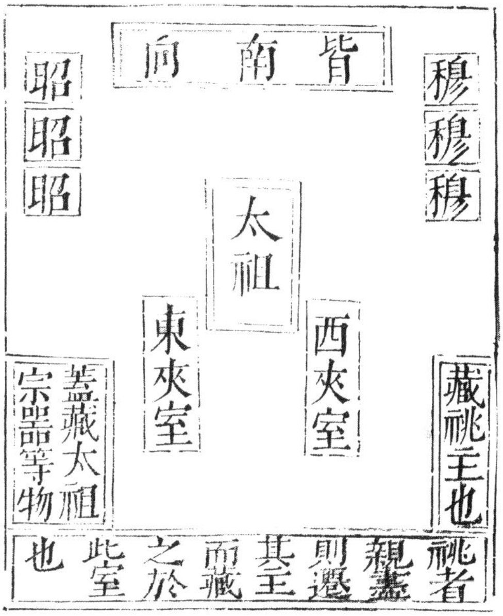

天子七廟圖

52) 章華 : ?~587. 南朝 陳나라 吳興 사람으로, 자는 仲宗이다. 後主가 太市令에 제수하였으나 병을 핑계 대고 나가지 않았다. 禎明 초에 上書하여, 후주가 妃嬪에게 빠지고 酒色에 미혹되어 있으니 만약 완전히 달라지지 않으면 나라가 장차 망할 것이라고 極諫했다가 피살되었다.

53) 七廟 : 天子가 제사를 지내는 조상의 대수와 사당의 숫자를 가리킨다. 즉 천자는 위로 6대조와 태조를 합쳐 일곱 분을 제사 지내고, 각각의 조상을 모시는 사당 일곱 채를 짓는다. 이것을 七廟라고 한다. ≪禮記≫ 〈王制〉에 "천자는 7묘를 두니, 3소・3목과 태조의 묘를 합하여 7묘이다. 제후는 5묘를 두니, 2소・2목과 태조의 묘를 합하여 5묘이다. 대부는 3묘를 두니, 1소・1목과 태조의 묘를 합하여 3묘이다. 사는 1묘이며, 서인은 正寢에서 제사 지낸다.〔天子七廟 三昭三穆與太祖之廟而七 諸侯五廟 二昭二穆與太祖之廟而五 大夫三廟 一昭一穆與太祖之廟而三 士一廟 庶人祭於寢〕"라고 하였다.

54) 三妃 : 張貴妃와 龔貴嬪과 孔貴嬪이다.

는 것을 보게 될 것입니다."[55] 하였는데, 후주가 크게 노하여 그날 바로 참수하였다.

○ 禎明元年에 大市令章華 上書極諫하니 略曰 陛下不思先帝之艱難하고 不知天命之可畏하고 溺於嬖寵하고 惑於酒色하야 祠七廟而不出하고 拜三妃而臨軒하며 老臣宿將은 棄之草莽하고 諂佞讒邪 升之朝廷하니이다 今疆埸日蹙하고 隋軍壓境하니 陛下如不改絃易張이면 臣見麋鹿復遊於姑蘇矣일가하노이다 陳主大怒하야 卽日斬之하다

42-3-5

처음에 隋나라 군주(文帝)가 陳나라와 이웃나라로서 우호가 매우 돈독하여 진나라의 첩자를 잡을 때마다 모두 옷과 말을 지급하고 예를 갖추어 보냈는데도 진나라가 여전히 침략하였기 때문에 수나라가 진나라를 정벌하려고 하였다. 이때 진나라 宣帝가 죽자 隋 文帝가 즉시 回軍하라고 명하고 사신을 보내 조문하고 조문하는 글에 자기 姓名을 쓰고 頓首라고 쓰니, 후주가 이 때문에 교만해져서 外患을 걱정하지 않았다. 이때 江南에 괴이한 일이 특히 많아서 臨平湖에 풀이 무성하게 자라 오랫동안 물길이 막혀 있었는데 홀연히 저절로 물길이 열리니 후주가 그것을 싫어하여 마침내 절에 자기를 팔아서 종이 되어 그것을 억눌렀다.

얼마 뒤에 강가의 鎭을 지키는 군사가 수나라 군대가 장차 이른다는 소식을 듣고 연이어 보고하였으나, 시문경과 심객경이 함께 억누르고서 말하지 않았다. 수나라 군대가 강에 도달하여 간첩들이 여러 차례 와서 보고하니, 僕射 袁憲[56] 등이 재삼 주청하였다. 시문경이 말하기를, "元旦의 朝會가 가까워지고 南郊에 제사할 때가 또 가까우니 지금 만약 出兵한다면 일이 곧 실패할 것이다." 하고, 다시 뇌물을 써서 江總을 움직여서 원헌 등을 억누르게 하였다. 이로 말미암아 의론이 오래도록 결정되지 못하였다.

---

55) 신은……것입니다 : 姑蘇臺는 춘추시대 吳王 夫差가 越나라 미인 西施를 위하여 姑蘇山 위에 지은 누대이다. 오왕 부차가 서시와 함께 고소대에서 荒淫을 일삼고 伍子胥의 간언도 듣지 않았다. 이에 오자서가 말하기를 "신이 이제 고소대에 사슴들이 뛰노는 것을 보게 될 것입니다.[臣今見麋鹿游姑蘇之臺也]"라고 하였는데, 과연 얼마 지나지 않아 오나라가 월나라에 패망하였다. 여기에서는 陳나라도 오나라처럼 망할 것이라는 뜻으로 인용한 말이다.(≪史記≫ 권118 〈淮南衡山列傳〉)

56) 袁憲 : 529~598. 南朝 陳나라 陳郡 사람으로, 자는 德章이다. 14세에 國子正言生이 되고 梁나라에 벼슬하여 司徒戶曹가 되었다. 진나라에 들어와서 御史中丞이 되어 權貴들을 피하지 않고 劾奏하니 朝野에서 그를 두려워하였다. 宣帝 때 毛喜와 함께 顧命을 받았고, 後主 때에 太子詹事가 되어 태자의 廢立에 대해 간언하니 후주가 骨鯁之臣이라고 감탄하였다. 수나라 군대가 궁성을 핍박할 때 원헌만이 후주 곁에서 시위하였다. 수나라에 들어와서 開府儀同三司·昌州刺史·晉王府長史를 지냈다.

후주가 조용히 侍臣에게 이르기를, "王氣가 여기에 있으므로 北齊의 군대가 세 차례 침범하고 北周의 군대가 두 차례 침범하였으나 패하지 않은 자가 없었으니, 저들이라고 무슨 특별한 자들이겠는가." 하였다.

孔範이 아뢰기를, "천혜의 참호인 長江이 남북을 가로막고 있으니, 오늘날 오랑캐 군대가 어찌 날아서 건널 수 있겠습니까. 邊將이 공을 세우려고 망령되게 상황이 급하다고 합니다. 신은 매번 관직이 낮음을 근심하였는데, 오랑캐가 강을 건너 넘어온다면 신이 바로 太尉公이 될 것입니다."[57] 하였다.

후주가 그 말을 옳게 여겼기 때문에 크게 대비하지 않고서 잔치를 벌여 술을 마시고 시를 읊는 것을 그치지 않았다.

○ 初에 隋主與陳으로 隣好甚篤하야 每獲陳諜에 皆給衣馬禮遣之호되 而陳侵掠如故하니 故隋欲伐之러니 會에 宣帝殂하니 隋主卽命班師하고 遣使赴弔하고 書稱姓名頓首하니 陳主以此自驕하야 不虞外難이라 時에 江南妖異特衆하야 臨平湖草久塞이러니 忽然自開하니 陳主惡(오)之하야 乃自賣於佛寺爲奴以厭之러니 旣而요 江濱鎭戍 聞隋軍將至하고 相繼奏聞호되 文慶客卿이 竝抑而不言이러니 及隋軍臨江하야 間諜驟至하니 僕射袁憲等이 奏請再三한대 文慶曰 元會將逼하고 南郊復邇하니 今若出兵이면 事便廢闕이라하고 復以貨로 動江(摠)〔總〕[58]하야 使抑憲等하니 由是로 議久不決이라 陳主從容謂侍臣曰 王氣在此하니 齊兵三來하고 周師再來에 無不摧敗하니 彼何爲者耶오 孔範曰 長江天塹이 限隔南北하니 今日虜軍이 豈能飛渡邪아 邊將欲作功勞하야 妄言事急하니 臣每患官卑라 虜若渡江이면 定作太尉公矣이로소이다 陳主以爲然이라 故不爲深備하고 奏伎縱酒하고 賦詩不輟이러라

42-3-6

隋나라 군대가 長江을 넘어오니 陳나라 사람들이 크게 놀라서 항복하는 자가 줄을 이었다. 이때 建康의 甲士가 아직도 10만여 명이나 되었다. 후주는 밤낮으로 울기만 하고 臺內의 처분을 시문경에게 일임하니, 시문경이 諸將들이 자기를 미워한다는 것을 알고 있었기 때문에 그들이 공을 세울까 두려워하여 후주에게 아뢰기를, "이들이 앙앙불락하니 어찌 전적으로 믿을 수 있겠습니까." 하였다. 이로 인하여 제

---

57) 신은……것입니다 : 晉나라와 宋나라 이래로 三公을 太尉公·司徒公·司空公이라고 불렀으므로 孔範이 자기가 隋나라 군대를 물리쳐서 三公의 지위에 오르겠다고 큰소리 친 것이다.(≪資治通鑑≫ 권176 〈陳紀10 長城公 下〉)

58) (摠)〔總〕 : 저본에는 '摠'으로 되어 있으나, ≪南史≫ 권77 〈施文慶列傳〉에 의거하여 '總'으로 바로잡았다.

장들의 啓請이 모두 시행되지 않았다.

蕭摩訶[59]와 孔範 등이 전쟁에서 패하여 수나라 군대가 建康에 들어오니 진나라 사람들이 모두 흩어져 달아났으나 원헌만은 殿中에 있었다. 후주가 놀라고 두려워서 피하여 숨으려고 하니, 원헌이 정색하고 말하기를, "큰일이 이 지경이 되었는데 어디로 가려고 합니까? 衣冠을 바르게 갖추고 正殿에 임하기를 梁 武帝가 侯景을 본 故事[60]를 따르는 것만 못합니다." 하였는데, 후주가 그 말을 따르지 않고 말하기를, "내가 스스로 계획이 있다." 하고, 宮人 10여 명을 거느리고 景陽殿을 나가 스스로 우물에 투신하였다. 얼마 뒤에 군인들이 우물을 들여다보고 불렀으나 대답이 없자 돌을 떨어뜨리려고 하니 그제야 부르짖는 소리가 들렸다. 줄을 내려서 잡아당기니 후주가 張貴妃·孔貴嬪과 함께 묶여서 올라왔다. 수나라 사람들이 陳叔寶(後主)를 포로로 잡아 京師로 보내고, 시문경 등 5명을 죽이고, 또 공범 등은 변방으로 내쫓았다.

진숙보의 재위 기간은 7년이고, 洛陽에서 죽으니 그때 나이가 52세였다.

○ 隋兵이 旣濟江하니 陳人大駭하야 降者相繼하니 時에 建康甲士尙十餘萬人이라 陳主唯晝夜啼泣하고 臺內處分을 一以委施文慶하니 文慶旣知諸將疾己하고 恐其有功하야 乃奏曰 此等怏怏하니 那可專信이리오 由是로 諸將凡有啓請에 率皆不行이러니 及蕭摩訶孔範等戰敗에 隋軍入建康하니 陳人衆皆散走호되 唯袁憲在殿中이라 陳主遑遽하야 將避匿이어늘 憲正色曰 大事如此하니 去欲安之리오 不若正衣冠御正殿하야 依梁武帝見侯景故事니이다 陳主不從曰 吾自有計라하고 乃從宮人十餘하야 出景陽殿하야 自投于井이러니 旣而요 軍人窺井呼之하니 不應이라 欲下石한대 乃聞叫聲이라 以繩引之하니 陳主乃與張貴妃孔貴嬪으로 同束而上하니 隋人俘叔寶于京師하고 而誅施文慶等五人하고 又投孔範等於邊裔焉하다 叔寶在位七年이요 終於洛陽하니 時年五十二러라

---

59) 蕭摩訶 : 532~604. 南朝 陳나라 蘭陵 사람으로, 자는 元胤이다. 梁나라 元帝 때 陳霸先(陳 武帝)을 따라 景侯를 토벌하였다. 진나라에 들어와 宣帝 때에 여러 차례 北齊를 공격하여 전공을 세워 譙州刺史·右衛將軍에 제수되었다. 진나라 말에 南徐州刺史가 되어 京口에 진을 치고 隋나라 總管 賀若弼과 싸웠으나 패배하였다. 진나라가 망하고 수나라가 들어서자 수나라 文帝가 그의 용맹을 가상히 여겨 開府儀同三司를 제수하였다. 이어 漢王 楊諒을 따라 幷州에 이르렀는데 楊廣이 문제를 살해하고 즉위하여 煬帝라고 칭하자 양량을 따라 병주에서 擧兵하여 반란을 일으켰으나 싸움에서 패하여 살해되었다.

60) 梁 武帝가……故事 : 侯景은 梁 武帝 때 사람으로 河南王에 봉해졌는데, 뒤에 반란을 일으켜 양 무제를 몰아내고 簡文帝를 옹립하였다가, 뒤에 다시 간문제를 시해하고 스스로 帝位에 올라 漢帝라 칭하였으나, 얼마 되지 않아서 王僧辯 등에게 토벌되었다. 후경이 建康을 함락시키고 궁궐에 들어가 양 무제를 핍박하였으나 양 무제는 전혀 위축되지 않고 太極殿 東堂에서 후경을 접견하여 얘기하는데 오히려 후경이 땀을 뻘뻘 흘리며 제대로 대답하지 못하였다.(≪梁書≫ 권56 〈侯景列傳〉, ≪資治通鑑≫ 권162 〈梁紀 高祖武皇帝〉)

歷代君鑑 권43

경계할 만한 惡政 惡可爲戒

北朝

齊나라(北齊) 文宣帝

43-1-1

北齊 군주 文宣帝의 성은 高氏이고, 휘는 洋이고, 자는 子進이니, 神武帝 高歡의 둘째 아들이고, 文襄帝 高澄의 同母弟이다. 高歡이 東魏의 丞相과 渤海王이 되어 죽고, 高澄이 그 지위를 계승하여 大將軍이 되어 동위의 정사를 장악하였으나 얼마 지나지 않아 膳夫 蘭京에게 피살되었는데, 이때 문선제가 太原公으로 있었다. 변란 소식을 듣고 자기가 거느리고 있는 部隊를 지휘하여 들어와서 賊徒들을 토벌하여 죽이고 동위의 황제를 알현하고 나서 하직하고 晉陽으로 나아가 모든 정무를 총괄하니 동위의 황제가 문선제를 齊王으로 승격시켰다. 이에 高德政[1)]과 徐之才[2)] 등이 禪讓 받기를 권하니 진양에서 鄴으로 나아가 동위의 선양을 받고 동위의 황제를 中山王으로 봉하였다.

齊主文宣帝의 姓은 高氏요 諱는 洋이요 字는 子進이니 神武帝歡第二子요 文襄帝澄之母弟也라 歡爲東魏丞相渤海王하야 薨하고 澄嗣位하야 爲大將軍하야 專魏之政이러니 尋爲膳夫蘭京所殺하니 時에 齊主爲太原公이라 聞變하고 指麾部分하야 入討群賊斬之하고 乃謁東魏主하고 辭赴晉陽하야 總庶政하니 東魏進齊主爵齊王이라 於是에 高德政徐之才等이 勸受禪한대 乃自晉陽詣鄴하야 受東

1) 高德政 : ?~559. 北齊 渤海 사람으로, 자는 士貞이다. 처음에 高洋의 開府參軍이 되어 고양과 매우 친하였다. 高澄이 죽자 고양에게 禪讓을 강력하게 권하였고, 고양이 東魏의 선양을 받아 황제가 되자 侍中에 제수되고 藍田公에 봉해졌다. 文宣帝가 말년에 술에 빠지고 잔포해지자 자주 간언하니 문선제가 싫어하였다. 고덕정이 두려워서 병을 핑계 대고 물러나 절에서 지내다가 尙書令 楊愔의 모함에 빠져 문선제에게 살해되었다.

2) 徐之才 : ?~572. 北齊 丹陽 사람으로, 자는 士茂이다. 대대로 명의를 배출하여 남북조시대의 명의로 손꼽히는 집안 출신이다. 처음에 梁나라에 벼슬하였고, 후에 蕭綜을 따라 北魏에 들어갔다. 東魏 孝靜帝 때 秘書監이 되었다. 北齊의 文宣帝・孝昭帝・武成帝・後主를 두루 섬기고, 벼슬은 尙書令에 이르고, 西陽郡王에 봉해졌다.

魏禪하고 封魏主爲中山王하다

43-1-2

天保 2년(551) 겨울 12월에 문선제가 출입할 때마다 항상 중산왕을 대동시키니 왕비인 太原公主가 항상 음식을 마련하여 보호하고 살폈는데, 이달에 공주에게 술을 먹이고 사람을 시켜 중산왕을 독살하고 그의 세 아들까지 죽이고서, 중산왕의 시호를 魏孝靜皇帝라고 하고, 鄴의 서쪽 漳水 북쪽에 장사 지냈다가 그 후에 갑자기 그 陵을 파서 棺을 漳水에 던져버렸다. 문선제가 처음에 선양을 받을 때에 東魏 선왕의 神主를 모두 七帝寺에 두었다가 이때에 이르러 그것들도 불태웠다.

彭城公 元韶[3]는 高氏의 사위로서 元氏 중에서 특별히 총애를 받았는데, 開府儀同三司 美陽公 元暉業[4]이 지위가 높고 명망이 두터웠고 또 志氣가 절륜하여 특히 문선제의 시기를 받았다. 문선제를 따라 晉陽에 있을 때 원휘업이 宮門 밖에서 원소에게 욕하기를, "너는 한 사람의 노파만도 못하다. 옥새를 져다가 남에게 주었으니, 어찌 내리쳐서 깨뜨리지 않았느냐? 내가 이 말을 하면 즉시 죽임을 당하리라는 것을 알지만 너 또한 얼마나 살겠느냐." 하였는데, 문선제가 그 말을 듣고서 원휘업을 죽였다.

○ 天保二年冬十二月에 齊主每出入에 常以中山王自隨하니 王妃太原公主 恒爲飮食護視之러니 是月에 飮公主酒하고 使人酖中山王殺之하고 幷其三子하고 謚王曰魏孝靜皇帝라하고 葬於鄴西(鄣)〔漳〕[5]北이러니 後忽掘其陵하고 投梓宮於漳水하다 齊主初受禪에 魏神主悉寄於七帝寺러니 至是하야 亦取焚之하다 彭城公元韶以高氏壻로 寵遇異於諸元이라 開府儀同三司美陽公元暉業이 以位望隆重하고 又志氣不倫으로 尤爲齊主所忌러니 從在晉陽할새 暉業이 於宮門外罵韶曰 爾不及一老嫗로다 負璽與人하니 何不擊碎之오 我出此言하면 知卽死어니와 爾亦詎得幾時오 齊主聞而殺之하다

---

3) 元韶 : ?~559. 北齊 사람으로, 자는 世胄이고, 鮮卑族이다. 北魏 孝莊帝의 조카이다. 북위 때에 彭城王에 봉해지고, 太尉・侍中・錄尙書事・司州牧・太傅를 지냈다. 북제 文宣帝 天保 원년(550)에 縣公으로 강등되었다. 문선제가 일찍이 그의 수염을 자르고 분을 바르고 부인의 옷을 입게 하여 심하게 욕을 보였다. 문선제가 북위의 宗室을 모두 죽이려고 하였는데, 원소가 이때 옥에 갇혀서 굶어 죽었다.

4) 元暉業 : ?~551. 北齊 河南 사람으로, 자는 紹遠이고, 鮮卑族이다. 북제의 濟陰王 拓跋小新成의 증손자이다. 북위에 벼슬하여 司空・太尉・領中書監・錄尙書事를 지냈다. 北齊 때에 美陽縣公으로 강등되었고, 開府儀同三司가 되었다. 후에 文宣帝에게 피살되었다.

5) (鄣)〔漳〕: 저본에는 '鄣'으로 되어 있으나, 《資治通鑑》 권164에 의거하여 '漳'으로 바로잡았다.

43-1-3

天保 3년(552) 여름 6월에 北齊의 정치가 어지럽고 세금이 무거워지자 江北의 백성들이 북제에 속하기를 좋아하지 않았다. 그 호걸들이 王僧辯[6]에게 군사를 일으키기를 청하였으나 왕승변이 북제와 우호관계에 있었기 때문에 허락하지 않았다.

○ 三年夏六月에 齊政煩賦重하니 江北之民이 不樂屬齊라 其豪傑數請兵於王僧辯한대 僧辯以與齊通好로 不許하다

43-1-4

天保 5년(554) 봄 정월에 山胡를 쳐서 크게 격파하고 남자는 13세 이상은 모두 죽이고 여자와 어린이는 모두 군인들에게 상으로 주고 마침내 石樓를 평정하였다. 석루는 험악한 지역이라서 北魏 때부터 그곳에 갈 수 없었는데, 이때에 이르러 원근의 山胡들이 두려워서 복종하지 않는 자가 없었다. 어떤 都督이 싸우다 부상을 입었는데, 그 什長이 구제하지 못하자 그의 五臟를 도려내라고 명하고 아홉 사람에게 먹게 하여 그 살과 오물을 모두 먹어 없애게 하였다.[7] 문선제가 이때부터 음란하고 포학해졌다.

○ 五年春正月에 討山胡大破之하고 男子十三以上을 皆斬하고 女子及幼弱은 皆賞軍하고 遂平石樓하니 石樓絶險하야 自魏世所不能至러니 於是에 遠近山胡 莫不懾服이라 有都督戰傷호되 其什長不能救어늘 命刳其五臟하고 令九人食之하야 肉及穢惡皆盡하니 自是로 始爲淫虐이러라

43-1-5

가을 8월에 儀同三司 元旭[8]이 일에 연좌되어 賜死되었다.

---

6) 王僧辯 : ?~555. 南朝 梁나라 太原 사람으로, 자는 君才이다. 아버지를 따라 양나라에 들어가서 湘東王 蕭繹의 中兵參軍이 되었다. 侯景의 난 때 大都督이 되어 소역을 따라 후경을 토벌하였다. 양나라 簡文帝 때 군대를 거느리고 陳霸先과 建康을 점령하니 후경이 달아났다. 蕭繹이 즉위하여 元帝라고 稱하고 永寧郡公에 봉하였다. 원제가 죽자 진패선과 함께 蕭方智를 梁王으로 옹립하였는데, 후에 북제의 문선제에게 패하자 蕭淵明을 맞이하여 왕으로 세웠는데, 끝내는 진패선에게 살해되었다.

7) 어떤……하였다 : 什長은 군사 10명의 우두머리이다. 도독을 구제하지 못한 죄를 물어 什長을 죽여 그의 오장을 도려내서 부하 아홉 명에게 먹게 하였다는 말이다.(≪資治通鑑≫ 권165 〈梁紀 世祖孝元皇帝 下〉)

8) 元旭 : 529~550. 河南 洛陽 사람으로, 자는 顯和이다. 北魏의 宗室 大臣으로 景穆皇帝 拓跋晃의 증손자이다. 북위 孝莊帝 때 徐州刺史에 제수되고 襄城郡王에 봉해졌다. 東魏 武定 말년에

문선제가 東魏의 재상이 되기 전에 太保 錄尙書事 太原王 高隆之[9]가 항상 업신여겼는데, 禪讓을 받으려고 할 때에 고융지가 또 불가하다고 하였으므로 문선제가 이로 말미암아 더욱 감정을 품게 되었다. 고융지가 일찍이 원욱과 술을 마실 때에 원욱에게 말하기를, "왕과 사귄다면 생사의 기로에 놓였을 때에 서로 저버리지 말자." 하였는데, 어떤 사람이 몰래 문선제에게 말하니 문선제가 더욱 화를 내서 壯士로 하여금 주먹으로 백여 대를 때려서 내다 버리게 하여 길에서 죽었다. 오랜 세월이 흐른 뒤에도 고융지에 대해 화가 풀리지 않아 그의 아들 高慧登 등 20인을 잡아들여 앞에 세워놓고 채찍으로 안장을 때리니 일시에 머리가 끊어졌다. 그 시체를 모두 漳水에 버리고 이어서 또 고융지의 무덤을 파서 그 시체를 꺼내어 剖棺斬屍하고 불에 태워서 漳水에 버렸다.

○ 秋八月에 儀同三司元旭이 坐事賜死하다 齊主之未爲魏相也에 太保錄尙書事平原王高隆之常侮之러니 及將受禪에 隆之復以爲不可한대 齊主由是銜之러라 隆之嘗與元旭飮할새 謂旭曰 與王交면 當生死에 不相負어다 人有密言之者한대 齊主益發怒하야 令壯士築百餘拳而捨之하야 卒於路러니 久之요 追忿隆之하야 執其子慧登等二十人於前하야 以鞭叩鞍하니 一時頭絶이라 竝投尸漳水하고 尋又發隆之塚하야 出其尸하야 斬截骸骨焚之하고 棄於漳水하다

43-1-6

天保 6년(555) 가을 8월에 불교와 도교가 같지 않다고 하여 그중 하나를 버리려고 두 종교의 사람들을 모아 御前에서 논쟁하게 하고서 마침내 道士들에게 명하여 모두 머리를 깎고 승려가 되게 하고 따르지 않는 자가 있자 4명을 죽이니 마침내 명을 받들었다. 이로 인하여 북제에는 도사가 없게 되었다.

○ 六年秋八月에 以佛道二教不同이라하야 欲去其一하야 集二家論難於前하야 遂敕道士하야 皆剃髮爲沙門하고 有不從者어늘 殺四人하니 乃奉命이라 於是에 齊境에 皆無道士러라

大司馬로 승진하였고, 孝靜帝에게 北齊王 高洋에게 선위하도록 종용하였다. 북제가 건국되고 나서 儀同三司에 올랐다가 天保 5년(505)에 죄에 연좌되어 賜死되었다.

9) 高隆之 : 494~554. 北齊 洛陽 사람으로, 자는 延興이다. 북제의 神武帝 高歡의 從弟로서 고환을 따라 起兵하여 幷州刺史에 이르렀다. 東魏 초에 尙書右僕射·營構大將이 되어 京邑을 건설하는 일을 담당하였다. 또 수로를 파서 漳水를 끌어들이고 긴 제방을 쌓아서 장수의 범람을 막았다. 벼슬은 太保·錄尙書事·大宗正卿에 올랐다. 高洋이 선위를 받아 東魏를 대신하려고 할 때에 고융지가 불가하다고 하였는데, 후에 고양의 사주를 받은 자객에 의해 도로에서 피살되었다.

43-1-7

天保 7년(556) 여름 6월에 丁匠 30여만 명을 조발하여 三臺의 궁전[10]을 확장하였다. 문선제가 처음 즉위해서는 정치에 마음을 두어 간략하고 깨끗하게 하기를 힘쓰고, 등용하기를 공평하게 하니 사람들이 모두 힘을 다하였다. 또 법에 따라 신하들을 통솔하니 조정 안팎의 분위기가 숙연하였고, 軍國의 중요한 정책에 대해 자기 생각으로 혼자 결정하고, 전쟁 때 軍陣에 임할 때마다 친히 矢石을 무릅쓰고 앞장서서 싸울 때마다 공을 세웠다.

몇 년 뒤에 점차 功業을 자부해서 마침내 술을 즐기고 음란하여 狂暴한 짓을 함부로 행해서 옷을 벗어 몸을 드러내고 길거리에 함부로 앉고 여항에서 잠을 잤다. 婁太后가 일찍이 그가 술에 취해 술주정을 부린다고 하여 막대기를 들어 때리니, 문선제가 욕하기를, "즉시 이 늙은 어미를 시집보내 오랑캐에게 주리라." 하였다. 태후가 크게 노하니, 문선제가 기어가서 몸으로 牀을 들어 올려 태후를 땅에 떨어뜨리자 태후가 크게 상처를 입었다. 술에서 깨어 크게 부끄러워하고 후회하여 자신의 몸에 불을 지르려고 하자 태후가 놀라서 만류하기를, "아까는 네가 취했었다." 하니, 문선제가 돗자리를 깔아놓고 平秦王 高歸彦[11]에게 곤장을 들게 하고서 입으로 자기 죄를 나열하고 상의를 벗고 벌을 받으려고 하자 태후가 앞으로 나아가 끌어안으니 문선제가 눈물을 흘리며 간절하게 청하여 종아리 50대를 맞고 나서 의관을 갖추고 절하고 사죄하며 슬픔을 이기지 못하였다. 이로 인하여 술을 끊었는데 열흘 만에 또 처음처럼 하였다.

楊愔[12]을 재상으로 삼았으면서도 〈대변을 본 뒤에 뒤를 닦는〉 똥막대기를 올리게

---

10) 三臺의 궁전 : 三國時代에 魏나라 曹操가 銅爵園 서쪽에 세 개의 臺를 지었는데, 중앙에 銅爵臺가 있고 남쪽에 金虎臺가 있고 북쪽에 冰井臺가 있었다. 후에 北齊의 文宣帝가 이것을 확장하고 이름을 고쳤는데, 동작대를 金鳳臺로, 금호대를 聖應臺로, 빙정대를 崇光臺로 하였다. 옛터가 현재 河北 臨漳縣 三臺村에 있다.(≪北史≫ 권7 〈齊本紀 中 第7〉)

11) 高歸彦 : ?~562. 北齊 渤海 사람으로 자는 仁英이고, 高歡의 族弟이다. 文宣帝 天保 초에 平秦王에 봉해졌고, 侯景을 토벌한 공로로 領軍大將軍에 제수되었고, 천보 말에 尙書左僕射가 되었다. 문선제가 죽고 장자 高殷이 즉위할 때 大臣 楊愔 등과 遺詔를 받았다. 孝昭帝가 즉위하자 더욱 우대를 받았고, 武成帝가 즉위하자 太尉・司徒에 임명되었는데, 지위가 높은 것을 믿고서 방약무인하여 무성제가 그를 꺼려서 冀州刺史로 내보내자 스스로 불안을 느껴 반란을 일으켰다가 피살되었다.

12) 楊愔 : 511~560. 北齊 弘農 사람으로, 자는 遵彦이다. 高歡에게 투신하여 吏部尙書에까지 오

하고, 말채찍으로 그 등을 쳐서 피가 흘러 도포를 젖게 하였다. 또 일찍이 창을 들고 말을 달려서 斛律金[13]의 가슴을 겨누기를 세 차례나 하였는데 곡률금이 가만히 서서 움직이지 않았다. 큰 가마솥과 긴 톱과 剉碓[14] 등을 만들어 뜰에 늘어놓고 술에 취할 때마다 사람을 죽이는 것으로 오락을 삼자 양음이 사형수를 뽑아 仗衛 안에 두고서 供御囚라고 하고 문선제가 사람을 죽이려고 할 때마다 그들을 잡아서 대령하고 세 달이 지나도록 죽이지 않으면 사면해주었다.

縱酒妄殺

○ 七年夏六月에 發丁匠三十餘萬하야 廣修三臺宮殿하다 齊主之初立也에 留心政術하야 務在簡靖하고 坦於任使하니 人得盡力하다 又能以法馭下하니 內外肅然하고 至於軍國機策에 獨決懷抱하고 每臨行陣에 親當矢石하야 所向有功이러니 數年之後에 漸以功業自矜하야 遂嗜酒淫泆하야 肆行狂

르고, 太原公主와 혼인하여 華陰縣侯에 봉해졌다. 高洋을 보좌하여 北齊를 세우고 侍中·尙書僕射·尙書令·驃騎大將軍을 역임하고 開封郡王에 봉해졌고, 文宣帝가 임종할 때 顧命大臣이 되었다. 乾明 원년(560)에 常山王 高演·長廣王 高湛을 제거하려고 하였는데 고연이 정변을 일으켜 양음을 죽였다.

13) 斛律金 : 488~567. 北齊 朔州 敕勒部 사람으로, 본명은 敦이고, 자는 阿六敦이다. 北齊의 開國功臣으로 벼슬은 左丞相에 이르고 咸陽郡王에 봉해졌다.

14) 剉碓 : 죄수의 손발을 절단하는 刑具이다.

暴하야 袒露形體하고 街坐巷宿하니 婁太后嘗以其酒狂으로 擧杖擊之한대 齊主罵曰 卽當嫁此老母하야 與胡호리라 太后大怒어늘 齊主自匍匐하야 以身擧牀하야 墜太后於地하니 頗有所傷이러니 旣醒에 大慙恨하야 欲自焚이어늘 太后懼하야 挽之曰 曩汝醉耳라 齊主乃設地席하고 命平秦王歸彦執杖하고 口自責數하고 脫背就罰이어늘 太后前自抱之한대 齊主流涕苦請하야 乃笞脚五十然後에 衣冠拜謝하고 悲不自勝하다 因是戒酒러니 一旬에 又復如初하다 雖以楊愔爲宰相이나 使進廁籌하고 以馬鞭鞭其背하야 流血浹袍하고 又嘗持槊走馬하야 以擬斛律金之胸者三호되 金立不動하다 作大鑊長鋸剉碓之屬하야 陳之於庭하야 每醉에 輒殺人以爲戲樂이어늘 楊愔乃簡死囚置仗內하야 謂之供御囚라하야 齊主欲殺人이어든 輒執以應命하야 三月不殺則宥之러라

開府參軍 裴謂之가 상서하여 極諫하니 문선제가 양음에게 이르기를, "이 사람은 어리석은 사람이다. 어찌 감히 이렇게 한단 말인가." 하니, 양음이 대답하기를, "그는 본디 폐하께서 그를 죽이게 해서 후세에 이름을 남기려고 하는 것입니다." 하였다. 문선제가 이르기를, "나는 장차 죽이지 않을 것이니, 네가 어찌 이름을 얻을 수 있겠는가." 하였다. 일찍이 좌우와 함께 술을 마시면서 "즐겁도다." 하니, 都督 王紘[15]이 말하기를, "큰 즐거움이 있으면 또한 큰 괴로움도 있는 것입니다." 하였다. 문선제가 말하기를, "무슨 말인가?" 하니, 대답하기를, "나라가 망하고 몸이 죽는 것이 이른바 큰 괴로움입니다." 하니, 문선제가 죽이려다가 얼마 뒤에 놓아주었다.

어느 날 울면서 신하들에게 이르기를, "黑獺(北周 宇文泰의 字)이 나의 명을 받지 않으니 어쩌면 좋겠는가?" 하니, 都督 劉桃枝[16]가 말하기를, "신에게 3천 騎를 주시면 사로잡아 오겠습니다." 하니, 문선제가 장하게 여겨 帛 1천 匹을 하사하였다. 趙道德이 앞으로 나와 말하기를, "유도지가 망언을 하였으니 죽여야 하는데 폐하는 어찌하여 함부로 상을 주십니까?" 하니, 문선제가 즉시 비단을 회수하여 그에게 하사하였다.

또 일찍이 말을 타고 가파른 언덕을 내려가려고 하거늘 조도덕이 말고삐를 잡아

15) 王紘 : 北齊 太安 사람으로, 자는 基子이다. 東魏 孝靜帝 때 奉朝請에 제수되었고, 高澄이 자객의 공격을 받았을 때 몸으로 막은 공으로 平春縣男에 봉해지고 晉陽令에 제수되었다. 文宣帝 天保 초에 寧遠將軍이 되었고, 高演이 정권을 잡았을 때 中外府功曹參軍이 더해졌고, 武成帝 河淸 3년(564)에 突厥을 정벌하는 데 참여하여 공을 세워서 驃騎大將軍이 되었다. 後主 武平 연간에 北周에 聘問하였고, 벼슬은 侍中에 이르렀다.

16) 劉桃枝 : 北齊 제일의 어용 殺手이다. 노비 출신으로 북제의 역대 왕을 섬겼는데, 宰輔 高德政·永安王 高浚·簡平王 高渙·趙郡王 高叡·平秦王 高歸彦·琅邪王 高儼·咸陽王 斛律光을 죽이는 데 참여하였다. 벼슬은 開府에 이르렀고 王에 봉해졌는데, 북제가 멸망한 후에 종적을 감추었다.

돌리니 문선제가 노하여 죽이려고 하자, 조도덕이 말하기를, "신은 죽어도 여한이 없지만 지하에서 先帝께 '이 아이가 술에 취하여 광기를 부리므로 가르칠 수 없었습니다.'라고 하겠습니다." 하니, 문선제가 아무 말 않고 있다가 그만두었다. 훗날 조도덕에게 이르기를, "내가 술이 과하려고 하거든 곤장으로 나를 심하게 치기 바란다." 하여 조도덕이 매를 때렸다.

典御丞 李集[17]이 면전에서 간언하여 桀紂에게 견주니, 묶어서 물속에 집어넣으라고 명했다가 한참 뒤에 꺼내서 이르기를, "내가 걸주와 견주어 어떠하냐?" 하니, 이집이 말하기를, "걸주에 훨씬 미치지 못합니다." 하였다. 또 물속에 집어넣으라고 했다가 꺼내서 다시 묻고 이렇게 하기를 네 차례나 하였으나 이집의 대답이 처음과 같으니, 문선제가 크게 웃으며 말하기를, "천하에 이처럼 어리석은 사람이 있으니, 關龍逢[18]과 比干[19]이 준걸이 아니다."라고 하고 마침내 풀어주었다. 얼마 뒤에 入見하여 간언하려는 듯하자 마침내 죽였다. 이로 말미암아 안팎의 사람들이 근심하여 각각 원한을 품었다.

開府參軍裴謂之上書極諫한대 齊主謂楊愔曰 此愚人이니 何敢如是오 對曰 彼固欲陛下殺之하야 以成名於後世니이다 齊主曰 我且不殺이니 爾焉得名이리오 嘗與左右飮曰 樂哉로다 都督王紘曰 有大樂이면 亦有大苦니이다 齊主曰 何謂也오 對曰 國亡身殞이 所謂大苦니이다 齊主欲斬之라가 旣而捨之하다 一日에 泣謂群臣曰 黑獺이 不受我命하니 柰何오 都督劉桃枝曰 臣請三千騎면 擒之以來호리이다 齊主壯之하야 賜帛千匹한대 趙道德進曰 桃枝妄言하니 應誅어늘 陛下柰何濫賞고 齊主卽回絹賜之하다 又嘗乘馬하야 欲下峻岸이어늘 道德攬轡回之한대 齊主怒하야 將斬之어늘 道德曰 臣死不恨이어니와 當於地下에 啓先帝하야 論此兒酣醉顚狂하야 不可敎訓이라호리이다 齊主默然而止러니 他日에 謂道德曰 我飮酒過어든 須痛杖我하라하야 道德抶之하다 典御丞李集面諫하야 比之桀紂어늘 令縛置流中이라가 久之引出하야 謂曰 吾何如桀紂오 集曰 彌不及矣이니이다 又令沈之라가 引出更問하야 如此數四호되 集對如初어늘 齊主大笑曰 天下有如此癡人하니 方知龍逢(방)比干이 未是俊物이라하고 遂釋之러니 頃之요 入見하야 似有所諫한대 竟斬之하니 由此로 內外憯憯하야 各懷怨毒하더라

---

17) 李集 : 北齊 사람으로, 文宣帝 典御丞이 되었는데, 이때 문선제가 술에 빠져 잔포하여 문무 관원과 종실을 무수히 죽이자 이집이 간언하면서 문선제를 桀紂에 견주었다가 끝내는 문선제에게 죽임을 당하였다.

18) 關龍逢 : 夏나라 사람으로, 桀에게 간언하다가 살해되었다.(≪韓詩外傳≫ 권4)

19) 比干 : 殷나라 때 紂의 숙부이다. 일설에는 庶兄이라고 한다. 직언으로 紂에게 간하다가 살해되었다.

43-1-8

天保 8년(557) 여름 6월에 河南과 河北에 메뚜기 떼가 치성하자 문선제가 魏郡丞 崔叔瓚[20]에게 물으니 대답하기를, "〈五行志〉에 '때에 맞지 않는 토목공사를 하면 메뚜기 떼의 재해가 있다.'[21]라고 하였는데, 지금 밖으로 장성을 수축하고 안으로 三臺를 확장하였으니, 이 때문인 듯합니다." 하였다. 문선제가 크게 노하여 좌우에게 구타하게 하고 머리카락을 뽑고 머리에 똥물을 붓고 다리를 잡고 끌어서 밖으로 내쳤다.

○ 八年夏六月에 河南北大蝗이어늘 齊主以問魏郡丞崔叔瓚한대 對曰 五行志에 土功不時면 蝗蟲爲災라하니 今外築長城하고 內興三臺하니 殆以此乎인저 齊主大怒하야 使左右毆之하고 擢其髮하야 以溷沃之하고 曳足以出하다

43-1-9

그전에 北齊에 術士가 있어서 高氏를 망하게 할 자는 黑衣라고 하였는데, 문선제가 이로 인하여 좌우에게 묻기를 "무엇이 가장 검은가?" 하니, 대답하기를, "옻칠보다 검은 것이 없습니다." 하였다. 문선제가 上黨王 高渙[22]이 형제 중에 일곱째[23]라고 하여 붙잡으려고 하자 고환이 使者를 죽이고 달아났다가 붙잡혀서 鄴으로 압송되었다.

문선제가 또 영안왕 高浚[24]과 묵은 원한이 있었는데 문선제가 즉위할 때 고준이 青州刺史가 되어 총명하고 백성을 불쌍히 여기고 관대하니, 吏民이 좋아하였다. 고준이, 문선제가 술을 좋아한다고 하여 사적으로 친근한 사람에게 말하기를 "둘째 형이 술 때문에 덕을 망치는데 朝臣 중에 감히 간언하는 자가 없고, 큰 敵을 아직 멸

---

20) 崔叔瓚 : 北齊 博陵 사람으로 학식이 있고 직언을 좋아하였다. 그의 처가 北齊 昭信皇后의 언니이고, 문선제가 그를 魏郡丞으로 발탁하였다. 메뚜기 떼의 재해가 있자 문선제에게 간언하였다가 문선제가 그에게 크게 모욕을 주었다. 陽平太守를 지내다 죽었다.

21) 五行志에……있다 : ≪北史≫에서는 이 대목을 ≪漢書≫ 〈五行志〉에서 인용했다고 기록되어 있으나, ≪한서≫ 〈오행지〉에는 이 내용이 없다.

22) 高渙 : 자는 敬壽이다. 高祖(高歡)의 일곱째 아들이다.

23) 일곱째 : 漆과 七의 음이 같으므로, 일곱째인 高渙을 죽이려고 한 것이다.

24) 高浚 : 자는 定樂이다. 高祖의 셋째 아들이다.

망시키지 못하였으니, 내가 크게 근심하여 역말을 타고 鄴에 가서 면전에서 간언하려고 하는데 들어줄지 모르겠다." 하였는데, 어떤 사람이 몰래 문선제에게 아뢰니 문선제가 더욱 원한을 품었다.

고준이 入朝하여 東山으로 따라갔을 때 문선제가 옷을 벗고서 즐기자 고준이 간언하기를, "이것은 임금이 해야 할 행위가 아닙니다." 하고, 또 조용한 곳으로 양음을 불러서 간언하지 못한다고 꾸짖었다. 이때 문선제가 대신과 諸王들과 교통하는 것을 원하지 않았기 때문에 양음이 두려워서 아뢰니 문선제가 크게 노하였다. 고준이 청주로 돌아가서 또 上書하여 간곡하게 간언하니, 조서를 내려 고준을 불렀다. 고준이 화를 당할까 두려워하여 병을 핑계 대고 가지 않자 문선제가 역말을 보내 잡아들이자 울면서 전송하는 남녀노소가 수천 명이었다. 鄴에 이르자 상당왕 고환과 쇠 우리에 넣어 지하 감옥에 가두고서, 음식을 먹고 씻고 대소변 보는 것을 모두 같은 곳에서 하게 하였다.

○ 初에 齊有術士言亡高者黑衣라하야날 齊主因問左右호되 何物最黑고 對曰 無過於漆이니이다 齊主以上黨王渙이 於兄弟第七이라하야 執之한대 渙殺使者而逃라가 爲人所獲하야 送鄴하고 齊主又與永安王浚으로 有舊怨이러니 及卽位에 浚爲青州刺史하야 聰明矜恕하니 吏民悅之라 浚以齊主嗜酒라하야 私謂親近曰 二兄因酒敗德이어늘 朝臣無敢諫者하고 大敵未滅하니 吾甚憂之하야 欲乘驛至鄴面諫하니 不知見聽否아 或密以白齊主한대 齊主益銜之러니 浚入朝하야 從幸東山할새 齊主裸裎爲樂이어늘 浚進諫曰 此非人主所宜라하고 又於屛處에 召楊愔하야 譏其不能諫하니 時에 齊主不欲大臣與諸王交通이라 愔懼奏之한대 齊主大怒러니 浚還州하야 又上書切諫한대 詔徵浚이어늘 浚懼禍하야 謝疾不至한대 齊主遣馳驛收之하니 老幼泣送者數千人이러라 至鄴에 與上黨王渙으로 皆盛以鐵籠하야 置於地牢하야 飮食溲穢 共在一所러라

43-1-10

天保 9년(558) 11월에 常山王 高演[25]이 문선제가 酒色에 빠진 것에 대해 근심과 울분을 얼굴에 드러내자 문선제가 깨닫고서 말하기를, "단지 너로 하여금 살아 있게 할 뿐이니, 내가 무엇 때문에 즐기지 않겠느냐?" 하였는데, 고연이 울면서 절하고 엎드려 끝내 아무 말도 하지 않으니, 문선제 또한 크게 슬퍼하여 술잔을 내동댕이치

25) 高演 : 北齊의 孝昭皇帝이다. 자는 延安이고, 神武皇帝의 여섯째 아들이고, 文宣帝의 同母弟이다.

면서 말하기를, "지금부터 감히 술을 올리는 자는 참수하겠다." 하였는데, 얼마 지나지 않아 주색에 빠지기를 더욱 심하게 하였다. 간혹 貴戚들의 집에서 角力을 하면서 귀천을 가리지 않다가 고연이 이르면 안팎이 숙연하였다. 고연이 또 은밀히 몇 가지 일을 나열한 글을 지어서 간언하려고 하였다. 그의 벗 王晞[26)]가 불가하다고 하였는데 고연이 듣지 않고 틈을 보아 極言하자 문선제가 크게 노하여 고연이 왕희에게 자문을 받았다고 의심하여 왕희를 죽이려고 하였다. 고연이 가만히 왕희에게 말하기를, "왕 박사 내가 내일 한 가지 일을 할 것인데, 이는 그대를 살리려고 하는 것이고 또한 나 스스로 온전하려고 하는 것이니 이상하게 여기지 말라." 하고, 많은 사람이 보는 데에서 왕희에게 곤장 20대를 치니, 문선제가 듣고서 이 때문에 죽이지 않고 머리를 깎고 채찍질을 하고서 甲坊[27)]에 編配하였다.

3년 뒤에 고연이 또 간쟁하다가 심하게 매를 맞고 나서 입을 닫고 음식을 먹지 않으니 太后가 밤낮으로 울었다. 문선제가 어찌할 줄을 몰라 자주 가서 고연의 병세를 묻고서 말하기를, "억지로라도 밥을 먹도록 하라. 왕희를 너에게 돌려보내겠다." 하고 마침내 왕희를 석방하자, 왕희가 눈물을 흘리며 말하기를, "전하께서 식사를 하지 않으시면 태후 또한 식사를 하지 않으실 것이니, 전하께서는 비록 자신을 아끼지 않는다고 하더라도 어찌 태후를 염려하지 않으십니까." 하였는데, 말을 마치기도 전에 고연이 억지로 일어나 앉아 밥을 먹으니, 왕희가 이로 인하여 徒刑을 면하고[28)] 다시 상산왕의 벗이 되었다.

고연이 錄尙書事가 되자 관직에 제수된 자들이 모두 고연에게 나아가 사례하고

---

26) 王晞 : 511~581. 北齊 北海 사람으로, 자는 叔朗이다. 東魏 말에 여러 차례 부름을 받았으나 모두 나아가지 않았다. 후에 高歡을 따라 中外府功曹參軍이 되고, 常山王 高演의 벗이 되었다. 文宣帝 高洋이 주색에 빠져 정치가 어지럽자 고연이 누차 간언하니, 문선제가 왕희의 사주를 받은 것이라고 의심하여 왕희의 머리를 깎고 채찍질을 하고서 갑옷을 만드는 甲坊에 編配하였다. 문선제가 죽고 廢帝 高殷이 즉위하자 楊愔 등이 정권을 잡으니, 고연이 鮮卑族의 귀족의 지지를 받아 양음 등을 죽이고 帝位를 빼앗았는데, 왕희가 실로 謀主였다. 孝昭帝 고연이 즉위하여 散騎常侍 兼 吏部郎中에 제수하고, 후에 太子太傅에 제수하였다. 後主 高緯 武平 초에 大鴻臚가 되었다. 북제가 망하고 나서 北周의 武帝가 太子諫議大夫로 삼았다.

27) 甲坊 : 갑옷을 만드는 곳이다. 남북조시대 梁나라 元帝 때에 魏收가 ≪魏書≫를 지었는데, 형평이 맞지 않은 데 대해 많은 사람이 불평하다가 처벌받은 기록에, "元帝가 노하여 盧裴, 李庶, 尙書郎中 王松年이 모두 역사를 비방했다는 죄로 채찍 200매를 맞고 甲坊에 編配되었다.〔帝怒 於是 裴庶及尙書郎中王松年 皆坐謗史 鞭二百 配甲坊〕"라고 하였는데, 胡三省의 주에 "甲坊은 갑옷을 만드는 곳이다.〔甲坊 造甲之所〕" 하였다.(≪資治通鑑≫ 권165 〈梁紀 世祖孝元皇帝 下〉)

28) 徒刑을 면하고 : 원문에는 '得免'이라고만 되어 있는데, ≪北史≫에는 '得免徒'로 되어 있다. 즉 甲坊에서 갑옷을 만드는 勞役刑인 徒刑을 벗어났다는 뜻이다.(≪北史≫ 권24 〈王晞列傳〉)

떠날 때 반드시 하직하자, 왕희가 고연에게 말하기를, "天朝에서 벼슬을 받고 私第에 와서 謝恩하는 것은 예로부터 불가하다고 하였으니 일체 거절해야 합니다." 하니, 고연이 그 말을 따랐다. 한참 뒤에 고연이 왕희에게 조용히 말하기를, "주상의 起居가 일정하지 않으니, 내가 어찌 전에 한번 노여움을 당했다고 해서 마침내 입을 다물 수 있겠는가. 경은 간언하는 글을 지어주기 바란다. 내가 틈을 보아서 極諫하겠다." 하니, 왕희가 마침내 10여 가지 일을 조목조목 나열하여 올리고서 고연에게 말하기를, "지금 조정이 믿는 분은 오직 전하이신데 지금 필부의 강직함을 배워서 하루아침의 목숨을 가볍게 여기려고 하시니, 갑자기 화가 미치면 家業을 어찌하시렵니까?" 하니, 고연이 한탄을 금치 못하고서 즉시 그 글을 불살라버렸다. 후에 다시 틈을 타서 힘을 다해 간언하자 문선제가 力士를 시켜 마구 때리게 하였는데, 마침 술에 취해서 풀려났다.

○ 九年冬十一月에 常山王演이 以齊主沈湎으로 憂憤形於顔色이어늘 齊主覺之하고 謂曰 但令汝在니 我何爲不縱樂이리오 演惟啼泣拜伏하야 竟無所言이어늘 齊主亦大悲하야 抵盃於地曰 自今敢進酒者면 斬호리라 未幾에 沈湎益甚하다 或於諸貴戚家에 角力을 不限貴賤호되 惟演至면 則內外肅然이러라 演又密撰事條하야 將諫한대 其友王晞以爲不可어늘 演不從하고 因間極言하야 齊主大怒하야 疑演假辭於晞하야 欲殺之한대 演私謂晞曰 王博士 明日에 當作一條事니 爲欲相活이요 亦圖自全이니 勿怪하라 乃於衆中에 杖晞二十하니 齊主聞之하고 以故得不死하고 髡鞭配甲坊하다 居三年에 演又因諫爭하야 大被毆撻하고 閉口不食하니 太后日夜涕泣이라 齊主不知所爲하야 數往問演疾하고 謂曰 努力强食하라 當以王晞로 還汝호리라하고 乃釋晞한대 晞流涕曰 殿下不食하면 太后亦不食하시리니 殿下縱不自惜이나 獨不念太后乎아 言未卒에 演强坐而飯하니 晞由是得免하야 還爲王友러라 及演錄尙書事하야 除官者皆詣演謝하고 去必辭어늘 晞言於演曰 受爵天朝하고 拜恩私第는 自古以爲不可니 宜一切約絶하라 演從之하다 久之에 演從容謂晞曰 主上起居不恒하니 吾豈可以前逢一怒로 遂爾結舌이리오 卿宜爲撰諫草어다 吾當伺便極諫호리라 晞遂條十餘事以呈하고 因謂演曰 今朝廷所恃는 惟殿下어늘 乃欲學匹夫耿介하야 輕一朝之命하니 一(朝)〔旦〕[29] 禍至면 柰家業何오 演欷歔不自勝하고 即焚之러니 後復乘間苦諫한대 齊主使力士亂捶之하니 會醉得解하다

29) (朝)〔旦〕: 저본에는 '朝'로 되어 있으나, '朝'는 朝鮮 太祖 李成桂가 왕위에 오른 뒤 '旦'으로 개명하였기 때문에 조선에서는 避諱하여 '朝'로 쓴 것이다. 그러므로 원래 글자인 '旦'으로 돌려놓았다.

43-1-11

12월에 문선제가 北城에 갔다가 永安王 高浚과 上黨王 高渙을 지하 감옥에서 보고는 굴 앞에서 노래를 부르고 고준 등에게 화답하게 하니, 고준 등이 두렵고 슬퍼서 자기도 모르게 목소리가 떨렸다. 문선제가 슬퍼서 눈물을 흘리고 풀어주려고 하자 長廣王 高湛[30]이 평소 고준과 불화하였기 때문에 앞으로 나와서 아뢰기를, "맹호를 어찌 굴에서 나가게 할 수 있겠습니까." 하였다. 문선제가 가만히 있자 고준 등이 듣고서 고담의 이름을 부르면서 말하기를, "步落稽야 하늘이 너를 보고 있느니라." 하였다. 문선제 또한 고준과 고환이 모두 비범한 지략이 있다고 생각하고 있었으므로 후환이 있을까 두려워서 직접 고환을 칼로 찌르고 또 壯士 劉桃枝를 시켜 그들을 가둔 우리에 가서 창으로 마구 찌르게 하니, 창을 찌를 때마다 고준과 고환이 손으로 창을 잡아 꺾어버리고서 큰 소리로 울며 하늘을 부르짖었다. 이에 장작에 불을 붙여 마구 던져 넣어 불태워 죽이고 흙과 돌로 매웠다가 나중에 꺼내보니 살갗과 머리카락이 모두 없어지고 시체의 색이 숯과 같았다. 원근에서 그 소문을 듣고서 통분해하였다.

○ 十二月에 齊主如北城하야 因視永安王浚上黨王渙於地牢하고 臨穴謳歌하야 令浚等和之한대 浚等惶怖且悲하야 不覺聲顫이어늘 齊主愴然하야 爲之下泣하고 將赦之한대 長廣王湛이 素與浚不睦이라 進曰 猛虎를 安可出穴이리오 齊主默然이어늘 浚等聞之하고 呼湛小字曰 步落稽아 皇天見汝니라 齊主亦以浚與渙이 皆有雄略이라하야 恐爲後害하야 乃自刺渙하고 又使壯士劉桃枝로 就籠亂刺하니 槊每下에 浚渙輒以手拉折之하고 號哭呼天하니 於是에 薪火亂投하야 燒殺之하고 塡以土石이러니 後出之하니 皮髮皆盡하고 尸色如炭이라 遠近爲之痛憤이러라

43-1-12

天保 10년(559) 여름 4월에 僕射 高德政이 양음과 함께 재상이 되었는데, 양음이 항상 고덕정을 시기하였다. 문선제가 술을 즐길 때마다 고덕정이 자주 강력하게 간언하자 문선제가 불쾌하여 좌우에게 이르기를, "고덕정이 항상 정신으로 사람을 능멸하고 핍박하는구나." 하니, 고덕정이 두려워서 병을 핑계 대고 스스로 물러나려고 하였

30) 高湛 : 537~569. 北齊의 世祖 武成帝로, 神武帝(高歡)의 아홉째 아들이다. 文襄帝 高澄, 文宣帝 高洋, 孝昭帝 高演의 同母弟이다. 어머니는 武明皇后 婁昭君이다. 어릴 때 이름이 步落稽이다.

다. 문선제가 양음에게 이르기를, "내가 고덕정의 병을 크게 걱정하노라." 하니, 대답하기를, "폐하께서 만약 그를 써서 冀州刺史로 삼으신다면 병이 절로 나을 것입니다." 하였다. 문선제가 그 말을 따르자 고덕정이 제수하는 임명장을 보고 즉시 일어났다.

문선제가 크게 노하여 고덕정을 불러서 이르기를, "네가 병이 있다고 하니 내가 너를 위해서 침을 놓겠다." 하고, 직접 작은 칼을 들어 찌르니 피가 흘러서 땅을 적셨다. 또 끌어내려서 그 다리를 자르게 하였는데, 유도지가 칼을 들고서 감히 내리치지 못하자 문선제가 유도지를 꾸짖기를, "너의 머리가 즉시 땅에 떨어질 것이다." 하니, 유도지가 그 다리의 발가락 세 개를 잘랐으나 문선제의 노여움이 그래도 풀리지 않아서 고덕정을 門下省에 가두었다.

그날 밤에 담요에 싸서 수레에 실어 집으로 돌려보냈는데, 다음 날 아침 고덕정의 처가 보배 네 상자를 꺼내서 다른 사람에게 맡기려고 하였다. 문선제가 갑자기 그 집에 이르러서 보고는 노하여 말하기를, "나의 御府에도 이런 물건이 없다." 하고, 어디에서 얻었는지 추궁하니, 모두 元氏들에게서 뇌물로 받은 것이었다. 마침내 끌어내서 참수하고, 그의 처가 나와서 절하자 또 참수하였다.

○ 十年夏四月에 僕射高德政이 與楊愔으로 同爲相이러니 愔常忌之라 齊主酣飮에 德政數彊諫한대 齊主不悅하야 謂左右曰 高德政恒以精神으로 淩逼人이온여 德政懼하야 稱疾欲自退한대 齊主謂楊愔曰 我大憂德政病하노라 對曰 陛下若用爲冀州刺史면 病當自差리이다 齊主從之하니 德政見除書卽起한대 齊主大怒하야 召德政謂曰 聞爾病호니 我爲爾針호리라하고 親以小刀刺之하니 血流霑地라 又使曳下하야 斬去其足한대 劉桃枝執刀不敢下한대 齊主責桃枝曰 爾頭卽墜地호리라 桃枝乃斬其足之三指호되 怒猶不解하야 囚德政於門下하다 其夜以氈輿送還家하니 明(朝)〔旦〕[31]德政妻出珍寶滿四牀하야 欲以寄人이러니 帝奄至其宅見之하고 怒曰 我御府에 猶無是物이라하고 詰其所從得하니 皆諸元賂之라 遂曳出斬之하고 妻出拜어늘 又斬之하다

43-1-13

5월에 太史가 금년에는 묵은 것을 없애고 새로운 것을 펼치게 될 것이라고 아뢰었다. 문선제가 彭城公 元韶에게 묻기를, "漢나라 光武帝는 어떻게 해서 중흥하게 되었는가?" 하니, 대답하기를, "劉氏를 모두 죽이지 않았기 때문입니다." 하였다. 이에

31) (朝)〔旦〕: 저본에는 '朝'로 되어 있으나, '朝'는 朝鮮 太祖 李成桂가 왕위에 오른 뒤 '旦'으로 개명하였기 때문에 조선에서는 避諱하여 '朝'로 쓴 것이다. 그러므로 원래 글자인 '旦'으로 돌려놓았다.

元氏를 모두 죽여서 그 기운을 눌러버렸다. 또 始平公 元世哲[32] 등 25家를 죽이고, 元韶 등 19家를 가두니, 원소가 지하 감옥에 갇혀서 음식을 끊고 옷소매를 씹다가 죽었다.

○ 五月 太史奏今年當除舊布新이라한대 齊主問於彭城公元韶曰 漢光武何故中興고 對曰 爲誅諸劉不盡이니이다 於是에 悉殺諸元以厭之하고 又誅始平公元世哲等二十五家하고 囚韶等十九家하니 韶幽於地牢하야 絶食啗衣袖而卒하다

43-1-14

6월에 元氏들을 모두 죽이니, 전후로 죽은 자가 721명이었다. 시체를 모두 漳水에 버렸는데 元蠻과 元文遙 등 몇 집안만 화를 면하였다. 定襄令 元景安[33]이 성을 高氏로 바꾸기를 청하려고 하였는데, 그의 종형 元景皓[34]가 말하기를 "어찌 그 本宗을 버리고 남의 성을 따르는 자가 있겠는가. 장부는 차라리 玉碎할지언정 어찌 구차하게 목숨을 구걸할 수 있겠는가." 하였다. 원경안이 그 말을 문선제에게 고하니, 문선제가 마침내 원경호를 죽이고 원경안에게 고씨를 하사하였다.

○ 六月에 盡誅諸元하니 前後死者凡七百二十一人이라 悉棄尸漳水하고 惟元蠻元文遙等數家獲免하니 定襄令元景安欲請改姓高氏한대 其從兄景皓曰 安有棄其本宗 而從人之姓者乎아 丈夫寧可玉碎언정 何能瓦全이리오 景安以其言白한대 齊主遂誅景皓하고 賜景安姓高氏하다

43-1-15

겨울 10월에 문선제가 술을 좋아하다가 병이 들자 스스로 오래 살지 못할 것을

32) 元世哲 : 506~552. 이름은 元叡이고, 世哲은 자이다. 北魏의 宗室이다. 齊州功曹參軍을 시작으로 符璽郎・直寢・青州錄事參軍・尙書左民郎中・光州司馬・太原郡守・中散大夫・治書侍御史・廣宗郡守・尙書右丞을 지냈고, 東魏 시기에는 吏部郎中・司空長史・通直散騎常侍를 역임하였다.

33) 元景安 : 北齊 河南 洛陽 사람으로, 北魏의 宗室이다. 爾朱榮 大將軍府의 長流參軍을 시작으로 누차 승진하여 太中大夫에까지 올랐다. 처음에 北魏 孝武帝를 따르다가 후에 東魏에 귀순하였고, 北齊 文宣帝 天保 초에 高氏를 賜姓받았다. 문선제를 따라 契丹을 토벌하여 柔然을 격파하고, 누차 승진하여 左右大將軍을 지내고 七兵尙書를 겸임하였다. 都官尙書・侍中・右衛大將軍을 역임하고, 徐州刺史・豫州刺史를 지내고 歷陽郡王에 봉해졌다. 北周에 들어가서 大將軍・大義郡開國公이 되어 군대를 이끌고 稽胡를 토벌하다 전사하였다.

34) 元景皓 : 北齊 河南 洛陽 사람으로, 北魏의 宗室이다. 陳留王 拓跋虔의 후손으로, 元景安의 族兄이다. 北齊 文宣帝 때 북위의 宗親들이 주륙될 때 원경안이 본성을 버리고 고씨로 성을 바꾸려고 하자 꾸짖다가 원경안의 고발로 피살되고, 가족은 彭城으로 徙民되었다.

알고서 李后[35)]에게 이르기를, “사람은 태어나면 반드시 죽는 것이니 어찌 애석할 것이 있겠는가. 다만 正道[36)]가 아직 어리니 다른 사람이 장차 빼앗아갈 것이 불쌍하다.” 하고, 또 상산왕 高演에게 이르기를, “빼앗는 것은 네 뜻에 맞기겠지만 삼가서 죽이지는 마라.” 하였다. 尙書令 楊愔・領軍 平秦王 高歸彦・侍中 燕子獻・侍郎 鄭頤를 불러 遺詔를 받아서 정사를 보좌하게 하고, 문선제가 마침내 죽으니, 재위 기간은 10년이었고, 향년은 31세였다.

○ 冬十月에 齊主嗜酒成疾하니 自知不能久하고 謂李后曰 人生必有死하니 何足惜이리오 但憐正道尙幼하니 人將奪之耳라 又謂常山王演曰 奪則任汝어니와 愼勿殺也하라 召尙書令楊愔領軍平秦王歸彦侍中燕子獻侍郎鄭頤하야 受遺詔輔政하고 齊主遂殂하니 在位十年이요 享年三十一이라

43-1-16

史臣이 다음과 같이 논하였다.

“문선제가 神武帝(高歡)의 큰 기업을 계승하여 안팎이 화합하여 따르니, 조정에서부터 초야에 이르기까지 뭇사람들의 마음이 기대하고 있었다. 東魏의 땅에서 온 나라가 기꺼이 추대하여 한 달이 못 되어 마침내 천자의 지위에 올랐다. 처음에는 정사에 마음을 써서 풍속이 숙연하여 몇 년 사이에 朝野가 안정되었는데, 그 후에 함부로 술을 마시고 욕심대로 하여 일이 극도로 어지러워지고, 혼암하고 사악하고 잔포하였으니, 近代에 이런 임금이 없었다. 재위 기간이 길지 못한 것이 실로 이 병 때문이었다.”

史臣論曰 齊主承神武洪業하야 內外叶從하니 自朝及野히 群心屬(촉)望이라 東魏之地에 (齊)〔擧〕[37)] 國樂推하야 曾未期月에 遂登宸極하니 始則存心政事하야 風化肅然하니 數年之間에 朝野安乂러니 其後縱酒肆欲하야 事極猖狂하고 昏邪殘暴하니 (近代享國不永未有不)〔近代未有라 享國不永이 實〕[38)] 由斯疾者也라

35) 李后 : 文宣帝의 皇后 李氏이다. 이름은 李祖娥이고, 趙郡 李希宗의 딸이다.

36) 正道 : 北齊 文宣帝의 태자 高殷의 자이다.

37) (齊)〔擧〕 : 저본에는 ‘齊’로 되어 있으나, ≪北史≫ 권7 〈齊本紀 中〉에 의거하여 ‘擧’로 바로잡았다.

38) (近代享國不永未有不)〔近代未有 享國不永 實〕 : 저본에는 ‘近代享國不永未有不’로 되어 있으나, ≪北史≫ 권7 〈齊本紀 中〉에 의거하여 ‘近代未有 享國不永 實’로 바로잡았다.

齊나라(北齊) 武成帝

43-2-1

北齊 군주 武成帝의 휘는 湛이니, 神武帝 高歡의 아홉째 아들이고, 孝昭帝 高演의 同母弟이다. 문선제 天保 초에 작위가 王으로 올랐고,[39] 효소제가 즉위하자 右丞相이 되었다. 효소제가 晉陽에 갈 때에 懿親으로서 鄴을 居守하였는데, 皇建 2년(561)에 효소제가 죽자 南宮에서 즉위하였다.

齊主武成帝의 諱는 湛이니 神武帝歡之第九子요 孝昭帝演之母弟也라 文宣帝天保初에 進爵爲王이러니 孝昭卽位에 進右丞相하다 孝昭幸晉陽하야 以懿親으로 居守鄴이러니 皇建二年에 孝昭殂하니 卽位於南宮하다

43-2-2

河清 원년(562) 여름 4월에 婁太后[40]가 죽었는데 상복으로 갈아입지 않고 평소대로 붉은 龍袍를 입고 三臺에 올라서 연회를 베풀고 풍악을 울렸다. 궁녀가 흰색 용포를 올리자 무성제가 臺 아래로 던져버렸고, 散騎常侍 和士開[41]가 풍악을 그치기를 청하니 크게 화를 내서 매를 때렸다.

○ 河淸元年夏四月에 婁太后殂하니 不改服하고 服緋袍如故하고 登三臺置酒作樂할새 宮女進白袍한대 齊主投諸臺下하니 散騎常侍和士開請止樂한대 大怒撾之하다

43-2-3

河清 2년(563) 여름 6월에 화사개가 총애를 받아 온갖 아첨을 다하니 상을 내린 것이 이루 헤아릴 수 없었다. 좌우에서 모실 때마다 말과 행동이 지극히 비루하고 버릇없어 더 이상 군신간의 예가 없었다. 일찍이 무성제에게 이르기를, "예로부터

39) 작위가……올랐고 : 東魏 孝靜帝 元象 초에 長廣郡公에 봉해졌다가 이때에 王이 된 것이다.(≪北齊書≫ 권7 〈帝紀7 武成〉)

40) 婁太后 : 高祖 神武帝 高歡의 황후이니, 武成帝의 어머니이다.

41) 和士開 : 524~571. 北齊 淸都 사람으로, 자는 彦通이다. 武成帝 高湛이 長廣王일 때에 그를 불러 行府參軍으로 삼았고, 즉위한 뒤에 黃門侍郎으로 승진시켰다. 祖珽과 함께 무성제를 설득하여 太子에게 禪位하도록 하였다. 武平 원년(570)에 淮陽王에 봉해지고, 尙書令·錄尙書事에 제수되어 국정을 장악하였다. 후에 琅邪王 高儼에게 살해되었다..

제왕이 모두 塵土가 되었으니, 堯舜과 桀紂가 결국은 무슨 차이가 있겠습니까. 폐하께서는 지금 젊을 때에 마음껏 즐거움을 누려서 마음대로 하셔야 할 것이니, 하루를 즐겁게 지낸다면 천 년과 맞먹을 것입니다. 나라의 일을 모두 대신에게 맡긴다면 어찌 일을 해내지 못할 것을 근심하겠습니까." 하니, 무성제가 크게 기뻐하였다.

이에 趙彦深[42]에게 官爵을 담당하게 하고, 元文遙[43]에게 財用을 담당하게 하고, 唐邕[44]에게 外騎兵을 담당하게 하고, 馮子琮[45]과 胡長粲[46]에게 東宮을 담당하게 하고서 3, 4일에 한 번 조회를 보는데 숫자를 쓸 뿐이었다.

화사개로 하여금 胡后[47]와 창을 잡게 하자 河南康獻王 高孝瑜[48]가 간언하기를, "황후는 천하의 어머니신데 어찌 신하와 손을 잡을 수 있겠습니까." 하였는데, 趙郡王 高叡[49]와 화사개가 함께 참소하기를, "고효유의 사치가 분에 넘쳐서 山東에서는

---

42) 趙彦深 : 507~576. 北齊 平原 사람이다. 북제의 고조 高歡이 그를 功曹參軍으로 삼아 조정의 文翰이 대부분 그의 손에서 나왔다. 文宣帝가 즉위한 뒤에 조정의 기밀을 담당하였고, 天保 초에 秘書監이 되었고, 河淸 원년(562)에 安樂郡公에 봉해졌다. 尙書左僕射・尙書令을 역임하고 宜陽郡王에 봉해졌다. 武平 2년(571)에 司空에 제수되었는데 祖珽의 참소로 西兗州刺史로 나갔다가 무평 4년(573)에 司空・司徒를 지냈다.

43) 元文遙 : 北齊 洛陽 사람으로, 자는 德遠이다. 北魏의 宗室로서 員外散騎常侍로 벼슬을 시작했는데 천하가 어지러워지자 林慮山에 은거하였다. 東魏 孝靜帝 武定 연간에 高澄이 불러서 大將軍府功曹로 삼았고, 文宣帝가 北齊를 세우고 中書舍人에 제수하였다. 孝昭帝 때 국가의 기밀을 담당하였고, 平秦王 高歸彦과 함께 武成帝를 옹립하였다. 給事中黃門侍郞・侍中・中書監을 역임하였고, 後主 天統 2년(566)에 高氏 성을 賜姓 받았다. 다시 尙書左僕射가 되고 寧都郡公에 봉해졌다. 후에 趙郡王 高叡 등과 和士開를 축출하는 모의에 참여하였다가 西兗州刺史로 좌천되었다. 화사개가 죽자 東徐州刺史에서 조정에 불려왔으나 기용되지 못하고 죽었다.

44) 唐邕 : 北齊 太原 사람으로, 자는 道和이다. 처음에 高歡의 천거를 받아 外兵曹가 되어 문서를 관장하였다. 高洋이 자주 변방에 나갈 때 그가 반드시 따라가서 군대의 일을 전담하였다. 벼슬이 尙書令에 오르고 晉昌王에 봉해지고 錄尙書事가 되었다. 北齊 말에 晉陽에서 北周에 항복하여 鳳州刺史가 되었고, 隋 文帝 開皇(581~600) 초에 죽었다.

45) 馮子琮 : 529~571. 北齊 長樂 사람으로, 孝昭帝 초에 尙書駕部郞中이 되었다. 武成帝가 後主에게 禪位하면서 後主를 보좌하는 일을 맡기고 散騎常侍로 진급시켰다. 무성제가 죽은 뒤에 鄭州刺史로 나갔다. 胡太后가 풍자종의 딸을 齊安王의 왕비로 맞아들였는데, 풍자종의 처가 호태후의 동생이었다. 벼슬이 尙書右僕射에 이르러 후주를 폐위시키고 高儼을 옹립하려고 모의하였고 또 和士開를 죽이는 일에 참여했다가 태후의 노여움을 사서 살해되었다.

46) 胡長粲 : 北齊 安定 사람으로, 아버지 胡虔이 東魏 孝靜帝의 장인이어서 왕실의 외척으로 벼슬에 나아가 給事中・黃門侍郞을 지냈고, 後主가 즉위하자 궁궐에 출입하며 敷奏를 전담하였다. 또 侍中이 되어 명예를 크게 얻었다. 후에 從祖兄 胡長仁의 참소로 趙州刺史로 좌천되었다가 조주에 이르러 죽었다.

47) 胡后 : 北齊 武成帝의 황후 胡氏이다.

48) 高孝瑜 : 北齊 世宗 文襄帝의 첫째 아들이다.

49) 高叡 : 北齊의 高祖 高歡의 동생 趙郡王 高琛의 아들이다.

하남왕이 있다는 말만 들었고 폐하가 있다는 말은 듣지 못하였습니다." 하자 문성제가 고효유를 독살하였다. 궁중에 있는 제후들이 감히 소리를 내지 못했는데, 河間王 高孝琬[50]만이 큰소리로 곡을 하고서 나갔다.

○ 二年夏六月에 和士開有寵하야 姦諂百端하니 賞賜不可勝紀라 每侍左右에 言辭容止 極諸鄙褻하야 無復君臣之禮러라 嘗謂齊主曰 自古帝王이 盡爲灰土하니 堯舜桀紂 竟復何異리오 陛下宜及少壯하야 極意爲樂하야 縱橫行之니 一日取快면 可敵千年이라 國事를 盡付大臣하면 何慮不辦이리오 齊主大悅하야 於是에 委趙彦深掌官爵하고 元文遙掌財用하고 唐邕掌外騎兵하고 馮子琮胡長粲掌東宮하고 三四日一視朝하고 書數字而已라 使士開로 與胡后握槊한대 河南康獻王孝瑜諫曰 皇后는 天下之母니 豈可與臣下接手리오 趙郡王叡及士開共譖孝瑜奢僭하니 山東惟聞有河南王이요 不聞有陛下니이다 齊主酖殺之하니 諸侯在宮中者 莫敢擧聲호되 惟河間王孝琬大哭而出하더라

43-2-4

겨울 12월에 몇 달 동안 눈이 내려 남북 천여 리에 평지에 몇 척이 쌓였고, 낮에 서리가 내리고, 太原에 붉은 비가 내렸다.

○ 冬十二月에 大雨雪連月하니 南北千餘里에 平地數尺이요 霜晝下하고 雨血於太原하다

43-2-5

河淸 3년(564) 여름 6월에 樂陵王 高百年[51]을 죽였다.

이때 白虹이 해를 두 겹으로 에워싸고 또 옆으로 해를 꿰뚫었는데 끝까지 닿지 않았고, 붉은 별이 나타나자 무성제가 고백년을 죽여서 이를 모면하려고 하였다. 이때 博陵 사람 賈德胄가 고백년에게 글씨를 가르치고 있었다. 고백년이 일찍이 '敕'자 몇 자를 써두었는데 가덕주가 이것을 봉투에 담아 봉하여 무성제에게 올리니, 무성제가 노하여 고백년을 불러오게 하였다. 고백년이 凉風堂에서 무성제를 알현하자 고백년에게 '敕'자를 쓰게 하고 고덕주가 올린 것과 대조하게 하니 비슷하였다. 이에 좌우를 시켜 마구 때리게 하고 또 끌고서 堂을 돌게 하고 또 때리니 지나는 곳에 모

50) 高孝琬 : 北齊 世宗 文襄帝의 셋째 아들이다.
51) 高百年 : 北齊 孝昭帝의 둘째 아들이다.

두 피가 땅에 흘렀다. 숨이 끊어지려고 하자 참수하고서 시체를 못에 버리니 못의 물이 모두 붉어졌다.

○ 三年夏六月에 殺樂陵王百年하다 時에 白虹圍日再重하고 又橫貫而不達하고 赤星見이어늘 齊主欲以百年厭之러니 會博陵人賈德胄敎百年書러니 百年嘗作數敕字어늘 德胄封以奏之한대 齊主怒하야 使召百年하니 百年見齊主於涼風堂이어늘 使百年書敕字하야 驗與德胄所奏相似라 遣左右亂捶之하고 又令曳之遶堂行하고 且捶하니 所過에 血皆流地라 氣息將盡이어늘 乃斬之하야 棄諸池하니 池水盡赤이러라

43-2-6

겨울 12월에 산동에 홍수가 나서 굶어 죽은 자를 이루 헤아릴 수 없었다. 조서를 내려 창고를 풀어서 진휼하게 하였는데, 일이 끝내 시행되지 않았다.

○ 冬十二月에 山東大水하니 飢死者不可勝計라 詔發廩賑給이러니 事竟不行하다

43-2-7

河淸 4년(565) 봄 3월에 한 물건이 殿廷에 떨어졌는데 赤漆鼓와 같은데 작은 방울을 달고 있었고, 殿上에 돌이 저절로 일어나서 둘씩 마주보고 섰고, 또 後園 萬壽堂 앞산의 굴속에서 神이 나타났는데 덩치가 커서 얼굴을 알아볼 수 없었고 매우 흰 이빨 두 개가 입술 밖으로 길게 나와 있었다. 직숙하던 嬪御 이하 700명이 모두 보았고 무성제가 또 그 꿈을 꾸었다.

○ 四年春三月에 有物殞於殿廷하니 如赤漆鼓帶小鈴하고 殿上石自起하야 兩兩相對하고 又有神見於後園萬壽堂前山穴中하니 其體壯大하야 不辨其面하고 兩齒絶白하야 長出於脣하니 直宿嬪御以下七百人이 咸見焉하고 齊主又夢之하다

43-2-8

著作郎 祖珽[52]이 학식이 있고 기예가 많았으나 거칠고 경솔하여 바른 행실이 없

52) 祖珽 : 北齊 范陽 사람으로, 자는 孝徵이다. 秘書郎으로 벼슬을 시작하여 貪汚로 高歡과 高澄에게 곤장을 맞고 면직되었다. 武成帝 淸河 4년(565)에 和士開와 함께 무성제를 설득하여 태자에게 선위하도록 하였다. 후주가 즉위하여 秘書監이 되고 儀同三司에 제수되었다. 宰相이 되

었다. 처음에 무성제가 長廣王일 때에 조정이 胡桃 기름을 짜서 바치면서 말하기를, "전하께서는 비상한 骨相이 있고, 제 꿈에 전하께서 용을 타고 하늘에 오르셨습니다." 하니, 무성제가 말하기를, "만약 그렇게 된다면 兄을 크게 부귀하게 해주겠다." 하였다. 그 후 즉위하자 그를 中書侍郎에 제수하고, 散騎常侍로 승진시키니, 조정이 화사개와 함께 아첨하였다.

조정이 은밀히 화사개에게 말하기를, "그대가 총애를 받는 것이 과거에 짝할 자가 없다. 황상께서 어느 날 돌아가시면 어떻게 유종의 미를 거두려 하는가?" 하자, 화사개가 이에 계책을 물으니 조정이 말하기를, "주상께 말씀드리기를, '文襄과 文宣은 효소제의 아들인데 모두 제위를 얻지 못했습니다. 지금 황태자로 하여금 일찍 제위에 오르게 하여 군신의 분수가 정해지게 해야 합니다.'라고 하라. 만약 일이 성사되면 중궁과 小主가 반드시 모두 그대를 고맙게 여길 것이니, 이것이 만전의 계책이다. 그대가 주상께 가만히 말하여 조금 마음이 풀리게 하라. 내가 밖에서 表文을 올려 논하겠다." 하였다.

화사개가 허락하였는데, 이때 彗星이 나타나니 太史가 말하기를, "혜성은 옛것을 쓸어내고 새로운 것을 펴는 象이니 군주가 바뀌는 일이 있을 것입니다." 하였다. 조정이 이에 上書하여 말하기를, "폐하께서 천자이지만 지극히 귀하지는 않습니다. 동궁에게 제위를 전하여 하늘의 도에 부응하여야 합니다." 하니, 문성제가 그 말을 따라서 太宰 段韶[53]로 하여금 부절을 가지고 황제의 옥새를 받들고 가서 태자에게 제위를 전하게 하였다. 이에 군신들이 尊號를 올려 太上皇帝라고 하였다. 재위 기간은 5년이있고, 향년은 32세였다.

○ 著作郎祖珽이 有文學多技藝나 而疏率無行이라 初에 齊主爲長廣王에 珽爲胡桃油獻之하고 因言殿下有非常骨法하고 孝徵이 夢殿下乘龍上天하니이다 王曰 若然이면 當使兄大富貴호리라 及

려고 화사개를 무함했다가 후주의 노여움을 사서 光州로 유배되어 지하 감옥에 갇혔다. 후주 天統 4년(568)에 다시 임용되어 秘書監·侍中·尙書左僕射를 지내고 領軍이 되었다. 후주 武平 4년(573)에 韓長鸞 등의 참소를 입어 시중과 복야 벼슬이 해면되고 北徐州刺史로 좌천되었다가 그곳에서 죽었다.

53) 段韶 : ?~571. 北齊 姑臧 사람으로, 자는 孝先이다. 高歡을 따라 邙山과 玉壁의 전투에 참여하였고, 高澄·文宣帝·廢帝·孝昭帝·武成帝·後主를 섬겼다. 무성제 淸河 2년(563)에 北周가 突厥을 이끌고 북제를 공격하여 晉陽을 핍박하자 이듬해에 북제의 군대를 總督하여 북주의 군대를 격파하였다. 곧이어 북주의 군대가 洛陽을 포위하자 蘭陵王 高長恭·斛律光과 함께 다시 격파하였다. 공이 크고 명망이 높았으나 여색을 좋아하고 재물에 인색하였다. 벼슬은 左丞相에 이르고 平原郡王에 봉해지고, 永昌·樂陵 등 몇 군의 郡公에 봉해졌다.

卽位에 擢拜中書侍郎하고 遷散騎常侍하니 與和士開共爲詔佞하다 珽私說士開曰 君之寵幸이 振古無比라 宮車一日晩駕면 欲何以克終고 士開因從問計한대 珽曰 宜說主上云 文襄文宣은 孝昭之子로되 俱不得立하니 今宜令皇太子로 早踐大位하야 以定君臣之分이니이다 若事成이면 中宮少主 必皆德君하리니 此萬全計也니 請君微說主上하야 令粗解하라 珽當自外上表論之호리라 士開許諾이러니 會有彗星見하니 大史奏云 彗는 除舊布新之象이니 當有易主라 珽於是에 上書言陛下雖爲天子나 未爲極貴하니 宜傳位東宮하야 且以上應天道니이다 齊主從之하야 使太宰段韶로 持節奉皇帝璽綬하야 傳位於太子하니 於是에 群公上尊號하야 爲太上皇帝하니 在位五年이요 享年三十二라

43-2-9

史臣이 다음과 같이 논하였다.

“무성제는 風度가 高爽하고 계책을 세우는 것이 원대하여 문무 관원들이 모두 계책과 힘을 다하니 제왕의 도량이 있었다. 다만 용렬한 소인을 친압하여 조정의 권세를 맡기고 은밀한 곳에서 음란하고 사치함이 과도하였으니 멸망의 조짐이 여기에 있었을 것이다. 하늘의 현상이 변고를 알리자 제위를 元子에게 전하였으니, 名號는 달라졌지만 정치가 오히려 자기에게서 나왔다. 자취에 虛飾이 있고 일이 법도에 맞는 것이 아니니 총명하게 아래 신하에게 임하였다면 어찌 쉽게 속일 수 있었겠는가. 또 河南王과 河間王과 樂陵王 등 여러 왕들이 혹은 일시적인 혐의로 혹은 시기 때문에 모두 죄가 없이 주륙되었으니, 이른바 命을 알아서 하늘에 맡기고 大道를 따르는 의리가 아니었다.”

史臣論曰 武成風度高爽하고 經筭弘長하야 文武之官이 俱盡謀力하니 有帝王之量矣라 但愛狎庸竪하야 委以朝權하고 帷箔之間에 淫侈過度하니 滅亡之兆 其在斯乎인저 玄象告變에 傳位元子하니 名號雖殊나 政猶己出이라 迹有虛飾하고 事非憲典하니 聰明臨下면 何易可誣리오 又河南河間樂陵等諸王이 或以時嫌 或以猜忌로 皆無罪而戮하니 非所謂知命任天하고 體大道之義也로다

歷代君鑑 권44

경계할 만한 惡政 惡可爲戒

北朝

齊나라(北齊) 後主

44-1-1

北齊 후주의 휘는 緯이고, 자는 仁綱이니, 武成帝 高湛의 장자이다. 太寧 2년(562)에 황태자가 되었고, 河清 4년(565)에 무성제가 禪位하고, 天統 원년(565)에 晉陽宮에서 황제위에 올랐다.

齊後主의 諱는 緯요 字는 仁綱이니 武成帝湛之長子也라 太寧二年에 立爲皇太子하고 河清四年에 武成禪位하고 天統元年에 即皇帝位於晉陽宮하다

44-1-2

天統 5년(569) 봄 2월에 후주가 和士開[1]에게 정사를 위임하였다.

처음에 화사개가 무성제의 총애를 받아 臥內에 출입하여 마침내 胡太后[2]의 총애를 받았는데, 이때에 이르러 권세가 더욱 성대하였다. 婁定遠[3] 등과 用事하니 당시에 그들을 八貴라고 불렀다. 太尉 趙郡王 高叡[4]가 누정원・元文遙[5] 등과 모두 후주

1) 和士開 : 524~571. 北齊 清都 사람으로, 자는 彦通이다. 武成帝 高湛이 長廣王일 때에 그를 불러 行府參軍으로 삼았고, 즉위한 뒤에 黃門侍郎으로 승진시켰다. 祖珽과 함께 무성제를 설득하여 太子에게 禪位하도록 하였다. 武平 원년(570)에 淮陽王에 봉해지고, 尙書令・錄尙書事에 제수되어 국정을 장악하였다. 후에 琅邪王 高儼에게 살해되었다.

2) 胡太后 : 北齊 武成帝의 황후 胡氏이니, 후주의 母后이다.

3) 婁定遠 : ?~574. 北齊 代郡 平城 사람이다. 젊어서 顯職을 두루 역임하였고, 武成帝의 총애를 받아 臨淮郡王에 봉해졌다. 성품이 탐오하고 비루하였다. 무성제가 병으로 위독하자 趙郡王 高叡 등과 함께 顧命을 받고 司空에 올랐다. 고예 등이 和士開를 외직으로 내치려고 할 때 그 모의에 참여하였다가 화사개의 뇌물을 받고 고예가 도리어 해를 당하였다. 이어 瀛州刺史에 제수되었다. 後主 때에 南安王 高思好의 모반에 참여했다는 무함을 받았고 또 뇌물을 받은 죄로 탄핵을 받자 목을 매어 죽었다.

에게 말하여 화사개를 외직으로 내보내기를 청하였다. 이때 태후가 前殿에서 조정의 權貴들에게 술자리를 베풀었는데, 高叡가 면전에서 화사개가 뇌물을 받고 궁궐을 어지럽힌 죄를 열거하자, 태후가 말하기를, "조군왕은 어린 임금과 나를 속이려고 하는가. 술이나 마시고 많은 말을 하지 말라." 하였다. 고예 등의 말과 낯빛이 더욱 사나워지자 儀同三司 安吐根[6]이 말하기를, "화사개를 내치지 않으면 朝野가 안정되지 않을 것입니다." 하니, 태후가 불가하다고 하였다. 고예 등이 朝冠을 땅바닥에 내던지고 옷깃을 떨치고 일어나 나가버렸다.

다음 날 다시 雲龍門에 나아가 원문요로 하여금 들어가 아뢰게 하였는데 태후와 후주가 화사개를 불러서 물으니, 화사개가 대답하기를, "폐하께서 居喪하시는 초기인지라 대신들이 모두 빈틈을 엿보고 있으니 지금 만약 신을 내보낸다면 이것은 바로 스스로 羽翼을 자르는 것입니다. 고예 등에게 원문요와 신이 함께 先帝의 임용을 받았으므로 함께 州牧으로 삼을 만하니, 우선 예전대로 왕명을 출납하게 해서 山陵의 일을 마친 뒤에 보내겠다고 하소서." 하였다. 이에 화사개를 兗州刺史로 삼았다.

○ 五年春二月에 齊主委任和士開러라 初에 士開爲武成所親狎하야 出入臥內하야 遂得幸於胡太后러니 至是하야 威權益盛이라 與婁定遠等用事하니 時號八貴라 太尉趙郡王叡與定遠元文遙等으로 皆言於齊主하야 請出士開러니 會에 太后觴朝貴於前殿할새 叡面數士開受納貨賂穢亂宮掖之罪한대 太后曰 王欲欺孤寡邪아 且飮酒하고 勿多言하라 叡等詞色愈厲라 儀同三司安吐根曰 不出士開면 朝野不定이라하니 太后不可어늘 叡等投冠於地하고 拂衣而起하다 明日復詣雲龍門하야 令文遙入奏한대 太后及齊主召問士開한대 對曰 陛下諒闇始爾라 大臣皆有覬覦하니 今若出臣이면 正是自剪羽翼이라 宜謂叡等云 文遙與臣으로 俱受先帝任用하니 可竝用爲州라 且令出納하야 待過山陵然後遣之라하소서 乃以士開爲兗州刺史하다

4) 高叡 : 北齊의 高祖 高歡의 동생 趙郡王 高琛의 아들이다.

5) 元文遙 : 北齊 洛陽 사람으로, 자는 德遠이다. 北魏의 宗室로서 員外散騎常侍로 벼슬을 시작했는데 천하가 어지러워지자 林慮山에 은거하였다. 東魏 孝靜帝 武定 연간에 高澄이 불러서 大將軍府功曹로 삼았고, 文宣帝가 北齊를 세우고 中書舍人에 제수하였다. 孝昭帝 때 국가의 기밀을 담당하였고, 平秦王 高歸彦과 함께 武成帝를 옹립하였다. 給事中黃門侍郎·侍中·中書監을 역임하였고, 後主 天統 2년(566)에 高氏 성을 賜姓 받았다. 다시 尙書左僕射가 되고 寧都郡公에 봉해졌다. 후에 趙郡王 高叡 등과 和士開를 축출하는 모의에 참여하였다가 西兗州刺史로 좌천되었다. 화사개가 죽자 東徐州刺史에서 조정에 불려왔으나 기용되지 못하고 죽었다.

6) 安吐根 : ?~577. 北齊 때 安息國 사람이다. 그 증조부가 北魏에 들어와 酒泉에 살았다. 북위 말에 柔然에 사신 갔다가 억류되었다. 東魏 孝靜帝 때 유연의 정황을 은밀히 아뢰어서 高歡이 대비할 수 있었다. 후에 고환에게 투신했다가 高澄이 제위를 계승하자 涼州刺史로 삼고 率義侯에 봉하였다. 북제가 멸망할 때 죽었다.

장례를 마치고 나서 태후가 화사개를 도성에 머물게 하고자 하였는데, 100일이 지나자 고예가 허락하지 않았다. 어떤 환관이 은밀히 고예에게 말하기를, "태후의 뜻이 이미 이와 같은데 전하께서는 어찌 애써 어길 것이 있겠습니까?" 하니, 고예가 말하기를, "내가 선제께 부탁받은 것이 가볍지 않다. 지금 제위를 계승한 임금이 어리니 어찌 간사한 신하가 곁에 있게 하겠는가. 죽음으로 지키지 않는다면 무슨 면목으로 하늘을 대하겠는가." 하였다. 하고 마침내 다시 태후를 뵙고 강경하게 말하였는데, 태후가 술잔을 고예에게 내리게 하자 고예가 정색하고 말하기를, "지금 국가의 큰일을 논하는 것이지 술을 마시기 위함이 아닙니다." 하고, 말을 마치자 곧바로 나가버렸다.

화사개가 美女와 珠簾을 수레에 싣고 누정원에게 가서 바치니 누정원이 기뻐하며 말하기를, "다시 조정에 들어오려고 하는가?" 하니, 화사개가 말하기를, "다시 들어가기를 바라는 것이 아니고 단지 왕께서 보호해주시어 오래도록 큰 고을의 州牧이 되면 족합니다." 하였다. 누정원이 그 말을 믿고서 전송하여 대문에 이르렀을 때 화사개가 말하기를, "지금 멀리 나가야 되니 황상과 태후께 한번 하직할 수 있게 해주시기 바랍니다." 하였다. 누정원이 허락하니, 화사개가 이로 인하여 태후와 후주를 뵙고 말하기를, "선제께서 갑자기 돌아가셨으니 신은 스스로 죽지 못한 것이 부끄럽습니다. 조정 權貴들의 뜻과 기세를 보니 폐하를 乾明帝로 만들려고 합니다.[7] 신이 나간 뒤에 반드시 큰 변고가 있을 것이니, 신이 무슨 면목으로 지하에서 先帝를 뵙겠습니까." 하고 통곡하였다.

후주와 태후가 모두 울면서 계책을 묻자 화사개가 말하기를, "신이 이미 들어왔으니 또 무슨 염려할 것이 있겠습니까. 몇 줄의 詔書만 있으면 됩니다." 하였다. 이에 조서를 내려 누정원을 외직으로 내보내 靑州刺史로 삼고 조군왕 고예는 신하의 도리를 행하지 않는다고 꾸짖었다.

葬畢에 **太后欲留士開**하야 **過百日**하니 **叡不許**어늘 **有中人密謂叡曰 太后意旣如此**하니 **殿下何宜苦違**리오 **叡曰 吾受委不輕**하니 **今嗣主幼沖**이라 **豈可使邪臣在側**이리오 **不守之以死**면 **何面戴天**가 **遂更見太后**하야 **苦言之**하니 **太后令酌酒賜叡**한대 **叡正色曰 今論國家大事**요 **非爲巵酒**라하고 **言訖**

7) 乾明帝로……합니다 : 乾明帝는 北齊의 廢帝를 가리키는데, 後主를 폐제처럼 폐위시키려고 한다는 뜻이다.

遽出하니 士開載美女珠簾하야 詣定遠獻之한대 定遠喜謂曰 欲還入不아 士開曰 不願更入이요 但乞王保護長爲大州足矣라 定遠信之하야 送至門할새 士開曰 今當遠出이라 願得一辭覲二宮한대 定遠許之하니 士開由是得見太后及齊主하고 進說曰 先帝一(朝)〔旦〕[8]登遐하시니 臣愧不能自死라 觀朝貴意勢하니 欲以陛下爲乾明이라 臣出之後에 必有大變이니 臣何面目見先帝於地下리오 因慟哭하니 齊主與太后皆泣問計한대 士開曰 臣已得入이라 復何所慮리오 正須數行詔書耳라 於是에 詔出定遠爲青州刺史하고 責趙郡王叡以不臣之罪라

다음날 고예가 다시 들어가 간언하려고 하자 처자식들이 모두 만류하니 고예가 말하기를, "사직의 일이 중요하니 내가 차라니 죽어서 先皇을 섬길지언정 조정이 망하는 것을 차마 볼 수 없다." 하였다. 궁궐 문에 이르자 또 어떤 사람이 말하기를, "들어가면 변고가 있을까 염려된다." 하니, 고예가 말하기를, "내가 위로 하늘을 저버리지 않았으니 죽어도 여한이 없다." 하였다. 들어가서 태후를 보고 주장을 더욱 강하게 하였다. 나와서 永巷에 이르러 군사들을 만나 붙잡혀 華林園으로 압송되어 곤장을 맞고 죽었다. 고예는 청렴하고 정직하게 처신하였으므로 朝野에서 원통해하고 애석해하였다. 다시 화사개를 복야로 삼자 누정원이 화사개가 주었던 것을 돌려보내고 거기에 다른 보배를 더해서 뇌물로 주었다.

(是夕)〔旦日〕[9]에 叡將復入諫이어늘 妻子咸止之하니 叡曰 社稷事重이라 吾寧死事先皇이언정 不忍見朝廷顚沛라하고 至殿門에 又有人謂曰 入恐有變이라 叡曰 吾上不負天하니 死亦無恨이라 入見太后하고 論執彌固러니 出至永巷하야 遇兵執送華林園하야 拉殺之하다 叡淸正自守하니 朝野寃惜之러라 復以士開爲僕射하다 定遠歸士開所遺하고 加以餘珍賂之하다

44-1-3

후주가 나이가 어리고 총애하는 사람이 많았는데, 武衛將軍 高阿那肱[10]이 평소에 아

8) (朝)〔旦〕: 저본에는 '朝'로 되어 있으나, '朝'는 朝鮮 太祖 李成桂가 왕위에 오른 뒤 '旦'으로 개명하였기 때문에 조선에서는 避諱하여 '朝'로 쓴 것이다. 그러므로 원래 글자인 '旦'으로 돌려놓았다.
9) (是夕)〔旦日〕: 저본에는 '是夕'으로 되어 있으나, ≪資治通鑑≫ 권170 〈高宗宣皇帝 上之上〉에 의거하여 '旦日'로 바로잡았다.
10) 高阿那肱 : ?~580. 北齊 善無 사람으로, 騎射를 잘하고 아첨을 잘하였다. 武成帝와 後主의 신임을 받아 并州刺史·尙書令을 지내고, 淮陰王에 봉해졌다. 和士開가 죽자 재상이 되고 錄尙書事에 올라 외부의 군대와 內省의 기밀을 총괄하였다. 후주 武平 말에 北周가 대거 침입하여 晉州를 격파하였는데 보고를 받고도 후주에게 보고하지 않다가 平陽이 함락되어서야 보고하

첨으로 武成帝에게 후한 대우를 받아 東宮의 侍從으로 있게 한 일이 많았다. 이로 말미암아 총애를 받아 여러 차례 승진하여 幷省尙書令에 오르고 淮陰王에 봉해졌다. 都督韓長鸞[11] 또한 일찍이 동궁을 호위하였기 때문에 여러 차례 승진하여 侍中・領軍에 올라 內省의 기밀을 총괄하였다. 宮婢 陸令萱[12]은 그의 남편 駱招[13]가 모반한 죄에 연좌되어 掖庭에 籍沒되었고 그 아들 駱提婆 또한 적몰되어 종이 되었는데, 후주가 아기 때에 육령훤이 그를 길렀다. 육령훤이 교활하고 아첨을 잘하여 胡太后에게 총애를 받았고, 화사개와 고아나굉이 모두 그의 養子가 되었다. 후주가 육령훤을 女侍中으로 삼으니 육령훤이 낙제파를 데리고 들어가 후주를 입시하게 하여 아침저녁으로 親狎하여 여러 차례 승진하여 開府儀同三司가 되었다. 斛律后[14]의 侍婢 穆舍利가 후주에게 총애를 받자 육령훤이 그의 養母가 되고 이로 인하여 낙제파로 하여금 穆氏 성을 쓰게 하였으나 화사개가 가장 오랫동안 用事하니 幸臣들이 모두 화사개에게 빌붙었다.

○ 齊主年少多嬖寵하니 武衛將軍高阿那肱이 素以諂佞爲武成所厚하야 多令在東宮侍從이러니 由是有寵하야 累遷幷省尙書令하고 封淮陰王하다 都督韓長鸞亦以嘗衛東宮으로 累遷侍中領軍하야 總知內省機密이러라 宮婢陸令萱者 坐其夫駱超謀叛하야 配掖庭하고 子提婆亦沒爲奴러니 齊主之在襁褓에 令萱養之라 令萱巧黠善取媚하야 有寵於胡太后하고 和士開阿那肱이 皆爲之養子라 齊主以令萱爲女侍中하니 令萱引提婆하야 入侍齊主하야 朝夕戲狎하야 累遷開府儀同三司라 斛律后

였다. 후주 부자가 몰래 달아나자 북주의 군대와 밀통하여 몰래 북주의 군대를 불러들여 후주 부자를 사로잡았다. 그 공으로 대장군에 제수되고 郡公에 봉해지고 隆州刺史로 나갔다. 북주 靜帝 大象 말에 王謙을 따라 군대를 일으켜 隋 文帝 楊堅에게 저항하다가 패하여 죽었다.

11) 韓長鸞 : 北齊 昌黎 사람으로, 이름은 韓鳳이고, 長鸞은 자이다. 高密郡公 韓永興의 아들이다. 어려서부터 총명하고 힘이 세고 말타기와 활쏘기를 잘하였다. 후주가 동궁일 때에 都督 30명 중 한 명으로 뽑아 동궁을 侍衛하게 하였다. 아버지의 작위를 이어받아 高密郡公이 되었고, 벼슬은 開府儀同三司에까지 올랐다.

12) 陸令萱 : ?~576. 北齊 사람이다. 남편 駱超가 모반하다가 처형됨으로 인하여 掖庭에 籍沒되어 태자 高緯를 양육하였고, 간사하고 말주변이 좋아 태후에게 아첨하여 郡君에 봉해졌다. 和士開와 高阿那肱 등을 義子로 삼았고, 후주가 즉위하자 자기 아들 駱提婆를 입시하게 하여 총애를 받게 하였다. 권세가 커져서 賣官賣職까지 하고 皇后를 廢立하는 데 관여하고 大臣을 내쫓고 죽이기까지 하였다. 北周의 군대가 北齊를 공격하자 자살하였다.

13) 駱超 : ?~547. 本姓은 他駱拔氏이다. 秦州 漢陽郡 사람으로 鮮卑族이다. 北魏에서 西魏로 넘어가는 시기의 장수이다. 일찍 莫折念生의 起義에 참여하였다가 패하여 雍州刺史 爾朱天光에게 투항하였다. 북위 때에 丞相 宇文素에게 의탁하여 大都督・東陽太守를 지냈고, 孝武帝를 영접하였다. 大統 4년(538)에 河橋의 전쟁에 참가했다가 패하여 東魏에 귀순하였다. 동위 孝靜帝 武定 5년(547)에 모반을 계획했다가 발각되어 처형되었다. 이 일로 그의 처 陸令萱이 掖庭에 籍沒되었다가 女侍中에 올라 한 차례 北齊의 조정을 휘저었다.

14) 斛律后 : 北齊 後主의 황후이다.

之從婢穆舍利 有寵於齊主하니 令萱乃爲之養母하고 因令提婆冒姓穆氏나 然士開用事最久하니 諸幸臣이 皆依附之러라

44-1-4

武平 2년(571) 가을 7월에 琅邪王 高儼[15]이 화사개와 穆提婆가 전횡하는 것에 대해 불만을 품으니 두 사람이 꺼려서 고엄을 北宮으로 내보내 지내게 하였다. 이때에 고엄이 中丞의 관직을 가지고 있자 화사개 등이 또 고엄을 외부로 내보내려고 하였다. 治書侍御史 王子宜가 고엄을 설득하게 하기를, "전하께서 소외당하는 것은 바로 화사개가 중간에 꾸며서 그런 것이니 어찌 북궁을 나올 수 있겠습니까." 하였다. 고엄이 侍中 馮子琮[16]에게 말하기를, "화사개의 죄가 무거우니 죽이는 것이 어떻겠는가?" 하니, 풍자종이 속으로 후주를 폐위하고 고엄을 옹립하려는 마음이 있었으므로 이로 인하여 권해서 그 일을 이루게 하였다. 고엄이 왕자의를 시켜 화사개의 죄를 탄핵하고 수금하여 추국하기를 청하니, 풍자종이 다른 문서와 섞어서 아뢰자 후주가 이를 허락하였다. 고엄이 領軍 庫狄伏連[17]을 속여서 화사개를 체포하게 하니, 고적복련이 覆奏하기를 청하자 풍자종이 말하기를, "낭야왕이 칙령을 받았는데 어찌 군이 다시 아뢰겠는가." 하였다. 고적복련이 그 말을 믿고 군사를 보내 神虎門 밖에 잠복시켰다가 화사개를 체포하여 御史臺로 보내니 고엄이 참수하였다.

고엄의 黨與가 이 일로 인하여 고엄을 다그치자[18] 고엄이 군사 3,000명을 거느

15) 高儼 : 558~571. 北齊의 宗室로, 자는 仁威이다. 武成帝의 셋째 아들로 後主의 同母弟이다. 어머니는 胡皇后이다. 처음에 東平王에 봉해졌다가 후주가 즉위한 뒤에 琅邪王에 봉해졌다. 武平 2년(571)에 侍中 馮子琮과 연합하여 權臣 和士開를 죽였다. 이어 형인 후주에게 죄를 지어 모후인 호황후의 궁중에 숨어 있었는데, 후주가 사냥을 가자고 꾀어내서 御前侍衛 劉桃枝를 시켜서 살해하였다. 이때 그의 나이 14세였다.

16) 馮子琮 : ?~571. 北齊 長樂 사람이다. 孝昭帝 때 尙書駕部郎中이 되었고, 武成帝가 後主에게 禪位한 뒤에 散騎常侍 · 奏門下事가 되었다. 무성제가 죽자 鄭州刺史로 나갔는데 胡太后가 齊安王의 妃로 풍자종의 딸을 간택하자 鄴으로 돌아와 侍中이 되었다. 그의 처가 호태후의 누이이다. 벼슬이 尙書右僕射에 이르렀는데, 후주를 폐위시키고 高儼을 옹립하려고 모의하였고, 또 和士開를 죽이는 데에 참여했다가 호태후의 노여움을 사서 피살되었다.

17) 庫狄伏連 : 北齊 代 사람으로, 자는 仲山이다. 어려서 爾朱榮을 섬겨서 直閣將軍에 이르렀고, 후에 高祖를 따라서 蛇丘男에 봉해졌다. 世宗 때에 武衛將軍이 되고, 天保 초에 儀同三司가 되었고, 천보 4년(553)에 鄭州刺史가 되고 이어 開府가 더해졌다.

18) 고엄의……다그치자 : 일이 기왕에 이렇게 되었으므로 여기에서 그쳐서는 안 된다고 다그친 것이다.(≪北齊書≫ 권12 〈列傳 琅邪王儼〉)

리고 千秋門 밖에 진을 치게 하니, 후주가 劉桃枝를 시켜 고엄을 부르자 고엄이 陸令萱을 꾀어내서 죽이려고 하여 대답하기를, "尊兄께서 만약 신을 용서해주시려고 한다면 육령훤으로 하여금 나와서 맞이하게 하소서." 하니, 육령훤이 두려워하였다.

후주가 또 韓長鸞을 시켜 고엄을 부르자 고엄이 들어가려고 하니 고엄과 친한 劉辟彊이 옷을 잡으며 만류하기를, "만약 목제파 모자를 참수하지 않으면 전하께서는 들어갈 방법이 없을 것입니다." 하였다. 廣寧王 高孝珩[19]과 安德王 高延宗[20]이 와서 말하기를, "어찌하여 들어가지 않는가?" 하니, 유벽강이 말하기를 "병사가 적습니다." 하였다. 고연종이 무리를 돌아보면서 말하기를, "孝昭帝가 楊遵彦[21]을 죽일 때에 군사가 80명뿐이었다. 지금 수천 명이 있는데 어찌 적다고 하는가?" 하였다.

○ 武平二年秋七月에 琅邪王儼이 以和士開穆提婆等專橫으로 意不平하니 二人忌之하야 出儼居北宮이라 時에 儼猶帶中丞하니 士開等又欲出之於外러라 治書侍御史王子宜說儼曰 殿下被疏는 正由士開間構니 何可出北宮也이리오 儼謂侍中馮子琮曰 士開罪重하니 殺之何如오 子琮心欲廢齊主而立儼하야 因勸成之하니 儼令子宜로 彈士開罪하야 請禁推하니 子琮雜佗文書奏之어늘 齊主可之하다 儼誑領軍庫狄伏連하야 使收士開하니 伏連請覆奏한대 子琮曰 琅邪受敕이라 何必更奏리오 伏連信之하고 發軍士伏於神虎門外하야 執士開送臺하니 儼斬之하다 儼黨이 因逼儼한대 帥軍士三千人하야 屯千秋門外하니 齊主使劉桃枝召儼한대 儼欲誘令萱殺之하야 因對曰 尊兄若赦臣하면 請令令萱來迎하소서 令萱聞之戰栗이러라 齊主又使韓長鸞으로 召儼將入할새 所親劉辟彊이 牽衣諫曰 若不斬提婆母子면 殿下無由得入이라 廣寧王孝珩과 安德王延宗至曰 何不入고 辟彊曰 兵少라 延宗顧衆而言曰 孝昭殺楊遵彦할새 止八十人이라 今有數千하니 何謂少오

후주가 급히 斛律光[22]을 부르니, 곡률광이 고엄이 화사개를 죽였다는 말을 듣고

19) 高孝珩 : 北齊 文襄帝의 둘째 아들이다.
20) 高延宗 : 北齊 文襄帝의 다섯째 아들이다.
21) 楊遵彦 : 遵彦은 楊愔(511~560)의 자이다. 北齊 弘農 사람이다. 高歡에게 투신하여 吏部尙書에까지 오르고, 太原公主와 혼인하여 華陰縣侯에 봉해졌다. 高洋을 보좌하여 北齊를 세우고 侍中·尙書僕射·尙書令·驃騎大將軍을 역임하고 開封郡王에 봉해졌고, 文宣帝가 임종할 때 顧命大臣이 되었다. 乾明 원년(560)에 常山王 高演·長廣王 高湛을 제거하려고 하였는데 고연이 정변을 일으켜 양음을 죽였다.
22) 斛律光 : 515~572. 자는 明月이다. 北魏로부터 北齊 시기 名將 집안으로 相國 斛律金의 아들이다. 騎射를 잘하고 무예에 출중하였다. 天保 3년(552)에 변방에 출정하여 선봉으로 나서 적을 격파하여 공을 세우고 晉州刺史에 제수되었다. 大寧 3년(562)에 北周의 대장 達奚成興의 침공을 막아내고 司徒로 승진하였다. 洛陽의 전투에 참여하여 북주의 齊王 宇文憲을 크게 격파하여 太尉에 제수되고 冠軍縣公에 봉해졌다. 武平 2년(571)에 汾水의 전투에 참여하여 북

손뼉을 치고 크게 웃으며 말하기를, "용의 자식이 하는 일은 참으로 범인과 같지 않는 것이다." 하고, 궁궐에 들어가 후주를 뵈니 숙위하는 군사 400명을 거느리고 있었다. 갑옷을 주고 출전하려고 할 때 곡률광이 말하기를 "어린아이가 경솔하게 군대를 부리므로 싸우자마자 즉시 어지러워질 것입니다. 속담에 이르기를, '종이 大家를 보면 마음이 죽는다.' 하였으니, 지존께서 스스로 천추문 밖에 이르시면 낭야왕은 반드시 감히 움직이지 못할 것입니다." 하니, 후주가 그 말을 따랐다. 곡률광이 걸어서 인도하여 사람들에게 달려 나가게 하고서 말하기를 "大家가 왔다." 하니, 고엄의 무리가 놀라 흩어졌다.

후주가 멀리서 부르니 고엄이 그 자리에 서서 나오지 않자 곡률광이 고엄에게 가서 말하기를, "천자의 아우가 한 사람을 죽였다고 해서 무슨 괴로워할 것이 있겠습니까." 하고, 그 손을 잡아서 억지로 끌고 앞으로 나와 후주에게 청하기를, "낭야왕이 나이가 어려서 경솔하게 행동하였으니, 조금 자라면 자연히 그러지 않을 것입니다. 그 죄를 너그러이 용서하소서." 하니, 후주가 刀鐶을 빼서 그 땋은 머리를 때리고는 한참 있다가 풀어주고 나서 고적복련·왕자의·유벽강을 체포하여 사지를 잘랐다. 또 고엄의 府吏를 모두 죽이려고 하니 곡률광이 말하기를, "이들은 모두 勳舊貴族의 자제들입니다. 죽인다면 사람들이 불안해할 것입니다." 하였다. 이에 차등을 두어 처벌하였다. 태후가 고엄을 꾸짖으니 고엄이 말하기를, "풍자종이 저에게 시켰습니다." 하니, 태후가 마침내 풍자종을 죽였다.

斛律光

齊主急召斛律光하니 光聞儼殺士開하고 撫掌大笑曰 龍子所爲 固自不似凡人이라 入見齊主하니 帥宿衛者四百人이라 授甲將出戰할새 光曰 小兒輩弄兵하야 與交手卽亂이라 鄙諺云 奴見大家心

주의 柱國 辛威와 韋孝寬을 격파하고 中山郡公에 봉해졌다. 군대를 이끌고 平壤道를 공격하고 姚襄과 白亭城을 공격하여 함락시키고 長樂郡公에 봉해졌다. 군대를 다스릴 때 엄명하고 몸소 사졸들의 앞장을 섰으며 사적인 이익을 꾀하지 않았고, 여러 차례 북주의 침공을 격퇴하여 左丞相에 제수되고 咸陽王에 봉해졌다. 尙書右僕射 祖珽과 領軍將軍 穆提婆와 불화하여 무평 3년(572)에 涼風堂에서 살해되었다.

死라하니 至尊宜自至千秋門外면 琅邪必不敢動이라 齊主從之하니 光步道하야 使人走出曰 大家來라하니 儼徒駭散이어늘 齊主遙呼之하니 儼猶立不進이어늘 光就謂曰 天子弟殺一夫 何所苦오 執其手하야 彊引以前하야 請於齊主曰 琅邪王年少하야 輕爲擧措하니 稍長自不然이라 願寬其罪하소서 齊主拔刀鐶하야 築其辮頭하고 良久에 乃釋之하고 收厙狄伏連王子宜劉辟彊支解之하고 又欲盡殺儼府吏하니 光曰 此皆勳貴子弟라 誅之면 恐人心不安이라 於是에 罪之有差하다 太后責儼하니 儼曰 馮子琮教兒러이다 太后遂殺子琮하다

44-1-5

육영훤이 후주에게 말하기를, "사람들이 낭야왕(고엄)의 총명과 용맹이 당금에 대적할 자가 없다고 칭찬하고, 그 관상을 보니 신하 노릇 할 관상이 아닙니다. 그가 사람을 함부로 죽인 뒤로 항상 두려운 마음을 품고 있으니 일찍 계책을 세워야 합니다." 하고, 幸臣 何洪珍[23] 등 또한 죽이기를 청하니, 후주가 결정하지 못해 음식을 실어오는 수레를 사용해 몰래 侍中 祖珽[24]을 맞아들여 물으니, 조정이 周公이 管叔을 죽이고[25] 季友가 慶父(경보)를 독살하였다[26]고 말하였다.

23) 何洪珍 : 胡人으로, 北朝 때 內地로 이주한 何國 사람이다. 歌舞에 능하고 音樂에 정통하였다. 아버지 何海와 함께 王에 봉해졌다.

24) 祖珽 : 北齊 范陽 사람으로, 자는 孝徵이다. 秘書郎으로 벼슬을 시작하여 貪汚로 高歡과 高澄에게 곤장을 맞고 면직되었다. 武成帝 淸河 4년(565)에 和士開와 함께 무성제를 설득하여 태자에게 선위하도록 하였다. 후주가 즉위하여 秘書監이 되고 儀同三司에 제수되었다. 宰相이 되려고 화사개를 무함했다가 후주의 노여움을 사서 光州로 유배되어 지하 감옥에 갇혔다. 후주 天統 4년(568)에 다시 임용되어 秘書監·侍中·尙書左僕射을 지내고 領軍이 되었다. 후주 武平 4년(573)에 韓長鸞 등의 참소를 입어 시중과 복야 벼슬이 해면되고 北徐州刺史로 좌천되었다가 그곳에서 죽었다.

25) 周公이……죽이고 : 周나라 武王이 殷나라 紂王을 정벌하고 천자가 된 뒤에 紂의 아들 武庚을 제후로 봉하고 무왕의 아우인 管叔, 蔡叔, 霍叔에게 무경을 감시하도록 하니, 이들을 三監이라고 한다. 후에 무왕이 죽고 무왕의 어린 아들 成王이 즉위하여 周公이 섭정하자 삼감이 "주공은 장차 성왕에게 이롭지 않을 것이다."라는 말을 나라에 퍼뜨리고 무경과 함께 반란을 일으켰다. 이에 주공이 성왕의 명으로 형제인 삼감을 정벌하여 처형한 일을 말한다.(≪書經≫ 〈周書 金縢·大誥〉)

26) 季友가……독살하였다 : 魯나라 莊公의 세 아우가 慶父, 叔牙, 季友인데, 장공이 말년에 太子 子般이 어렸으므로 후사에 대해 숙아에게 묻자 숙아가 경보를 지목하였다. 이에 장공이 걱정하자 계우가 숙아를 독살하고, 자반을 왕으로 세웠다. 경보는 후에 莒로 달아나서 자살하였다. 따라서 계우가 경보를 독살했다는 것은 사실과 다르다. 唐나라 때 房玄齡이 "주공은 관숙과 채숙을 죽여 周나라를 안정시키고, 계우는 숙아를 독살하여 노나라를 보존하였다.〔周公誅管蔡以安周 季友鴆叔牙以存魯〕"라고 한 말이 있는데, 祖珽이 사실을 잘못 이해하고 말한 것으로 보인다.(≪春秋左氏傳≫ 閔公 2년·≪資治通鑑≫ 권197 〈唐紀13 太宗文武大聖大廣孝皇帝 中之下〉)

후주가 이에 고엄을 데리고 晉陽으로 가면서 右衛大將軍 趙元侃을 시켜 고엄을 유인해서 붙잡게 하니, 조원간이 말하기를 "신이 옛날에 先帝를 섬겼는데, 선제께서 낭야왕을 사랑하시는 것을 보았습니다. 지금 차라리 죽을지언정 차마 이 일을 하지 못하겠습니다." 하니, 후주가 조원간을 내보내 豫州刺史로 삼았다.

또 태후에게 아뢰기를, "내일 아침에 仁威[27]와 일찍 사냥을 나가려고 합니다." 하고 밤 4경에 고엄을 부르니, 고엄이 의심하자 육영훤이 말하기를, "형이 아우를 부르는데 어찌 가지 않겠습니까." 하였다. 고엄이 나가서 永巷에 이르렀는데 劉桃枝가 그 손을 뒤로 결박하니 고엄이 부르짖기를 "母后와 尊兄을 뵙게 해달라." 하였다. 유도지가 소매로 그 입을 막고 도포를 뒤집어 머리를 덮고서 짊어지고 나와 大明宮에 이르니 코에서 피가 나 얼굴을 뒤덮었다. 때려서 죽이니 이때 나이가 14세였다. 돗자리로 싸서 방 안에 묻고, 후주가 태후에게 아뢰게 하니, 태후가 임하여 10여 번 곡을 하니 곧바로 부축하여 내전으로 들어갔다. 유복자 네 아들을 모두 가두어 죽였다.[28]

○ 陸令萱說齊主曰 人稱琅邪王聰明雄勇이 當今無敵이라하고 觀其相表하니 殆非人臣이라 自專殺以來로 常懷恐懼하니 宜早爲之計라 幸臣何洪珍等이 亦請殺之한대 齊主未決하야 以食轝로 密迎侍中祖珽問之하니 珽稱周公誅管叔하고 季友酖慶父(보)라하니 齊主乃携儼之晉陽하고 使右衛大將軍趙元侃으로 誘儼執之하니 元侃曰 臣昔事先帝러니 見先帝愛王이라 今寧就死언정 不忍行此라 齊主乃出元侃하야 爲豫州刺史하고 又啓太后曰 明(朝)〔旦〕[29]에 欲與仁威早出獵이라하고 夜四鼓에 召儼한대 儼疑之어늘 陸令萱曰 兄呼兒하니 何爲不去리오 儼出至永巷하니 劉桃枝反接其手어늘 儼呼曰 乞見家家尊兄이라 桃枝以袖塞其口하고 反袍蒙頭하야 負出至大明宮하니 鼻血滿面이라 拉殺之하니 時年十四러라 裹之以席하야 埋於室內하고 齊主使啓太后하니 太后臨哭十餘聲에 卽擁入殿하고 遺腹四男을 皆幽死하다

44-1-6

高阿那肱이 穆提婆·韓長鸞과 함께 요직에 있어서 三貴라고 불렸는데, 나라를 좀

27) 仁威 : 高儼의 자이다.

28) 유복자……죽였다 : 高儼이 죽은 이듬해 장사를 지냈는데, 그 후에 유복자 4명이 태어났다. 태어난 지 몇 달 만에 모두 가두어 죽인 것이다.(≪北齊書≫ 권12 〈琅邪王儼列傳〉)

29) (朝)〔旦〕: 저본에는 '朝'로 되어 있으나, '朝'는 朝鮮 太祖 李成桂가 왕위에 오른 뒤 '旦'으로 개명하였기 때문에 조선에서는 避諱하여 '朝'로 쓴 것이다. 그러므로 원래 글자인 '旦'으로 돌려놓았다.

먹고 백성을 해치는 일이 날이 가고 달이 갈수록 심해졌다. 한장란이 士人을 특히 미워하여 아침저녁으로 오직 참소만을 일삼고, 항상 칼을 차고 말을 달리며, 눈을 부릅뜨고 주먹을 쥐고서 사람을 잡아먹을 듯한 기세가 있으므로 朝士들이 일을 물을 때에 아무도 감히 똑바로 쳐다보지 못하였다.

○ 阿那肱이 與穆提婆韓長鸞으로 共處衡軸하야 號曰三貴라하야 蠹國害民이 日月滋甚이라 長鸞尤疾士人하야 朝夕惟事譖訴하고 常帶刀走馬하며 瞋目張拳하야 有噉人之勢하니 朝士咨事에 莫敢仰視러라

44-1-7

武平 5년(574) 12월에 定州刺史 南陽王 高綽[30]이 잔학한 짓을 좋아하였는데, 한번은 외출하다가 부인이 아이를 안고 있는 것을 보고는 아이를 빼앗아 개에게 먹이니 부인이 울부짖자 고작이 노하여 아이의 피를 부인에게 묻히고 개를 풀어 부인을 잡아먹게 하였다. 항상 말하기를, "나는 文宣伯(高洋)의 됨됨이를 배웠다."라고 하였다.

후주가 듣고서 포박하여 잡아오게 하고 行在所에 오자 놓아주고서 묻기를, "定州에 있을 때 무슨 일이 가장 즐거웠느냐?" 하니, 고작이 대답하기를, "전갈을 그릇에 많이 모아놓고 원숭이를 그 안에 두고서 구경하는 것이 지극히 즐거웠습니다." 하였다. 후주가 즉시 명을 내려 밤에 전갈 한 말을 잡아오게 하니 새벽이 되어 두세 되를 잡아왔다. 그것을 목욕통에 넣고 사람을 발가벗겨 그 안에 눕게 하니 울부짖으며 대굴대굴 굴렀다. 후주가 고작과 가서 보고는 몹시 좋아하고서 고작을 꾸짖기를 "이렇게 즐거운 일을 어찌 일찍 파발을 띄워 급히 아뢰지 않았느냐?" 하였다.

이로 인하여 크게 총애하여 대장군에 제수하고 아침저녁으로 함께 노니 한장란이 미워하였다. 이해에 齊州刺史로 나가게 되었는데 출발하려고 할 때 〈한장란이〉 사람을 시켜 그가 모반했다고 무고하여 살해하였다.

○ 五年冬十二月에 定州刺史南陽王綽이 喜爲殘虐이러니 嘗出行에 見婦人抱兒하고 奪以飼狗하니 婦人號哭이어늘 綽怒하야 以兒血塗婦人하고 縱狗使食之하다 常云 我學文宣伯之爲人이라 齊主聞

30) 高綽 : 556~574. 본명은 高融이고, 자는 仁通이며, 小字는 君明이다. 北齊의 宗室 대신으로, 武成帝 高湛의 庶長子이다. 성격이 잔인하고 포학하였다. 河淸 3년(564)에 南陽郡王으로 改封되고 司徒·定州刺史를 지냈다. 後主의 총애를 받아 대장군이 되었는데, 武平 5년(574)에 韓長鸞의 모함을 받아 齊州刺史로 나가려다가 모반죄에 걸려 피살되었다.

之하고 鎖詣行在하야 至而宥之하고 問在州에 何事最樂고 對曰 多聚蠍於器하고 置狙其中觀之 極樂이니이다 齊主卽命夜索蠍一斗하니 比曉得三二升이라 置浴斛하고 使人裸臥斛中하니 號叫宛轉이라 齊主與綽臨觀하야 喜噱不已하고 因讓綽曰 如此樂事를 何不早馳驛奏聞고 由是로 大有寵하야 拜大將軍하고 朝夕同戲하니 韓長鸞疾之러라 是歲에 出爲齊州刺史하야 將發할새 使人誣告其反殺之하다

44-1-8

후주가 말이 어눌하여 신하들 보기를 좋아하지 않아서 자기가 총애하고 허물없이 지내는 신하가 아니면 말을 나눈 적이 없고, 성품이 나약해서 남을 보지 못하여 三公과 令錄[31]이라도 일을 아뢸 때에 얼굴을 들어서 쳐다보지 못하고 대략 큰 뜻만 아뢰고 얼른 물러나왔다.

世祖(武成帝)의 사치스러움을 물려받아 제왕은 사치하는 것이 당연하다고 하여 후궁이 모두 좋은 옷에 좋은 음식을 먹어 치마 한 벌의 값이 베 1만 필의 값에 해당되었고, 다투어 신기하고 교묘한 것을 추구하여 아침에 입었다가 저녁에 버렸고, 궁궐을 성대하게 꾸며 웅장하고 화려함이 극에 달하였다. 좋아하는 것이 일정하지 않아 자주 허물고 다시 지어서 百工들의 토목공사가 쉬는 때가 없어서 밤에는 불을 피워 밝히고서 일을 하였고, 겨울에는 물을 끓여서 흙을 이겼다. 晉陽宮의 서쪽 산을 깎아서 큰 佛像을 만들었는데, 하룻밤 사이에 1만 동이의 기름을 태우니 불빛이 궁중에까지 비쳤다. 매번 災異가 일어나고 도적이 발생할 때마다 스스로 자기의 덕이 부족함을 반성하지 않고 齋를 많이 설행하여 덕 닦는 것을 대신하였다. 스스로 비파 타는 것을 좋아하여 無愁曲을 만드니 화답하는 近侍가 수백 명이었다. 백성들이 그를 '無愁天子'라고 하였다. 華林園에 貧兒村을 만들고 스스로 남루한 옷을 입고서 그곳에서 거지 노릇 하는 것으로 즐거움을 삼았다.

○ 齊主言語澁吶하야 不喜見朝士하니 自非寵私昵狎이면 未嘗交語하고 性懦하야 不堪人視라 雖三公令錄이나 奏事에 莫得仰視하고 略陳大指하고 驚走而出이러라 承世祖奢泰之餘하야 以爲帝王當然이라하야 後宮이 皆寶衣玉食하야 一裙之費 至直(치)萬疋하고 競爲新巧하야 朝衣夕敝하고 盛修宮苑하야 窮極壯麗하고 所好不常하야 數毁又復하야 百工土木이 無時休息하니 夜則然火照作하고 寒則以湯爲泥러라 鑿晉陽西山하야 爲大像하야 一夜에 然油萬盆하니 光照宮中이라 每有災異寇盜에 不

31) 令錄 : ≪資治通鑑≫ 胡三省의 注에 '令'은 尙書令, '錄'은 錄尙書事라 하였다.

自貶損하고 惟多設齋하야 以爲修德하고 好自彈琵琶하야 爲無愁之曲하니 近侍和之者 以百數라 民間謂之無愁天子라하더라 於華林園에 立貧兒村하야 自衣藍縷之服하고 行乞其間하야 以爲樂하니라

華林縱逸

陸令萱·穆提婆·高阿那肱·韓長鸞 등을 총애하고 중용하여 조정을 통제하고, 환관 鄧長顒·陳德信·胡兒·何洪珍 등이 조정의 권세에 참여하여 각각 자기의 黨與를 끌어들여 등급을 뛰어넘어 현달한 관직에 오르니, 벼슬은 재물을 통해서 나아가고 옥사는 뇌물을 통해서 이루어졌고, 앞다투어 아첨을 하여 정치를 좀먹고 백성에게 해를 끼쳤다.

예전에 노예였던 劉桃枝 등이 모두 開府[32]하고 王에 봉해졌고, 그 외에 환관 호아와 歌舞하는 사람과 무당과 관노비 등으로서 분에 넘친 부귀를 얻은 사람이 수만 명이었고, 庶姓으로서 왕에 봉해진 사람이 수백 명이었고, 開府한 사람이 1천여 명이었고, 儀同[33]은 셀 수 없고, 領軍은 한번에 20명에 이르렀고, 侍中과 中常侍는 수십

32) 開府 : 옛날에 三公·大將軍·將軍 등 고위 관원이 자신의 官府를 설치하고 僚屬을 선발하여 두는 것을 말한다. 《後漢書》 권72 〈董卓傳〉에 "李傕이 車騎將軍으로 승진하여 開府한 다음, 司隸校尉를 겸임하고 符節을 지녔다."라고 하였다.

33) 儀同 : '儀同三司'의 준말이다. 散官의 명칭인데, 三司는 곧 三公으로, 漢나라 때 太尉·司徒·

명이었다. 심지어 개나 말이나 매까지도 儀同과 郡君의 칭호가 있었고, 鬪鷄도 開府라는 칭호가 있어서 모두 祿을 받아먹었다. 嬖幸들이 아침저녁으로 곁에서 모시며 기쁘게 하여 한번 놀이를 한 데 대한 상이 걸핏하면 수만 金을 넘었다. 얼마 후 국가의 재정이 고갈되자 두세 郡이나 6, 7縣을 하사하여 관직을 팔아서 값을 받게 하니, 이로 말미암아 守令이 된 자들은 모두 부유한 큰 장사치들이었다. 이들이 앞다투어 貪汚하고 방종하여 賦役이 많아지고 무거워지니 백성들이 살 수가 없었다.

寵任陸令萱穆提婆高阿那肱韓長鸞等하야 宰制朝政하고 宦官鄧長顒陳德信胡兒何洪珍等이 竝參預機權하야 各引親黨하야 超居顯位하니 官由財進하고 獄以賂成이라 競爲諂佞하야 蠹政害民이러라 舊蒼頭劉桃枝等이 皆開府封王하고 其餘宦官胡兒歌舞人見鬼人官奴婢等이 濫得富貴者 殆萬數요 庶姓封王者 以百數요 開府千餘人이요 儀同은 無數하고 領軍이 一時에 至二十人이요 侍中中常侍數十人이요 乃至狗馬及鷹이 亦有儀同郡君之號하고 有鬪雞號開府하야 皆食其祿하고 諸嬖幸이 朝夕娛侍左右하야 一戲之賞이 動踰巨萬이러라 旣而府藏空竭하야 乃賜二三郡하고 或六七縣하야 使之賣官取直(치)하니 由是로 爲守令者 率皆富商大賈라 競爲貪縱하야 賦役繁重하니 民不聊生이러라

44-1-9

北周의 武帝 宇文邕이 조서를 내려 후주의 죄악을 열거하고 군대를 대대적으로 일으켜 河南으로부터 쳐들어와 河陽을 함락시키고 洛陽으로 진격하였다. 후주가 高阿那肱을 보내서 막았는데, 이때 무제가 병이 나서 돌아갔다. 이듬해 무제가 다시 河東으로부터 쳐들어와 晉州를 함락시키니 후주가 晉陽으로부터 구원하였다. 진주를 포위하여 이기려고 할 때에 馮淑妃와 함께 말을 타고 싸움을 구경하였다. 풍숙비가 두려워하자 마침내 풍숙비에게 먼저 진양으로 돌아가게 하였는데 북제의 군대가 크게 패하였다. 북주 무제가 승세를 타고 추격하여 진양에 이르려고 하자 후주가 다시 크게 사면령을 내리고 安德王 高延宗[34]에게 머물러서 진양을 지키게 하고 자신은 鄴으로 달아났는데 고연종이 스스로 稱帝하자 무제가 공격하여 함락시켰다.

○ 周主邕이 下詔하야 數齊主罪惡하고 大興兵하야 自河南來伐하야 拔河陽하고 逼洛陽하다 齊主遣高阿那肱拒之러니 會에 周主有疾而還하다 明年에 周主復自河東來伐하야 拔晉州하니 齊主自晉陽救之할새 圍晉州垂克하야 與馮淑妃로 竝騎觀戰하니 淑妃懼어늘 遂以淑妃로 先還晉陽하니 齊師大

司空을 三司라고 하였다. 儀同三司는 三司는 아니지만 儀制가 三公과 같음을 말한다.

34) 高延宗 : 544~577. 北齊의 宗室로, 文襄帝 高澄의 다섯째 아들이다.

潰라 周主乘勝逐之하야 將至晉陽하니 齊主復大赦하고 留安德王延宗하야 守晉陽而奔鄴하니 延宗自稱帝어늘 周主攻拔之하다

44-1-10

承光 원년(577)에 북주가 태자 高恒에게 禪讓하고 자칭 太上皇이라 하고 달아나 濟州에 들어갔다. 北周의 군대가 진격하여 鄴을 함락시키니 후주가 太后를 제주에 머물게 하고 자신은 幼主 고항 및 淑妃와 靑州로 달아나고, 또 유주로 하여금 任城王 高湝[35]에게 황위를 전하게 하였다. 후주가 청주에 이르러 곧바로 陳나라로 달아나려고 하자 高阿那肱이 몰래 북주의 군대를 불러들여 엄습하여 모두 사로잡고 胡太后와 함께 鄴으로 압송하였다. 임성왕 고개가 冀州에 웅거하여 항복하지 않자 북주의 齊王 宇文憲[36]이 토벌하여 평정하자 북제가 마침내 멸망하였다. 북주가 처음에는 後主를 溫公에 봉했는데, 후에 모반했다고 무함하여 그 종족까지 모두 賜死하였다. 재위 기간은 13년이었다.

○ 承光元年에 齊主傳位於太子恒하고 自稱太上皇하야 走入濟州하니 周師進克鄴한대 齊主留太后於濟州하고 自與幼主恒及淑妃奔靑州하고 又使幼主로 傳位於任城王湝하다 齊主至靑州하야 卽欲奔陳이어늘 高阿那肱이 密召周師하야 奄至盡擒之하고 幷胡太后送鄴하다 任城王湝 據冀州不下어늘 周齊王憲이 討平之하니 國遂亡이라 周初封齊主爲溫公이러니 後誣以謀反하니 幷其宗族皆賜死하니 在位十三年이라

44-1-11

史臣이 다음과 같이 논하였다.

"후주는 中庸(보통)의 자질로 물들기 쉬운 성품을 지녔다. 처음 강보에 싸여 있을 때부터 帝位를 전할 때에 이르기까지 간사한 사람이 끼어들어서 선한 도를 막아서 방탕한 오락을 멋대로 부리고 못된 사람들을 모아 음란한 짓을 함부로 하였으니, 옛말에 이르기를, '악을 따르는 것은 산이 무너지는 것과 같다.'[37]라고 하였으니, 이는

---

35) 高湝 : 북제의 高祖 高歡의 열째 아들이다.

36) 宇文憲 : 北周의 太祖 宇文泰의 다섯째 아들로 시호는 煬이고 봉호는 齊王이다.

37) 옛말에……같다 : 악행을 하는 것은 산이 무너지는 것처럼 쉽다는 뜻이다. ≪國語≫ 〈周語 下〉에 "속담에 이르기를, 선을 따르는 것은 산을 오르는 것과 같고, 악을 따르는 것은 산이 무너

그 쉬움을 말한 것이다. 武平帝[38]가 帝位에 있으면서 더욱 못된 자들과 어울려서 신하들을 접하는 일이 드물고 정사를 직접 보지 않아서 임금의 일을 흉악한 족속들에게 맡기니, 사람을 학대하고 사물을 해치며 가렴주구를 끝없이 하였고, 뇌물을 받고서 刑獄을 판결하고 매관매직을 일삼아 그 탐욕을 채우기 어려웠다. 게다가 名將이 禍를 당하고 충신이 처형당하니, 처음에는 점점 빠져드는 싹을 보다가 얼마 지나지 않아 수습할 수 없이 무너지는 형세를 보게 되었다. 북주의 武帝가 이 틈을 타서 마침내 천하를 차지하였으니 슬프다." 하였다.

史臣論曰 後主以中庸之姿로 懷易染之性하야 始自襁褓로 至于傳位히 間以邪人하야 閉其善道하야 縱(緝)〔鞲〕[39]紲之娛하고 恣朋淫之好하니 語曰 從惡若崩이라하니 蓋言其易(이)라 武平이 在御하야 彌見淪胥하야 罕接朝士하고 不親政事하야 一日萬機를 委諸凶族하니 虐人害物에 搏噬無厭하고 賣獄鬻官에 溪壑難滿이라 重以名將貽(謀)〔禍〕[40]하고 忠臣顯戮하니 始見浸溺之萌이라가 俄觀土崩之勢하야 周武因機하야 遂混區宇하니 悲夫라

周나라(北周) 宣帝

44-2-1

北周의 군주 宣帝의 성은 宇文이고, 휘는 贇이고, 자는 乾伯이니, 武帝 宇文邕의 장자이다. 建德 원년(572)에 황태자에 책봉되었다. 무제가 사방을 순행할 때에 태자가 항상 궁궐에 머물러 監國하였는데, 무제가 죽자 마침내 황제에 즉위하였다.

周主宣帝의 姓은 宇文氏요 諱는 贇이요 字는 乾伯이니 武帝邕의 長子也라 建德元年에 立爲皇太子러니 武帝巡幸四方할새 太子常留監國이러니 武帝殂하니 遂卽皇帝位하다

44-2-2

선제가 즉위하자마자 곧바로 사치하려는 욕구를 표출하여, 先帝의 시신이 빈소에

지는 것과 같다.〔從善如登 從惡如崩〕"라고 한 말을 인용한 것이다.

38) 武平帝 : 北齊의 後主를 가리킨다. 武平은 후주 때의 연호이다.

39) (緝)〔鞲〕: 저본에는 '緝'로 되어 있으나, ≪北史≫ 권8 〈齊本紀 下〉에 의거하여 '鞲'로 바로잡았다.

40) (謀)〔禍〕: 저본에는 '謀'로 되어 있으나, ≪北史≫ 권8 〈齊本紀 下〉에 의거하여 '禍'로 바로잡았다.

있는데 전혀 슬퍼하는 표정이 없고, 곤장을 맞은 흔적[41]을 문지르며 크게 욕하기를, "지금 죽은 것도 늦었다."라고 하였다. 선황인 高祖의 宮人들을 살펴보고는 핍박하여 음욕을 채우려고 하였고, 鄭譯[42]을 超擢하여 內史中大夫로 삼아서 조정의 정사를 맡겼다. 한 달을 넘기지 않고서 선황을 장사 지내고 內外에 公除[43]를 하도록 조서를 내리고, 황제와 六宮이 모두 상복 벗는 것을 의논하니, 京兆郡丞 樂運[44]이 상소하여, 장례의 기한이 촉박하고 장사를 마치고 나서 곧바로 상복을 벗는 것은 지나치게 급박하다고 하였는데 선제가 따르지 않았다.

○ 周主始立하야 卽逞奢欲하야 大行在殯에 曾無戚容하고 捫其杖痕하야 大罵曰 死晩矣라 閱視高祖宮人하야 逼爲淫欲하고 超拜鄭譯하야 爲內史中大夫하야 委以朝政하다 不踰月而葬하고 詔內外公除하고 帝及六宮이 皆議卽吉하니 京兆郡丞樂運上疏하야 以爲葬期旣促하고 事訖卽除 太爲汲汲이라하니 周主不從하다

44-2-3

大象 원년(579) 봄 정월에 선제가 高祖가 만든 ≪刑書要制≫[45]가 너무 무겁다고 하여 폐지하고 또 자주 赦免을 시행하니, 樂運이 상소하여 "〈虞書〉에 '과오로 죄를 짓거나 불행히 죄인이 된 경우 사면한다.'[46]라는 말은 과오로 해로운 일을 했을 경

41) 곤장을……흔적 : 宣帝가 태자 때에 곤장을 맞은 흔적이다.(≪資治通鑑≫ 권173 〈陳紀7 高宗宣皇帝 中之下〉)

42) 鄭譯 : 540~591. 자는 正義이다. 北周로부터 隋나라 시기까지 大臣을 지냈다. 어려서 북주의 태조 宇文泰를 좋아하여 우문태의 넷째 아들 宇文邕을 보좌하였다. 給事中士로 벼슬을 시작하여 佐侍上士로 승진하고, 安固公主에게 장가들어 內史上大夫가 되고 沛國公에 봉해졌다. 大象 2년(580)에 劉昉과 연합하여 詔書를 위조하여 隋國公 楊堅의 정사를 보좌하고 柱國·丞相府長史로 승진하였다. 양견이 隋나라를 세운 뒤에 隆州와 岐州의 刺史가 되었고, 음악을 정하는 논의에 참여하여 ≪樂府聲調≫를 지었다.

43) 公除 : 상복을 벗는 것을 지칭하는 말이다. 胡三省의 설에 의하면, 天下를 公物로 여겨서 황제가 죽은 뒤에 삼년복을 다 입지 않고 장사를 지내고 나서 상복을 벗을 것을 가리키는 말이다.(≪資治通鑑≫ 권137 〈齊紀3 世祖武皇帝 中〉)

44) 樂運 : 北周 南陽 사람으로, 자는 承業이다. 西晉의 尙書令 樂廣의 8세손이다.

45) 刑書要制 : 北周의 武帝 宇文邕이 만든 형법서로, 도둑의 경우 베 1필을 훔친 자와 正長으로서 5丁을 은닉하거나 전지 1頃 이상을 은닉한 자는 모두 사형에 처하는 가혹한 법률이었다. 선제가 즉위 초에 이 법률이 너무 가혹하다고 폐지했다가 후에 더 가혹한 ≪刑經聖制≫를 만들었다.(≪通志≫ 권60 〈刑法略1 歷代刑制〉)

46) 虞書에……사면한다 : ≪書經≫ 〈虞書 舜典〉에 나오는 내용으로, 과오로 죄를 짓거나 불행히 죄인이 된 경우에는 流刑으로 관대하게 처벌하거나 돈으로 속죄하기를 기다리지 않고 곧바로 사면한다는 말이다.

우 너그럽게 용서해야 한다는 말이고, 〈呂刑〉에 '五刑에 의심스러운 점이 있으면 사면한다.'라는 말은 刑에 의심스러운 점이 있으면 罰을 따르고, 벌에 의심스러운 점이 있으면 사면하는 쪽을 따른다는 말입니다. 삼가 경전을 살펴보건대 죄의 경중을 따지지 않고 온 천하에 대대적인 사면령을 내린다는 문구가 없습니다. 大尊께서는 어찌 비상한 은혜를 자주 베풀어서 간악한 악인을 풀어주십니까?" 하였는데, 선제가 받아들이지 않았다.

그 후로 백성들이 함부로 법을 범하고 또 선제 스스로 사치하고 음란하며 과실이 많았으므로 다른 사람이 規諫하는 것을 싫어하여 흉악하고 잔혹함으로 신하들을 굴복시키려고 하여 다시 ≪刑經聖制≫를 만들었는데 법을 쓰는 것이 더욱 엄혹하였다. 正武殿에서 大醮[47]를 지내서 하늘에 고하고 이 법을 시행하였다. 몰래 좌우로 하여금 신하들을 사찰하게 하여 조금이라도 과실이 있으면 곧바로 사형시키거나 귀양 보냈다.

또 居喪한 지 겨우 한 해를 넘기자마자 곧바로 멋대로 풍악을 울리고 魚龍[48] 등 온갖 놀이를 항상 殿 앞에 베풀어서 여러 날 동안 밤낮으로 이어져서 쉴 줄을 몰랐고, 또 미녀를 많이 모아 後宮을 채우고 位號를 늘리는 등 상세히 다 기록할 수 없었다. 연회를 베풀어 놀고 酒色에 빠져서 어떤 때는 열흘이 되도록 밖으로 나오지 않으므로 일에 대해 결재를 청하는 신하들이 모두 환관을 통해서 아뢰었다.

○ 大象元年春正月에 周主以高祖刑書要制로 爲太重而除之하고 又數行赦宥하니 樂運上疏하야 以爲虞書所稱眚災肆赦는 謂過誤爲害 當緩赦之요 呂刑云 五刑之疑有赦는 謂刑疑從罰이요 罰疑從免也라 謹尋經典하니 未有罪無輕重히 溥天大赦之文이라 大尊은 豈可數施非常之惠하야 以肆姦宄之惡乎아 周主不納이러니 旣而民輕犯法하고 又自以奢淫多過失로 惡(오)人規諫하야 欲爲威虐하야 懾服群下하야 乃更爲刑經聖制하야 用法益深이라 大醮於正武殿하고 告天而行之하다 密令左右로 伺察群臣하야 小有過失이면 輒行誅譴하고 又居喪纔踰年에 卽恣聲樂하야 魚龍百戲를 常陳殿前하야 累日繼夜에 不知休息하고 多聚美女하야 以實後宮하고 增置位號하야 不可詳錄이라 遊宴沈湎에 或旬日不出이어늘 群臣請事者 皆因宦者奏之러라

---

47) 大醮 : 道教에서 거행하는 성대한 祭天儀式이다. 밤중에 별이 떴을 때 제물을 차려놓고 天皇과 太一과 五星과 列宿에게 제사를 지낸다.(≪資治通鑑≫ 권173 〈陳紀7 高宗宣皇帝 中之下〉)

48) 魚龍 : 變幻의 戲術이다. 顔師古의 주에 "어룡이란 舍利獸를 만들어 먼저 庭極에서 재주를 부리고, 그것이 끝나면 殿 앞의 激水에 들어가서 比目魚로 변하여 뛰어올라 물을 뿜어서 안개를 만들어 해를 가리고 그것이 끝나면 8丈의 黃龍으로 변하여 물에서 나와 뜰에서 재주를 부려 햇빛에 휘황하게 번쩍인다."라고 하였다.(≪漢書≫ 권96 下 〈西域傳〉)

44-2-4

2월에 徐州摠管 王軌[49]가 鄭譯이 用事한다는 말을 듣고는 화가 자신에게 미치리라는 것을 알고서 친한 사람에게 말하기를, "내가 옛날 先朝 때에 社稷을 위한 지극한 계책을 올렸었으니, 오늘날의 일을 분명히 알 수 있다. 이 州는 淮南을 끼고 있고 강한 외적과 인접해 있으니 내 자신을 위한 계책을 강구하려고 한다면 손바닥 뒤집기보다 쉽다. 다만 忠義의 지조를 손상시키고 어기기 어렵다. 더구나 先帝의 두터운 은혜를 입었으니 어찌 그분을 이은 황제께 죄를 얻었다고 하여 갑자기 잊을 수 있겠는가. 여기에서 죽음을 기다려 천 년 후에 나의 이 마음을 알아주기를 기대할 뿐이다." 하였다.

○ 二月에 徐州摠管王軌 聞鄭譯用事하고 自知及禍하야 謂所親曰 吾昔在先朝에 寔申社稷至計러니 今日之事를 斷可知矣로다 此州控帶淮南하고 隣接彊寇하니 欲爲身計인댄 易(이)如反掌이로되 但忠義之節을 不可虧違라 況荷先帝厚恩하니 豈可獲罪於嗣主로 遽忘之邪아 正可於此待死하야 冀千載之後에 知吾此心耳로다

선제가 조용히 정역에게 묻기를, "내 종아리의 곤장을 맞은 자국은 누가 만든 것인가?" 하니, 정역이 대답하기를, "이 일은 烏丸軌와 宇文孝伯[50]으로 말미암은 것입니다." 하고, 이로 인하여 왕궤가 武帝의 수염을 어루만지며 〈후사가 미약하다고 한〉 일을 말하니,[51] 선제가 內史 杜慶信에게 徐州에 가서 왕궤를 죽이게 하였다. 元巖[52]이 詔勅에 서명하려고 하지 않고, 御正中大夫 顔之儀가 간곡하게 간언하였으나 선제가 듣지 않았다.

---

49) 王軌 : ?~579. 北周 太原 사람이다. 선대부터 北魏에 벼슬하여 烏丸氏를 사성 받았다. 北周 武帝의 신임을 받아 內史下大夫・儀同三司가 되었다. 晉州에서 北齊를 이긴 공으로 郯國公에 봉해졌고, 陳나라 장수 吳明徹을 격파하고, 徐州摠管이 되었다. 태자인 宣帝의 잘못을 자주 武帝에게 말하여 무제가 태자의 종아리를 때렸는데, 선제가 즉위하자 피살되었다.

50) 宇文孝伯 : 544~579. 자는 胡三 또는 胡王이다. 鮮卑族으로, 南北朝 시기에 西魏와 北周의 관원을 지냈다. 북주의 武帝 宇文邕의 신임을 받아 조정의 요직을 맡았으나, 宣帝 宇文贇이 즉위하여 그를 배척하였고 끝내는 賜死하였다.

51) 이 일은……말하니 : 烏丸軌는 王軌를 가리킨다. 왕궤가 수염을 만진 일은 ≪資治通鑑≫ 권172에 보인다.

52) 元巖 : ?~593. 隋나라 河南 洛陽 사람으로, 자는 君山이다. 北周에 벼슬하여 內史中大夫에 이르렀는데, 宣帝가 昏暴하여 간곡히 간언하다가 선제의 비위를 거슬려 집안에 유폐되었는데, 楊堅이 재상이 되자 民部中大夫가 되었다. 隋나라에 들어가서 兵部尙書가 되고 平昌郡公에 봉해졌다. 世務에 통달하고 정색을 하고 조정에서 간쟁하여 회피하는 것이 없어서 益州總管長史가 되었고, 蜀王 楊秀를 보좌하여 蜀을 진압하였다.

원암이 이어서 앞으로 나와 두건을 벗고 머리를 조아리며 세 번 절하고 세 번 앞으로 나오자, 선제가 말하기를, "너는 오환궤를 편들려고 하느냐?" 하니, 원암이 말하기를, "신은 오환궤를 편들려는 것이 아니라 과도하게 사람을 죽이면 천하의 바람을 잃게 될까 두려워서입니다." 하였다. 선제가 노하여 환관에게 그의 얼굴을 때리게 하니, 왕궤가 마침내 죽었다. 원암 역시 집안에 유폐되니 원근의 모든 사람들이 모두 왕궤를 위하여 눈물을 흘렸다.

周主從容問譯曰 我脚杖痕은 誰所爲也오 對曰 事由烏丸軌宇文孝伯이니이다 因言軌捋鬚事하니 周主使內史杜慶信就州殺軌하니 元巖不肯署詔하고 御正中大夫顔之儀切諫이나 周主不聽이라 巖繼進之하야 脫巾頓顙하야 三拜三進하니 周主曰 汝欲黨烏丸軌邪아 巖曰 臣非黨軌라 正恐濫誅하야 失天下之望이니이다 周主怒하야 使閹宦搏其面하니 軌遂死라 巖亦廢于家하니 遠近知與不知 皆爲軌流涕러라

선제가 태자 때에 上柱國 尉遲運[53]이 宮正이 되어 자주 간언하였으나 받아들이지 않았고, 또 왕궤·우문효백·宇文神擧[54]와 함께 고조에게 우대를 받았기 때문에 태자가 그들이 함께 자기를 헐뜯는다고 의심하였다. 왕궤가 죽자 울지운이 두려워하여 은밀히 우문효백에게 말하기를, "우리들이 필시 화를 면하지 못한 것인데 어찌하면 좋겠는가?" 하니, 우문효백이 말하기를, "지금 집안에 노모가 계시고 지하에 武帝가 계시니 신하가 되고 자식이 되어 어떻게 해야 할지 알 것이고, 또 몸을 맡겨 다른 사람을 섬긴 것은 본래 명분과 의리를 따른 것이었다. 간언해도 받아들이지 않으니 죽는다 한들 달아날 수 있겠는가. 足下가 만약 자신을 위한 계책을 낸다면 우선 멀리 나가야 할 것이다." 하였다. 이에 위지운이 외직을 구하여 秦州摠管이 되었다.

---

53) 尉遲運 : 539~579. 北周 사람이다. 西魏 때 아버지 尉遲綱의 공로로 安喜縣侯에 봉해졌고, 북주의 孝閔帝가 폐위되자 明帝 宇文毓을 맞이하여 옹립한 공으로 周城縣公에 봉해졌다. 武帝 때에 문관과 무관을 겸직하였고 무제의 신임을 크게 받았다. 宣帝가 동궁에 있을 때 右宮正이 되어 보필하였고, 衛剌王 宇文直이 거병하여 반란을 일으켜 肅章門을 공격하였는데 울지운이 문을 닫고 지켜서 우문직이 들어가지 못하고 달아났다. 무제가 가상하게 여겨 대장군에 임명하였고, 여러 차례 승진하여 同州刺史가 되고 盧國公에 봉해졌다. 宣帝가 즉위하여 上柱國이 되었는데, 자주 간언을 올리자 선제가 그를 멀리하였다. 王軌가 피살되자 화를 당할까 두려워하여 외직으로 나가 秦州刺史가 되었는데, 두려워하다가 병이 나서 죽었다.

54) 宇文神擧 : 531~578. 北周의 太祖 宇文泰의 族子이다. 明帝 때 中侍上士를 지냈고, 武帝 때 淸河郡公에 봉해졌다. 建德 연간에 熊州와 幷州 刺史를 지냈다. 宣政 원년(578)에 平范陽의 난 때 突厥과 稽胡의 침입을 격퇴한 공으로 幷州摠管이 되었다. 宣帝가 즉위하여 그의 명망을 꺼려서 살해하였다.

周主之爲太子也에 上柱國尉遲運爲宮正하야 數進諫不用하고 又與王軌宇文孝伯宇文神擧로 皆爲高祖所親待라 太子疑其同毀己러니 及軌死에 運懼하야 私謂孝伯曰 吾徒必不免禍라 爲之柰何오 孝伯曰 今堂上에 有老母하고 地下에 有武帝하니 爲臣爲子에 知欲何之오 且委質事人은 本徇名義라 諫而不入하니 死焉可逃리오 足下若爲身計인댄 宜且遠之라 於是에 運求出爲秦州摠管하다

훗날 선제가 齊王 宇文憲의 일을 가탁하여 우문효백을 꾸짖기를, "공은 齊王이 모반할 것을 알았으면서 어찌하여 말하지 않았는가?" 하니, 대답하기를, "신은 齊王이 사직에 충성한다는 것을 알고 있지만 소인들에게 참소를 당하고 있으므로 말을 반드시 들어주지 않을 것이므로 말하지 않았습니다. 또 선제께서 신에게 부탁하여 폐하를 輔導하라고 하셨는데 지금 간언해도 들어주지 않으시니 이는 顧命을 어기는 것입니다. 이것으로 죄를 삼는다면 기꺼이 받겠습니다." 하니, 선제가 크게 부끄러워 머리를 숙이고 말을 하지 않다가 나가려고 할 때에 그 집에서 賜死하라고 명하였다. 이때 우문신거가 幷州刺史가 되었는데 선제가 사자를 보내 병주에 가서 독살하게 하였다. 울지운이 秦州에 이르러 또한 근심하다가 죽었다.

他日에 周主託以齊王憲事하야 讓孝伯曰 公知齊王謀反하고 何以不言고 對曰 臣知齊王忠於社稷호되 爲群小所譖이라 言必不用하니 所以不言이라 且先帝付囑微臣하야 惟令輔導陛下하니 今諫而不從하니 寔負顧託이라 以此爲罪면 是所甘心이라하니 周主大慙하야 俛首不語라가 命將出에 賜死于家하다 時에 宇文神擧爲幷州刺史라 帝遣使就州酖殺之하니 運至秦州하야 亦以憂死하다

44-2-5

선제가 태자 宇文闡에게 禪位하고, 스스로 天元皇帝라고 칭하고 교만과 사치를 더욱 심하게 하였다. 기거하는 곳을 天臺라고 하여 스스로 上帝에 견주고, 면류관과 곤룡포와 수레와 깃발을 모두 常制보다 배로 하고, 樽彝와 珪瓚으로 음식을 먹고, 조회를 하려는 신하들은 3일간 致齋하고 1일간 淸身하였고, 사람들이 天이나 高나 上이나 大라고 호칭하는 것을 허락하지 않았고,[55] 遊戲에 절도가 없어서 새벽에 나갔다가 밤늦게 돌아왔다. 公卿 이하가 항상 회초리를 맞았는데, 사람을 때릴 때마다

55) 사람들이……않았고 : 예를 들어 官名에 이 네 글자가 있으면 모두 고쳤고, 齊나라 시조 姜呂尙의 후예의 食邑이 '高'였으므로 성을 高氏로 하였는데 원래의 성인 姜氏로 바꾸도록 하였고, 高祖는 長祖로 고치게 하였다.(≪周書≫ 권7 〈帝紀 宣帝〉)

모두 120대를 기준으로 하고서 天杖이라고 하였다. 그 후에 또 여기에 더해서 240대를 기준으로 하였다. 后妃와 嬪御 또한 등에 곤장을 맞는 일이 많았으므로 안팎이 모두 두려워하여 사람들이 마음이 편하지 못하였다.

○ 周主傳位於太子闡하고 自稱天元皇帝하고 驕侈彌甚하야 所居稱天臺라하야 自比上帝하고 冕服車旂를 皆倍常制하고 以樽彝珪瓚으로 飮食하고 群臣朝者는 致齋三日하고 淸身一日하고 不聽人有天高上大之稱하고 游戲不節하야 晨出夜還하다 公卿以下 常被楚撻하야 每捶人에 皆以百二十爲度하야 謂之天杖이라 其後에 又加至二百四十이라 后妃嬪御 亦多杖背하니 於是에 內外恐怖하야 人不自安이러라

44-2-6

가을 7월에 天元皇后 朱氏의 칭호를 고쳐 天皇后로 하고, 妃 元氏를 세워 天右皇后로 삼고, 陳氏를 天左皇后로 삼아 천원황후 楊氏와 합쳐 네 명의 황후가 되었다.

○ 秋七月에 改天元皇后朱氏하야 爲天皇后하고 立妃元氏하야 爲天右皇后하고 陳氏爲天左皇后하니 與天元皇后楊氏로 凡四后云이러라

44-2-7

天元皇帝가 道會苑에 가서 大醮를 행하여 高祖(武帝)를 醮祭에 배향하였다. 처음에 佛像과 天尊像을 복원하여 천원황제가 두 像과 함께 南面하고 앉아서 雜戲를 크게 베풀고 長安의 士民들에게 마음대로 구경하게 하였다.

○ 天元이 幸道會苑하야 大醮하야 以高祖配醮하고 初復佛像及天尊像하야 天元이 與二像으로 俱南面坐하고 大陳雜戲하야 令長安士民縱觀하다

44-2-8

겨울 12월에 천원황제가 災異가 자주 나타난다고 하여 仗衛를 대동하지 않고 天興宮으로 가니 백관들이 표문을 올려 돌아오기를 청하였다. 이에 正武殿으로 환어하여 백관과 궁인과 外命婦[56]를 모아서 妓樂을 크게 열고 乞寒胡[57]라는 유희를 하였다.

56) 外命婦 : 5命 이상 관원의 처를 가리킨다.(≪資治通鑑≫ 권173 〈陳紀7 高宗宣皇帝 中之下〉)

○ 冬十二月에 天元이 以災異屢見(현)으로 舍仗衛하고 如天興宮하니 百官이 上表請還이어늘 乃還御正武殿하야 集百官及宮人外命婦하야 大列妓樂하고 作乞寒胡戲하다

44-2-9

천원황제가 洛陽에 가서 직접 역마를 몰아 하루에 300리를 가고, 네 황후와 문무 시위 수백 명이 함께 역마를 타고 따랐다. 이에 네 황후로 하여금 수레를 나란히 하고 말을 몰게 하여 나란하지 않으면 곧바로 견책하니, 사람과 말이 거꾸러져 길에서 뒤엉켰다.

○ 天元이 如洛陽하야 親御驛馬하야 日行三百里하고 四皇后及文武侍衛數百人이 竝乘馹以從이라 仍令四后로 方駕齊驅하야 或有先後면 輒加譴責하니 人馬頓仆하야 相及於道러라

44-2-10

大象 2년(580) 봄 정월에 저자에 들어오는 자에게 세금을 거뒀는데, 한 사람당 1錢씩이었다.

○ 大象二年春正月에 稅入市者人一錢하다

44-2-11

천원황제가 다섯 황후를 세우려고 하여 小宗伯 辛彦之[58]에게 물으니, 대답하기를, "황후는 천자와 대등하므로 다섯 명을 두어서는 안 됩니다." 하였다. 太學博士 何妥가 말하기를, "옛날에 帝嚳은 妃가 네 명이었고, 虞舜은 비가 두 명이었으니, 先代의 妃의 수효가 어찌 일정한 것이 있었겠습니까." 하니, 천원황제가 크게 기뻐하

---

57) 乞寒胡 : '乞寒' 또는 '乞寒潑胡'라고 하는 외래 유희이다. 杜佑의 설에 의하면 乞寒이란 원래 서쪽 外蕃의 놀이이다. ≪新唐書≫에 康國의 풍속에 11월에 북을 치고 춤을 추면서 乞寒이라는 놀이를 하는데, 물총을 서로 쏘면서 즐긴다. 그 유희가 중국에 유입한 것이다.(≪資治通鑑≫ 권173 〈陳紀7 高宗宣皇帝 中之下〉, ≪新唐書≫ 권221下 〈西域列傳〉)

58) 辛彦之 : ?~591. 隋나라 學官으로 隴西 사람이다. 北周 태조 때 中外府禮曹를 지냈고, 閔帝 때에 조정의 儀制를 담당하였다. 후에 典祀·太祝·樂部·御史 등 4曹의 大夫를 역임하고, 五原郡公에 봉해지고 小宗伯에 제수되었다. 隋나라 고조 楊堅이 稱帝하고 나서 그를 太常少卿·國子祭酒·禮部尙書에 임명하였고, 秘書監 牛弘과 ≪新禮≫를 지었다. 후에 隨州刺史에 제수되었다.

여 신언지를 면직시켰다.

조서를 내리기를, "황후는 황제와 덕을 함께하는데 土의 숫자는 五이다. 네 명의 太皇后 외에 天中太皇后 한 사람을 더 두도록 하라." 하였다. 이에 陳氏가 천중태황후가 되고, 尉遲妃가 天左太皇后가 되었다. 또 휘장 다섯 개를 만들어 내려서 다섯 황후가 각각 그중 하나에 있게 하고, 그 앞에 종묘의 祭器를 늘어놓고 스스로 축문을 읽어 제사 지냈다. 또 다섯 대의 수레에 부인들을 태우고 자신은 좌우를 거느리고 걸어서 따라갔다. 또 수레 위에 닭과 깨진 기와를 거꾸로 걸어놓고 닭이 울부짖는 것을 구경하는 것으로 오락거리 삼기를 좋아하였다.

○ 天元將立五皇后하야 以問小宗伯辛彦之한대 對曰 皇后與天子敵體하니 不宜有五라 太學博士何妥曰 昔에 帝嚳이 四妃요 虞舜이 二妃니 先代之數는 何常之有리오 帝大悅하야 免彦之官하고 詔曰 坤儀比德에 土數惟五라 四太皇后外에 可增置天中太皇后一人하라 於是에 陳氏爲天中太皇后하고 尉遲妃爲天左太皇后하다 又造下帳五하야 使五后各居其一하고 實宗廟祭器於前하야 自讀祝版而祭之하고 又以五輅載婦人하야 自帥左右步從하고 又好倒懸雞及碎瓦於車上하야 觀其號呼하야 以爲樂이러라

44-2-12

楊皇后는 성격이 부드럽고 투기를 하지 않아 네 황후와 嬪御들이 모두 그를 사랑하고 추앙하였다. 천원황제의 혼암하고 포학함이 더욱 심해져서 기뻐하고 노여워하는 것이 법도에 어긋났는데, 일찍이 양황후를 꾸짖어 자결하라고 다그치니 양황후의 어머니 獨孤氏가 閤에 나아가 사죄하고 머리를 조아려 피가 흐른 뒤에야 화를 면하였다. 양황후의 아버지 隋公 楊堅이 지위와 명망이 융중하자 천원황제가 시기하여 일찍이 노해서 양황후에게 말하기를, "반드시 너의 집안을 멸문시키겠다."라고 하였다. 이로 인하여 양견을 불러서 죽이려다가 실행하지 않았다.

隋 文帝

鄭譯이 양견과 어려서 함께 공부하였는데 양견

의 관상을 비상하게 여겨 마음을 다해서 그와 친교를 맺었다. 양견이 불안해서 일찍이 가만히 정역에게 말하기를, "변방으로 나가기를 바란 지 오래이니 조금 마음을 써주기 바란다." 하였다. 정역이 말하기를, "公의 덕망이 막중하여 천하 사람들의 마음이 그대에게 쏠리고 있으니 많은 덕을 구하려고 한다면 어찌 감히 잊겠는가." 하였다.

이때 천원황제가 정역을 보내서 陳나라를 공격하게 하려고 하니, 정역이 元帥를 뽑아주기를 청하였다. 천원황제가 말하기를, "경의 뜻은 어떠한가?" 하니, 정역이 이로 인하여 양견으로 하여금 가게 하기를 청하니 천원황제가 그 말을 따라서 양견을 揚州摠管으로 삼았다. 정역으로 하여금 군대를 조발하여 壽陽에서 모여 출발하려고 하였는데, 마침 양견이 갑자기 발에 병이 생겨서 가지 못하였다. 천원황제가 병이 났는데, 小御正 劉昉[59]이 평소 교활하고 아첨을 잘하여 총애를 받아 顔之儀와 함께 신임을 받았으므로 천원황제가 침실로 불러서 후사를 부탁하려고 하였으나 소리가 나오지 않아 말을 하지 못하였다. 유방이 靜帝 宇文闡은 어리고 양황후의 아버지 양견은 重望이 있음을 보고 마침내 정역・柳裘[60]・韋謩(위모)[61]・皇甫績[62]과 모의해서 양견을 끌어들여 정사를 돕게 하니, 양견이 감당할 수 없다고 하였다. 유방이 말하기를, "공이 만약 하려고 한다면 속히 하라. 공이 하지 않으면 내가 하겠다." 하니, 양견이 마침내 조서를 받는다는 핑계를 대고 궁중에서 지내며 병간호를 하였다. 천원황제가 마침내 죽으니, 재위 기간은 10년이었고, 향년은 22세였다.

---

59) 劉昉 : ?~586. 隋나라 博陵 사람이다. 北周 武帝 때에 태자 宇文贇을 入侍하였고, 우문빈이 즉위하여 宣帝가 되자 아첨하여 大都督이 되고, 小御正으로 승진하였다. 선제가 죽고 나서 靜帝가 어리자 楊堅을 끌어들여 정사를 보좌하게 하였는데, 양견이 승상이 되자 그를 司馬로 삼았다. 또 定策한 공이 있다고 하여 上大將軍에 임명하고 黃國公에 봉하였다. 양견이 정제의 선양을 받아 수나라를 세워서 文帝가 되자 그를 柱國으로 삼고 舒國公에 봉하였다. 후에 梁士彦・宇文忻과 모반하였다가 일이 누설되어 피살되었다.

60) 柳裘 : 隋나라 河東 사람으로, 자는 茂和이다. 梁나라에 벼슬하여 駙馬都尉가 되었다. 梁 元帝 때에 北魏로 사신 갔는데 얼마 지나지 않아 江陵이 함락되어 關中으로 들어갔다. 北周 때 麟趾學士・太子侍讀・天官府都上士・開府儀同三司・御飾大夫를 지내고 昌樂縣公에 봉해졌다. 劉昉 등과 楊堅을 끌어들여 정사를 주관하게 하고, 上開府로 승진하고 內史大夫에 임명되었다. 隋나라 開皇 원년(581)에 大將軍이 되고 許州刺史・曹州刺史를 지냈다

61) 韋謩(위모) : 隋나라 京兆 사람으로, 北周 때 內史大夫를 지냈다. 隋 文帝가 즉위하여 그가 定策한 공이 있다고 하여 上柱國으로 삼고 普安郡公에 봉하였다. 벼슬이 蒲州刺史에까지 이르렀다.

62) 皇甫績 : 541~592. 隋나라 安定 사람으로, 자는 功明이다. 北周 武帝가 魯公일 때 그를 侍讀으로 삼았고, 建德 초에 宮尹中士가 되었다. 宣帝 때 御正下大夫가 되었다. 楊堅이 국정을 담당할 때 上開府・內史中大夫・大將軍이 되고, 郡公에 봉해졌다. 隋나라 開皇 초에 豫州刺史가 되었다가 후에 晉州刺史・蘇州刺史를 지냈다. 開皇 12년(592)에 信州摠管・十二州諸軍事가 되었는데, 얼마 뒤에 병으로 京師에 돌아와 죽었다.

○ 楊后性柔婉不妬忌하니 四皇后及嬪御等이 咸愛而仰之라 天元昏暴滋甚하야 喜怒乖度하야 嘗譴后逼令引訣하니 后母獨孤氏詣閤陳謝하야 叩頭流血 然後得免이라 后父隋公堅이 位望隆重하니 天元忌之하야 嘗因忿謂后曰 必滅爾家리라 因召堅欲殺之而不果하다 鄭譯與堅으로 少同學하야 奇堅相表하야 傾心相結하니 堅旣不自安하야 嘗私謂譯曰 久願出藩이라 願少留意하라 譯曰 以公德重으로 天下歸心하니 欲求多福인댄 豈敢忘也리오 會天元將遣譯攻陳하니 譯請元帥한대 天元曰 卿意如何오 譯因請令堅行하니 天元從之하야 以堅爲揚州摠管하다 使譯發兵會壽陽하야 將行할새 會堅暴有足疾하야 不果行하다 天元不豫에 小御正劉昉이 素以狡諂得幸하야 與顏之儀로 竝見親信하니 天元召入臥內하야 欲屬以後事나 而瘖不能言하니 昉見周主闡幼沖이라 以楊后父堅이 有重名이라 遂與譯及柳裘韋譽皇甫績으로 謀引堅輔政하니 堅不敢當이어늘 昉曰 公若爲인댄 速爲之하라 不則昉自爲也리라 堅乃稱受詔하야 居中侍疾하다 天元遂殂하니 在位十年요 享年二十二러라

44-2-13

사신이 다음과 같이 논하였다.

“武帝는 英傑의 자질로 강한 신하(宇文護)에게 제어되어 10여 년 동안 恭默하고 장엄하게 조정에 임하여 우문호의 죄가 쌓이고 악이 무르익어 백성들에게 버림받기를 기다리고 있었다. 그러다가 하루아침에 제거하기를 부들풀을 뽑듯 나뭇잎을 떨어내듯 한 연후에 친히 六師를 거느리고 東夏를 정벌하여 北周의 국경이 동쪽으로는 바다에 이르고 내륙으로는 長江에 이르게 하였으니, 北魏 왕실의 전성기에도 여기에 미치지 못하였다. 애석하다. 宣帝가 제멋대로 음란하고 사치를 부리고 괴이한 속임수를 써서 스스로 하늘의 버림을 받고 백성에게 원망을 맺어 3년이 못 되어 나라가 異姓의 소유가 되었으니 슬프다.”

史臣論曰 武帝以英傑之資로 受制彊臣하야 恭默端拱十有餘年에 須其罪盈惡熟하야 爲衆所棄러니 一(朝)〔旦〕[63]除之를 若拔爓振槁然後에 親統六師하야 以征東夏하야 使有周之境으로 東漸于海하고 內傅于江하니 雖魏室全盛之時나 不能及也라 惜乎라 宣帝恣其淫侈하고 逞其奇譎하야 自絶于天하고 結怨于民하야 不及三年하야 而爲異姓所有하니 悲夫라

63) (朝)〔旦〕: 저본에는 ‘朝’로 되어 있으나, ‘朝’는 朝鮮 太祖 李成桂가 왕위에 오른 뒤 ‘旦’으로 개명하였기 때문에 조선에서는 避諱하여 ‘朝’로 쓴 것이다. 그러므로 원래 글자인 ‘旦’으로 돌려놓았다.

歷代君鑑 권45

경계할 만한 惡政　惡可爲戒

隋나라

煬帝[1)]

45-1-1

隋 煬帝

煬帝는 姓이 楊氏이고 諱는 廣이고 一名 英이니, 高祖[2)]의 둘째 아들이다. 양제는 용모가 아름다웠다. 어릴 적에는 영민하고 슬기로워 배우기를 좋아하고 글을 잘 지었으며 침착하고 嚴重하여 朝野의 촉망을 받았다. 한번은 高祖가 관상을 잘 보는 來和[3)]에게 密命을 내려 여러 아들을 두루 살펴보게 하였는데, 내화가 말하기를, "晉王은 눈썹 위에 雙骨이 툭 튀어나와 있으니, 말할 수 없을 정도로 귀한 相입니다." 하였다. 이윽고 고조는 양제가 거처하는 집으로 행차하여 樂器의 絃이 대부분 끊어져 있고 또 사용하지 않은 것처럼 먼지가 쌓

1) 煬帝 : 隋나라의 2대 황제로, 이름은 楊廣, 연호는 大業이다. 수나라를 세운 文帝 楊堅의 둘째 아들이고 어머니는 文獻獨孤皇后이다. 開皇 원년(581)에 楊勇을 모함하여 태자의 자리를 빼앗았으며, 아버지인 文帝를 시해하고 仁壽 4년(604)에 즉위하였다. 帝位에 오른 뒤에는 만리장성을 수축하고 洛陽에 東京을 조성하고 남북을 연결하는 대운하를 완성하는 등 대규모의 토목공사를 자주 벌임으로써 백성에게 과중한 부담을 주었다. 대외적으로는 북방에서 강성하던 突厥과 서방의 吐谷渾을 공략하였으나, 전후 3회에 걸친 고구려 침입에서는 번번이 대패하였다. 大業禮・大業律令의 정비와 대운하의 완성과 같은 큰 업적을 남기기도 하였다. 만년에 친위대신하인 宇文化及에게 살해되었다.

2) 高祖 : 隋나라의 초대 황제로, 이름은 楊堅이다. 南北朝 말엽에 北周의 宣帝가 죽자, 어린 임금 靜帝를 폐하고 스스로 帝位에 올라 文帝라 일컫고 국호를 隋라 하였다. 開皇 9년(589)년에 南朝 최후의 왕조인 陳나라를 멸망시키고 천하를 통일하였다.

3) 來和 : 隋나라 京兆 長安 사람으로, 자는 弘順이다. 관상을 잘 보았다. 文帝 楊堅이 한미한 시절에 來和에게 가서 관상을 보았는데, "공께서는 왕이 되어 천하를 소유할 것입니다." 하였다. 開皇 말기에 幕府를 개설하였다. 저서에 ≪相經≫이 있다.

여 있는 것을 보고 聲伎의 유희를 좋아하지 않는다고 생각하여 훌륭하게 여겼는데, 양제가 더욱 스스로 교묘하게 몸가짐을 꾸미니 당시 사람들이 어질고 효성스럽다고 칭송하였다. 太子 楊勇[4]이 폐위되었을 때 皇太子가 되었고, 仁壽 4년(604) 7월에 고조가 崩御하니 마침내 황제에 즉위하였다.

○ 煬帝는 姓楊氏요 諱廣이요 一名英이니 高祖第二子也라 帝美姿儀라 少敏慧하야 好學善屬文하고 深沈嚴重하야 朝野屬望이러니 高祖密令善相者來和하야 徧視諸子한대 和曰 晉王眉上雙骨隆起하니 貴不可言이라하다 旣而高祖幸帝所居第하야 見樂器絃多斷絶하고 又有塵埃하야 若不用者하고 以爲不好聲伎라하야 善之한대 帝尤自矯飾하니 當時에 稱爲仁孝라 及太子勇廢에 立爲皇太子하고 仁壽四年七月에 高祖崩하시니 遂卽皇帝位하다

楊素

45-1-2

大業 元年(605) 봄 3월에 尙書令 楊素[5]에게 조서를 내려 東京을 건설하게 하였는데, 役丁이 200만 명이었다. 洛州 성곽 안에 거주하는 백성 및 여러 州의 富商과 大賈 수만 戶를 이주시켜 동경을 채우게 하였다. 또 將作大匠[6] 宇文愷[7]에게 조칙을 내려 內史舍人 封德彜[8] 등과 함께 顯仁宮

4) 太子 楊勇 : 隋 文帝 楊堅의 맏아들이다. 원래 문제의 태자였으나 나중에 폐위되어 서인이 되었다. 문제가 병세가 위중할 무렵에 양용을 다시 태자로 복위시킬 생각이 있었는데, 태자 楊廣이 눈치를 채고 거짓 황제의 명령을 양용에게 내려서 스스로 목숨을 끊게 하였다.

5) 楊素 : 원래는 北周 武帝의 신하였으나 隋 文帝를 도와 창업에 큰 공을 세우고 수나라 제도를 정비하여 越國公에 봉해졌다. 이후 煬帝를 도와 태자 勇과 蜀王 秀를 廢出시키는 등 술수를 발휘하여 권력을 독점하고 극도의 사치 생활을 하였으므로 양제까지도 그를 시기할 정도였다고 한다.

6) 將作大匠 : 宮室·宗廟·陵寢 및 기타 土木 공사를 맡은 관직명이다. 秦나라 때 처음으로 설치하였는데 將作少府라 칭하였다. 西漢 景帝 때에 將作大匠이라 개칭하였고, 東漢·魏·晉 시대에도 전례대로 설치하였다. 南朝 梁나라 때에는 大匠卿이라 개칭하였고, 北齊 때에는 將作寺大匠이라 개칭하였다. 隋나라로부터 遼나라에 이르기까지 대부분 將作監大匠이라 칭하였다.

7) 宇文愷 : 隋나라 사람으로 자는 安樂이다. 무인 가문 출신이었으나 배우기를 좋아하여 기예가 많았다. 처음에 北周에서 벼슬하다가 수나라에 귀의하여 역대 궁전의 법식, 관개, 무기, 차량 등을 연구하여 공을 세웠다. 토목공사의 업적이 그의 손에서 나온 것이 많았으나 정밀하지 못하다는 비난을 받았다.

8) 封德彝 : 渤海 출신의 封倫을 말한다. 德彝는 그의 字이다. 隋나라 開皇 말에 江南에 난이 일어나자 楊素를 따라 공을 세워 文帝 때에 內史舍人에 발탁되었고, 이후 煬帝를 섬겼다. 大業 말에 宇文化及의 난이 일어났을 때 양제의 죄를 문책하여 內史令이 되었으나, 우문화급이 죽자 항복

을 건설하게 하였는데, 大江과 五嶺 사이의 진기한 재목과 특이한 바위를 징발하여 洛陽으로 수송하게 하고, 다시 海內의 아름다운 나무와 특이한 풀과 진기한 새와 짐승을 구하여 苑囿를 채우게 하였다.

○ 大業元年春三月에 詔尙書令楊素하야 營東京한대 役丁二百萬人이요 徙洛州郭內居民 及諸州富商大賈數萬戶以實之하고 敕將作大匠宇文愷하야 與內史舍人封德彝等으로 營顯仁宮한대 發江嶺之間奇材異石하야 輸之洛陽하고 又求海內嘉木異草珍禽奇獸하야 以實苑囿하다

45-1-3

黃門侍郞 王弘 등을 파견하여 江南으로 가서 龍舟 및 기타 선박 수만 척을 건조하게 하였는데, 東京에서 파견된 관리들이 엄하고 급하게 工役을 감독하는 바람에 役丁 가운데 죽은 자가 열에 네다섯에 이르렀다. 그러자 책임을 맡은 官司에서 수레로 죽은 役丁을 실어 동쪽으로는 城皐에 이르고 북쪽으로는 황하 남쪽에 이르렀는데, 시신을 운반하는 수레가 길에 이어졌다.

○ 遣黃門侍郞王弘等하야 往江南하야 造龍舟及雜船數萬艘한대 東京官吏督役嚴急하야 役丁死者什四五하니 所司以車載死丁하야 東至城皐하고 北至河南한대 相望於道라

45-1-4

여름 5월에 西苑을 축조하였는데 둘레가 200리나 되었다. 西苑 안에는 바다를 만들었는데 둘레가 10여 리였고, 그 바다 가운데에는 蓬萊·方丈·瀛洲 등 여러 산을 만들었는데 높이가 해발 100여 자였으니, 臺觀과 殿閣이 산 위에 늘어서 있어서 앞에서 보나 뒤에서 보나 모두 仙境과 같았다. 북쪽에는 龍鱗渠가 있었는데 물줄기가 감아 돌아 바다로 흘러들어갔다. 그리고 용린거를 따라 16개의 場院을 지었는데 문이 모두 용린거에 임해 있었으니, 각 장원은 4品의 夫人이 주관하게 하였다. 堂殿과 臺觀은 화려함의 극치를 이루었는데, 宮의 나무가 가을과 겨울에 시들어 낙엽이 지면 비단을 잘라 꽃과 잎을 만들어 가지에 붙이되 색이 변하면 새것으로 바

하여 唐 高祖 때 다시 내사사인이 되었다. 그러다가 秦王이 王世充을 토벌할 적에 봉륜으로 하여금 전쟁을 모의하는 데 참여하게 하였고, 태종이 즉위하자 尙書右僕射가 되어 충성을 다하였다.(≪新唐書≫ 권100 〈封倫列傳〉)

꾸어서 항상 따뜻한 봄날과 같이 하였으며, 연못 안에도 비단을 잘라 연잎과 마름을 만들었다.

양제가 輿를 타고 유람 나올 때면 얼음을 치우고 비단을 깔아놓은 다음 16개의 장원에서 다투어 진수성찬을 차리되 서로 간에 더욱 정교하고 화려하게 마련하여 은총을 구하였는데, 양제는 달밤에 말을 탄 궁녀 수천 명을 거느리고 서원을 유람하며 〈淸夜遊曲〉을 지어 말 위에서 연주하였다.

○ 夏五月에 築西苑한대 周二百里라 其內爲海한대 周十餘里요 爲蓬萊方丈瀛洲諸山한대 高出水百餘尺이니 臺觀殿閣이 羅絡山上하야 向背如神이라 北有龍鱗渠한대 縈紆注海內하고 緣渠作十六院한대 門皆臨渠하니 每院은 以四品夫人主之라 堂殿臺觀은 窮極華麗한대 宮樹秋冬凋落이면 則剪綵爲華葉하야 綴於枝條호대 色渝則易以新者하야 常如陽春하고 沼內에 亦剪綵爲荷芰菱芡이라 乘輿遊幸이면 則去氷布之하고 十六院이 競以肴羞호대 精麗相高하야 求市恩寵한대 月夜에 從宮女數千騎하고 遊西苑하야 作淸夜遊曲하야 於馬上奏之러라

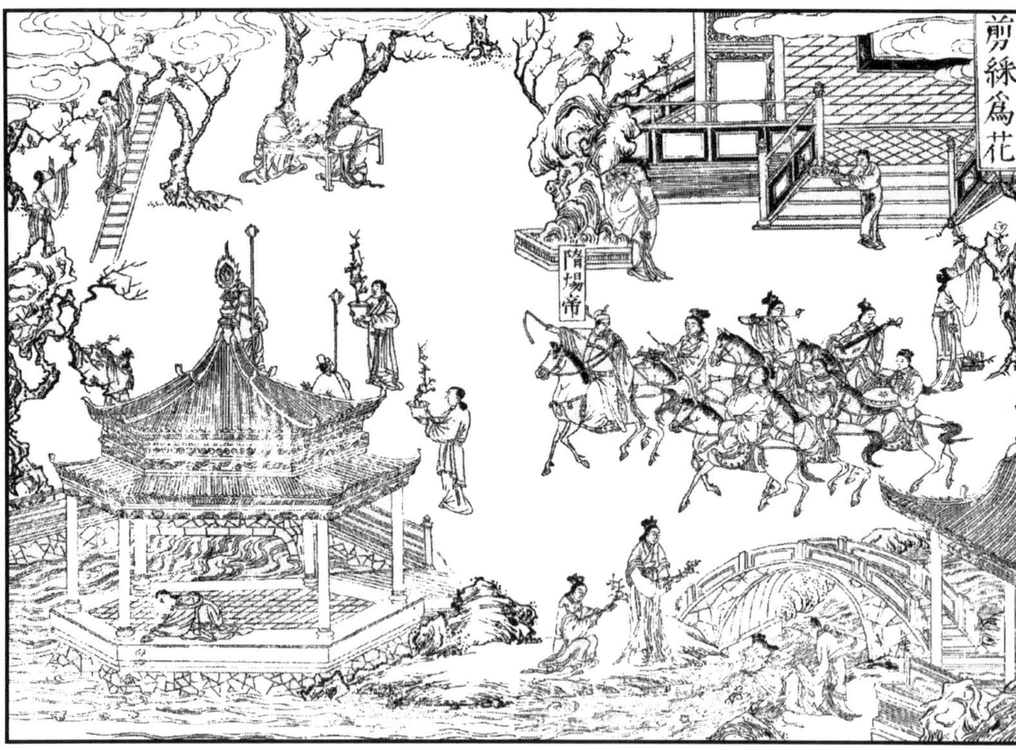

剪綵爲華

45-1-5

가을 8월에 양제가 江都에 행차할 때 顯仁宮을 출발하니 王弘이 龍舟를 보내어 奉迎하였다. 그리고 지나가는 500리 안의 州縣에 모두 음식을 바치게 하되 많은 경우는 한 州에서 100대의 수레로 음식을 실어오게까지 하여 水陸의 珍味를 지극히 갖추게 하였는데, 後宮들은 이 음식을 실컷 먹은 다음 출발하려 할 때에 다 먹지 못한 음식을 대부분 땅에 묻어버렸다.

○ 秋八月에 帝行幸江都할새 發顯仁宮하니 王弘遣龍舟奉迎하고 所過州縣五百里內에 皆令獻食호대 多者는 一州至百轝하야 極水陸珍奇한대 後宮厭飫하고 將發之際에 多埋棄之라

遊幸江都

45-1-6

大業 2년(606) 여름 4월에 東京으로 돌아왔다. 가을 7월에 元德太子 楊昭[9]가 長安에서 來朝하였다가 몇 개월 만에 돌아가려 할 때 조금 더 머물게 해달라고 청하려

9) 元德太子 楊昭 : 煬帝의 長子로 武力이 있어서 능히 強弓을 당길 수 있었다. 성품이 온화하여 화내는 모습을 볼 수 없었다. 처음에 河南王이 되었다가 晉王으로 옮기고 內史令에 제수되었다가 雍州牧이 되었다.

하였는데, 양제가 허락하지 않자 수없이 절하며 청하였다. 태자는 평소 몸이 비대하였으므로 이 일로 인해 勞疾이 생겼는데, 세상을 떠났을 때에 양제는 몇 차례 哭하고는 그만두고 얼마 지나지 않아 聲伎[10]에게 음악을 연주하게 하여 평일이나 다름없이 생활하였다.

○ 二年夏四月에 還東京이라 秋七月에 元德太子昭 自長安來朝라가 數月將還할새 欲乞少留어늘 帝不許하니 拜請無數라 體素肥하야 因致勞疾한대 比薨에 帝哭之數聲而止하고 尋奏聲伎하야 無異平日이라

45-1-7

처음 北齊의 後主 高緯[11]가 魚龍과 山車 등의 百戲를 베풀고 散樂[12]이라 일렀는데 北周의 宣帝 때 鄭譯[13]이 上奏하여 이를 수용하게 하였고, 高祖(武帝)가 禪位 받았을 때 牛弘[14]에게 명하여 樂曲을 制定하되 正聲과 淸商 및 九部와 四舞의 명색이 아니면 모두 물리치게 하였다. 그 후 양제가 啓民可汗[15]을 장차 入朝하게 할 때에 樂曲이 많은 것을 과시하고자 하였는데, 太常少卿 裴蘊[16]이 양제의 비위를 맞추기

10) 聲伎 : 궁중이나 귀족의 집에 종사하는 歌姬와 舞女로, 妓女를 말한다. 聲妓라고도 한다.

11) 高緯 : 南北朝時代 北齊의 제5대 왕으로, 자는 仁綱이다. 시호와 묘호는 없으며 실질적으로 북제의 마지막 왕이므로 後主라고 불린다. 天統, 武平, 隆化라는 연호를 사용하였다. 제4대 왕 武成帝 高湛의 적장자로 어머니는 황후 胡氏이다. 斛律光의 딸과 호태후의 조카 胡氏를 차례로 황후로 맞았으나 모두 폐위시켰고, 유모 陸令萱의 양녀인 穆邪利를 황후로 맞이하였다가 목황후의 시녀 馮小憐을 총애하여 左皇后로 삼았다. 목황후와의 사이에서 북제의 마지막 왕인 幼主 高恒을 낳았다.

12) 散樂 : 古代의 樂舞 이름으로, 원래는 周代의 民間 樂舞를 가리키는데, 南北朝 이후로는 여러 가지 樂舞와 雜技를 가리키는 '百戲'와 같은 말이 되었다.

13) 鄭譯 : 隋 文帝의 學友로 隋나라가 세워진 뒤에 문제의 후대를 받았다. 음악에 밝아 84調를 지었다.

14) 牛弘 : 隋나라 安定 사람으로 자는 里仁이다. 황제의 명으로 五禮를 정비하였다. 新樂을 바로잡고, 明堂을 세우는 득실을 헌의하여 吏部尙書에 제수되고 奇章郡公에 봉해졌다. 煬帝의 명을 받들어 ≪大業律≫ 18편을 찬수하였다. 시호는 憲이다.

15) 啓民可汗 : 東突厥의 칸〔可汗〕으로, 처음에는 突利可汗이라 불렸다. 6세기 말에 돌궐은 大可汗인 都藍 이외에 서쪽으로 達頭, 북쪽으로 突利의 두 가한이 있어서 서로 간에 대립하였는데, 隋나라는 이들을 이간시키기 위하여 돌리에 공주를 降婚시키고 남쪽으로 옮겨 '啓民可汗'이라는 칭호를 내리고 유목지를 주었다. 都藍可汗이 죽은 뒤 達頭可汗과 싸워 이겨 돌궐족을 모두 병합하였다.

16) 裴蘊 : 隋 煬帝 때의 중신으로, 蘇威·宇文述·裴矩·虞世基와 함께 五貴라 불렸다. 양제의 의중을 잘 파악하여 양제가 좋아하는 사람이면 법을 무시한 채 사면하였고 양제가 싫어하면 죄가 없어도 처벌하였다. 宇文化及이 반란을 꾀할 때 우세기에게 알려 대책을 모의하고자 했으

위해 上奏하기를, "천하를 포괄하여 北周·北齊·梁나라·陳나라의 樂家 子弟들을 모두 樂戶로 지정하고, 그 가운데 六品 이하에서 庶人에 이르기까지 音樂을 잘하는 자가 있으면 모두 太常寺에 배치하소서."라고 하니, 양제가 그 말을 따랐다. 이에 사방의 산악이 크게 東京으로 모이게 되었다.

○ 初에 齊主高緯가 有魚龍山車等戲하고 謂之散樂한대 周宣帝時에 鄭譯奏徵之하고 高祖受禪에 命牛弘定樂호대 非正聲淸商及九部四舞之色이면 悉放遣之러니 帝以啓民可汗將入朝할새 欲以富樂誇之한대 太常少卿裴蘊이 希旨하야 奏括天下周齊梁陳樂家子弟를 皆爲樂戶하고 其六品以下至庶人히 有善音樂者어든 皆直(치)太常이라하니 帝從之라 於是에 四方散樂이 大集東京하다

45-1-8

大業 3년(607) 여름 4월에 조서를 내려 河北을 안정시키고 趙·魏 지역을 巡省하고자 하였는데, 이때 牛弘 등이 새로운 律令을 만들어 완성하였으니 모두 18篇이었다. 이것을 大業律이라 이르고 비로소 반포하여 시행하니, 백성들이 오랫동안 엄격하고 가혹한 법률에 싫증을 느끼던 터라 관대한 정사에 대해 기뻐하였다. 그러나 그 후에 征役을 많이 일으켜 백성이 命을 견디지 못하고 有司는 때가 임박하여 겁박하며 일을 이루려 하였으므로, 더 이상 律令을 사용하지 못하였다.

○ 三年夏四月에 下詔하야 欲安輯河北하고 巡省趙魏한대 牛弘等造新律成하니 凡十八篇이라 謂之大業律이라하고 始頒行之하니 民久厭嚴刻하야 喜於寬政이어늘 其後에 征役繁興하야 民不堪命하고 有司臨時迫脅하야 以求濟事라 不復用律令矣라

45-1-9

大業 4년(608)에 양제는 궁실을 營造하지 않는 날이 없었다. 兩京(洛陽과 長安) 및 江都에 苑囿와 정자와 전각이 비록 많았지만 시간이 오래 지날수록 더욱 싫증을 내었으니, 매번 행차할 적마다 좌우를 돌아보고 마음에 드는 것이 없어서 갈 바를 알지 못하였다. 이에 천하 山川의 지도를 널리 찾아 구비해놓고 직접 두루 살펴보면서 離宮과 苑囿를 지을 만한 勝地를 찾은 다음 여름 4월에 汾州 북쪽 汾水의 근원에 汾陽宮을 경영하라고 조서를 내렸다.

나 이를 믿지 않은 우세기가 失機하는 바람에 양제와 함께 모두 반란군에게 살해당하였다.

○ 四年에 帝無日不治宮室이라 兩京及江都에 苑囿亭殿雖多나 久而益厭하니 每遊幸에 左右顧矚하고 無可意者하야 不知所適이라 乃備責天下山川之圖하야 躬自歷覽하야 以求勝地可置宮苑者하고 夏四月에 詔於汾州之北汾水之源에 營汾陽宮이라

45-1-10

大業 5년(609) 여름 4월에 양제가 이르기를, "黃門侍郎 裴矩[17]는 安撫하고 懷柔하는 데에 지략이 있다." 하고, 銀青光祿大夫로 지위를 올려준 다음 西京의 여러 縣에서부터 西北의 여러 郡에 이르기까지 모두 물자를 塞外로 수송하게 하니 매년 수억 만금이 들었다. 그러나 경유하는 길이 험하고 먼데다 도적의 겁탈을 만나 사람과 가축이 죽어나가자 도달하지 못한 분량을 郡縣에서 모두 죽은 사람의 집에다 나누어 징발하였는데, 이로 말미암아 백성이 생업을 잃어서 西方이 먼저 곤궁하게 되었다.

○ 五年夏四月에 帝謂黃門侍郎裴矩有綏懷之略이라하고 進位銀青光祿大夫하고 自西京諸縣及西北諸郡히 皆轉輸塞外하니 每歲에 鉅億萬計이어늘 經途險遠하고 及遇寇鈔하야 人畜死亡하니 不達者를 郡縣皆徵破其家한대 由是에 百姓失業하야 西方先困矣러라

45-1-11

大業 7년(611) 봄 2월에 양제가 龍舟를 타고 河水를 건너 永濟渠로 들어갔는데, 인하여 選部·門下省·內史省·御史 등에게 명하여 배 앞에서 보충할 인원을 선발하게 하였다. 당시 선발된 사람이 3천여 명이었는데, 어떤 사람들은 徒步로 3천여 리나 용주를 따라오다가 추위에 떨고 굶주리고 지쳐서 죽은 자가 열에 한둘이었다.

마침내 조서를 내려 高句麗를 토벌할 때 幽州摠管 元弘嗣에게 명하여 東萊 海口로 가서 3백 척의 배를 건조하게 하였는데, 관리들이 부역을 감독할 때 밤낮으로 물속에 서서 감히 쉬지도 못하게 하니 허리에서부터 아래의 신체에 모두 구더기가 생겨서 죽은 자가 열에 서너 명이나 되었다. 또 河南·淮南·江南에 칙령을 내려 戎車 5만 乘을

17) 裴矩 : 隋나라 煬帝 때의 인물로, 자는 弘大이다. 經史를 두루 섭렵하였고 일을 처리하는 재간도 있었으며, 양제 때는 西域을 經略하여 吐谷渾을 격파하는 등 공적을 세웠다. 그러나 양제가 정치를 어지럽히고 사치를 일삼을 때 충언으로 바로잡으려 하지 않고 구차하게 아첨하여 양제의 비위를 맞추었는데, 당시 宇文述 등 5인과 함께 국정을 장악하여 五貴로 불렸다. 양제가 宇文化及에게 피살되자 우문화급에게 영합하여 尙書右僕射가 되었고, 우문화급이 패망하자 또 竇建德을 섬겼으며, 뒤에는 唐나라에 항복하여 태종을 섬겼다.

만들게 하고 高陽으로 보내어 갑옷과 군막을 싣게 한 다음 兵士들로 하여금 직접 나르게 하였다. 또 河南과 河北의 民夫를 징발하여 軍須를 공급하게 하고 江淮 이남의 民夫와 선박을 동원하여 黎陽 및 洛口 등 여러 창고의 쌀을 운반하게 하였는데, 선단의 길이가 천 리나 되었다. 그리고 왕래할 때 항상 수십만 명이 밤낮으로 끊이지 않아서 죽는 자가 속출하였으니, 천하가 이 때문에 소란하고 동요하였다

○ 七年春二月에 帝御龍舟渡河하야 入永濟渠한대 仍敕選部門下內史御史하야 於前船選補하니 其受選者三千餘人이어늘 或徒步隨船三千餘里에 凍餒疲頓하야 死者什一二라 遂下詔討高麗할새 敕幽州摠管元弘嗣하야 往東萊海口하야 造船三百艘한대 官吏督役에 晝夜立水中하야 不敢息하니 自腰以下皆生蛆하야 死者什三四라 又敕河南淮南江南하야 造戎車五萬乘하고 送高陽하야 供載衣甲幔幕하야 令兵士自挽之하고 發河南北民夫하야 以供軍須하고 江淮以南民夫及船으로 運黎陽及洛口諸倉米한대 舳艫千里요 往還에 常數十萬人이 晝夜不絶하야 死者相枕하니 天下騷動이라

45-1-12

大業 8년(612)에 嵩高山의 道士 潘誕이 자신은 나이가 300세라 하면서 양제를 위해 金丹[18]을 調制하여 精鍊하겠다고 하니, 양제가 그를 위해 嵩陽觀을 지어주었는데 들어간 경비가 鉅萬이나 되었다. 반탄이 이르기를, "金丹을 만들기 위해서는 石膽과 石髓를 사용해야 합니다." 하므로, 工人을 징발하여 숭고산의 大石을 백 자 깊이까지 뚫은 곳이 수십 곳이었으나 석담과 석수를 얻지 못하였다. 그러자 반탄이 말하기를, "만일 童男童女의 쓸개와 골수를 각각 3斛 6斗씩 얻는다면 석담과 석수를 대신할 수 있습니다." 하였는데, 양제가 그제야 노하여 그를 刑具로 결박하여 涿郡에 이르게 한 다음 참수하였다.

○ 八年에 嵩高道士潘誕이 自言三百歲라하고 爲帝合煉金丹하니 帝爲之作嵩陽觀한대 所費鉅萬이라 誕云 金丹은 應用石膽石髓라 發工鑿〔崇高大〕[19]石深百尺者數十處어늘 不得하니 乃言若得童男女膽髓各三斛六斗면 可以代之라한대 帝始怒하야 鎖詣涿郡하야 斬之라

---

18) 金丹 : 古代에 方士들이 金石을 精鍊하여 만들었던 丹藥으로, 長生不死의 효험이 있다고 한다. 仙丹・丹藥・仙藥 또는 九轉還丹이라고도 한다. ≪抱朴子≫ 內篇 권1 〈金丹〉에 "금단의 본성은 오래 달굴수록 그 변화가 더욱더 신묘하다. 황금이 불 속에 들어가면 백 번을 정련해도 녹아 없어지지 않고, 땅에 묻으면 이 세상이 다할 때까지 썩지 않는다.〔金丹之爲物 燒之愈久 變化愈妙 黃金入火 百鍊不消 埋之畢天不朽〕" 하였다.

19) 〔崇高大〕 : 저본에는 없으나, ≪資治通鑑≫ 권181에 의거하여 보충하였다.

45-1-13

사방의 병사가 모두 涿郡으로 집결했을 때 양제가 合水令 庾質[20]을 불러 묻기를, "고구려의 무리들은 우리의 한 郡을 당해낼 수 없을 것이다. 지금 짐이 이렇게 많은 병사를 동원하여 고구려를 정벌하면 경은 이길 수 있다고 생각하는가?" 하였다. 유질이 대답하기를, "치면 이길 수 있을 것입니다. 하지만 폐하께서 친히 가서 싸우다가 혹 이기지 못한다면 威靈이 손상될까 두렵습니다. 만일 車駕는 여기에 머물러 계시면서 용맹한 장수와 강한 군사에게 명하여 方略을 지시하여 알려주되, 주야로 쉬지 않고 행군하며 속도를 倍加하여 고구려에서 미처 생각하지 못하고 있을 때 나가 공격하게 한다면 반드시 이길 것입니다." 하니, 양제가 기뻐하지 않았다. 그런 와중에 尙方監 耿詢[21]이 上書하여 간절히 간하자 양제가 크게 노하여 좌우에 명하여 참수하게 하였는데, 何稠[22]가 애써 구원하여 참수를 면할 수 있었다.

조서를 내려 좌익 12軍은 鏤方과 樂浪 등의 길로 나가고 우익 12軍은 黏蟬과 襄平 등의 길로 나가서 各軍이 끊임없이 길을 따라 平壤에 총집결하게 하니, 군사가 모두 113만 명이었고 군량을 운반하는 사람은 그보다 배나 되었다. 그렇게 한 다음 날마다 1軍씩 파견하되 서로 간에 40여 리의 간격을 유지하며 군영이 연달아 차츰차츰 전진하게 하고, 御營의 6軍은 후미에서 출발하게 하였는데, 출정하는 군대의 행렬이 무려 1000여 리나 되었으니, 近古에 찾아볼 수 없는 성대한 출정이었다.

○ 四方兵皆集涿郡할새 帝徵合水令庾質하야 問曰 高麗之衆은 不能當我一郡이라 今朕以此衆伐之면 卿以爲克不아 對曰 伐之可克이나 然陛下親行戰이라가 或未克이면 懼損威靈이라 若車駕留此하고 命猛將勁卒하사 指授方略호대 倍道兼行하야 出其不意면 克之必矣니이다 帝不悅이어늘 尙方

---

20) 庾質 : 隋나라 新野 사람으로, 자는 行修이고, 庾季才의 아들이다. 8살 때 梁 元帝가 지은 〈玄覽〉과 〈言志〉 등 賦 10편을 암송하여 童子郎에 올랐고, 수나라에 들어와서는 隴州司馬를 거쳐 煬帝 大業 초에 太史令이 되었다. 항상 異災가 있을 때마다 그 일을 두고 면전에서 직설했는데, 어투가 강경하고 정확해서 황제가 꺼렸다. 나중에 황제의 뜻을 거슬러 투옥된 뒤 죽었다.

21) 耿詢 : 隋나라 丹陽 사람으로, 자는 敦信이다. 말재주가 뛰어나고 기교가 탁월하였다. 처음에 일에 연좌되어 官奴가 되었다가 文帝 때 벗 高智寶를 따라 천문관이 되었는데, 渾天儀와 馬上漏刻을 만든 공으로 양제 때 양인이 되었다가 누차 옮겨 太史丞이 되었다.

22) 何稠 : 隋나라 때 西城 사람으로, 자는 桂林이다. 지혜가 있고 재주가 뛰어나며 생각이 정밀하였다. 北周에 벼슬하여 參軍이 되었는데, 수나라 때에는 누차 옮겨 太府丞이 되었다. 文帝 開皇 연간에 李光仕의 난리 때 공을 세워 幕府를 개설하였으며, 양제 때는 太府少卿이 되었다가 太府卿이 되었다.

監耿詢上書切諫하니 帝大怒하야 命左右斬之러니 何稠苦救得免이라 詔左十二軍은 出鏤方樂浪等道하고 右十二軍은 出黏蟬襄平等道하야 絡繹引途하야 摠集平壤하니 凡一百一十三萬人이요 其餽運者倍之라 日遣一軍호대 相去四十餘里로 連營漸進하고 御營六軍이 後發하니 首尾千餘里라 近古出師之盛에 未之有也러라

45-1-14

여름 6월에 右翊衛大將軍 來護兒[23)]가 江淮의 水軍을 거느리고 나왔는데, 戰艦의 길이가 수백 리나 되었다. 그는 바다를 건너 먼저 진군한 다음 浿水에서부터 침입하였는데, 平壤[24)]과 60리 떨어진 지점에서 고구려 군사와 만나자 진격하여 크게 격파하였다. 내호아가 승기를 타고 평양성으로 진격하려 하니, 부총관 周法尙[25)]이 이를 저지하며 여러 군대를 기다려 함께 진격하자고 청하였다. 그러나 내호아가 그 말을 듣지 않고 곧장 성 아래로 나아가니, 고구려에서는 성안에 군사를 매복해놓고 出兵하여 싸우다가 일부러 지는 척 도망하였다. 내호아가 추격하여 성안으로 들어간 뒤에 군사를 풀어 약탈하게 하며 더 이상 대오를 편성하지 않으니, 매복해 있던 군사들이 나와 공격하였다. 내호아가 크게 패하여 돌아가자 고구려 군사들은 배가 있는 곳까지 추격하였으나, 주법상이 軍陣을 정비하여 대기하고 있었으므로 고구려 군사들이 이에 퇴각하였다.

○ 夏六月에 右翊衛大將軍來護兒帥江淮水軍하니 舳艫數百里라 浮海先進하야 入自浿水한대 去平壤六十里에 與高麗相遇하니 進擊大破之라 護兒欲乘勝趣其城하니 副摠管周法尙止之하야 請俟諸軍俱進이나 護兒不聽하고 直造城下하니 高麗伏兵郭內하고 出兵與戰而僞敗라 護兒逐之人

23) 來護兒 : 隋나라 水軍都督으로, 煬帝 때 左翊衛大將軍을 지내고 榮國公에 봉해졌다. 煬帝가 大軍을 거느리고 고구려를 침략할 때 수군을 거느리고 山東省 登州에서 대동강으로 진격하여 크게 승리를 거두었다. 그러나 2차 공격 때 고구려 군의 유인작전에 걸려 크게 패하게 되고, 이 패배로 수나라 군대는 막대한 타격을 입었다. 이를 두고 ≪資治通鑑≫ 註에서는, "가령 내호아의 군사가 패하여서 먼저 물러나지 않았다면 薩水에서의 낭패는 당하지 않았을 것이다." 하였다.

24) 平壤 : 북한의 ≪조선전사≫에는 여기에 나오는 평양은 지금의 평양이 아니라 鳳凰城이라고 하였다. 즉 이때 고구려에서는 수나라의 침입을 막기 위해 원수도인 지금의 평양에서 부수도인 평양, 즉 봉황성으로 수도를 옮긴 다음 그곳에 전선사령부를 두고 전쟁을 지휘하였다고 한다.(≪조선전사≫ 제3권, 233・239쪽)

25) 周法尙 : 隋나라 汝南 安成 사람으로, 자는 德邁이다. 어려서부터 용력이 있고 兵書 읽기를 좋아하였다. 수나라 때 巴州刺史가 되었다가 누차 옮겨 양제 때 武衛將軍이 되고 외직으로 나와 敦煌太守가 되었다. 시호는 僖이다.

城하고 縱兵俘掠하야 無復部伍하니 伏兵發하야 大敗而還이라 高麗追至船所나 周法尙整陳待之라 高麗乃退하다

45-1-15

大業 9년(613) 봄 2월에 양제가 侍臣에게 이르기를, “작은 오랑캐인 고구려가 上國을 모욕하였다. 지금은 산을 뽑고 바다를 옮기는 일도 오히려 해낼 수 있으리라 기대하고 있는데, 더구나 이까짓 오랑캐쯤이야 더 말할 것이 있겠는가.” 하고, 이에 다시 고구려 정벌에 대한 일을 의논하게 하였다. 그러자 左光祿大夫 郭榮[26)]이 諫하기를, “戎狄이 禮를 잃은 것은 신하의 일입니다. 千鈞의 쇠뇌는 새앙쥐를 잡기 위해 쏘지 않는 법입니다. 어찌 친히 萬乘의 國威를 욕되게 하면서 작은 적을 대적하려 하는 것입니까.” 하였다. 그러나 양제는 그 말을 듣지 않았다.

○ 九年春二月에 帝謂侍臣曰 高麗小虜侮慢上國이라 今拔海移山도 猶望克果어든 況此虜乎아하고 乃復議伐高麗하니 左光祿大夫郭榮諫曰 戎狄失禮는 臣下之事라 千鈞之弩는 不爲鼷鼠發機라 柰何親辱萬乘하야 以敵小寇乎오 帝不聽하다

45-1-16

3월에 양제가 遼東으로 행차할 때 民部尙書 樊子蓋[27)] 등에게 명하여 越王 楊侗[28)]을 보좌하여 남아 東都를 지키게 하였다. 당시 도처에서 도적이 봉기하였으니, 齊郡의 王薄과 孟讓, 北海의 郭方預, 淸河의 張金稱, 平原의 郝孝德과 河間의 格謙, 渤海의 孫宣雅 등이다. 이들은 각각 무리를 끌어모아 약탈을 자행하였는데, 많은 경우는 10여만 명이나 되었고 적은 경우는 수만 명이었으니, 山東 사람들이 이 때문에 괴

26) 郭榮 : 隋나라 太原 사람으로, 자는 長榮이다. 처음에 北周에서 벼슬하였는데, 高祖 楊堅과 친하여 蒲城郡公이 되었다가 누차 옮겨 通州刺史, 驃騎將軍이 되고 左光祿大夫가 되었다.

27) 樊子蓋 : 隋나라 장수로 자는 華宗이다. 北齊에서 벼슬을 하였는데, 文帝 때 循州總管이 되고 煬帝 때 武威太守가 되었다. 고구려 원정 때 楊侗을 보좌해 東都를 지켰는데, 煬帝가 樊子蓋의 공로를 가상히 여겨 그를 위해 기린의 형상을 새긴 옥 부절인 玉麟符를 만들어 銅獸 대신 차도록 함으로써 특별히 우대함을 표시하였다.

28) 越王 楊侗 : 煬帝의 손자로 자는 仁謹이다. 아버지는 양제의 적장자인 元德太子 楊昭이고, 代王 楊侑의 형이다. 607년 越王에 봉해졌으며 隋나라의 東都인 洛陽에 머물러 있었다. 613년 양제가 고구려 원정에 나선 사이에 楊玄感이 반란을 일으켜 낙양을 공격해오자 樊子蓋와 함께 낙양을 지켰다.

로위하였다. 또한 天下가 오랫동안 태평한 세월을 구가하여 사람들이 전쟁에 익숙하지 않았기 때문에 郡縣의 아전들은 도적들과 싸울 때마다 멀리서 모습만 보여도 겁에 질려 패배하고 말았다.

○ 三月에 帝幸遼東할새 命民部尙書樊子蓋等하야 輔越王侗하야 留守東都라 時所在盜起하니 齊郡王薄孟讓과 北海郭方預와 淸河張金稱과 平原郝孝德과 河間格謙과 渤海孫宣雅라 各聚衆攻剽한대 多者十餘萬이요 少者數萬人이니 山東苦之라 天下承平日久에 人不習戰이라 郡縣吏每與盜賊戰에 望風沮敗라

45-1-17

大業 10년(614) 겨울 11월에 南郊에서 제사 지낼 때 양제는 小次[29]에서 재계하지 않고 새벽에 法駕를 갖추어 도착하자마자 禮를 행하였다. 이날은 큰 바람이 불어와 양제가 홀로 上帝에게 술잔을 올리고 三公은 나누어 五帝에게 술잔을 올렸는데, 제사를 마친 후에 말을 몰아 빨리 달려 돌아왔다.

○ 十年冬十一月에 有事于南郊할새 帝不齋于次하고 詰朝備法駕하야 至卽行禮라 是日에 大風하니 帝獨獻上帝하고 三公分獻五帝한대 禮畢에 御馬疾驅而歸라

45-1-18

양제가 東都로 가려 할 때 太史令 庾質이 간하기를, "근래에 遼東을 정벌하느라 백성들이 실로 피로하고 생활이 피폐해졌으니, 폐하께서는 의당 關內를 鎭撫하시어 백성들로 하여금 農桑에 힘을 다하게 하고, 3년이나 5년 사이에 천하가 조금 豐實해지거든 그 뒤에 순시하며 민정을 살피는 것이 사리에 합당할 것입니다." 하니, 양제가 불쾌하게 여겼다. 그러다가 유질이 병을 핑계로 따르지 않자 양제가 노하여 유질을 下獄하였는데, 마침내 獄中에서 죽었다.

○ 帝將如東都할새 太史令庾質諫曰 比歲伐遼로 民實勞敝하니 陛下宜鎭撫關內하사 使百姓盡力農桑하고 三五年間에 四海稍豐實然後巡省이 於事爲宜이라하니 帝不悅이러니 質辭疾不從하니 帝怒하야 下質獄한대 竟死獄中하다

---

29) 小次: 郊祀를 지낼 때 帝王이 잠깐 쉬기 위해 설치하는 작은 장막이다.

45-1-19

大業 12년(616) 봄 정월에 毘陵通守 路通德에게 조서를 내려 10개 郡의 병사 수만 명을 징집하여 郡의 東南쪽에 宮苑을 새로 건립하게 하였는데, 둘레가 12里이고 그 안에는 16개의 離宮을 만들었다. 대저 이 궁원은 東都에 있는 西苑의 제도를 모방한 것이었는데 기이하고 화려함은 그보다 더하였다. 또 會稽에다 궁실을 건축하려 했지만, 마침 난리를 만나 실제로 완성하지는 못하였다.

○ 十二年春正月에 詔毘陵通守路通德하야 集十郡兵數萬人하야 於郡東南起宮苑한대 周圍十二里요 內爲十六離宮이라 大抵倣東都西苑之制나 而奇麗過之라 又欲築宮於會稽나 會亂不果成이라

45-1-20

여름 5월에 양제가 侍臣에게 盜賊의 형세에 대해 물었는데, 左翊衛大將軍 宇文述[30]이 말하기를, “점차 줄어들고 있습니다.” 하였다. 양제가 이르기를, “이전에 비해 얼마나 줄었는가?” 하니, 대답하기를, “10분의 1도 되지 않습니다.” 하였다.

이때 納言 蘇威[31]가 기둥 뒤로 몸을 숨겼는데, 양제가 앞으로 불러 묻자 대답하기를, “신이 맡은 일이 아니어서 그 수가 얼마나 되는지는 알 수 없으나 그들이 점차 가까워지고 있는 것이 걱정입니다.” 하니, 양제가 이르기를, “무슨 말인가?” 하였다. 소위가 말하기를, “다른 날에는 도적이 長白山을 근거지로 삼았는데 지금은 가까이 汜水에 있습니다. 또 지난날 租賦와 丁役을 부담하던 백성들이 지금은 모두 어디에 있습니까? 어찌 그 사람들이 모두 도적으로 변한 것이 아니겠습니까? 근래에 도적에 관한 奏文을 보니, 모두 사실대로 이야기하지 않아 마침내 지원하는 계획에 차질이 생겨 제때 정벌하지 못하게 하였습니다. 또 옛날에는 鴈門[32]에 사는 백성에게 遼東 정벌의 征役을 면제해주었는데, 지금 다시 征夫를 징발하고 있으니 도적을 무슨

30) 宇文述 : 隋나라의 장군으로, 자는 伯通이다. 陳나라를 평정한 공으로 安州摠管이 되었으며, 양제가 즉위하자 左衛大將軍, 許國公에 봉해졌다. 고구려 嬰陽王 때 于仲文과 함께 고구려를 침입하였으나, 살수에서 크게 패하고 신분을 박탈당하였다가, 얼마 후 다시 등용되었다. 양제의 순행을 수행하였다가 지병으로 죽었다.

31) 蘇威 : 隋 文帝와 煬帝 양대의 중신으로, 宇文述, 裴矩, 裴蘊, 虞世基와 함께 五貴라 불렸다. 宇文化及이 양제를 살해하자 그에게 벼슬하였고, 우문화급이 실패하자 李密에게 벼슬했으며, 이밀이 패배하자 王世充에게 귀순하였고, 李世民이 왕세충을 멸하자 唐朝에 귀순하였다.

32) 鴈門 : 山西省 忻州市 代縣 縣城 북쪽의 안문산에 있는 관문으로, 萬里長城에서 匈奴를 방비하는 중요한 관문이다.

수로 그치게 할 수 있겠습니까?" 하니, 양제가 불쾌하게 여기고 자리를 파하였다.

얼마 후 5월 5일에 모든 신료들이 대부분 진귀한 보물을 바쳤는데, 소위가 홀로 ≪尙書≫를 올리자 어떤 사람이 참소하기를, "≪상서≫에는 〈五子之歌〉[33]가 있으니, 소위의 의도가 매우 불손합니다." 하니, 양제가 더욱 노하였다.

○ 夏五月에 帝問侍臣盜賊한대 左翊衛大將軍宇文述曰 漸少니이다 帝曰 比從來少幾何오 對曰 不能什一이니이다 納言蘇威引身隱柱한대 帝呼前問之하니 對曰 臣非所司라 不委多少로되 但患漸近이니이다 帝曰 何謂也오 威曰 他日賊據長白山이러니 今近在汜水하고 且往日租賦丁役이 今皆何在오 豈非其人皆化爲盜乎아 比見奏賊皆不以實이라 遂使失於支計하야 不時剪除하고 又昔在鴈門에 許罷征遼러니 今復徵發하니 賊何由息이리오 帝不悅而罷러니 尋屬五月五日에 百僚多饋珍玩호대 威獨獻尙書하니 或譖之曰 尙書有五子之歌하니 威意甚不遜이라하니 帝益怒라

45-1-21

가을 7월에 江都에서 새로 龍舟를 만들어 東都로 보내오니, 宇文述이 양제에게 강도로 행차하기를 권하였다. 이에 右候衛大將軍 趙才[34]가 간하기를, "지금 백성은 피로하고 府庫의 재물은 텅 비어 고갈되었는데, 도적은 벌 떼처럼 일어나고 금령은 시행되지 않고 있습니다. 바라건대, 폐하께서는 京師로 돌아가시어 백성들을 편안히 살게 하소서." 하니, 양제가 크게 노하여 조재를 집법관에게 넘겨주어 처리하게 하였다가 열흘 만에 마음이 풀어져 놓아주게 하였다.

조정의 신하들도 모두 강도로 가고자 하지 않았지만 양제의 뜻이 워낙 완고하여 감히 간하는 사람이 없었는데, 建節尉 任宗이 上書하여 극력 간하자 그날 바로 朝堂에서 곤장을 쳐서 죽였다.

---

33) 五子之歌 : ≪書經≫ 〈夏書〉의 편명으로, 夏나라 太康의 다섯 아우가 태강을 원망하며 지은 노래이다. 禹임금의 손자인 태강이 荒淫無度하여 국정을 돌보지 않다가 有窮의 군주인 羿에 의해 폐위되어 쫓겨나자, 그의 다섯 아우가 우임금의 훈계를 인용하여 노래한 것으로, 우임금은 여색과 사냥, 술과 음악에 빠지는 것과 궁궐을 호화롭게 꾸미는 것을 경계하면서 이 중에 한 가지라도 있으면 반드시 망한다는 내용이다.

34) 趙才 : 隋나라 張掖 酒泉 사람으로, 자는 孝才이다. 어릴 때부터 무용이 뛰어나고 궁술과 기마술에 능하였다. 隋 文帝의 명으로 煬帝를 섬겼는데, 양제가 태자가 되었을 때 右虞候率이 되었고 양제가 즉위하자 右驍衛將軍이 되었으며 吐谷渾 정벌에 공을 세워 右候衛大將軍에 올랐다. 양제가 江都로 행차하려 하자 極諫했지만, 듣지 않았다. 宇文化及이 황제를 살해한 뒤 그를 本官從事로 삼았지만 뜻을 얻지 못해 침울한 삶을 살았다. 나중에 竇建德의 포로로 잡히자 마음에 울화가 쌓여 며칠 만에 죽었다.

○ 秋七月에 江都新作龍舟成하야 送東都하니 宇文述勸幸江都한대 右候衛大將軍趙才諫曰 今百姓疲勞하고 府藏空竭이어늘 盜賊蜂起하고 禁令不行하니 願陛下還京師하사 安兆庶하소서하니 帝大怒하야 以才屬吏라가 旬日意解하야 乃出之라 朝臣皆不欲行이나 帝意甚堅하야 無敢諫者어늘 建節尉任宗上書極諫하니 卽日於朝堂에 杖殺之하다

45-1-22

겨울 12월에 內史侍郞 虞世基는 양제가 도적에 대한 말을 듣기 싫어한다는 이유로 여러 장수와 郡縣에서 敗戰을 고하고 구원을 요청하는 경우가 있으면, 우세기가 그때마다 모두 表文과 狀啓를 줄이고 생략하여 사실대로 보고하지 않고, 단지 "쥐나 개처럼 물건을 훔치는 좀도둑들이니, 郡縣에서 체포하고 추적하면 모두 사라질 것입니다. 바라건대, 폐하께서는 개의치 마소서." 하였다. 이에 양제는 그의 말이 참으로 옳다고 여겨서 혹 使者를 매질하며 妄言을 한다고 하였으니, 이로 말미암아 도적들이 천하에 널리 퍼져서 郡縣을 함락하였지만 양제는 전혀 그 사실을 알지 못하였다.

○ 冬十二月에 內史侍郞虞世基는 以帝惡聞賊盜로 諸將及郡縣有告敗求救者어든 世基皆抑損表狀하야 不以實聞하고 但云 鼠竊狗盜니 郡縣捕逐이면 行當殄盡이라 願陛下勿以介懷하소서 帝良以爲然하야 或杖其使者하야 以爲妄言이라하니 由是로 盜賊徧海內하야 陷沒郡縣이나 帝皆弗之知也러라

王世忠

45-1-23

양제는 江都에 도착했을 때 알현하는 江淮 지역의 郡官들에 대해 오로지 禮餉을 많이 바쳤는지 적게 바쳤는지에 대해서만 물어보아 많이 바쳤으면 郡丞·郡守로 超遷해주고 적게 바쳤으면 대체로 정직하거나 해직하는 쪽으로 처리하였으니, 江都郡丞 王世充[35]은 銅鏡과 屛風을 바쳐 通守[36]로 超遷되었

35) 王世充 : 隋나라의 장수이다. 수말 혼란기에 煬帝가 宇文化及에게 피살당하자 황손 楊侗을 황제로 옹립하고 국정을 농단하다가 이듬해 황제를 폐위하고 스스로 즉위하여, 국호를 鄭, 연호를 開明이라 하고 河南 일대를 지배하였다. 그러나 얼마 뒤 李世民의 군사에게 패한 뒤 항복하였다.

고 歷陽郡丞 趙元楷는 산해진미를 바쳐 江都郡丞으로 超遷되었다.

이로 말미암아 郡縣에서는 다투어 가혹하게 수탈하여 貢獻을 채우기에 힘썼으니, 백성들이 밖으로는 도적에게 노략질 당하고 안으로는 군현의 부세에 시달려서 살림살이가 남아나지 않았다. 게다가 기근까지 겹쳐 먹을 것이 없어지자 백성들이 처음에는 초근목피를 채집한 다음 말려서 빻아 가루로 만들기도 하고 혹은 흙을 구워 먹기도 하였는데, 이렇게라도 먹을 것이 모두 없어지면 서로 잡아먹기도 하였다. 그럼에도 불구하고 관가의 곡식은 오히려 채워지지 않았고 관리들은 국법이 두려워 아무도 감히 구휼을 시행하지 못하였다.

○ 帝至江都에 江淮郡官謁見者는 專問禮餉豐薄하야 豐則超遷丞守하고 薄則率從停解하니 江都郡丞王世充은 獻銅鏡屛風하야 遷通守하고 歷陽郡丞趙元楷는 獻異味하야 遷江都郡丞이라 由是로 郡縣競務刻剝하야 以充貢獻하니 民外爲盜賊所掠하고 內爲郡縣所賦하야 生計無遺하고 加之饑饉無食하니 民始采樹皮葉하야 或擣藁爲末이어나 或煮土而食之한대 諸物皆盡이면 乃自相食이어늘 而官食猶充牣하고 吏皆畏法하야 莫敢賑救라

45-1-24

大業 13년(617)에 唐公 李淵[37]이 晉陽에서 起兵한 다음 진격하여 長安을 점령하였는데, 代王 楊侑[38]를 받들어 황제로 삼고 양제를 멀리서 추존하여 太上皇으로 삼고 당공은 丞相이 되었다. 그 후 양제는 江都에 있으면서 宇文化及 등에게 시해되었으니, 재위 기간은 13년이고 향년은 39세였다.

○ 十三年에 唐公李淵이 起兵於晉陽하야 進克長安한대 奉代王侑爲帝하고 遙尊帝爲太上皇하고 唐公爲丞相이러니 帝在江都하야 爲宇文化及等所弑하니 在位十三年이요 享年三十有九라

45-1-25

史臣은 다음과 같이 논하였다.

"양제는 어릴 적에 일찍부터 아름다운 소문이 있었으니, 남쪽으로 吳會[39]를 평정

36) 通守 : 隋代에 郡守의 아래에서 郡의 사무를 보좌한 벼슬로 군수 다음의 지위이다.

37) 李淵 : 唐나라 高祖이다. 煬帝의 신하로 있다가 隋나라의 혼란을 틈타 반란을 일으킨 뒤에, 양제의 손자 楊侑를 황제로 옹립하고, 양제가 죽자 양유로부터 禪讓을 받아 당나라를 건국하였다.

38) 代王 楊侑 : 隋나라 제3대 황제로, 煬帝의 손자이다. 양제가 大業 13년(617) 남쪽을 순행할 때 長安을 지키고 있었는데, 唐 高祖가 장안을 함락시킨 뒤 황제로 옹립하였다.

하고 북쪽으로 匈奴를 격퇴하여 형제들 가운데 유독 명성과 공적이 현저하였다. 이에 속셈을 숨기고 외면을 꾸미면서 방자하게 간특한 꾀를 부렸기 때문에 文獻皇后의 총애를 얻어서 文帝가 태자를 바꿀 생각을 하였는데, 천하에 변란이 시작되었을 때 마침내 태자가 되어 至尊의 寶座에 오르고 천명을 받아 皇位를 계승하였다. 三代보다 광활한 영토를 차지하고 온 천하에 위세를 떨쳤으므로 單于가 복종하여 예를 행하고 越裳[40]이 몇 번의 통역을 거쳐 찾아와 조회하였으며 赤仄[41]의 화폐가 都城 안에 넘쳐나고 오래되어 썩어나는 곡식이 변방에 가득 쌓여 있을 정도였으니, 이렇게 부강한 國勢를 믿고 끊임없이 욕심을 부리고자 하였다.

史臣論曰 煬帝爰在弱齡에 早有令聞하니 南平吳會하고 北却匈奴하야 昆弟之中에 獨著聲績이라 於是에 矯情飾貌하야 肆厥姦回라 故得獻后鍾心하고 文皇革慮러니 天方肇亂에 遂登儲貳하야 踐峻極之崇基하고 承丕顯之休命이라 地廣三代하고 威振八紘하야 單于頓顙하고 越裳重譯하며 赤仄之泉이 流溢于都內하고 紅腐之粟이 充積於塞下하니 負其富彊之資하야 思逞無厭之欲이라

殷나라와 周나라의 제도를 경시하고 秦나라와 漢나라의 규모를 숭상하였으며 자신의 재주를 믿어 스스로 오만하고 밝은 덕 있는 사람을 업신여겼다. 속으로는 사악하고 포악한 마음을 품고 있으면서 밖으로는 장중하고 儉薄한 행실로 꾸몄으며 화려한 복식으로 자신의 간사한 속내를 포장하고 간쟁하는 관원을 제거하여 자신의 허물을 감추었다. 荒淫無度하고 법령을 번다하게 제정하여 敎化가 사방에서 단절되게 하였고 五虐의 형벌[42]을 더하여 骨肉의 친척을 주벌하였으며, 충성스럽고 참된 선비를 도륙하여 상을 받은 사람은 자신의 공을 드러내지 못하고 살육된 사람은 자신의 죄를 알지 못하였다. 교만함과 분노로 일으킨 군대를 누차 출병하고 토목공사를 쉬지

39) 吳會 : 옛날 吳나라 지역인 江東의 會稽 일대를 가리킨다. 東漢 때에 會稽郡을 吳郡과 회계군으로 나누고 吳會로 병칭하였다. 농어 등 해산물이 풍부하다.

40) 越裳 : 交趾의 남방에 있던 나라의 이름으로, 오늘날의 越南 남부에 해당한다. ≪後漢書≫ 권86 〈南蠻列傳〉에 "交趾의 남쪽에 越裳國이 있었다. 周公이 6년간 攝政하면서 예절을 제정하고 음악을 만들어 천하가 태평해지자 월상국에서 코끼리 세 마리를 타고 몇 번의 통역을 거쳐 찾아와 흰 꿩을 바쳤다." 하였다.

41) 赤仄 : 赤銅으로 테두리를 두른 화폐로 漢나라 武帝 때 처음 만들었다. 여기서는 도성의 토목공사에 들어가는 비용을 가리키는 말로, 나라의 풍부한 錢貨를 의미한다.

42) 五虐의 형벌 : 苗族의 始祖 蚩尤가 만든 다섯 가지의 虐刑으로 귀를 끊는 것〔截耳〕, 코를 끊는 것〔截鼻〕, 여자의 음부에 말뚝 치는 것〔椓陰〕, 얼굴에 자자하는 것〔黥面〕 무고한 사람을 벌주는 것이다.(≪書經≫ 〈周書 呂刑〉)

않아서 자주 朔方으로 출정하고 세 차례나 遼東에 행차하였으니 군대의 행렬이 만 리에 이어졌으며, 온갖 방법으로 賦稅를 징수하고 교활한 아전은 백성을 침탈하였으니 백성들이 命을 감당하지 못하였다. 그런 상황에서도 도리어 다급하고 포학한 명령으로 백성을 괴롭히고 엄하고 가혹한 형률로 백성을 다스리며 무력과 위세로 백성을 관리하였으니, 이로부터 천하가 소란하여 백성들이 살아갈 방도가 없어졌다.

狹殷周之制度하고 尙秦漢之規摹하며 恃才矜己하고 傲佷明德하며 內懷險躁하고 外示凝簡하며 盛冠服以飾其姦하고 除諫官以掩其過라 荒淫無度하고 法令滋彰하야 教絶四維하고 刑參五虐하야 鋤誅骨肉하며 屠勦忠良하야 受賞者莫見其功하고 被戮者不聞其罪라 驕怒之兵屢動하고 土木之工不息하야 頻出朔方하고 三駕遼左하니 旌旗萬里하며 徵稅百端하고 猾吏侵漁하니 人弗堪命이라 乃急令暴條以擾之하고 嚴刑峻法以臨之하고 甲兵威武以董之하니 自是로 海內騷然하야 無聊生矣라

얼마 지나지 않아 楊玄感이 黎陽에서 반란을 일으키고[43] 匈奴가 鴈門을 포위하는 일[44]이 생기자 天子가 中原을 포기하고 멀리 揚·越로 떠났는데 간사한 무리들이 이 기회를 틈타 약소국이 강대국을 능멸하였으니, 관문과 포구는 닫혀서 통하지 않았고 황제의 車駕는 가서 돌아오지 않았다. 이런 상황에서 전쟁이 더해지고 기근까지 들었기 때문에 백성들 가운데 10에 7, 8은 유리걸식하다 죽어 구렁에 시신이 뒹굴었다. 이에 도적들이 물가에 모여 고슴도치의 털처럼 봉기하였으니, 큰 도적은 州와 郡에 걸쳐 땅을 차지하여 帝와 王을 자칭하였고 작은 도적은 천 명이나 백 명이 무리를 이루어 城邑을 공격하여 약탈하였다. 그리하여 흐르는 피가 내와 못을 이루고 죽은 사람이 어지러이 뒹굴게 되었으니, 백성들은 해골로 불을 때기에도 바쁘고 자식을 바꾸어 잡아먹기에도 겨를이 없어서 아득한 九州는 온통 사슴이 뛰노는 마당이 되고 참혹한 백성들은 모두 뱀이나 돼지의 먹이가 되었다.

---

43) 楊玄感이……일으키고 : 양현감은 煬帝의 즉위에 큰 공이 있는 尙書令 楊素의 아들인데, 양소의 세력이 지나치게 커진 것을 우려한 양제가 즉위 1년 만에 양소를 司徒로 임명하여 실권을 박탈하자, 黎陽에서 군수 물자의 운송을 감독하고 있던 양현감은 고구려 원정을 원망하는 민심을 틈타 613년 6월에 洛陽으로 진격하여 반란을 일으켰다. 이에 고구려 원정에 나섰던 양제는 곧바로 회군하면서 宇文述 등에게 진압명령을 내렸는데, 낙양을 포기하고 서쪽으로 이동하려던 양혐감은 潼關까지 가지도 못하고 진압군에게 대패했다.

44) 匈奴가……일 : 양제가 山西 代縣의 雁門에서 始畢可汗에게 포위되었던 일을 말한다. ≪隋書≫ 〈突厥傳〉에 "〈隋 煬帝 11년(615)에〉 始畢이 그의 부락을 인솔하여 침입하고 양제를 雁門에서 포위하자 양제는 조칙을 내려 여러 郡에 병력을 징발하여 行在所에 오게 하였다. 지원군이 이르렀을 때 시필은 군대를 이끌고 떠나갔다. 이로부터 朝貢이 마침내 끊겼다." 하였다.

俄而玄感肇黎陽之亂하고 匈奴有鴈門之圍하니 天子方棄中土하고 遠之揚越이어늘 姦宄乘釁하야 彊弱相凌하니 關梁閉而不通하고 皇輿往而莫返이라 加之以師旅하고 因之以饑饉하야 流離道路하야 轉死溝壑이 十七八焉이라 於是에 相聚萑蒲하야 蝟毛而起하니 大則跨州連郡하야 稱帝稱王하고 小則千百爲群하야 攻城剽邑하야 流血成川澤하고 死人如亂麻하니 炊者不及析骸하고 食者不遑易子하야 茫茫九土는 竝爲麋鹿之場하고 慘慘黔黎는 俱充蛇豕之餌라

사방 만 리에서 〈敗戰을 알리는 보고와 구원을 요청하는 서신이〉 끊임없이 이어지는 상황에서도 대신들은 오히려 '쥐나 개처럼 몰래 물건을 훔치는 좀도둑들이니 근심할 것이 없습니다.'라고 하며 윗사람과 아랫사람이 서로 덮어주어 누구도 기꺼이 난리를 걱정하지 않은 채 하루살이처럼 날개를 떨치고 밤새도록 즐거움을 다하였으니, 흙더미가 무너지고 생선이 썩는 것처럼 죄악이 쌓여 온 천하가 모두 원수가 되고 좌우의 사람들이 모두 적국이 되었다. 억조창생 가운데는 은덕에 감격하는 선비가 없고 天下九州에는 임금을 구원하는 군사가 없었으며 자제들은 모두 誅罰되어 해골이 버려져도 수습할 사람이 없고 사직은 붕괴되어 宗族의 本孫과 支孫이 모두 끊어졌으니, 문자가 있은 이후로 지금에 이르기까지 이처럼 심하게 천하가 붕괴되어 흩어지게 하고 백성을 도탄에 빠뜨려서 자신을 죽이고 나라를 망하게 한 경우는 없었다.

四方萬里에 簡書相續호대 猶謂鼠竊狗盜니 不足爲虞라하야 上下相蒙하야 莫肯念亂하고 振蜉蝣之羽하고 窮長夜之樂하니 土崩魚爛하야 罪盈惡稔하야 普天之下가 莫匪仇讎하고 左右之人이 皆爲敵國이라 億兆靡感恩之士하고 九牧無勤王之師하며 子弟同就誅夷하야 骸骨棄而莫掩하고 社稷顚隕하야 本枝殄絶하니 自肇有書契以迄于茲히 宇宙崩離하고 生靈塗炭하야 喪身滅國이 未有若斯之甚也라

≪書經≫ 〈商書 太甲〉에 '하늘이 만든 재앙은 피할 수 있지만, 스스로 만든 재앙은 피할 수 없다.' 하였고, ≪春秋左氏傳≫ 僖公 16년 조에 '길흉은 사람에 달린 것이다.' 하였고, 莊公 14년 조에 '요사함은 망령되이 일어나지 않는다.' 하였고, 또 隱公 4년 조에 '무력이란 불과 같은 것이니, 단속하지 않으면 장차 자신을 태우게 된다.' 하였으니, 수나라 왕실의 存亡을 살펴보건대 이 말들이 참으로 징험이 있다."

書曰 天作孽은 猶可違어니와 自作孽은 不可逭이라하고 傳曰 吉凶由人이라하고 妖不妄作이라하고 又曰 兵猶火也니 不戢將自焚이라하니 觀隋室之存亡컨대 斯言信有徵矣로다

歷代君鑑 권46

경계할 만한 惡政 惡可爲戒

唐나라

高宗[1)]

46-1-1

高宗은 이름이 治이니, 太宗의 아홉 번째 아들이다. 貞觀 5년(631)에 晉王에 봉해지고 17년(643)에 황태자가 되었으며 23년(649)에 태종이 붕어하자 황제에 즉위하였다.

高宗名治이니 太宗之第九子也라 貞觀五年에 封晉王하고 十七年에 立爲皇太子하고 二十三年에 太宗崩하니 卽皇帝位라

46-1-2

처음에 王皇后[2)]에게 아들이 없고 蕭淑妃[3)]가 총애를 받자 왕황후가 질투하였다. 고종이 태자로 있을 때 황궁으로 들어가 태종을 모시다가 才人 武氏[4)]를 보고 그녀를 좋아하게 되었는데, 태종이 붕어했을 때 무씨는 무리들을 따라 나가 感業寺의 비

1) 高宗 : 唐나라 3대 임금 李治의 廟號로, 자는 爲善이고 태종의 아홉 번째 아들이다. 즉위한 뒤 태종의 옛 제도를 많이 계승하였다. 일찍이 출병하여 西突厥을 평정했고, 또 李勣에게 6總管兵을 이끌고 가 고구려를 공격하게 하였다. 나중에 王皇后를 폐위하고 太宗의 才人인 武氏(則天武后)를 황후로 삼아 天倫을 어지럽히고 唐나라 황실을 망하게 함으로써 국가에 화를 끼쳤다. 34년 동안 재위하였고, 시호는 天皇大帝이다.

2) 王皇后 : 特進 魏國公 王仁祐의 딸로, 高宗의 총애를 받았으나 則天武后의 농간에 의해 폐위되고 蟒氏 성을 받았다.(≪舊唐書≫ 권51 〈后妃列傳〉)

3) 蕭淑妃 : 아름다운 용모로 高宗의 총애를 받았으나, 則天武后의 농간에 의해 폐위되고 梟氏 성을 받았다.(≪舊唐書≫ 권51 〈后妃列傳〉)

4) 才人 武氏 : 才人은 여자의 관직명이고, 武氏는 則天武后를 가리킨다. 그녀는 邢州都督 武士彠의 딸로, 미모가 뛰어나 14세 되던 唐 太宗 貞觀 11년(637)에 재인으로 입궁하였고, 그 후 高宗의 사랑을 받아 황후 왕씨를 몰아내고 황후가 되어 정권을 천단하였다. 후에 고종이 죽고 中宗이 즉위하자 중종을 폐위시키고 睿宗을 세웠다가 다시 예종을 폐위하고 스스로 帝位에 올라 則天皇帝라 칭하고 국호를 周라 하였다.

구니가 되었다. 태종의 忌日에 고종이 감업사에 가서 焚香禮를 거행하다가 그녀를 만났는데, 무씨가 눈물을 흘리자 고종도 눈물을 흘렸다. 왕황후가 이 소식을 듣고는 몰래 무씨로 하여금 머리카락을 기르게 한 다음 고종에게 그녀를 후궁으로 받아들이도록 권유하였으니, 소숙비에 대한 총애를 이간하고자 한 것이었다.

무씨는 지혜가 있고 권모술수에 뛰어났다. 처음 황궁에 들어왔을 때 겸손한 말로 몸을 굽혀 왕황후를 섬겼는데, 왕황후가 그녀를 사랑하여 고종에게 자주 그녀의 미색을 칭찬하니 얼마 지나지 않아 크게 총애를 받았다. 永徽 5년(654) 3월에 무씨가 昭儀[5]에 제수되자 왕황후와 소숙비에 대한 총애가 점차 줄어들었으므로 왕황후는 다시 소숙비와 함께 무씨를 참소하였는데, 고종은 그녀들의 참소를 모두 받아들이지 않았다. 소의는 자기 아버지에게 관작을 추증하고 싶었으나 명분이 없었으므로, 이에 武德功臣을 포상한다는 핑계로 屈突通[6] 등 13인에게 관작을 加贈하면서 자기 아버지 武士彠을 끼워 넣었다.

○ 初에 王皇后無子하고 蕭淑妃有寵하니 王后疾之라 上之爲太子也에 入侍太宗이라가 見才人武氏而悅之러니 太宗崩에 武氏隨衆하야 感業寺爲尼라 忌日에 上詣寺行香見之한대 武氏泣에 上亦泣이어늘 王后聞之하고 陰令武氏長髮하야 勸上內(납)之後宮하니 欲以間淑妃之寵이라 武氏巧慧多權數라 初入宮에 卑辭屈體以事后한대 后愛之하야 數(삭)稱其美於上하니 未幾에 大幸이라 永徽五年三月에 拜爲昭儀하니 后及淑妃寵皆衰하야 更相與譖之한대 上皆不納이라 昭儀欲追贈其父而無名이라 於是에 託以褒賞武德功臣하야 加贈屈突通等十三人官에 而其父士彠을 預焉이라

46-1-3

永徽 5년(654) 윤4월 정축일 밤에 큰 비가 내렸는데, 산에서 내려오는 물이 넘쳐

5) 昭儀 : 여자의 관직명으로, 妃嬪 가운데 하나이다. 魏나라와 晉나라에서 明나라까지 모두 설치하였다. 唐나라에서는 隋나라 제도를 원용하여 貴妃·淑妃·德妃·賢妃 각 1인의 夫人을 두었으니 정1품이고, 昭儀·昭容·昭媛·脩儀·脩容·脩媛·充儀·充容·充媛 각 1인의 九嬪을 두었으니 정2품이며, 婕伃 9인·美人 4인·才人 5인을 두었으니 각각 정3품·정4품·정5품이고, 寶林·御女·采女 각 27명씩 모두 81명을 두었으니 각각 정6품·정7품·정8품이다.(≪新唐書≫ 권47 〈百官2 內官〉)

6) 屈突通 : 557~628. 隋唐 교체기 때 雍州 長安 사람으로, 隋 煬帝의 大業 연간에 거듭 승진하여 左驍衛大將軍에 오르고 關內討捕大使에 임명되었다. 당나라 高祖 때에 河東을 지키다가 패하여 포로로 잡혔는데, 고종이 석방하고 兵部尙書에 임명한 뒤 蔣國公에 봉하였다. 秦王 李世民을 따라 薛仁杲를 평정하고 보물이 산처럼 쌓였지만, 홀로 취하지 않았다. 전공이 뛰어나 右僕射에 임명되고 洛陽을 지켰다. 태종 貞觀 원년(627)에 光祿大夫에 올랐다. 시호는 忠이다.

흘러 玄武門에 부딪치자 宿衛하던 군사들이 모두 흩어져 달아났다. 고종은 급히 나와 높은 곳으로 올라갔는데, 잠깐 사이에 물이 寢殿으로 흘러들어 떠내려가거나 빠져 죽은 사람이 3,000여 명이나 되었다. 논평하는 사람이 말하기를, "昭儀로 지위를 올려 제수한 지 몇 개월이 지나지 않아 홍수가 침전으로 흘러들었다." 하였으니, 난리의 징험이 이미 싹텄다는 점을 말한 것이다.

○ 閏四月丁丑夜에 大雨한대 山水漲溢하야 衝玄武門하니 宿衛士皆散走라 上遽出乘高러니 俄而水入寢殿하야 漂溺三千餘人이라 論者謂晉位昭儀曾未閱月에 水入寢殿이라하니 亂證已萌矣라

46-1-4

이후 王皇后와 蕭淑妃가 武昭儀와 다시 서로 참소였는데, 고종은 昭儀의 말만 믿었다. 황후에 대한 총애가 비록 줄어들긴 하였지만 고종은 아직 그녀를 폐위시킬 생각이 없었는데, 그때 마침 소의가 딸을 낳았다. 황후는 그 아이를 어여삐 여기면서 데리고 놀았는데, 황후가 나가자 소의는 몰래 그 아이를 눌러서 죽이고 이불로 덮어 두었다. 고종이 이르렀을 때 소의는 겉으로 환영하는 척하며 웃다가 이불을 들쳐보니 딸이 이미 죽어 있었다. 바로 놀라 울면서 곁에 있는 사람들에게 물어보았는데 모두 말하기를, "황후가 마침 이곳에 왔었습니다." 하니, 고종이 크게 노여워하며 "황후가 내 딸을 죽였구나." 하였다. 소의가 인하여 눈물을 흘리며 황후의 죄를 하나하나 열거하였는데, 황후는 스스로 변명할 방법이 없었다.

고종은 이로 말미암아 황후를 폐위시킬 뜻을 갖게 되었지만 또한 대신들이 따르지 않을까 걱정하였다. 이에 소의와 함께 太尉 長孫無忌[7]의 집에 행차하여 즐겁게 술을 마신 다음 그 자리에서 장손무기가 총애하는 여인의 아들 세 사람에게 벼슬을 제수하여 모두 朝散大夫로 삼고 인하여 금과 보배와 비단 10수레를 실어다 장손무기에게 하사하였다. 고종이 인하여 황후에게는 아들이 없다고 조용히 말하며 비웃으니, 장손무기는 다른 말로 대답하고 끝내 고종의 뜻에 따르지 않았다. 그러자 고종과 소의는 모두 불쾌하게 여기며 자리를 파하였다.

---

7) 長孫無忌 : 河南 洛陽 사람으로, 자는 輔機이다. 唐 太宗의 부인 文德皇后의 오빠로, 太祖의 참모로 있으면서 唐나라를 세우는 데 공을 세웠고, 李建成의 난에 당 태종을 도와 난을 진압하여 태종이 佐命元勳으로 삼고 외척으로서 더욱 존중하였다. 훗날 凌煙閣에 공신의 화상을 걸 때 24명의 공신들 중에서 제일 먼저 걸렸다.

○ 是後에 王皇后蕭淑妃가 與武昭儀로 更相譖訴어늘 上獨信昭儀라 后寵雖衰나 然上未有意廢也어늘 會昭儀生女라 后憐而弄之러니 后出에 昭儀潛扼殺之하야 覆之以被하고 上至에 昭儀陽歡咲하야 發被觀之하니 女已死矣라 卽驚啼問左右한대 皆曰 皇后適來此라하니 上大怒曰 后殺吾女라 昭儀因泣數其罪어늘 后無以自明이라 上이 由是로 有廢立之志나 又畏大臣不從이라 乃與昭儀로 幸太尉長孫無忌第하야 酣飮極歡하고 席上에 拜無忌寵姬子三人하야 皆爲朝散大夫하고 仍載金寶繒錦十車하야 以賜無忌하고 上이 因從容言皇后無子以諷之하니 無忌對以他語하고 竟不順旨하니 上及昭儀가 皆不悅而罷라

46-1-5

永徽 6년(655)의 일이다. 고종이 하루는 조정에서 물러나 長孫無忌・李勣[8]・于志寧[9]・褚遂良[10]을 불러 내전으로 들어오게 하였는데, 李勣은 병을 핑계로 들어오지 않았다. 고종이 장손무기를 돌아보며 이르기를 "황후는 아들이 없고 무소의는 아들이 있으니 이제 소의를 세워 황후로 삼고자 한다. 어떻게 생각하는가?" 하였는데, 저수량이 대답하기를 "황후는 명망 있는 집안 출신으로, 先帝께서 폐하를 위해 아내로 삼게 하신 분입니다. 황후에게 잘못이 있다는 말을 듣지 못하였는데, 어찌 경솔하게 폐위할 수

則天武后

8) 李勣 : 唐나라 太宗 때의 장수인 李世勣을 말한다. 원래 이름은 徐世勣이고 자는 懋功인데, 李密을 섬기다가 당 태종에게 귀순하여 큰 공을 세웠으므로 李氏 성을 하사하여 이세적이 되었다가 뒤에 또 당 태종 李世民의 이름을 피휘하여 李勣으로 바꾸었다. 벼슬은 尙書左僕射를 지냈으며, 高宗 때 고구려를 침공하기도 하였다.

9) 于志寧 : 唐나라 京兆 高陵 사람으로, 자는 仲謐이다. 당나라 초에 天策府中郎과 文學館學士를 지냈다. 태종 貞觀 3년(629)에 中書侍郎에 오르고 太子左庶子가 더해졌다. 당시 태자 李承乾이 자주 과오를 범하자 글을 올려 간절하게 충고하였다. 태자가 화를 내고 자객 두 사람을 보내 살해하려 했는데, 자객들이 그의 생활이 검소한 것을 보고 차마 죽이지 못했다. 侍中에까지 오르고 監修國史가 되었다. 高宗 永徽 2년(651)에 左僕射로 同中書門下三品에 올랐다. 顯慶 4년(659)에 나이가 들어 사직을 청원하자 僕射에서는 해직되고 太子太師로 임명되었다. 나중에 華州刺史로 致仕하였다.

10) 褚遂良 : 唐나라 초기의 名臣이자 書法家로, 자는 登善이다. 널리 文史를 읽고 또 그 글씨에 뛰어나 楷書・行書・草書에 능하였다. 作品으로는 〈雁塔聖教序碑〉・〈房玄齡碑〉・〈伊闕佛龕碑〉・〈孟法師碑〉 등이 있다.

있겠습니까.” 하니, 고종이 불쾌하게 여기면서 자리를 파하였다.

다음 날 또 이 일에 대해 이야기 하자 저수량이 말하기를 “폐하께서 반드시 황후를 바꾸고자 하신다면, 엎드려 청하건대 천하의 훌륭한 가문에서 정밀하게 간택해야 할 것이니, 하필 武氏입니까. 武氏가 先帝를 섬겼던 일은 여러 사람들이 모두 아는 바이니, 萬代가 지난 후에 천하 사람들이 폐하에 대해 어떻게 말하겠습니까. 바라건대 유념하여 세 번 생각하소서. 신은 이제 폐하의 뜻을 거역하였으니, 그 죄가 죽어 마땅합니다.” 하고, 인하여 笏을 대궐의 계단에 내려놓고 두건을 벗어 머리를 찧고 피를 흘리며 말하기를 “폐하께 笏을 되돌려 드리니, 바라건대 田里로 추방해주소서.” 하였다. 고종이 크게 노하여 끌어내라고 명하자 무소의가 주렴 안에서 큰소리로 말하기를 “어찌하여 이 오랑캐 놈[11]을 쳐 죽이지 않는 것입니까.” 하였는데, 장손무기가 아뢰기를 “저수량은 先朝의 顧命을 받은 사람이니, 죄가 있더라도 형벌을 가해서는 안 됩니다.” 하였다. 우지녕은 감히 말하지 못하였으며, 侍中 韓瑗[12]은 기회를 엿보아 일을 아뢴 다음 눈물을 흘리며 지극히 諫言하였다. 그러나 고종은 받아들이지 않았다.

○ 六年이라 上一日退朝하야 召長孫無忌李勣于志寧褚遂良하야 入內殿이어늘 勣稱疾不入이라 上顧謂無忌曰 皇后無子하고 武昭儀有子하니 今欲立昭儀爲后라 何如오한대 遂良對曰 皇后는 名家子로 先帝爲陛下所娶라 未聞有過어늘 豈可輕廢리오하니 上不悅而罷라 明日에 又言之하니 遂良曰 陛下必欲易皇后인댄 伏請妙擇天下令族이니 何必武氏리오 武氏經事先帝는 衆所共知니 萬代之後에 謂陛下爲如何오 願留三思하소서 臣今忤陛下하니 罪當死라하고 因置笏於殿階하고 解巾叩頭流血曰 還陛下笏하니 乞放歸田里라하다 上大怒하야 命引出하니 昭儀在簾中大言曰 何不撲殺此獠오한대 無忌曰 遂良受先朝顧命하니 有罪나 不可加刑이라하고 于志寧은 不敢言하고 侍中韓瑗은 因間奏事하고 涕泣極諫이어늘 上不納이라

한원이 또 상소하기를, “妲己[13]는 殷나라를 망하게 하였고 褒姒[14]는 周나라를 멸

11) 오랑캐 놈 : 褚遂良이 杭州 사람이기 때문에 이렇게 말한 것이다. 서남쪽의 오랑캐를 獠라 한다.
12) 韓瑗 : 唐나라 京兆 三原 사람으로, 자는 伯玉이다. 박학하고 역사에 밝았다. 太宗 貞觀 연간에 兵部侍郎이 되고 高宗 永徽 연간에 黃門侍郎에 발탁되었다. 直諫으로 유명하다.
13) 妲己 : 殷나라 紂王의 총희이다. 주왕이 달기를 총애하여 술로 연못을 만들고 고기를 걸어서 숲을 만들어놓고는 밤새도록 잔치를 벌이면서 즐겼으며, 이를 비방하는 자에 대해서는 구리 기둥에다 기름을 바르고 이를 숯불로 달군 다음 기어올라가게 하고는 달기와 함께 이를 보면서 즐기는 등, 荒淫한 정치를 하다가 나라를 망하게 하였다.
14) 褒姒 : 西周의 마지막 왕 幽王의 총희이다. 유왕이 褒國을 토벌했을 때 褒人이 바쳐 포사라 했으며, 아들 伯服을 낳았다. 유왕이 왕비 申后와 태자 宜臼를 폐하고 포사를 왕비로, 백복을

망시켰으니 옛일을 살펴볼 적마다 늘 탄식이 생겼습니다. 그런데 오늘 성스러운 시대를 모독하게 되리라고는 생각지도 못하였습니다. 폐하께서 신의 말을 듣지 않으시니, 신은 종묘에 血食이 끊어질까 두렵습니다." 하니, 中書令 來濟[15]가 표문을 올리기를, "제왕 된 사람이 황후를 세울 때는 위로 천지의 마음을 본받아야 하니, 반드시 禮教를 중시하는 명문가에서 정숙하고 기품이 있는 사람을 간택해야 천하 사람들의 바람에 부응하고 神祇의 마음에 맞는 것입니다. 漢나라 孝成皇帝는 婢女를 황후로 삼았다가 마침내 종묘사직이 기울고 어지럽게 하고 말았으니,[16] 바라건대 폐하께서는 살펴보아야 할 것입니다." 하였는데, 고종은 모두 받아들이지 않고 도리어 저수량을 潭州都督으로 貶斥하였다.

그 후 한원이 상소문을 올려 저수량을 위해 억울함을 호소하자, 고종이 이르기를, "저수량의 마음을 짐도 잘 알고 있다. 그러나 그는 悖戾하여 윗사람을 犯하기 좋아하였기 때문에 이 죄목으로 문책한 것이다. 경은 어찌하여 그리 심하게 말하는 것인가?" 하니, 대답하기를, "저수량은 사직의 충신인데 아첨하는 사람들의 비방을 받은 것입니다. 옛날에 微子[17]가 떠나자 殷나라가 망하였고 張華[18]가 남아 있으니 기강이 어지럽지 않게 되었습니다. 폐하께서는 아무런 이유 없이 사직의 舊臣을 쫓아버

태자로 삼으니 신후의 아버지 申侯가 격분하여 犬戎 등을 이끌고 쳐들어와 서주는 망하였다. 왕과 백복은 살해되었고 포사는 납치되었다고 전한다.

15) 來濟 : 唐나라 揚州 江東 사람이다. 太宗 貞觀 연간에 발탁되어 通事舍人이 되었다가 中書舍人으로 옮겼다. 高宗 永徽 연간에 中書侍郎에 제수되었다가 中書令을 거쳐 檢校吏部尙書가 되었다. 武氏를 황후로 삼는 것을 반대하다가 庭州로 좌천되었는데, 突厥의 군사가 침입할 때에 투구와 갑옷을 벗고 적진에 달려가 죽었다고 한다.

16) 漢나라……말았으니 : 成帝는 漢나라의 12대 황제로, 용모가 단정하고 아름다워 조정에 임해서는 神처럼 존엄한 풍도가 있었으나, 말년에는 酒色을 탐하여 趙飛燕과 그의 동생 趙昭儀를 총애하다가 결국 王莽에게 前漢이 멸망하는 단초를 제공하였다.(≪漢書≫ 〈成帝紀〉·≪通鑑節要≫ 권14 〈漢紀 孝成皇帝 綏和 2년〉)

17) 微子 : 箕子·比干과 함께 殷나라의 三賢 가운데 한 사람이다. 은나라의 마지막 임금인 紂王의 庶兄으로, 帝乙의 장남이었으나 생모가 첩이었을 때 낳았다는 이유로 왕위를 잇지 못하였다. 주왕이 淫樂에 빠져 폭정을 일삼자 여러 차례 諫하였으나 끝내 주왕이 듣지 않자 은나라를 떠났다. 후에 주나라 武王은 은나라를 멸망시킨 후 미자를 宋나라에 봉하여 그 禮樂을 닦아서 殷祀를 잇게 하였다.

18) 張華 : 晉나라 方城 사람으로, 자는 武先이다. 학문이 깊어, 천문·지리·方技의 서적을 안 본 것이 없었으므로 당시 사람들이 鄭나라 子産에 비유하였는데, 暗君인 惠帝와 포학한 賈后의 조정에서 그래도 기강을 확립하며 체통을 유지할 수 있었던 것은 그의 공으로 일컬어진다. 또 장화는 인재를 아끼며 후진을 잘 이끌어준 것으로 유명한데, 中興의 名將으로 일컬어지는 陶侃을 처음 만났을 때에도 "뒤에 임금을 바로잡고 백성을 편안히 할 사람은 바로 당신이다.〔後來匡主寧民 君其人也〕"라고 하며 적극 장려한 고사가 전한다.(≪世說新語≫ 〈言語〉)

리시니, 저어컨대 국가의 복이 아닐 듯합니다." 하였는데, 고종이 받아들이지 않았다. 10월에 조서를 내려 왕황후와 소숙비를 폐위하여 庶人이 되게 하고 소의 무씨를 황후로 책봉하였다.

又上疏曰 妲己傾殷하고 褒姒滅周하니 每覽前古에 常興歎息이어늘 不謂今日에 塵黷聖代라 陛下不用臣言하시니 臣恐宗廟不血食矣라하니 中書令來濟上表曰 王者立后에 上法乾坤이니 必擇禮教名家幽閑令淑이라야 副四海之望하고 稱神祇之心이라 漢成以婢爲后라가 卒使社稷傾淪하니 惟陛下察之라한대 上皆不納하고 乃貶遂良爲潭州都督하다 其後에 韓瑗上疏하야 爲遂良訟寃하니 上曰 遂良之情을 朕亦知之나 然其悖戾好犯上이라 故以此責之니 卿何言之深也오하니 對曰 遂良은 社稷忠臣이어늘 爲讒諛所毁라 昔微子去而殷國以亡하고 張華存而綱紀不亂이라 陛下無故棄逐舊臣하니 恐非國家之福이니이다 上不納하고 十月에 下詔하야 廢王皇后蕭淑妃爲庶人하고 冊昭儀武氏爲皇后하다

46-1-6

顯慶 2년(657)에 다시 저수량을 桂州都督으로 삼았는데, 許敬宗[19]과 李義府[20]가 황후의 뜻을 얻고자 무고하여 上奏하기를, "한원과 내제가 저수량과 함께 몰래 반역을 도모하여 用兵할 만한 지역인 桂州에 저수량을 제수하게 한 다음 밖에서 원조하려 하고 있습니다."라고 하였다. 마침내 모두 먼 지역의 刺史로 坐貶되어 한원은 振州刺史가 되고 내제는 台州刺史가 되고 저수량은 愛州刺史가 되어 종신토록 조회를 보지 못하게 되었다. 이에 저수량은 愛州에 도착한 다음 표문을 올려 스스로 진달하였는데, 말이 매우 애절하였다. 그러나 고종은 表奏를 살펴보지 않았다. 후에 허경종이 다시 장손무기 등이 謀反하였다고 무고하자 詔命을 내려 그 관작과 봉호를 삭탈하고 黔州에 安置하게 하였는데, 허경종은 얼마 후에 사람을 시켜 貶所에 가서 장손무기 및 한원과 저수량을 살해하게 하고, 모두 모반에 대한 法을 적용하여 그 집안을 적몰하게 하였다.

---

19) 許敬宗 : 唐나라 高宗 때 禮部尙書를 지낸 姦人으로, 자는 延族이다. 武后에 빌붙어 褚遂良을 내쫓고 長孫無忌를 죽였으며, 자기 뜻대로 高祖·太宗의 實錄을 조작하여 고쳤다.

20) 李義府 : 唐 太宗 때 천거로 入仕한 뒤 高宗 때 재상의 자리에 오른 중신이다. 武后에게 아첨으로 빌붙어 매관매직을 일삼으며 많은 원성을 샀다. 겉으로는 온화하고 겸손하지만 속은 음험하고 악독하여 사람들이 "웃음 속에 칼을 품었다.〔笑中有刀〕"라고 평하였다. 때문에 당시 사람들에게 人猫라는 별호를 얻었다.(≪舊唐書≫ 권82 〈李義府列傳〉)

○ 顯慶二年에 又以褚遂良爲桂州都督한대 許敬宗李義府가 希皇后旨하야 誣奏韓瑗來濟가 與褚遂良으로 潛謀不軌하야 以桂州用武之地로 授遂良하야 欲爲外援이라하니 遂皆坐貶遠州刺史하야 瑗은 振州요 濟는 台州요 遂良은 愛州하야 終身不聽朝覲이라 遂良至愛州하야 上表自陳한대 言極哀切이나 表奏不省하다 後에 許敬宗이 又誣長孫無忌等謀反하니 詔削其官封하고 黔州安置어늘 敬宗은 尋使人으로 卽貶所하야 殺無忌及韓瑗褚遂良하고 皆以反法籍其家하다

46-1-7

顯慶 5년(660)의 일이다. 고종은 처음에 風眩의 증세에 시달려 머리가 무겁고 눈도 잘 보이지 않았으므로 百官이 정사를 아뢸 적에 고종은 혹 황후로 하여금 결정하게 하였다. 황후는 천성이 明敏하고 文史를 섭렵하여 일을 처리하는 것이 모두 고종의 뜻에 맞았으니, 이로부터 비로소 황후에게 정사를 위임하여 황후의 권력이 임금과 동등하게 되었다. 처음에 武后가 몸을 굽히고 치욕을 참으며 고종의 뜻을 받들어 순종하였기 때문에 고종은 여러 신하들의 異議를 물리치고 황후로 세웠는데, 무후는 뜻한 바를 이루게 되자 상벌을 마음대로 시행하였다. 그리고 고종은 무슨 일을 하려고 할 적마다 번번이 황후에게 제지당하게 되었으니, 고종은 그 분함을 이기지 못하였다.

당시 道士 郭行眞이란 자가 황궁에 출입하며 일찍이 厭勝의 술법[21]을 시행하였는데, 宦者 王伏勝이 이를 고발하니 고종이 크게 노하여 비밀리에 西臺侍郎과 同東西臺三品인 上官儀[22]를 불러 이에 대해 의논하였다. 상관의가 인하여 말하기를, "황후가 방자하게 전횡을 휘둘러 천하에 짝이 없을 정도이니, 청컨대 폐위시키소서." 하였는데, 고종 역시 그렇다고 여겨 즉시 상관의에게 조서의 초안을 잡으라고 명하였다. 이에 좌우에 있던 사람들이 달려가 황후에게 알리니 황후가 급하게 고종에게 가서 스스로 호소하였는데, 조서의 초안이 오히려 고종이 있는 곳에 있었다. 이에 고

21) 厭勝의 술법 : 고대 미신에 저주로 제압하여 이길 수 있다는 것을 말한다. ≪漢書≫ 〈王莽傳〉에 "王莽이 친히 南郊로 가 威斗를 주조하였다. 위두란 5石의 銅을 녹여 만든 것이다. 그 모양이 북두칠성과 같고 그 길이가 2자 5치인데, 그것으로 많은 병력을 제압하여 이기려고 한 것이었다." 하였다.

22) 上官儀 : 唐나라 초의 정치가 겸 시인으로, 자는 遊韶이다. 太宗 때 등용되어 弘文館直學士를 거쳐 秘書少監이 되었으며, 태종의 作詩에 상담역을 지냈다. 高宗이 즉위한 뒤에는 비서소감으로 승진하고, 銀靑光祿大夫, 西臺侍郎, 同東西臺三品, 太子中舍人을 역임하며 則天武后의 전횡을 억압하려는 고종을 도와 武侯의 폐위를 도모하였으나, 결국 실패하여 아들인 上官庭芝와 함께 투옥되어 죽었다. 시인으로는 六朝의 화려함을 계승해 섬세한 기교를 구사한 詩風은 당시 '上官體'라 일컬어 크게 유행했다.

종은 부끄럽고 위축됨을 참지 못하여 다시 황후를 처음과 같이 대우하였는데, 그렇게 하고도 오히려 황후가 원망하고 노여워할까 걱정이 되자 인하여 황후를 속여 이르기를 "나는 애초에 이러한 마음이 없었으니, 모두 상관의가 시켜서 한 일이오." 하였다.

상관의는 이 일에 앞서 陳王의 諮議[23)]가 되어 왕복승과 함께 모두 옛날 태자였던 李忠[24)]을 섬겼는데, 황후는 이에 허경종으로 하여금 상관의와 왕복승이 이충과 함께 대역을 모의하였다고 무고하여 上奏하게 하였다. 이에 상관의는 감옥에 갇혔다가 그의 아들인 上官庭芝 및 왕복승과 함께 모두 賜死되고 그의 집안은 적몰되었으며, 이충은 유배된 장소에서 사사되었다. 또 右相 劉祥道는 상관의와 잘 지냈다는 죄에 연루되어 政事에서 파직되었는데, 조정의 인사들 가운데 유배되고 벼슬이 깎인 사람이 매우 많았다. 이때부터 고종이 정사를 볼 때마다 황후가 뒤에서 수렴청정하며 크고 작은 정사를 막론하고 모두 관여하여 들었는데, 천하의 大權이 모두 中宮으로 돌아가고 인사권과 생사여탈권이 황후의 입에서 결정되었으므로 고종은 팔짱을 끼고 앉아 있을 뿐이었으니, 中外에서는 이를 두고 두 임금이 있다고 하였다.

○ 五年이라 上初苦風眩하야 頭重目不能視라 百司奏事에 上或使皇后決之라 后性明敏하고 涉獵文史하야 處事皆稱旨하니 由是로 始委以政事하야 權與人主侔矣라 初에 武后能屈身忍辱하야 奉順上意라 故上排群議而立之러니 及得志에 專作威福하고 上欲有所爲에 動爲所制하니 上不勝其忿이라 有道士郭行眞이 出入禁中하야 嘗爲厭勝之術이러니 宦者王伏勝發之하니 上大怒하야 密召西臺侍郎同東西臺三品上官儀議之라 儀因言 皇后專恣하야 海內所不與하니 請廢之라한대 上意亦以爲然하야 卽命儀草詔어늘 左右奔告于后하니 后遽詣上自訴한대 詔草猶在上所라 上羞縮不忍하야 復待之如初한대 猶恐后怨怒하야 因紿之曰 我初無此心하니 皆上官儀敎我라하다 儀先爲陳王諮議하야 與王伏勝으로 俱事故太子忠한대 后於是에 使許敬宗으로 誣奏儀伏勝與忠謀大逆이라 儀下獄이라가 與其子庭芝伏勝으로 皆死하고 籍沒其家하고 賜忠死于流所하다 右相劉祥道는 坐與儀善하야 罷政

23) 諮議 : 자문에 응하여 시비를 의논하는 관직 이름이다.
24) 李忠 : 高宗이 태자로 있던 시절에 宮人 劉氏와의 사이에서 태어난 庶長子로, 자는 正本이다. 貞觀 20년(646) 陳王으로 책봉되고, 永徽 1년(650)에 고종이 즉위하자 雍州牧에 제수되었는데, 당시 고종과 황후 王氏 사이에 아들이 없었기 때문에 대신들의 주청을 통해 황태자에 책봉되었다. 永徽 6년(655)년 황후 왕씨가 폐위되고 昭儀 武氏가 황후로 책봉되었을 때 무씨의 長子인 李弘이 황태자가 되고 李忠은 梁王으로 강등되어 梁州都督에 제수되었다가 房州刺史로 전임되었다. 이후 廢庶人되어 黔州에 있는 李承乾의 고택에 유폐되었다가, 上官儀·王伏勝과 모반을 하였다는 許敬宗의 무고를 받아 결국 이승건의 고택에서 사사되었다. 사후 李弘의 건의로 燕王에 追封되고, 太尉, 揚州大都督으로 추증되었다.

事한대 朝士流貶者甚衆이라 自是로 上每視事면 則后垂簾於後하야 政無大小히 皆與聞之한대 天下大權이 悉歸中宮하고 黜陟殺生이 決於其口라 天子는 拱手而已니 中外謂之二聖이러라

46-1-8

永隆 원년(680)의 일이다. 처음에 무후는 太子 李忠을 梁王으로 삼고 자신의 아들 代王 李弘을 세워 太子로 삼았는데, 이홍은 어질고 효성스럽고 공손하고 신중하였다. 그러나 무후는 바야흐로 자신의 뜻을 이루기 위해 이홍을 시기하여 폐위시키고 雍王 李賢을 세워 태자로 삼았는데, 이현이 스스로 무후에게 아들 대접을 받지 못한다는 사실을 알게 되자,[25] 무후가 미워하여 다시 이현을 폐위시키고 이현의 아우 英王 李顯을 세워 태자로 삼았다.

○ 永隆元年이라 初에 武后以太子忠爲梁王하고 立其子代王弘爲太子한대 弘仁孝恭謹이라 后方逞其志하야 忌而廢之하고 立雍王賢爲太子어늘 賢自知非后子하니 后惡(오)之하야 又廢賢하고 立其弟英王顯爲太子하다

46-1-9

弘道 원년(683)에 고종이 붕어하였으니, 재위 기간은 34년이고 향년은 56세였다. 고종은 軍國大事에 결정하지 못하는 일이 있으면 則天武后의 처분을 받으라고 遺詔를 내렸다. 태자 李顯이 즉위하였으니, 이 사람이 中宗이다.

○ 弘道元年에 上崩하니 在位三十四年이요 壽五十六이라 遺詔軍國大事有不決者면 取天后處分하다 太子顯卽位하니 是爲中宗이라

25) 이현이……되자 : 高宗과 則天武后 사이에는 아들 넷이 있었는데, 李弘과 李賢, 그리고 中宗 李顯와 睿宗 李旦이다. 長子인 이홍이 태자가 되어 어질고 명철하고 효성스러웠으나, 무후는 정권을 잡기 위해 이홍을 살해하고 次子인 李賢을 세웠다. 그러자 이현은 자신도 필시 목숨을 보전하지 못하게 될 줄을 알고 날마다 근심 걱정으로 지내다가 마침내 黃臺의 밑에 심은 오이를 두고 〈黃臺瓜辭〉라는 樂章을 지은 다음 樂工에게 노래하게 하여 고종과 무후를 感悟시키려고 하였으니, 그 내용은 "황대 아래에 오이를 심었더니, 오이가 익어 열매가 주렁주렁하네. 하나만 딸 땐 오이에게 좋았는데, 두 개를 따자 오이가 드물어지고, 세 개를 딸 땐 아직 희망이 있었는데, 네 개를 따니 빈 넝쿨뿐이로다.〔種瓜黃臺下 瓜熟子離離 一摘使瓜好 再摘令瓜稀 三摘猶尙可 四摘抱蔓歸〕"이다.(≪舊唐書≫ 권116 〈肅宗代宗諸子列傳 承天皇帝倓〉)

46-1-10

宋나라 신하 歐陽脩는 다음과 같이 贊하였다.

"≪詩經≫ 〈小雅〉에 이르기를, '赫赫한 宗周를 褒姒가 멸망시키리라.' 하였으니, 이는 周나라 幽王[26]의 虐政을 풍자한 詩이다. 당시에 幽王은 비록 죽었지만, 太子 宜臼가 즉위하였으니 이 사람이 바로 平王[27]이다. 그런데 詩人이 도리어 '멸망시킬 것이다.'라고 말한 이유는 文王과 武王의 基業이 이때에 깨끗이 사라져서, 東周가 비록 주나라 왕실을 계승하긴 했지만 더 이상 문왕과 무왕의 기업을 흥기시키지 못한 점을 말한 것이니, '멸망'이란 말은 매우 미워하는 말이다.

武氏의 亂政에 唐나라 宗室이 거의 다 戕殺되었으니, 어진 사대부 가운데 열에 여덟, 아홉은 화를 면치 못하였다. 太宗의 善治로 그 남겨진 덕과 업적이 사람들에게 멀지 않게 남아 있었지만 거의 다 끊어지게 하고 말았으니, 그 악행이 어찌 일개 포사에 비할 수 있겠는가? 태종의 명철함으로도 자식을 아는 데는 어두워서 폐위시키고 즉위시키는 사이에 스스로 결단하지 못하여 마침내 어리석은 자식을 즉위하게 하였고, 고종은 여색에 빠져 履霜之漸[28]을 경계하지 않다가 천하에 해독을 끼치고 나라와 집안에 화를 남겼으니, 오호라 父子와 夫婦의 사이는 어렵다고 할 만하다. 삼가지 않을 수 있겠는가?"

宋臣歐陽脩贊曰 小雅曰 赫赫宗周를 褒姒滅之로다하니 此周幽王之詩也라 是時에 幽王雖亡이나 而太子宜臼立하니 是爲平王이어늘 而詩人乃言滅之者는 以爲文武之業이 於是蕩盡하야 東周雖

---

26) 幽王 : 西周의 마지막 왕으로, 성은 姬이고 이름은 宮涅이다. 宣王의 아들로 왕위에 오른 후 虢石父를 卿에 임명하여 가혹한 정치를 폈으며 재위 기간에 鎬京에 지진이 나서 三川이 마르고 岐山이 무너졌으며, 六濟의 오랑캐를 공격하였으나 실패하는 등 失政을 거듭하였다. 그런가 하면 褒姒를 총애하여 그가 아들 伯服을 낳자 정비인 申后와 태자 宜臼를 폐하려고 하였는데, 이에 申后의 아버지 申侯가 犬戎과 함께 유왕을 공격하여 호경을 함락하고 驪山에서 유왕을 살해한 후 포사를 잡아갔다.

27) 平王 : 周나라 13대 왕으로, 성은 姬이고 이름은 宜臼이다. 幽王과 申后의 사이에서 태어났다. 12대 왕인 幽王이 犬戎의 공격을 받아 살해됨으로써 西周 시대가 끝이 났다. 平王은 申侯 및 제후들에 의해 옹립되어 도읍을 鎬京에서 洛陽으로 옮겼으니, 이후를 東周라고 하고 이때부터 주나라 왕실의 힘은 약해지고 제후들이 서로 패권을 다투는 춘추시대로 접어들었다.

28) 履霜之漸 : 서리를 밟을 때가 되면 얼음이 얼 때가 곧 닥칠 것이라는 뜻으로, 징조를 보고 미리 禍亂을 방지해야 한다는 경계를 의미한다. ≪周易≫ 坤卦 初六 爻辭에 "서리를 밟으면 단단한 얼음이 이른다.〔履霜堅冰至〕"라는 구절이 있는데, 그 〈象傳〉에 "'서리를 밟으면 단단한 얼음이 이른다'는 것은 음이 처음 응결한 것이니 그 도를 점차 이루어서 단단한 얼음에 이른다는 것이다.〔履霜堅冰 陰始凝也 馴致其道 至堅冰也〕" 하였다.

在이나 不能復興矣니 其曰滅者는 甚疾之之辭也라 武氏之亂에 唐之宗室이 戕殺殆盡하니 其賢士大夫不免者十八九라 以太宗之治로 其遺德餘烈이 在人者未遠이나 而幾於遂絶하니 其爲惡이 豈一褒姒之比邪아 以太宗之明으로도 昧於知子하야 廢立之際에 不能自決하야 卒用昏童하고 高宗이 溺愛衽席하야 不戒履霜之漸이라가 而毒流天下하고 貽禍邦家하니 嗚呼라 父子夫婦之間이 可謂難哉로다 可不謹哉아

46-1-11

宋나라 儒臣 司馬光은 다음과 같이 말하였다.

"고종은 逸樂에 탐닉하여 인자하기만 하고 武威가 없었다. 그리하여 측천무후로 하여금 唐나라 황실을 손상시키게 하여 宗孫과 支孫들을 도륙하게 하고 해독이 縉紳들에 미치게 하였으니, 그 근본을 따라가 보면 유래가 있는 것이다."

宋儒司馬光曰 高宗沈溺宴安하야 仁而不武라 使天后斲喪唐室하야 屠害宗枝하고 毒流搢紳하니 迹其本原이면 有自來矣라

경계할 만한 惡政　惡可爲戒

唐나라

中宗[1)]

47-1-1

中宗의 이름은 顯이고 高宗의 일곱 번째 아들이니, 母后는 則天皇后이다. 顯慶 원년(656)에 長安에서 태어나고 다음 해에 周王에 封해졌다가, 儀鳳 2년(677)에 英王으로 옮겨 봉해지고 이름을 哲로 고쳤다. 永隆 원년(680)에 章懷太子[2)]가 폐위되자 황태자가 되었는데, 弘道 元年(683)에 고종이 붕어하자 태자가 즉위하였다. 이후 측천무후가 革命을 모의하려는 생각을 품고 스스로 조정에 나와 황제의 職權을 대행하였는데, 光宅 원년(684)에 중종을 폐위하여 廬陵王으로 삼고 房州로 옮겨가게 하였다가 聖曆 원년(698)에 東都로 소환하여 황태자로 세우고 예전처럼 이름을 顯이라 하였다. 당시에 張易之[3)] 등이 몰래 逆亂을 모의하였는데, 神龍 원년(705)에 張柬之[4)]·崔玄暐[5)]·敬暉[6)]·桓彦範·袁恕己가 병력을 동원하여 장역지 등을 죽이고 중

1) 中宗 : 656~710. 唐나라 제4대 임금으로, 이름은 李顯이다. 태종 李世民의 손자로, 제위에 오른 지 한 달 만에 어머니 則天武后에게 폐위당하여 15년간 廬陵王으로 지내다가 측천무후가 죽자 唐이란 국호를 회복하고 다시 제위에 올랐다. 그러나 함께 고생했다는 이유로 韋后의 정사 관여를 허용하였는데, 위후는 측천무후의 조카인 武三思와 간통하고는 무삼사와 함께 중종을 복위시킨 平陽王 敬暉, 扶陽王 桓彦範, 漢陽王 張柬之, 南陽王 袁恕己, 博陵王 崔玄暉 등 다섯 신하를 참소하여 귀양 보낸 뒤 역모로 모함하여 죽였다. 중종 역시 위씨와 무삼사의 아들에게 시집간 딸 安樂公主에게 피살당하였다.

2) 章懷太子 : 高宗과 則天武后 사이에 태어난 아들 李賢을 말한다.

3) 張易之 : 則天武后의 총신으로, 동생 張昌宗과 함께 국정을 농단하다가 측천무후가 죽자 승상 張柬之에게 죽임을 당하였다.

4) 張柬之 : 唐나라 襄陽 사람으로, 자는 孟將이다. 狄仁傑이 재상의 재목이라고 추천하여 則天武后가 洛州司馬로 삼았는데, 후에 同平章事가 되어 측천무후로 하여금 中宗에게 양위하게 하여 당나라 사직을 회복하였다. 장간지는 공으로 天官尙書가 되고, 漢陽郡王에 봉해졌는데, 나중에 武三思의 모함으로 유배되었다가 죽었다. 시호는 文貞이다.

5) 崔玄暐 : 唐나라 博陵 安平 사람으로, 본명은 崔曄이고 자가 玄暐이다. 측천무후의 할아버지인

종을 맞이하여 국사를 살피게 하였는데, 측천무후가 얼마 후 중종에게 傳位하니 이에 황제에 즉위하였다.

中宗名顯이요 高宗之第七子也니 母曰則天皇后라 顯慶元年에 生於長安하고 明年封周王이라가 儀鳳二年에 徙封英王하고 改名哲이라 永隆元年에 章懷太子廢하니 立爲皇太子러니 弘道元年에 高宗崩하니 太子卽位라 則天將謀革命하야 乃自臨朝稱制러니 光宅元年에 廢帝爲廬陵王하고 遷於房州라가 聖曆元年에 召還東都하야 立爲皇太子하고 依舊名顯이라 時에 張易之等이 潛謀逆亂이어늘 神龍元年에 張柬之崔玄暐敬暉桓彦範袁恕己가 以兵誅易之等하고 迎帝監國한대 則天尋傳位於帝하니 乃卽皇帝位하다

47-1-2

처음에 중종은 房陵[7]에 있으면서 韋后[8]와 함께 幽閉되어 온갖 어려움과 위험을 겪었으므로 애정이 매우 돈독하였는데, 당시 중종이 敕使가 이르렀다는 말을 들을 때마다 두려워하며 스스로 목숨을 끊으려 하니, 황후가 저지하며 이르기를, "禍福은 無常한 것이니, 한번 죽을 기회를 잃을지언정 어찌 갑자기 이렇게 하는 것입니까?" 하였다. 중종은 일찍이 위후와 사사로이 맹세하기를 "이후로 다행히 다시 하늘의 해를 볼 수 있게 되면 오직 그대가 하고 싶은 대로 하게 하되 금지하지 않을 것이오." 하였는데, 다시 황후가 되었을 때 마침내 武后가 高宗 때에 했던 일과 똑같이 조정의 政事에 관여하였다. 그러자 桓彦範이 表文을 올리기를 "≪周易≫에 이르기를, '이루는 바가 없고 안에 있으면서 음식을 장만하면 貞하여 吉하리라.'[9] 하였고, ≪書經≫에

武華의 휘가 이름에 포함되어 있어서 자를 사용하였다. 어릴 적부터 학행으로 유명하였다. 神龍 元年(705)에 측천무후를 퇴위시키고 중종을 복위하게 하여 당나라를 부흥시킨 神龍政變의 5대 공신 중 한 명인데, 그 공으로 博陵郡公의 작위를 받았다. 5대 공신은 張柬之·崔玄暐·敬暉·桓彦範·袁恕己이다. 뒤에 武三思의 참소를 받고 유배지로 가던 도중 화병으로 죽었다.

6) 敬暉 : 唐나라 絳州 太平 사람으로, 자는 仲曄이다. 明經科에 급제하여 武周 聖歷 원년(698)에 衛州刺史가 되었다. 그때가 마침 가을철이라 河北에서 백성들을 징발하여 성을 수리해 突厥을 방어했는데, 모두 일을 중지시키고 집으로 돌려보내 수확을 하게 했다. 泰州刺史와 洛州長史를 역임하고 中臺右丞이 되었다. 中宗 神龍 원년(705)에 張柬之 등과 함께 張昌宗과 張易之를 살해하고 중종을 맞아 복위시켰으며, 侍中에 발탁되어 平陽郡公에 봉해졌다.

7) 房陵 : 光宅 元年(684) 중종을 폐위된 뒤 廬陵王으로 강등되어 옮겨갔던 房州을 가리킨다.

8) 韋后 : 中宗의 황후인 韋氏를 가리킨다. 중종은 則天武后에게 쫓겨나 위후와 함께 房州에 유폐되어 있다가 돌아와 다시 황제가 되었는데, 위후는 이후 측천무후의 조카인 武三思와 간통하는 등 온갖 음란한 짓을 자행하였으며, 결국에는 중종을 독살한 다음 殤帝를 세우고 정사를 어지럽히다가 玄宗 李隆基에게 토벌되어 죽었다.(≪資治通鑑≫ 권208 〈唐紀 中宗大和大聖昭孝皇帝 中〉)

이르기를, '암탉이 새벽에 울면 집안이 蕭索해진다.'[10] 하였습니다. 삼가 보건대, 폐하께서 조회에 臨席하실 때마다 황후가 반드시 휘장을 드리우고 대전 위에 앉아서 정사의 내용을 참여하여 듣고 있으니, 신은 가만히 보건대 예로부터 제왕이 부인과 함께 정사를 하고도 나라를 망치고 몸을 망치지 않은 경우는 없었습니다. 또 陰이 陽을 타고 있는 것은 天命을 어기는 일이고 지어미가 지아비를 능멸하는 것은 인륜을 어기는 일입니다. 엎드려 바라건대, 폐하께서는 고금의 경계를 살피시고 사직과 백성을 생각하시어 황후로 하여금 오직 中宮에 머무르며 陰教[11]를 다스리게 하시고, 外朝로 나와 國政에 간여하지 말게 하소서." 하였다.

이보다 앞서 胡僧 慧範이 요망한 말재주로 권세 있고 지위 높은 집에 돌아다니다가 張易之 형제[12]와 잘 지내니, 위후 역시 그들을 중히 여겼다. 그러다가 장역지가 誅殺되었을 때 다시 혜범이 그 모의에 참여하였다고 칭찬하여 그 공으로 銀青光祿大夫를 더해주고 上庸縣公이라는 작위를 하사한 뒤 궁궐에 드나들게 하였는데, 중종도 자주 微行하여 그의 집에 왕래하였다. 그러자 환언범이 다시 표문을 올려 말하기를, "혜범은 左道[13]를 고집하여 政事를 어지럽히고 있으니, 청컨대 그를 誅殺하소서." 하였는데, 중종은 모두 듣지 않았다.

○ 初에 上在房陵하야 與韋后同幽閉하야 備嘗艱危라 情愛甚篤이러니 上每聞勑使至에 輒惶恐欲自殺하니 后止之曰 禍福無常하니 寧失一死언정 何遽如是잇가하다 上嘗與后私誓曰 異時에 幸復見天日이면 當惟卿所欲호대 不相禁禦라하더니 及再爲皇后에 遂干預朝政을 如武后在高宗之世하니 桓彦範上表以爲易稱無攸遂在中饋貞吉하고 書稱牝雞之晨惟家之索이라 伏見陛下每臨朝에 皇后必施帷幔坐殿上하야 預聞政事하니 臣竊觀自古帝王이 未有與婦人共政而不破國亡身者也라 且以陰乘陽違天也요 以婦陵夫違人也니 伏願陛下는 覽古今之戒하고 以社稷蒼生爲念하야 令皇

9) 이루는……吉하리라 : 부인의 도리는 오직 집안에서 음식 장만하고 제사 받드는 일만을 주관할 뿐이라는 뜻으로, ≪周易≫ 家人卦에 "六二는 이루는 바가 없고 안에 있으면서 음식을 장만하면 정하여 길하리라.〔六二 無攸遂 在中饋 貞吉〕"고 한 데서 온 말이다.

10) 암탉이……蕭索해진다 : 여성이 권력을 잡으면 나라가 망한다는 의미로, ≪書經≫ 〈周書 牧誓〉에 "암탉은 새벽에 울지 말아야 하니, 암탉이 새벽에 울면 집안이 蕭索해진다.〔牝雞無晨 牝雞之晨 惟家之索〕"라고 한 데서 온 말이다.

11) 陰教 : 陰의 교화, 즉 后妃의 덕을 말한다. ≪周禮≫ 〈天官 內宰〉에 "陰禮로 六宮을 가르치고 음례로 九嬪을 가르친다.〔以陰禮教六宮 以陰禮教九嬪〕"라고 한 데서 온 말이다.

12) 張易之 형제 : 張易之와 그의 아우 張昌宗을 말한다. 그들은 측천무후에게 총애를 받았으나 뒤에 張柬之에게 피살되었다.

13) 左道 : 正道가 아닌 邪道, 즉 남을 저주하는 巫蠱나 方術 등 不正한 道를 말한다.

后專居中宮治陰敎하고 勿出外朝干國政이라하다 先是에 胡僧慧範이 以妖妄遊權貴之門이라가 與張易之兄弟善하니 韋后亦重之러니 及易之誅에 復稱慧範預其謀하야 以功加銀靑光祿大夫하고 賜爵上庸縣公하야 出入宮掖이어늘 上數(삭)微行幸其舍하니 彦範復表言慧範執左道하야 以亂政하니 請誅之라한대 上皆不聽이라

47-1-3

중종의 딸 安樂公主는 武三思[14]의 아들 武崇訓에게 시집갔고, 上官婉兒는 上官儀의 손녀이다. 상관의가 죽자 상관완아는 掖庭[15]에 沒人되어 〈궁중의 잡일을 보았는데〉, 言辯과 지혜가 있는데다 글을 잘 짓고 관리의 일에 밝고 익숙하니 측천무후가 그녀를 아껴서 聖曆[16] 이후로 여러 관사의 表文과 上奏文을 대부분 그녀가 참여하여 결정하게 하였다. 중종이 즉위했을 때는 또 制書와 敕命을 오로지 관장하게 하여 더욱 그녀에게 일을 맡기고 倢伃[17]에 제수하여 궁중에서 권세를 누리게 하였는데, 그녀는 무삼사와 사통하였기 때문에 武氏의 黨이 되었고 또한 무삼사를 위후에게 추천하여 궁궐 안으로 불러들였으므로 중종이 마침내 무삼사와 정사를 도모하여 상의하게 되었으니, 이에 장간지 등은 모두 무삼사의 통제를 받게 되었다.

중종은 위후로 하여금 무삼사와 雙陸[18]을 하게 하고 자신은 옆에 앉아서 산가지로 점수를 매겼는데, 무삼사가 마침내 황후와 더불어 정을 통하게 되자 이로부터 무씨의 세력이 다시 떨치게 되었다. 이에 장간지 등이 자주 중종에게 권하여 여러 무씨를 주살하게 하였으나 중종이 듣지 않자 장간지 등이 말하기를, "혁명을 할 때에 종실의 여러 李氏가 주륙되어 거의 없어졌는데, 지금 천지신명의 도움으로 폐하께서 返正하셨습니다. 그러나 무씨들이 외람되이 관직을 차지하고 참람되이 작위를 잠식하여 예전처럼 편안히 살고 있으니, 이것이 어찌 원근의 사람들이 바라는 일이

---

14) 武三思 : 唐나라의 권신으로, 則天武后의 이복 오빠인 武元慶의 아들이다. 측천무후가 周나라를 세우자 梁王으로 책봉되어 要職을 역임하고 697년 재상이 되었다. 이듬해 황태자가 되려고 책동하였으나, 狄仁傑의 直諫으로 실패하였다. 둘째 아들 武崇訓이 中宗의 딸 安樂公主와 결혼하자, 위황후 및 上官昭容과 사통하여 은밀한 세력을 쌓았다. 안락공주 등과 함께 황태자 李重俊을 제거하려다가, 태자의 거병으로 부자는 참형되었다.

15) 掖庭 : 后宮과 貴人과 采女에 대한 일을 관장하는 宮中의 官署 이름이다.

16) 聖曆 : 698년과 699년에 2년 동안 則天武后가 사용한 연호이다.

17) 倢伃 : 上卿에 해당하는 궁중 女官의 이름이다.

18) 雙陸 : 雙六枰과 서른 개의 말 그리고 두 개의 주사위를 가지고 승부를 겨루는 놀이이다.

겠습니까. 바라건대 그들의 봉록과 작위를 자못 억제하고 덜어내시어 천하를 위로하소서." 하였는데 또 듣지 않았다. 이에 장간지 등이 평상을 어루만지며 개탄하기도 하고 손가락을 두드리며 피를 흘리기도 하며 말하기를, "주상께서 옛날에 英王으로 있을 때는 용감하고 굳세다고 일컬어졌으니,[19] 내가 여러 무씨를 주살하지 않은 까닭은 주상께서 스스로 주살하여 천자의 권위를 펴게 하려는 생각에서였다. 그런데 지금 도리어 이렇게 되고 말았으니, 일의 형세가 이미 떠나간 것이다. 잘못된 상황을 알았지만 이제 다시 어찌하겠는가." 하였다.

중종이 자주 微服 차림으로 무삼사의 집에 행차하니, 監察御史 崔皎가 비밀리에 상소하여 諫하기를, "나라의 운명이 처음 회복되었지만 則天皇帝가 西宮에 있어서 사람들의 마음이 오히려 附會하는 점이 있고 武周의 옛 신하들이 조정에 늘어서 있습니다. 그런데 폐하께서는 어찌 하여 경솔하게 外遊하시어 豫且(예저)의 재앙[20]을 살피지 않는 것입니까!" 하였는데, 중종이 그 말을 누설하여 무삼사의 무리들이 이를 갈며 미워하였다.

○ 上女安樂公主는 適武三思子崇訓하고 上官婉兒는 儀之女孫也라 儀死에 沒入掖庭이어늘 辯慧善屬文하고 明習吏事하니 則天愛之하야 自聖曆以後로 百司表奏를 多令參決이라 及上卽位에 又使專掌制命하야 益委任之하고 拜爲倢伃하야 用事於中이어늘 三思通焉이라 故黨於武氏하고 又薦三思於韋后하야 引入禁中이라 上遂與三思로 圖議政事하니 張柬之等이 皆受制於三思矣라 上使韋后로 與三思雙陸하고 而自居旁爲之點籌어늘 三思遂與后通하니 由是로 武氏之勢復振이라 張柬之等이 數(삭)勸上誅諸武이나 上不聽하니 柬之等曰 革命之際에 宗室諸李가 誅夷略盡이러니 今賴天地之靈하야 陛下返正이나 而諸武濫官僭爵하야 按堵如故하니 豈遠近所望耶아 願頗抑損其祿位하야 以慰天下라한대 又不聽이라 柬之等이 或撫床歎憤하고 或彈指出血曰 主上昔爲英王時에 稱勇烈하니 吾所以不誅諸武者는 欲使上自誅之하야 以張天子之威耳러니 今反如此하니 事勢已去라 知復柰

19) 英王으로……일컬어졌으니 : 中宗은 高宗 儀鳳 2년(677) 8월부터 永隆 원년(680) 8월까지 英王으로 있었다.

20) 豫且(예저)의 재앙 : 貴人이 微服으로 잠행하다가 뜻밖의 변을 당하는 경우를 비유한다. 옛날 吳나라 왕이 미복으로 백성들과 어울려 술을 마시려 하자, 伍子胥가 간하기를, "옛날에 白龍이 淸泠의 연못에 내려와 물고기로 변신하여 있을 때에 어부 豫且가 작살로 그 눈을 쏘았습니다. 백룡이 天帝에게 호소하자 천제가 이르기를 '물고기는 본디 사람들이 잡아먹는 물건이다. 예저가 무슨 죄가 있겠는가.' 하였습니다. 백룡은 천제가 귀하게 기르는 동물이고 예저는 宋나라의 미천한 어부입니다. 백룡이 변신하지 않았더라면 예저가 눈을 쏘지 않았을 것입니다. 지금 만승의 지위를 버리고 일반 백성들과 술을 마시려 하시니, 신은 예저의 작살을 맞을까 염려가 됩니다." 하였다.(≪說苑≫ 권9 〈正諫〉)

何리오하다 上數(삭)微服幸武三思第하니 監察御史崔皎密疏諫曰 國命初復이나 則天皇帝在西宮하야 人心猶有附會하고 周之舊臣이 列居朝廷이어늘 陛下柰何輕有外遊하야 不察豫且(저)之禍오한대 上洩之하야 三思之黨切齒하더라

47-1-4

術士 鄭普思와 尙衣奉御 葉靜能은 모두 요망한 말재주로 중종의 신임을 받았는데, 墨敕[21]으로 정보사를 秘書監에 제수하고 섭정능을 國子祭酒에 제수하니, 桓彦範과 崔玄暐가 불가하다고 굳게 爭執하였다. 중종이 이르기를, "이미 등용하였으니, 갑자기 바꾸는 것은 용납할 수 없다." 하니, 환언범이 말하기를, "폐하께서 처음 즉위했을 때 制書를 내리기를, '政令은 모두 貞觀[22]의 故事를 따르겠다.' 하였습니다. 그런데 정관 연간에는 魏徵과 虞世南과 顔師古가 秘書監이 되었고 孔穎達이 國子祭酒가 되었으니, 어찌 정보사와 섭정능에 비교할 수 있겠습니까." 하였고, 左拾遺 李邕[23]이 상소하기를, "≪論語≫ 〈爲政〉에 '≪詩經≫ 3백 篇의 뜻을 한 마디의 말로 대표할 수 있으니, 생각에 간사함이 없다는 말이다.' 하였습니다. 만일 神仙이 사람으로 하여금 죽지 않게 할 수 있다면 秦 始皇과 漢 武帝[24]는 그렇게 될 수 있었을 것이고, 부처가 사람들에게 복과 이로움을 줄 수 있다면 梁 武帝[25]는 그렇게 될 수 있었을 것입니다. 堯舜이 帝王 가운데 으뜸이 된 까닭은 또한 사람의 일을 닦으며 다스린

21) 墨敕 : 墨勅斜封, 즉 外廷의 청을 거치지 않고 임금이 곧바로 관원을 임명하는 명을 내리는 것을 말한다. 唐代에 請謁에 따라 임관할 때에는 황제가 그 명령을 친필로 쓴 다음 朱印을 찍지 않고 빗겨 봉함하였기 때문에 이렇게 말한 것이다.(≪唐書≫ 권45 〈選擧志 下〉)

22) 貞觀 : 唐나라 太宗의 연호로, 627년부터 649년까지의 기간에 사용되었다. 태종은 멸망한 隋나라의 失政을 경계하고 文治를 숭상하였으며, 房玄齡・杜如晦・魏徵 등 유능한 인재들을 대거 발탁하여 허심탄회하게 간언을 따른 결과, 인구가 증가하고 경제가 번영하는 등 태평시대를 구가하였으므로 이 시대의 훌륭한 치적을 '貞觀之治'라고 칭송한다.

23) 李邕 : 唐나라 사람으로, 자는 泰和이다. 則天武后 시대에 左拾遺를 역임하고 玄宗 開元 3년(715)에 戶部郎中이 되었으나 호방한 성격으로 권력과 맞지 않아 좌천되었다. 그후 天寶 원년(742)에는 北海太守가 되어 치적이 있었으므로 李北海라고 칭송되었다. 行書에 능하여 二王의 서법에 새로움을 가미하여 氣骨 있는 서풍을 만들었다. 대표작에는 〈李思訓碑〉, 〈麗山寺碑〉가 있고, 저서로는 ≪李北海集≫이 있다.

24) 秦 始皇과 漢 武帝 : 불로장생을 구했던 제왕들이다. 진 시황은 齊나라 사람 徐福의 말을 듣고 그에게 三神山에 가서 불사약을 구해오게 하였고, 한 무제는 甘露와 옥가루를 섞어 마시면 불로장생한다는 설에 따라 仙人掌 모양의 承露盤을 만들었다고 한다.

25) 梁 武帝 : 南北朝 때 임금 蕭衍으로, 불교를 맹신하여 수백 권의 佛書를 짓게 하고 寺院을 지어 자기 姓을 따서 蕭寺라 하는 등 정사를 돌보지 않고 수많은 재화를 낭비하다가 끝내 侯景의 난을 당해 굶어죽었다.

것뿐이니, 이런 무리들을 높여 총애하는 것이 어찌 나라에 보탬이 되겠습니까!" 하였는데, 중종은 모두 듣지 않았다.

○ 術士鄭普思尙衣奉御葉靜能은 皆以妖妄爲上所信重한대 墨敕以普思爲秘書監하고 靜能爲國子祭酒하니 桓彦範崔玄暐固執不可라 上曰 已用之하니 無容遽改라하니 彦範曰 陛下初卽位에 下制云 政令을 皆依貞觀故事라하야늘 貞觀中에 魏徵虞世南顔師古爲秘書監하고 孔穎達爲國子祭酒하니 豈普思靜能之比乎아하고 左拾遺李邕上疏以爲 詩三百을 一言以蔽之하니 曰思無邪니 若有神仙能令人不死인댄 則秦始皇漢武帝得之矣요 佛能爲人福利인댄 則梁武帝得之矣라 堯舜所以爲帝王首者는 亦修人事而已니 尊寵此屬이 何補於國이리오한대 上皆不聽하다

47-1-5

중종이 張柬之 등 및 武攸暨[26]・武三思・鄭普思 등 16인에 대해 모두 공을 세운 사람이라 하여 鐵券[27]을 하사하고, 앞으로 반역의 일이 아니면 각각 사형을 열 차례 용서하게 하였다. 敬暉 등이 백관을 거느리고 표문을 올리기를, "五運[28]은 번갈아 일어나는 것이니 일에는 두 가지 중요한 도리가 있을 수 없습니다. 天授[29] 연간 革命하던 즈음에 宗室이 거의 다 誅殺되거나 귀양을 갔는데, 어찌 다시 武氏들을 모두 冊封해줄 수 있겠습니까. 이제 천명이 새로워졌는데, 무씨들을 예전처럼 封建하고 모두 京師에 살게 하시니, 세상이 열린 이래로 이러한 이치는 없었습니다. 바라건대, 폐하께서는 사직을 위한 계책을 세우고 멀고 가까운 백성들의 마음에 순응하시어 그들에게 봉한 王의 爵位를 강등하여 안팎을 편안하게 하소서." 하였는데, 중종이 허락하지 않았다.

이에 무삼사가 위후와 함께 밤낮으로 경휘 등을 참소하며 이르기를 "공로를 믿고 권력을 전횡하고 있으니, 장차 社稷에 이롭지 못할 것입니다." 하니, 중종은 그들의 말을 믿었다. 무삼사 등은 이로 인하여 중종을 위해 획책하되, "경휘 등을 王으로 봉하여 그들이 맡고 있는 정사를 그만두게 하는 것만 못하니, 이렇게 하면 밖으로는 공신을 높이고 총애하는 체통을 잃지 않으면서 안으로는 실로 그들의 권력을 빼앗

26) 武攸暨 : 唐나라 開州 文水 사람으로 則天武后의 백부인 武士讓의 손자이다.
27) 鐵券 : 옛날에 임금이 공신에게 내려 免罪 등의 특권을 누리게 한 증명서를 말하는데, 鐵製의 契券에 丹砂로 썼으므로 보통 丹砂鐵券이라 부른다.
28) 五運 : 고대에 五行의 상생과 상극을 미루어 왕조의 흥망을 추산하는 운수를 말한다.
29) 天授 : 690년과 691년에 2년 동안 측천무후가 사용한 연호이다.

을 수 있습니다." 하니, 중종은 그 말이 옳다고 여겨 侍中인 齊公 경휘를 平陽王으로 삼고 桓彦範을 扶陽王으로 삼고 中書令인 漢陽公 張柬之를 漢陽王으로 삼고 南陽公 袁恕己를 南陽王으로 삼고 特進 同中書門下三品인 博陵公 崔玄暐를 博陵王으로 삼아 그들이 맡고 있는 정사를 그만두게 한 다음 황금과 비단과 鞍馬를 하사하고 초하루와 보름에 조회하게 하였다. 그러자 무삼사가 百官에게 다시 측천무후의 정사를 닦게 한 다음 武氏를 따르지 않는 자들은 배척하고 五王[30]에게 축출된 사람들을 다시 등용하니, 大權이 모두 무삼사에게 돌아갔다.

당시 河南과 河北 17개 州에 큰물이 나서 直言을 구하게 하니, 右衛騎曹參軍 宋務光[31]이 상소하기를, "물은 陰에 속하는 물건이니 신하와 小妾의 象에 해당합니다. 아마도 後庭[32]에 外朝[33]의 政事에 간여하는 사람이 있는 듯하니, 마땅히 그 싹을 막고 끊어야 할 것입니다. 지금 장마가 그치지 않고 있는데 도리어 坊門[34]을 닫고 祈禳[35]의 제사를 올리게 하고 심지어 里巷으로 하여금 坊門을 재상이라 부르게 하고 있으니, 이는 조정에서 사람을 보내 陰陽을 燮理[36]하게 하였다는 말입니다. 또 태자는 나라의 근본이니, 마땅히 일찍 어질고 재능이 있는 분을 가려서 세워야 합니다. 또 外戚의 세력이 매우 왕성하니 예컨대 무삼사 등은 마땅히 중요한 직위에서 해면한 다음 후하게 봉록을 내리소서. 또 정보사와 섭정능은 조그만 재주로 큰 자리를 훔쳤으니, 또한 조정의 좀과 같은 존재입니다." 하였는데, 상소하여 아뢰었지만 살피지 않았다.

○ 上以張柬之等及武攸暨武三思鄭普思等十六人으로 皆爲立功之人이라하야 賜以鐵券하고 自非反逆이면 各恕十死라 敬暉等帥百官上表하야 以爲五運迭興이니 事不兩大라 天授革命之際에 宗室誅竄殆盡이어늘 豈得與諸武竝封이리오 今天命惟新이어늘 而諸武封建如舊하고 竝居京師하니 開闢以來로 未有斯理라 願陛下爲社稷計하고 順遐邇心하야 降其王爵하야 以安內外라하야늘 上不

---

30) 五王 : 앞에 열거한 敬暉 등 5人을 가리킨다.
31) 宋務光 : 唐나라 汾州 西河 사람으로, 자는 子昂이다. 進士試에 합격하여 洛陽尉가 되었다가 右衛騎曹參軍으로 옮겼다. 中宗 때 監察御史로 河南을 순찰한 뒤 殿中侍御史로 승진하였다.
32) 後庭 : 황후와 궁녀들이 있는 後宮을 말한다.
33) 外朝 : 황제가 聽政하는 곳, 곧 조정을 말한다. 궁궐을 內朝라 하는 데 대한 대칭이다.
34) 坊門 : 옛날 거리와 골목에 세운 문을 말한다.
35) 祈禳 : 재앙을 물리치고 복을 구하는 제사를 말한다.
36) 燮理 : 陰陽을 조화롭게 다스려 和氣를 이끌어내어 상서로운 일이 생기게 하고 천재지변을 발생하지 않게 하는 것으로, 보통 정승의 직무를 이른다. ≪書經≫ 〈周書 周官〉에 "太師·太傅·太保를 세우니, 이들이 三公이다. 도를 논하고 나라를 다스리며, 음양을 조화하여 다스리니, 인원을 반드시 갖출 것이 아니요, 오직 적합한 사람이 있으면 임명하여야 한다.〔立太師太傅太保 茲惟三公 論道經邦 燮理陰陽 官不必備 惟其人〕"라고 한 데서 온 말이다.

許라 三思與韋后로 日夜譖暉等云恃功專權하니 將不利於社稷이라하니 上信之라 三思等因爲上畫策호대 不若封暉等爲王하야 罷其政事하니 外不失尊寵功臣이요 內實奪之權이라하니 上以爲然하야 以侍中齊公敬暉爲平陽王하고 桓彦範爲扶陽王하고 中書令漢陽公張柬之爲漢陽王하고 南陽公袁恕己爲南陽王하고 特進同中書門下三品博陵公崔玄暐爲博陵王하야 罷知政事하고 賜金帛鞍馬하고 令朝朔望하니 三思令百官復修則天之政하야 不附武氏者斥之하고 爲五王所逐者復之하니 大權盡歸於三思矣라 是時河南北十七州大水하야 制求直言하니 右衛騎曹參軍宋務光上疏하야 以爲水陰類臣妾之象이니 恐後庭有干外朝之政者니 宜杜絶其萌이라 今霖雨不止어늘 乃閉坊門以禳之하고 至使里巷謂坊門爲宰相하니 言朝廷使之燮理陰陽也라 又太子國本이니 宜早擇賢能而立之라 又外戚太盛하니 如武三思等宜解其機要하고 厚以祿賜라 又鄭普思葉靜能以小技竊大位하니 亦朝政之蠹也라한대 疏奏不省하다

47-1-6

중종이 洛城의 南樓로 가서 潑寒胡戱[37]를 구경하였는데, 淸源縣尉 呂元泰가 상소하기를, "잘 도모하면 제때에 날씨가 추워진다고 하였습니다.[38] 하필 발가벗은 몸으로 물을 뿌리며 네거리에서 북을 치고 춤추면서 그것을 찾아다니겠습니까." 하였는데, 상소하여 아뢰었지만 받아들이지 않았다.

○上御洛城南樓하야 觀潑寒胡戱한대 淸源尉呂元泰上疏以爲 謀時寒若이니 何必裸身揮水鼓舞衢路以索之리오한대 疏奏不納이라

47-1-7

制書를 내려 太平公主·長寧公主·安樂公主·宜城公主·新都公主·武安公主·金城公主에게 모두 幕府를 개설하고 官屬을 두게 하였으며, 승려 慧範 등 9명에게 모두 5품의 품계를 더한 다음 郡公과 縣公의 작위를 하사하게 하고, 道士 史崇恩 등에

37) 潑寒胡戱 : 물을 뿌려 추위를 기원하는〔潑水乞寒〕 풍속에서 나온 놀이로, 西域의 康國으로부터 유래한 樂舞이다. 매년 11월 엄동이 되면 청년과 소년들이 발가벗고 음악에 맞춰 춤을 추며 놀았는데, 구경하는 사람들은 이들에게 물을 뿌리며 즐거워하였다고 한다.

38) 날씨가……하였습니다 : 洪範九疇 가운데 여덟 번째 庶徵에 나오는 말로, "엄숙하면 제때에 비가 오고, 조리가 있으면 제때에 날이 개며, 지혜로우면 제때에 날이 따뜻하고, 잘 도모하면 제때에 날이 추우며, 성스러우면 제때에 바람이 분다.〔曰肅時雨若 曰乂時暘若 曰哲時燠若 曰謀時寒若 曰聖時風若〕"라고 하여, 인사와 하늘의 조짐이 서로 감응하여 자연현상이 그에 맞게 나타난다고 보았다.(≪尙書正義≫ 〈洪範〉)

게 5품의 품계를 더한 다음 國子祭酒 同正[39]에 제수하게 하고, 葉靜能에게 金紫光祿大夫를 더해주게 하였다.

○ 制許太平長寧安樂宜城新都武安金城公主를 竝開府置官屬하고 僧慧範等九人을 竝加五品階하야 賜爵郡縣公하고 道士史崇恩等을 加五品階하야 除國子祭酒同正하고 葉靜能을 加金紫光祿大夫하다

47-1-8

무삼사는 경휘・환언범・원서기가 아직 京師에 있는 것을 꺼려서 외직으로 나가 滑州・洺州・豫州 세 州의 刺史가 되게 하였다. 그렇게 하고도 다시 위후와 함께 밤낮으로 경휘 등을 참소하여 그치지 않았으니, 다시 먼 지역으로 좌천시켰다가 얼마 후 司馬로 폄직하였다.

○ 武三思는 以敬暉桓彦範袁恕已尙在京師로 忌之하야 出爲滑洺豫三州刺史하고 又與韋后日夜譖敬暉等不已하니 復左遷遠州라가 尋貶司馬하다

47-1-9

處士 韋月將이 上書하여 무삼사가 몰래 宮掖[40]과 私通하였다고 아뢴 다음 반드시 逆亂을 일으킬 것이라고 하니, 중종이 크게 화를 내며 참수하라고 명하였다. 이에 黃門侍郎 宋璟[41]이 상주하여 추적하여 조사해보기를 청하니, 상이 더욱 화를 내며 미쳐 두건도 바로 쓰지 못하고 신도 바로 신지 못한 채 급히 옆문으로 나와 송경에게 말하기를, "짐이 이미 참수하라고 일렀는데 아직도 참수하지 않았는가?" 하고, 속히 참수하고 명하였다. 이에 송경이 말하기를, "중궁이 무삼사와 사통했다고 말하

39) 同正 : 실지 직무를 집행하지 아니하고 벼슬자리의 명목만을 띠는 벼슬로, 봉록이 정식 관원과 같다.

40) 宮掖 : 宮門의 좌우에 있는 小門이나 旁舍를 가리키는 말로, 보통 妃嬪을 지칭하는 말인데, 여기서는 中宗의 황후 韋氏를 가리킨다.

41) 宋璟 : 唐나라의 문신이다. 문장에 뛰어나 則天武后 때에 여러 번 左臺御史中丞에 임명되었는데, 강직한 관리로서 신임을 받았다. 睿宗 복위 후에 吏部尙書로 있으면서 폐단을 혁파하는 과정에서 太平公主의 미움을 받아 楚州刺史로 좌천되었다가 713년 玄宗이 즉위하자 다시 刑部尙書에 임명되었다. 716년에 姚崇을 이어 재상이 되어 요숭과 함께 開元의 賢相으로 일컬어졌다.

는 사람이 있는데, 폐하께서 물어보지도 않고 죽여버린다면, 신은 저어컨대 천하에 필시 몰래 수군거리는 의논이 있게 될 듯합니다." 하고, 굳이 조사하기를 청하였으나 중종은 허락하지 않았다. 그러자 송경이 말하기를, "반드시 위월장을 참하고자 하신다면 청컨대 먼저 신을 참하소서. 그렇지 않으면 신은 끝내 감히 조서를 받들지 못하겠습니다." 하니, 중종이 화가 조금 풀려서 이에 刑杖을 치고 嶺南으로 귀양 보내라고 명하였다.

무삼사가 몰래 사람으로 하여금 황후의 음란한 행위에 대해 상소하게 하고 天津橋에 방을 써 붙인 뒤에 황후를 廢黜하기를 청하니, 중종이 크게 노하여 御史大夫 李承嘉에게 명하여 그 일을 끝까지 밝혀내게 하였다. 이승가가 아뢰기를, "敬暉 등이 사람으로 하여금 그렇게 하도록 시킨 일입니다. 비록 황후를 폐출하라고 말하지만 사실은 大逆을 꾀하는 것이니, 청컨대 族誅하게 하소서." 하였는데, 중종은 일찍이 경휘 등에게 鐵券을 내리며 사형을 면하게 해주겠다고 허락했던 일 때문에 모두 嶺外의 邊州로 길이 귀양 보내게 하였다. 그러자 무삼사는 사신을 보내 制書를 위조하여 살해하게 하였는데, 무삼사가 五王을 살해하고 나자 그 권세가 중종보다 더 왕성하였다.

○ 處士韋月將上書하야 告武三思潛通宮掖하고 必爲逆亂이라하니 上大怒命斬之라 黃門侍郎宋璟이 奏請推按하니 上益怒하야 不及整巾하고 屣履出側門하야 謂璟曰 朕謂已斬이어늘 乃猶未邪아하고 命趣斬之한대 璟曰 人言中宮私於三思라하야늘 陛下不問而誅之면 臣恐天下必有竊議라하고 固請按之한대 上不許라 璟曰 必欲斬月將이면 請先斬臣하소서 不然이면 臣終不敢奉詔이노이다하니 上怒少解하야 乃命與杖流嶺南히더 武三思陰令人疏皇后穢行하고 牓於天津橋하고 請加廢黜하니 上大怒하야 命御史大夫李承嘉하야 窮覈其事라 承嘉奏言 敬暉等使人爲之라 雖云廢后나 實謀大逆라 請族誅之라한대 上以暉等嘗賜鐵券하야 許以不死로 乃皆長流嶺外邊州하니 三思遣使하야 矯制殺之한대 三思既殺五王에 權傾人主矣라

47-1-10

처음에 秘書監 鄭普思가 딸을 후궁으로 바쳤는데, 監察御史 崔日用[42]이 탄핵하는

42) 崔日用 : 唐나라 滑州 靈昌 사람이다. 진사시에 합격하여 처음에 芮城尉가 되었다가 中宗 때 宗楚客과 武三思에게 아부하여 兵部侍郎까지 가파르게 승진하여 修文館學士를 겸했다. 다시 韋后의 음모를 토벌하는 일에 가담하여 黃門侍郎에 올라 機務에 참여하고, 齊國公에 봉해졌

奏文을 올렸지만 중종은 듣지 않았다. 정보사가 雍州와 岐州에서 무리를 모아 作亂을 모의하다가 일이 발각되었을 때 西京留守 蘇瓌[43]가 구금하여 엄하게 다스렸는데, 정보사의 처인 第五氏가 鬼道로 황후의 총애를 받고 있었기 때문에 중종은 소괴에게 조칙을 내려 다스리지 말도록 하였다. 車駕가 西京으로 돌아왔을 때 소괴가 宮廷에서 이 문제에 대해 爭執하였는데, 중종이 소괴를 억누르고 정보사를 두둔하니, 侍御史 范獻忠이 나아가 말하기를, "소괴를 참수하소서." 하였다. 중종이 말하기를 "무엇 때문인가?" 하니, 대답하기를, "소괴는 留守大臣이 되어 먼저 정보사를 참수한 뒤에 奏文을 올려 보고하지 못하고, 정보사로 하여금 聖聽을 현혹하게 하였으니, 그 죄가 큽니다. 또 정보사가 반역을 일으킨 정황이 명백하게 드러났는데도 폐하께서 그릇되이 법에 따라 처리하게 하였습니다. 신은 듣기에 '왕이 될 사람은 죽지 않는다.' 하였으니, 거의 정보사의 경우를 두고 하는 말인 듯합니다. 신은 바라건대 먼저 소괴를 사형에 처함으로써 北面하여 정보사를 섬기지 못하게 하소서." 하고, 魏元忠[44]이 말하기를, "소괴는 長者이니 형벌을 왜곡되게 적용하지 않습니다. 정보사는 국법으로 볼 때 마땅히 사형에 처해야 합니다." 하니, 중종이 부득이 정보사를 儋州로 유배하였다.

○ 初에 秘書監鄭普思가 納其女於後宮한대 監察御史崔日用劾奏之나 上不聽이라 普思聚黨於雍岐二州하야 謀作亂이라가 事覺에 西京留守蘇瓌가 收繫窮治之어늘 普思妻第五氏가 以鬼道로 得幸於皇后라 上敕瓌勿治러니 及車駕還西京에 瓌廷爭之어늘 上抑瓌而佑普思라 侍御史范獻忠進曰 請斬蘇瓌라한대 上曰 何故오하니 對曰 瓌爲留守大臣하야 不能先斬普思然後奏聞하고 使之熒惑聖聽하니 其罪大矣라 且普思反狀明白이어늘 而陛下曲爲申理라 臣聞王者不死라하니 殆謂是乎인저 臣願先賜死하야 不能北面事普思로소이다하고 魏元忠曰 蘇瓌長者니 用刑不枉이라 普思法當死로소이다하니 上不得已하야 流普思於儋州하다

다. 玄宗 開元 초에 太平公主를 토벌하는 데 공을 세워 吏部尙書를 역임하고 幷州長史에 올랐다. 시호는 昭이다.

43) 蘇瓌 : 唐나라 京兆 武功 사람으로, 자는 昌容이다. 高宗 때 진사시에 합격하여 朗州와 歙州의 刺史를 거쳐 尙書右丞, 戶部尙書, 尙書右僕射 등에 제수되고 許國公에 봉해졌다. 시호는 文貞이다.

44) 魏元忠 : 唐나라의 문신이다. 高宗 때 吐蕃이 침입하자 대책을 건의한 일로 발탁되어 殿中侍御史가 되었고, 則天武后 때에 李敬業의 반란을 토벌하여 司刑正에 발탁되었다가 御史中丞을 거쳐 同鳳閣鸞臺平章事에 올랐다. 中宗이 東宮으로 돌아와서는 張易之와 張昌宗의 전횡을 막을 것을 武侯에게 간언하였는데, 도리어 무함을 입고 高要尉로 좌천되었다. 中宗이 복위하자 中書令이 되었다.

47-1-11

安樂公主는 중종의 총애를 믿고 교만 방자하여 관직을 팔고 獄事를 팔아[45] 권세가 조정의 안팎에 왕성하였다. 어떤 때는 스스로 황제의 制書나 勅書를 만들어 그 내용은 덮어놓고 중종으로 하여금 서명하게 하였는데, 그럴 때면 중종은 웃으며 이를 따르고 끝내 내용을 보지 않았다. 또 스스로 皇太女가 되기를 청하였는데, 중종은 비록 따르지는 않았지만 또한 꾸짖어 나무라지도 않았다.

○ 安樂公主恃寵驕恣하야 賣官鬻獄하고 勢傾朝野라 或自爲制敕하야 掩其文하고 令上署之한대 上咲而從之하고 竟不視也라 自請爲皇太女이어늘 上雖不從이나 亦不譴責이라

47-1-12

景龍 원년(707)의 일이다. 韋后는 태자 李重俊이 자신의 소생이 아니라는 이유로 그를 미워하였는데, 무삼사 역시 태자를 시기하니 安樂公主는 태자를 폐위하고 자신을 皇太女로 세워주기를 청하였다. 태자는 이런 일이 반복되자 편안히 있을 수가 없어서 李多祚[46] 등과 함께 조서를 위조한 다음 羽林兵을 출동하여 무삼사 등 10여 인을 잡아서 죽인 뒤에 병사를 거느리고 玄武門을 공격하였다. 그러나 이기지 못하고 죽었는데, 중종은 태자의 수급으로 무삼사를 제사 지냈다.

○ 景龍元年이라 韋后以太子重俊非其所生으로 惡之어늘 武三思亦忌之하니 安樂公主請廢太子하고 立己爲皇太女라 太子積不能平하야 與李多祚等으로 矯詔發羽林兵하야 收三思等十餘人殺之하고 引兵攻玄武門이나 不克而死어늘 帝以太子首祭三思하다

47-1-13

銀青光祿大夫 上庸公인 聖善寺·中天寺·西明寺 등 세 절의 주지 慧範이 東都에 聖善寺를 짓고 長樂坡에 큰 불상을 조성하니, 府庫의 財用이 그 때문에 다 소모되었

---

45) 獄事를 팔아 : 뇌물을 받고 獄事를 그릇되게 판결하는 것을 말한다.

46) 李多祚 : 唐나라에 服屬된 靺鞨 族長의 후예로 용맹하고 활을 잘 쏘았다고 한다. 則天武后 때 張柬之와 함께 정변을 일으켜 中宗을 擁立하여 당 왕조의 부활에 공을 세웠으나, 707년 韋皇后와 대립하던 太子 李重俊과 함께 다시 정변을 일으켰다가 실패하여 살해되었다.

다. 그러나 중종과 위후가 모두 그를 중시하였기 때문에 권세가 안팎으로 왕성하여 감히 지목하는 자가 없었다. 당시 侍御史 魏傳弓이 그가 40여만의 재용을 간사하게 숨겨놓은 사실을 적발하고 극형에 처하기를 청하였는데, 중종이 그를 용서하려고 하니, 위전궁이 말하기를, "형벌과 포상은 국가의 큰일입니다. 폐하께서 이미 그에게 상을 함부로 더하셨는데, 어찌 마땅한 형벌은 미치지 않는 것입니까." 하였다. 그러자 중종은 그제야 혜범의 封地를 삭감하고 官爵을 강등한 다음 집으로 내쫓았다.

○ 銀青光祿大夫上庸公聖善中天西明三寺主慧範이 於東都作聖善寺하고 長樂坡作大像하니 府庫爲之虛耗나 上及韋后皆重之라 勢傾內外하야 無敢指目者라 侍御史魏傳弓이 發其姦贓四十餘萬하고 請寘極法한대 上欲宥之하니 傳弓曰 刑賞은 國之大事라 陛下賞已妄加어늘 豈宜刑所不及이리오하니 上乃削黜慧範하야 放于家하다

47-1-14

景龍 2년(708)의 일이다. 궁중 사람들이 황후의 옷상자에 있는 치마 위에 오색구름이 일어난다고 말하자 중종이 그림으로 그려 백관에게 보이게 하였는데, 韋巨源이 천하에 널리 알리기를 청하니 그 말을 따르고 이어 천하에 사면령을 내렸다.

○ 二年이라 宮中言皇后衣笥裙上에 有五色雲起하니 上令圖以示百官이어늘 韋巨源請布之天下한대 從之하고 仍赦天下하다

47-1-15

安樂公主와 長寧公主 및 皇后의 여동생 郕國夫人, 上官倢伃, 倢伃의 어머니 沛國夫人 鄭氏, 尙宮 柴氏와 賀婁氏, 여자 무당 第五英兒, 隴西夫人 趙氏는 모두 세력에 의지하여 권세를 부리고 청탁을 받아 뇌물을 거두었는데, 비록 백정이나 술장사, 노비라도 돈 30만 錢을 쓰면 별도로 墨敕을 내려 관직에 제수하되 비스듬하게 봉함하여 中書省에 내려주었으니, 당시 사람들은 이것을 斜封官[47]이라 하였다. 3만 錢을 주면 도첩을 받아 僧尼가 되었고, 員外·同正·試·攝·檢校·判·知 등[48] 내린 관

47) 斜封官 : 公薦이나 材局을 보지 않고 사의로 부정하게 임명된 관직으로, 墨筆로 쓴 詔勅을 비스듬하게 봉함해 내렸다고 한 데서 유래한 이름이다. 唐 中宗 때 韋后 및 太平公主와 安樂公主가 권력을 쥐고 뇌물을 받고 마음대로 관리를 임명하여 조정이 어지러워지는 원인이 되었다.

48) 員外……등 : 특명으로 제수하여 품계가 낮은 사람을 우대한 자리이다. 員外는 定員 외에 별도

직은 모두 수천 명이었다. 西京과 東都에는 각기 두 명의 吏部侍郎을 두어 네 차례 銓衡하게 하였으니,[49] 선발된 사람이 한 해에 수만 명이었다.

上官倢伃 및 後宮들은 대부분은 궁 밖에 저택을 건립하여 출입에 절도가 없었는데, 朝士들이 왕왕 그들이 노는 곳으로 쫓아가서 천거를 받아 승진하기를 구하였다. 안락공주는 더욱 교만하고 방자하였으니, 재상 이하의 관직은 대부분 그녀 집에서 나왔다. 그리고 장녕공주와 다투어 저택을 건축하여 사치스럽고 화려함을 겨루었는데, 궁궐과 비교해도 정교함이 더 뛰어났다. 중종 및 皇后와 公主는 佛寺를 많이 건축하였는데, 左拾遺 辛替否가 상소하여 간절히 간하였지만 상소로 아뢰어도 살펴보지 않았다.

○安樂長寧公主及皇后妹郕國夫人上官倢伃倢伃母沛國夫人鄭氏尙宮柴氏賀婁氏女巫第五英兒隴西夫人趙氏는 皆依勢用事하고 請謁受賕한대 雖屠沽臧獲이라도 用錢三十萬이면 則別降墨敕除官호대 斜封付中書하니 時人謂之斜封官이라 錢三萬則度爲僧尼하고 其員外同正試攝檢校判知官〔凡〕[50]數千人이라 西京東都에 各置兩吏部侍郎하야 爲四銓하니 選者歲數萬人이라 上官倢伃及後宮은 多立外第하야 出入無節이어늘 朝士往往從之遊處하야 以求進達이라 安樂公主尤驕橫하니 宰相以下多出其門이라 與長寧公主로 競起第舍하야 以侈麗相高한대 擬於宮掖而精巧過之라 上及皇后公主는 多營佛寺한대 左拾遺辛替否上疏切諫이나 疏奏不省이라

47-1-16

景龍 3년(709)에 東都의 聖善寺를 넓히게 하니, 거주하는 백성 가운데 생업을 잃은 집이 수십 가구였다. 長寧公主와 安樂公主 등 여러 공주들이 대부분 노복들을 풀어 백성의 자녀를 약탈하게 한 다음 노비로 삼았는데, 侍御史 袁從之가 감옥에 구금하여 다스리니 공주가 중종에게 하소연하였다. 중종이 手制[51]로 석방하게 하자 원종지가 上奏하기를, "폐하께서 노복을 풀어 선량한 백성을 약탈하시니 어떻게 천하

로 둔 자리이고, 同正은 正員과 자격이 같은 자리이다. 試某官・攝某官・檢校某官・判某官事・知某官事 등도 모두 마찬가지이다.

49) 네……하였으니 : 唐나라 제도는 원래 三銓으로, 문관 및 무관의 선발을 吏部와 兵部의 尙書・侍郎이 나누어 맡았다. 尙書는 尙書銓이 되어 5품에서 7품까지의 선발을 맡고, 侍郎 두 사람은 각각 中銓과 東銓이 되어 8품과 9품의 선발을 맡아, 이들을 三銓이라 하였다. 그런데 이때 하나를 늘려 四銓으로 만든 것이다.

50) 〔凡〕: 저본에는 '凡'이 없으나, ≪資治通鑑≫ 권209 〈唐紀 25〉에 의거하여 보충하였다.

51) 手制 : 황제가 직접 쓴 制書를 말한다.

를 다스릴 수 있겠습니까!" 하였는데, 중종은 끝내 석방하게 하였다.

중종은 玄武門에 행차하여 近臣들과 함께 궁녀들의 拔河[52]를 구경하였다. 또 명하여 궁녀는 市廛을 내고 公卿은 상인이 되어 서로 交易하게 하였는데, 이로 인해 궁녀와 공경이 서로 화를 내며 다투어 말씨가 경박해지자 중종은 황후와 함께 가서 이 광경을 보고 즐거워하였다. 중종은 자주 近臣 學士와 잔치를 벌여 모이게 한 다음 각기 재주와 기예를 부리게 하며 즐겼다. 또 일찍이 侍臣들과 잔치할 때 각기 〈廻波辭〉[53]를 짓게 하니, 사람들이 모두 아첨하는 말을 하고, 어떤 사람은 스스로 영화와 복록을 구하였는데, 諫議大夫 李景伯이 이르기를, "술잔에 술이 일렁일 때, 미천한 신의 직책은 箴規에 있도다. 侍宴이 이미 세 순배가 지났으니,[54] 소란스러움은 삼가 예의가 아닐까 두렵네." 하니, 중종이 기뻐하지 않았다. 그러나 蕭至忠[55]은 "이 사람이야말로 진실한 諫官이다." 하였다.

당시 政事가 많은 가문에서 나오고 남용된 관직이 차고 넘쳐서 사람들은 '세 자리에는 앉을 곳이 없다' 하였으니, 宰相과 御史 및 員外官을 말한다. 韋嗣立[56]이 상소하여 諫하였으나 중종은 듣지 않았다.

○ 三年에 廣東都聖善寺하니 居民失業者數十家라 長寧安樂諸公主가 多縱僮奴하야 掠百姓子女爲奴婢어늘 侍御史袁從之收繫獄治之하니 公主訴於上라 上手制釋之하니 從之奏稱陛下縱奴掠良人하니 何以理天下리오하야늘 上竟釋之하다 上幸玄武門하야 與近臣觀宮女拔河하고 又命宮女爲市肆하고 公卿爲商旅하야 與之交易이어늘 因爲忿爭하야 言辭褻慢하니 上與后臨觀爲樂이라 上數(삭)與近臣學士宴集하야 令各效伎藝以爲樂이라 又嘗宴侍臣할새 使各爲廻波辭하니 衆皆爲諂語하고 或自求榮祿이어늘 諫議大夫李景伯曰 廻波爾時酒卮에 微臣職在箴規로다 侍宴旣過三爵하니 諠譁竊恐非儀로다하니 上不悅이어늘 蕭至忠曰 此眞諫官也로다 時에 政出多門하고 濫官充溢하야 人以爲三無坐處라하니 謂宰相御史及員外官也라 韋嗣立上疏諫이나 上弗聽하다

---

52) 拔河 : 唐나라 때 궁녀들 사이에 유행하던 놀이로, 줄다리기와 비슷한 놀이이다. 굵은 삼줄로 큰 대나무를 묶은 다음 두 무리가 서로 당겨서 승부를 겨루었다고 한다.

53) 廻波辭 : 고대 樂府의 商調曲인 迴波詞를 말한다. 매 句는 六言으로, 第一句에 '迴波爾時'라는 네 글자로 시작하기 때문에 그렇게 이름한 것이다.

54) 세……지났으니 : 신하가 임금을 모시고 마시는 禮酌은 세 순배가 넘지 않았고, 세 순배가 넘으면 禮가 아니기 때문에 그렇게 말한 것이다.

55) 蕭至忠 : 中宗 때에 侍中, 尙書令 등을 역임하며 소탈하고 검소한 성품으로 명망이 높았는데, 뒤에 太平公主의 반역 모의에 가담하였다가 참수되었다.

56) 韋嗣立 : 鄭州 陽武 사람으로 자는 延構이다. 雙流縣令을 지내면서 탁월한 정적을 남겼다. 中宗 때 鳳閣侍郎·兵部尙書 등을 지냈고, 睿宗의 책립에 공을 세웠다.

47-1-17

景雲 원년(710) 봄 정월 元夜에 중종이 위후와 함께 微行하여 저잣거리에서 觀燈[57]하고 궁녀 수천 명을 풀어 나가 놀게 하였는데, 대부분이 돌아오지 않았다. 또 黎園의 격구장에 가서 文武官 3品 이상에게 명하여 抛毬(포구)[58]를 하게 하고 또 편을 나누어 拔河(줄다리기)를 하게 하였는데, 韋巨源과 唐休璟이 늙고 쇠약하여 밧줄을 따라 땅에 넘어져서 오랫동안 일어서지 못하였다. 그러자 중종과 황후 및 妃嬪과 공주들이 그 모습을 보고 크게 웃었다.

○ 景雲元年이라 春正月元夜에 上與韋后로 微行觀燈於市里하고 縱宮女數千人出遊한대 多不歸者라 又御黎園毬場하야 命文武三品以上抛毬하고 及分朋拔河어늘 韋巨源唐休璟衰老하야 隨絙踣地하야 久之不能興이라 上及皇后妃主臨觀大笑하더라

觀燈市里

57) 觀燈 : 花燈을 구경하는 놀이를 말한다. 옛날에 음력 정월 15일, 즉 元宵에 花燈을 구경하며 노는 풍습이 있었다.

58) 抛毬(포구) : 공놀이의 일종으로, 奏樂에 맞추어 詞를 부르며 춤을 추다가 抛毬門의 위쪽에 있는 구멍으로 공을 던져 넣는 놀이이다. 던진 공이 구멍으로 들어가면 상을 주고 들어가지 않으면 가벼운 벌을 주었다고 한다.

47-1-18

定州 사람 郎岌이 上言하기를, "韋后와 宗楚客[59)]이 장차 逆亂을 일으킬 것입니다." 하였는데, 위후가 중종에게 고하여 杖殺하게 하였다. 許州의 司兵參軍 燕欽融이 다시 상언하기를, "황후는 음란하고 國政에 간여하며 종족이 강성합니다. 그리고 安樂公主와 武延秀[60)]와 종초객은 종묘와 사직을 위태롭게 하기를 도모하고 있습니다." 하여 중종이 연흠융을 불러 면전에서 그를 힐책하였는데, 연흠융이 머리를 조아린 채 굽히지 않고 直言하면서 神色이 흔들리지 않으니 중종은 더 이상 말하지 못하고 가만히 있었다. 이에 종초객이 制書를 위조하여 飛騎[61)]로 하여금 연흠융을 때려죽인 다음 殿庭의 돌 위로 던지게 하니, 연흠융은 목이 꺾여 죽었다. 그러자 종초객이 크게 소리치며 통쾌해하였는데, 중종은 비록 끝까지 추궁하지는 않았지만 속으로는 불만을 품고 즐거워하지 않았다. 이로 말미암아 위후 및 그 당여들이 비로소 근심하고 두려워하게 되었다.

○ 定州人郎岌上言호대 韋后宗楚客將爲逆亂이라하야늘 韋后白上杖殺之라 許州司兵參軍燕欽融이 復上言호대 皇后淫亂하고 干預國政하며 宗族彊盛이요 安樂公主武延秀宗楚客은 圖危宗社라하야 上召欽融面詰之한대 欽融頓首抗言하야 神色不撓하니 上默然이러니 宗楚客矯制令飛騎撲殺之하야 投於殿庭石上하니 折頸而死라 楚客大呼稱快한대 上雖不窮問이나 意頗怏怏不悅이라 由是로 韋后及其黨이 始憂懼하더라

47-1-19

散騎常侍 馬秦客은 醫術로, 光祿少卿 楊均은 요리를 잘하여 모두 궁전을 출입하면서 위후에게 총애를 얻었는데, 일이 누설되어 죽임을 당할까 두려워하였다. 그리고 安樂公主는 위후가 조정을 장악하였을 때 스스로 皇太女가 되려 하였다. 그래서 이들은 마침내 함께 모의하여 餠餤 속에 독을 넣었으니, 중종은 마침내 神龍殿에서 붕

59) 宗楚客 : 唐나라 武后의 從姊의 아들로, 관직이 재상에까지 올랐는데, 韋后와 安樂公主의 신임을 얻어 권세를 부리다가 위후가 패망하면서 伏誅되었다.

60) 武延秀 : 唐나라 幷州 文水 사람으로, 武承嗣의 둘째 아들이다. 中宗 神龍 초에 左衛中郎將에 임명되었다. 당시 宗兄 武崇訓이 安樂公主의 남편이 되었는데, 그가 여러 차례 연회장에서 突厥의 노래를 부르고 胡旋舞를 춰 공주의 총애를 받았다. 무숭훈이 죽자 공주와 결혼했다. 武三思가 죽은 뒤 韋后가 그와 사통했고, 위후가 패하자 안락공주와 함께 참수되었다.

61) 飛騎 : 唐나라 禁軍의 이름이다. 貞觀 12년(638)에 唐 太宗이 玄武門에 左右 屯營을 설치하고 그 병사들을 飛騎라 불렀다.

어하였다. 재위 기간은 6년이고 향년은 55세였다.

○ 散騎常侍馬秦客以醫術로 光祿少卿楊均以善烹調로 皆出入宮掖하야 得幸於韋后한대 恐事泄被誅하고 安樂公主欲韋后臨朝에 自爲皇太女하야 乃相與合謀하야 於餠餤中進毒하니 上遂崩於神龍殿이라 在位六年이요 壽五十五라

47-1-20

宋나라 신하 歐陽脩는 다음과 같이 贊하였다.

"옛날에 孔子가 ≪春秋≫를 짓자 亂臣賊子들이 두려워하였으니, 임금을 시해하고 나라를 찬탈한 군주들을 모두 貶斥하여 제거하지 않은 이유는 아마도 황위를 훔쳐 나라를 차지한 행위가 막대한 죄였기 때문에 그 실상이 사라지지 않게 함으로써 큰 악행을 숨기지 않고 드러낸 것인가? 司馬遷에서부터 班固에 이르기까지 모두 〈高后紀〉를 지은[62] 이유는 呂氏[63]가 비록 漢나라를 찬탈하지는 않았지만 한나라의 國政을 훔쳐 집권하였기 때문에 마침내 감히 그 실상이 사라지게 하지 못한 것이니, 아마도 聖人의 뜻을 얻은 것인가? 아니면 이 또한 우연히 ≪춘추≫의 筆法에 합치된 것인가? 唐나라의 옛 역사서가 이로 인해 本紀에다 武后의 本紀를 列錄하였으니,[64] 대개 그 유래가 오래된 것이다.

대저 사람에게 吉凶은 그림자나 메아리와 같은 것이다. 善을 행하는 사람은 吉運을 만나는 경우가 늘 많았지만 불행히 재앙을 만나는 경우가 있었고, 惡을 행하는 사람은 재앙에 이르지 않은 경우가 없었지만 요행히 재앙을 면하는 경우도 있었으니, 小人들의 생각에는 마침내 天道는 알기 어려워서 善을 행하는 사람이 반드시 복을 받는

62) 司馬遷에서부터……지은 : ≪史記≫ 권9의 〈呂太后本紀〉와 ≪漢書≫ 권3의 〈高后紀〉를 말한다. 高后는 漢 高祖의 황후인 呂后를 가리키는데, 고조가 죽은 뒤에 女主로 집권하여 呂氏 일족을 왕으로 봉하고 劉氏의 漢나라를 위태롭게 한 '여씨의 난'을 일으켰다. 수백 년 뒤에 광무제가 後漢을 일으켜 漢나라의 사직을 회복한 뒤에 여후를 폐하였다.

63) 呂氏 : 漢 高祖 劉邦의 皇后인 呂雉로, 惠帝를 낳았다. 세칭 呂太后라고 하는데, 고조가 천하를 평정하는 데에 큰 공이 있었다. 惠帝가 즉위하자 섭정하며 권력을 전횡하였는데, 고조의 寵妃인 戚夫人의 수족을 자르고 변소에 가두어 인간돼지〔人彘〕라고 부르는 등 횡포를 자행했다. 혜제가 죽자 劉氏만을 侯王으로 책봉하라는 고조의 遺訓을 어기고 그녀의 일족 9명을 왕후로 책봉하였으니, 이것이 유씨 옹호파의 반발을 불러일으켜 여태후가 죽자 呂氏 誅滅 사건이 일어났다. 이것이 여씨의 난이며, 여씨 정권이 붕괴되고 고조의 차남 劉恒이 즉위하였는데, 이 사람이 文帝이다.

64) 唐나라의……列錄하였으니 : ≪舊唐書≫ 권6과 ≪新唐書≫ 권4에 실려 있는 〈則天皇后本紀〉를 가리킨다.

것은 아니고 악을 행하는 자가 반드시 화를 만나는 것도 아니라고 여기게 되었다. 則天武后의 악행이 크게 誅戮되는 데에 이르지 않은 것은 이른바 요행히 재앙을 면한 경우이고, 中宗과 韋氏의 일에 이르러서는 재앙에서 발을 빼지 못한 경우이다. 그러나 직접 母后인 측천무후의 변란을 겪었으면서도 자신이 스스로 그 전철을 밟고 말았으니, 이른바 '지극히 어리석은 자는 변화시킬 수 없다.'[65]라는 경우에 해당할 것이다."

宋臣歐陽脩贊曰 昔者에 孔子作春秋而亂臣賊子懼하니 其於弑君簒國之主에 皆不黜絶之는 豈以其盜而有之者莫大之罪也로 不沒其實하야 所以著其大惡而不隱歟아 自司馬遷班固히 皆作高后紀는 呂氏雖非簒漢而盜執其國政이라 遂不敢沒其實이니 豈其得聖人之意歟아 抑亦偶合於春秋之法也아 唐之舊史가 因之列武后於本紀하니 蓋其所從來遠矣라 夫吉凶之於人에 猶影響也라 而爲善者得吉常多나 其不幸而罹于凶者有矣하고 爲惡者未始不及於凶이나 其幸而免者亦時有焉하니 而小人之慮에 遂以爲天道難知하야 爲善未必福而爲惡未必禍也로다 武后之惡이 不及於大戮은 所謂幸免者也요 至中宗韋氏하얀 則禍不旋踵矣라 然其親遭母后之難而躬自蹈之하니 所謂下愚之不移者歟저

47-1-21

宋나라 儒臣 司馬光은 다음과 같이 말하였다.

"中宗은 오랫동안 幽閉되는 곤욕을 겪었으므로 험하고 어려운 일을 빠짐없이 맛보았다. 그러나 하루아침에 뜻을 얻었을 때 그 황음무도한 허물을 고치지 않았으니, 거름흙으로 쌓은 담장을 어떻게 흙손질할 수 있겠는가?[66]"

宋儒司馬光曰 中宗久罹幽辱이라 備嘗險阻나 一(朝)〔旦〕[67]得志에 荒淫不悛하니 糞土之墻을 安可圬也리오

---

65) 지극히……없다 : 孔子가 "오직 지극히 지혜로운 자와 지극히 어리석은 자는 변화시킬 수 없다.〔唯上知與下愚不移〕"라고 하였는데, 上知는 이미 善의 극치에 이르렀으므로 더 변화할 수 없고, 下愚는 선을 믿지 않고〔自暴〕 선을 행하지 않으므로〔自棄〕 변화해 나아갈 수 없다는 뜻이다.(≪論語≫ 〈陽貨〉)

66) 거름흙으로……있겠는가 : 어떻게 해볼 방법이 없다는 의미이다. 孔子의 제자 宰予가 낮잠을 자자, 공자가 이르기를 "썩은 나무는 조각을 할 수 없고, 거름흙으로 쌓은 담장은 흙손질할 수도 없다. 내가 재여에 대하여 어찌 나무랄 것이나 있겠느냐.〔朽木不可雕也 糞土之牆 不可杇也 於予與何誅〕"라고 한 데서 온 말이다.(≪論語≫ 〈公冶長〉)

67) (朝)〔旦〕: 저본에는 '朝'로 되어 있으나, '朝'는 朝鮮 太祖 李成桂가 왕위에 오른 뒤 '旦'으로 개명하였기 때문에 조선에서는 避諱하여 '朝'로 쓴 것이다. 그러므로 원래 글자인 '旦'으로 돌려놓았다.

懿宗[68)]

47-2-1

懿宗의 이름은 漼이니, 宣帝의 長子이다. 會昌 6년(846)에 鄆王에 봉해졌는데, 大中 13년(859)에 宣宗이 붕어하자 皇太子가 되고 황제에 즉위하였다.

懿宗名漼니 宣帝之長子也라 會昌六年에 封鄆王이러니 大中十三年에 宣宗崩하니 立爲皇太子하고 卽皇帝位하다

47-2-2

의종은 부처를 신봉함이 너무 지나쳐서 정사를 게을리하였다. 일찍이 兩街[69)]의 4개 사찰[70)]에 조서를 내려 각각 戒壇을 설치한 다음 21일간 중생을 제도하게 하였고, 또 咸泰殿에 壇을 쌓아 內寺[71)]의 비구니[72)]들이 受戒[73)]하게 하고 兩街의 僧尼들이 모두 들어와 참여하게 하였으며, 또 궁중에 講席을 설치하여 스스로 소리 내어 불경을 읽고 梵夾[74)]을 기록하였으며, 또 자주 여러 사찰에 행차하여 마구잡이로 시

---

68) 懿宗 : 唐나라 제17대 황제로, 처음 이름은 溫이었는데 나중에 漼로 바꾸었다. 宣宗 사후 환관들의 옹립으로 제위에 올랐는데, 즉위 후 환관들에게 정사를 맡긴 채 사치스런 생활을 하며 여인들과 술에 빠져 지냈으며 백성들은 무거운 세금으로 고통을 당하였으므로, 그의 통치 기간은 唐나라 멸망의 출발점이 되었다고 평가된다. 또 종교에 깊이 심취하여 궁중에서 일년 내내 호화로운 불교행사를 치르는가 하면 잦은 향연을 열도록 하였는데, 향연이 마음에 들면 즉흥적으로 큰 상을 내리기도 하고 특진을 시키기도 하였다. 이로 인해 많은 민란이 발생하였는데, 특히 의종 사후 2년 만에 발생한 黃巢의 난도 의종의 폭정에 원인이 있는 것으로 평가된다. 재위 기간은 859년에서 873년까지이다. 연호는 咸通, 시호는 昭聖恭惠孝皇帝이다.

69) 兩街 : 唐代에 수도인 長安에 있던 橫街와 朱雀大街의 合稱이다. 橫街를 중심으로 북쪽은 宮城으로 皇室과 宮廷 사람들이 사는 곳이고, 남쪽은 皇城으로 百官의 官署가 있었다. 朱雀大街는 皇城을 가로지르는 길로 承天門街라 부르기도 하였다. 일반적으로는 權貴와 士大夫들이 사는 번화가를 가리킨다.

70) 4개 사찰 : 慈恩寺 · 薦福寺 · 西明寺 · 莊嚴寺를 말한다.

71) 內寺 : 황궁 안에 있는 절을 말한다.

72) 비구니 : 宮人 가운데 출가하여 비구니가 된 사람을 가리킨다.

73) 受戒 : 부처의 가르침을 받드는 사람이 지켜야 할 계율을 받는 일을 말한다.

74) 梵夾 : 불교 경전을 말한다. 옛날 西域에서는 종이 대신 貝多羅樹 잎에다 經文을 기록했기 때문에 흔히 佛經을 貝葉經이라 부른다.

주하였다. 그러자 吏部侍郞 蕭倣[75]이 상소하기를, "玄祖의 道는 자비와 검약을 우선시하였고,[76] 素王[77]의 風敎는 仁義를 으뜸으로 삼았으니 百代에 모범을 드리워 반드시 더할 것이 없습니다. 불교는 자신의 자리를 버리고 出家하여 사랑 가운데 지극히 어려운 부분[78]을 베어내고 滅度[79] 후의 殊勝한 경지를 취하였으니, 제왕이 흠모할 바가 아닙니다. 바라건대 폐하께서는 때로 延英殿[80]을 열어 四輔[81]를 접대하시고, 힘써 백성의 병폐를 구제하고 정성스럽게 종실의 遠廟[82]를 받드시며, 상을 잘못 내리고 형벌을 남용하면 그 재앙은 반드시 이른다는 것을 생각하시고, 殘虐한 사람을 교화시키고 死刑을 없앤다면 복을 얻는 일이 아주 많을 것이라는 사실을 아시며, 講筵[83]을 철폐하고 몸소 정사에 힘쓰소서." 하니, 의종이 비록 가상히 여겨 장려하긴 하였지만 끝내 따르지는 못하였다.

○ 上奉佛太過하야 怠於政事라 嘗敕於兩街四寺하야 各置戒壇하야 度人三七日하고 又於咸泰殿에 築壇爲內寺尼受戒하고 兩街僧尼皆入預하며 又於禁中設講席하야 自唱經手錄梵夾하고 又數(삭)幸諸寺하야 施與無度하니 吏部侍郞蕭倣上疏以爲 玄祖之道는 慈儉爲先하고 素王之風은 仁義爲首하니 垂範百代하야 必不可加라 佛者는 棄位出家하야 割愛中之至難하고 取滅後之殊勝하니 非帝

75) 蕭倣 : 자는 思道이다. 唐 文宗 太和 원년(827)에 진사과에 합격하여 관직에 나아간 뒤 懿宗 때 吏部侍郞 등을 거쳐 僖宗 연간에 재상에 임명되었다.

76) 玄祖의……하였고 : 玄祖는 老子를 가리킨다. 唐나라 乾封 원년(666) 2월에 追號한 太上玄元皇帝의 준말이다. 노자 즉 李耳의 성이 당나라 황실의 이씨와 같다고 하여 그의 후손으로 자처하며 그렇게 칭한 것이다. 玄元 혹은 玄聖이라고도 한다. ≪道德經≫ 67장에 "나에게는 세 가지 보배가 있는데, 나는 그것을 지니고 보전해왔다. 첫째는 자비요, 둘째는 검약이요, 셋째는 감히 천하에 앞서지 않음이다.〔我有三寶 持而保之 一曰慈 二曰儉 三曰不敢爲天下先〕"라고 하였다.

77) 素王 : 帝王의 덕을 지니고도 제왕의 자리에 오르지 못한 聖人을 이르는 말로, 孔子를 가리킨다. 공자는 실제 제왕이 되지는 못했지만 ≪春秋≫를 지어 역대 제왕과 주요 인물의 행적에 대해 포폄을 가한 것이 王業에 비견된다고 하였다.(≪論衡≫ 〈定賢〉)

78) 사랑……부문 : 부모 형제의 천륜을 말한다.

79) 滅度 : 승려의 죽음을 이르는 말로, 涅槃과 같다. 生死의 큰 고난을 없애어 煩惱의 바다를 건넜다는 의미이다.

80) 延英殿 : 唐나라 長安에 있는 大明宮 안 便殿의 하나이다. 代宗이 즉위하고 苗晉卿을 冢宰로 불렀는데, 당시 묘진경은 연로하고 다리가 매우 불편하여 격일로 政事堂에서 일을 볼 것을 청하였다. 그런데 합문으로 들어와 나아가질 못한다는 말을 들은 대종이 직접 연영전으로 나아가 召對하였으니, 재상을 연영전에서 접견하는 일은 이때부터 시작되었다고 한다. 후대에는 격식에 구애됨이 없이 老臣을 우대하여 접견한다는 의미로 많이 인용된다.(≪新唐書≫ 권140 〈苗晉卿列傳〉)

81) 四輔 : 좌우 전후에서 임금을 보좌하는 네 사람의 벼슬아치로, 左輔·右弼·前疑·後丞을 말한다. 太師·太傅·太保·少傅를 가리키기도 한다.

82) 종실의 遠廟 : 원문은 宗祧로 宗廟를 말한다. 祧는 먼 조상을 合祀하는 사당이다.

83) 講筵 : 승려, 비구니와 한 자리에서 경문을 읽는 法筵을 가리킨다.

王所宜慕也라 願陛下時開延英하야 接對四輔하며 力求人瘼하고 虔奉宗祧하며 思繆賞與濫刑은 其殃必至하고 知勝殘而去殺에 得福甚多하야 罷去講筵하고 躬勤政事하소서하니 上雖嘉獎이나 竟不能從이라

47-2-3

咸通 5년(864)에 彗星이 婁宿[84]에서 나왔는데, 길이가 3척이었다. 司天監이 上奏하기를, "星經을 살피건대, 이 별은 이름이 含譽이니 상서로운 별입니다." 하였는데, 의종이 몹시 기뻐하였다. 그러자 "청컨대 中外에 널리 알리고 史策에 기록하게 하소서" 하니, 의종이 그 말을 따랐다.

○咸通五年에 彗星出於婁한대 長三尺이라 司天監奏호대 按星經컨대 是名含譽니 瑞星也라한대 上大喜하니 請宣示中外하고 編諸史策이라하니 從之라

47-2-4

의종은 음악을 좋아하여 궁전 앞에서 잔치하며 놀 때 음악을 연주하는 樂工이 늘 500명에 가까이 되었다. 매달 10여 차례 이상 연회를 베풀었는데 水陸의 진미를 모두 갖추었고, 음악을 듣고 雜戲를 구경하는 데 싫증을 내지 않아서 연회가 있을 때면 악공과 배우들에게 늘 상으로 1천 緡을 하사하였다. 曲江, 昆明, 灞滻, 南宮, 北苑, 昭應, 咸陽 등지에 행차할 때 노닐고 싶으면 채비를 마련할 때까지 기다리지 않고 즉시 떠났기 때문에 유사는 항시 音樂과 飮食과 장막을 갖추고 있어야 했고, 여러 親王들은 말을 세워놓고 陪從할 준비를 하였다. 매번 행차할 때마다 안팎의 여러 관사에서 扈從하는 인원이 10여만 명이었으니, 들어가는 비용은 이루 다 기록할 수 없을 정도였다.

○ 上好音樂하야 宴遊殿前에 供奉樂工이 常近五百人이라 每月宴設이 不減十餘어늘 水陸皆備하고 聽樂觀優에 不知厭倦하야 賜與動及千緡이라 曲江昆明灞滻南宮北苑昭應咸陽에 所欲遊幸이면 卽行하야 不待供置하니 有司常具音樂飮食幄帟하고 諸王立馬하야 以備陪從이라 每行幸에 內外諸司扈從者十餘萬人하니 所費不可勝紀러라

84) 婁宿 : 28수 가운데 하나로 서쪽에 있는 7수 가운데 두 번째 별자리이다. 옛 사람들은 혜성이 출현하면 재앙을 예고하는 것이라고 생각하였다.

47-2-5

房玄齡

咸通 8년(867)의 일이다. 樂工 李可及이 새로운 소리를 잘 내므로 의종이 이가급을 左威衛將軍으로 삼으니, 曹確이 諫하기를, "太宗께서 문관과 무관의 인원 600여 명을 정해놓고 房玄齡[85]에게 이르기를, '짐은 이 자리를 정하여 천하의 어진 선비를 기다리고 있으니, 工人이나 商人 등 雜流는 그 자리에 있을 수 없다.' 하였습니다. 大和[86] 연간에 文宗이 樂工 尉遲璋을 王府率로 삼으려 할 때 拾遺 竇洵이 直諫하니 즉시 光州長史로 고쳤습니다. 청컨대 두 조정의 故事에 의거하여 이가급의 관직을 달리 제수하소서." 하였는데, 따르지 않았다.

○ 八年이라 樂工李可及善爲新聲하니 上以可及爲左威衛將軍한대 曹確諫曰 太宗定文武官六百餘員하시고 謂房玄齡曰 朕以待天下賢士하니 工商雜流는 不可處也라 大和中에 文宗欲以樂工尉遲璋爲王府率에 拾遺竇洵直諫하니 卽改光州長史라 乞以兩朝故事別除可及官하소서한대 不從하다

47-2-6

咸通 10년(869)의 일이다. 同昌公主가 右拾遺 韋保衡에게 시집갔으므로 위보형을 起居郞 駙馬都尉로 삼았다. 공주는 郭淑妃의 딸로, 의종이 특히 총애하여 궁중의 보물과 노리개를 모두 긁어모아 혼수로 보냈다. 그리고 廣化里에 저택을 하사하였는데, 窓戶를 전부 잡다한 보배로 장식하고 井欄·藥臼·槽匱[87] 역시 金銀으로 만들었

---

85) 房玄齡 : 唐나라 齊州 臨淄 사람으로, 자는 喬이다. 隋나라에서 진사가 되었으나 당나라에 귀의하여 太宗 원년(626)에 中書令이 되고 開國公에 봉해졌으며, 후에 魏國公과 梁國公에 봉해졌다. 15년 동안 재상의 자리에 있으면서 杜如晦와 함께 賢相이라는 칭송을 받았다. 태종의 신임이 지극하여 고구려 공격 때는 長安에 남아 성을 지키기도 하였다. 시호는 文昭이다. 황명을 받아 ≪晉書≫를 중찬하였으며, 태종의 昭陵에 陪葬되었다.

86) 大和 : 唐나라 文宗의 연호로 827년에서 835년까지이다.

87) 井欄……槽匱 : 井欄은 난간이고, 藥臼는 약을 가는 절구이고, 槽匱는 술 주전자를 넣어두는 궤짝이다.

으며, 금실을 짜서 키와 광주리를 만들고 錢 500만 緡을 하사하였는데, 다른 물품도 모두 이와 비슷하게 하였다.

○ 十年이라 同昌公主適右拾遺韋保衡이라 以保衡爲起居郎駙馬都尉하다 公主는 郭淑妃之女로 上特愛之하야 傾宮中珍玩以爲資送하고 賜第於廣化里한대 窓戶皆飾以雜寶하고 井欄藥臼槽匱를 亦以金銀爲之하며 編金縷以爲箕筐하고 賜錢五百萬緡한대 他物稱是라

47-2-7

의종은 방탕하게 연회를 즐겨서 직접 정사를 돌보지 않고 路巖[88]에게 위임하였는데, 노암은 사치하고 부패하여 자못 뇌물이 통용되었고 좌우에 있는 사람들은 권세를 부렸다. 至德縣令 陳蟠叟가 上書한 일 때문에 召對하였는데 말하기를, "청컨대 邊咸 일가를 깨뜨리게 해주시면 2년간 군사비용을 넉넉히 댈 수 있을 것입니다." 하였다. 의종이 묻기를 "변함이 누구인가?" 하니, 대답하기를, "노암이 가까이하는 아전입니다." 하였다. 그러자 의종이 노하여 진번수를 愛州로 귀양 보내었는데, 이로부터 누구도 감히 말하는 사람이 없었다.

○ 上荒宴하야 不親庶政하고 委任路巖이어늘 巖奢靡하야 頗通賂遺하고 左右用事라 至德令陳蟠叟가 因上書召對하야 言請破邊咸一家면 可贍軍二年이라한대 上問咸爲誰오하니 對曰 路巖親吏라하니 上怒하야 流蟠叟於愛州한대 自是로 無敢言者라

47-2-8

咸通 11년(870)에 同昌公主가 죽었다. 의종은 하염없이 애통해하고 슬퍼하다가 翰林醫官 韓宗劭 등 20여 명을 죽이고 그 친족 300여 명을 모두 체포하여 京兆獄에 가두게 하였다.

그러자 中書侍郎同平章事 劉瞻이 諫官들을 불러 諫言하게 하였는데, 간관 가운데 감히 말하는 사람이 없자 마침내 스스로 上言하기를, "장수와 요절은 사람마다 정해진 분수가 있습니다. 일전에 공주가 병을 앓아 자애로우신 성상께 깊이 염려를 끼쳤으므로 한종소 등은 진료할 때 오직 병을 치료하기 위해 온갖 방법을 다 동원하여

88) 路巖 : 唐나라 魏州 冠氏 사람으로 자는 魯瞻이다. 懿宗 咸通 연간에 左僕射에 올라 韋保衡과 함께 권력을 좌지우지하였다.

시술하였으니, 심력을 다하지 않음이 없었습니다. 그러나 禍와 福은 옮겨가기 어려운 것이어서 마침내 실패하고 말았으니, 그 정상을 따져보면 또한 애처롭고 불쌍합니다. 그럼에도 불구하고 그 친족의 어른과 아이들 3백여 명이 옥에 구금되었으니, 여론이 비등하고 도로의 행인들은 탄식하고 있습니다. 어찌하여 이치에 통달하고 천명을 아는 군주께서 포학하고 명철하지 못하다는 비방을 받으신단 말입니까. 이는 대개 편안할 때 위태로운 상황이 닥칠까 염려하지 못하고 화가 날 때 어려운 일이 발생할까 생각하지 못했기 때문에 생긴 일입니다. 엎드려 바라건대, 성상께서는 생각을 조금 돌이키시어 갇혀 있는 사람들을 관대히 석방하소서." 하였는데, 의종은 상소를 살펴보고 불쾌하게 여겼다. 유첨은 다시 京兆尹 溫璋과 함께 의종을 대면하여 극력 간언하였는데, 의종은 크게 노하여 그를 꾸짖으며 내쫓아버렸다.

公主를 장사 지낼 때가 되자 韋氏 집안의 사람들이 다투어 정원에서 제사 지낼 때 유품을 태우고 남은 재를 가져다가 금과 은을 칠하였는데, 무릇 의복과 노리개 등이 종류마다 모두 120여 수레나 되었고, 비단과 주옥으로 儀裝과 副葬品을 만들어 휘황찬란하게 30여 리나 이어졌으며, 의종은 술 1백 斛과 낙타 40마리 분량의 떡을 하사하여 상여꾼들을 먹였다.

의종이 郭淑妃와 함께 끊임없이 공주를 그리워하자 樂工 李可及이 〈嘆百年〉이라는 악곡을 지었는데, 그 음률이 처량하고 애절하였다. 그리고 그 악곡에 따라 춤추는 무희 수백 명에게는 內庫의 갖은 보배를 꺼내어 머리의 장식으로 삼게 하고 비단 8백 匹을 땅바닥에 깔게 하였는데, 가무가 끝나고 난 뒤에는 구슬이 땅을 뒤덮을 정도로 떨어져 있었다.[89)]

○ 十一年 同昌公主薨이라 上痛悼不已라가 殺翰林醫官韓宗卲等二十餘人하고 悉收捕其親族三百餘人하야 繫京兆獄하니 中書侍郎同平章事劉瞻이 召諫官하야 使言之한대 諫官莫敢言者하니 乃自上言以爲 脩短之期는 人之定分이라 昨公主有疾하야 深軫聖慈라 宗卲等은 診療之時에 惟求疾愈하야 備施方術하니 非不盡心이나 而禍福難移하야 竟成差跌하니 原其情狀컨대 亦可哀矜이어늘 而械繫老幼三百餘人하니 物議沸騰하고 道路嗟嘆이라 柰何以達理知命之君으로 涉肆暴不明之謗이리오 蓋由安不慮危하고 忿不思難之故也라 伏願少回聖慮하야 寬釋繫者라하야늘 上覽疏不悅이라 瞻又與京兆尹溫璋으로 力諫於上前한대 上大怒하야 叱出之라 及葬公主에 韋氏之人이

89) 구슬이……있었다 : 춤추는 무희들이 몸에 장식하고 있던 구슬이 바닥에 떨어져 땅에 가득하였다는 말이다.

爭取庭祭之灰하야 汰其金銀한대 凡服玩每物이 皆百二十輿요 以錦繡珠玉爲儀衛明器하야 輝煥三十餘里하며 賜酒百斛餠餤四十橐駝하야 以飼體夫라 上與郭淑妃로 思公主不已하니 樂工李可及이 作嘆百年曲한대 其聲悽惋하고 舞者數百人엔 發內庫雜寶하야 爲其首飾하고 以絁八百匹爲地衣한대 舞罷에 珠璣覆地라

47-2-9

의종은 安國寺에 행차하여 승려 重謙과 澈에게 沈香과 檀香으로 만든 講座 두 개를 하사하였는데, 그 높이가 각각 2丈이었다. 그렇게 하고 萬人齋를 설행하게 하고 또 칙사를 파견하여 法門寺[90]에 가서 佛骨을 맞이하게 하였는데, 여러 신하들 가운데 諫言하는 사람이 매우 많았고 심지어 "憲宗은 佛骨을 맞이하고 얼마 지나지 않아 晏駕[91] 하였습니다."라고 말하는 사람도 있었다. 그러나 의종은 "짐이 살아서 이것을 볼 수 있다면 죽어도 또한 여한이 없겠다." 하였다. 그리고 널리 浮圖·寶帳·香轝·幡花·幢蓋를 조성하여 불골을 맞이하게 하니 모두 金玉·錦繡·珠翠로 장식하였고, 京城에서 법문사까지 300리 사이에 도로에는 다니는 車馬가 밤낮으로 끊이지 않았다.

불골이 경성에 도착하자 禁軍의 兵仗으로 길을 인도하였는데, 公私 간의 음악 소리가 하늘에 진동하고 불빛이 대지를 비추어 그 대열이 수십 리에 늘어섰고 성대한 의장은 郊祀보다 훌륭하였으니, 元和 연간의 일[92]은 이보다 훨씬 미치지 못하였다. 부유한 집에서는 길을 끼고 양편에 채색 누각을 지어놓고 無遮會[93]를 거행할 때가 되면 앞 다투어 화려하게 꾸몄는데, 의종은 安福門에 행차한 다음 누대에서 내려가 불골에 절을 하고 눈물이 흘러 가슴을 적셨다. 그렇게 한 다음 승려 및 경성의 耆老 가운데 元和 연간의 일을 본 적이 있는 사람에게 金帛을 하사하고, 불골을 영접하여

90) 法門寺 : 陝西省 西安 서쪽 50km 지점에 있는 고찰로, 後漢 때 건립되었다고 한다. 唐代에 부처의 眞身舍利를 봉안하였다고 하며 역대 황제들의 사리공양이 행해졌다.

91) 晏駕 : 황제의 죽음을 신하가 감히 입에 올릴 수 없어 이와 같이 표현한 것이다. ≪史記≫ 〈范雎傳〉에 "궁거가 하루아침에 편히 쉬게 되었으니, 이것이 알 수 없는 일이다.〔宮車一日晏駕 是事之不可知者〕"라고 한 데서 온 말이다.

92) 元和……일 : 元和는 唐 憲宗의 연호로, 기간은 806년에서 820년까지이다. 당 헌종이 元和 14년(819)에 法門寺에서 부처의 사리를 禁中으로 맞아들인 일을 말한다. 당시 刑部侍郎으로 있던 韓愈는 그 부당함을 간하기 위하여 〈論佛骨表〉를 올려 강력하게 비판하다가 헌종의 노여움을 사 潮州刺史로 폄척되었다.(≪新唐書≫ 권176 〈韓愈列傳〉)

93) 無遮會 : 불교에서 거행하는 法會로, 5년마다 한 차례 거행하는 無遮平等大會를 말한다. 無遮는 賢聖, 道俗, 貴賤, 上下를 가릴 것 없이 모두 평등한 자격으로 모이는 것을 말한다.

禁中으로 들여온 지 사흘 만에 꺼내어 安國寺와 崇化寺에 안치하였는데, 재상 이하의 사람들이 다투어 金帛을 시주하였으니 이루 다 기록할 수가 없을 정도로 많았다. 인하여 德音을 내려 中外에 갇혀 있는 죄수들을 감형하였는데, 얼마 후 병이 크게 도져서 마침내 咸寧殿에서 붕어하였으니, 재위 기간은 14년이고 향년은 41세였다.

○ 上幸安國寺하야 賜僧重謙僧澈沈檀講座二한대 各高二丈이라 設萬人齋하고 又遣使詣法門寺하야 迎佛骨한대 群臣諫者甚衆하고 至有言憲宗迎佛骨尋晏駕者어늘 上曰 朕生得見之면 死亦無恨이라하다 廣造浮圖寶帳香轝幡花幢蓋以迎之하니 皆飾以金玉錦繡珠翠하고 自京城至寺三百里間에 道路車馬가 晝夜不絶이라 佛骨至京師하니 導以禁軍兵仗한대 公私音樂이 沸天燭地하야 綿亘數十里하고 儀衛之盛은 過於郊祀하니 元和之時不及遠矣러라 富室夾道爲綵樓及無遮會하야 競爲侈靡한대 上御安福門하야 降樓膜拜하고 流涕霑臆이라 賜僧及京城耆老嘗見元和事者金帛하고 迎佛骨入禁中三日에 出置安國崇化寺한대 宰相已下競施金帛하니 不可勝紀라 因下德音하야 降中外繫囚러니 俄疾大漸하야 遂崩於咸寧殿하니 在位十四年이요 壽四十一이라

47-2-10

宋나라 儒臣 司馬光은 다음과 같이 말하였다.

"의종은 교만하고 사치스럽고 무도하여 백성을 해치고 학대함에 거리낌이 없었고, 보필하는 직임을 총애하는 자들에게 위임한 다음 천하의 재물을 향락에 빠져 탕진하였는데, 백성이 원망을 알지 못하고 神明의 노여움을 근심하지 않았으니 李氏의 멸망은 여기에서 결정된 것이다."

宋儒司馬光曰 懿宗驕奢無度하여 賊虐不忌하고 輔弼之任을 委於嬖寵하고 四海之財를 竭於淫樂이어늘 民怨不知하고 神怒不恤하니 李氏之亡은 於玆決矣라

歷代君鑑 권48

경계할 만한 惡政 惡可爲戒

五代

唐나라(後唐) 莊宗[1)]

48-1-1

莊宗의 이름은 存勗이다. 唐나라 왕실 족보에 依附하여 姓을 李氏라 하였는데, 원래는 西突厥 종족 朱邪氏이다. 아버지 李克用이 당나라에 공을 세워 晉王에 봉해지자 장종이 그 작위를 계승하였고 마침내 황제에 즉위하였는데, 이윽고 後梁을 멸망시키고 다시 국호를 唐이라 칭하였다.

莊宗諱存勗이라 附唐屬籍하야 姓李氏한대 本西突厥種朱邪氏也라 父克用이 立功於唐하야 封晉王하니 莊宗嗣하고 遂卽皇帝位라가 已而滅梁하고 復稱唐하다

後唐 莊宗

48-1-2

同光 원년(923)에 母后인 晉國太夫人 曹氏를 높여 皇太后로 삼고 嫡母인 秦國夫人 劉氏를 太妃로 삼았다.

○ 同光元年에 尊母晉國太夫人曹氏爲皇太后하고 嫡母秦國夫人劉氏爲太妃라

---

1) 莊宗 : 唐나라 때 黃巢를 격파하여 晉王에 봉해진 李克用의 아들로, 이름은 李存勗이다. 後梁을 멸망시키고 後唐을 건국하여 洛陽을 도읍으로 삼았다. 본래 광대의 연극과 음악을 좋아하였는데, 나중에는 총애하던 俳優들을 요직에 등용하여 정사가 어지러워졌다. 결국 재위한 지 4년 만에 자신이 발탁하여 從馬直指揮使로 삼았던 伶人 郭從謙이 모반을 일으켜 살해되었다.

48-1-3

宋州節度使 袁象先[2)]이 가장 먼저 와서 入朝하였고 陝州留後[3)] 霍彦威[4)]가 그 다음으로 입조하였다. 원상선이 진귀한 재화 수십만 種을 수레에 싣고 와서 劉夫人 및 權貴와 伶官・宦者들에게 두루 뇌물로 주었는데, 열흘 동안 안팎의 사람들이 다투어 그를 칭송하니 은총이 유달리 높아졌다.

○ 宋州節度使袁象先이 首來入朝하고 陝州留後霍彦威가 次之하다 象先이 輦貨數十萬하야 徧賂劉夫人及權貴伶官宦者한대 旬日에 中外爭譽之하니 恩寵隆異라

48-1-4

後梁의 西都留守인 河南尹 張宗奭이 와서 조현하니 다시 張全義[5)]라는 이름을 하사하였는데, 말 수천 마리를 폐백으로 바치자 장종이 皇子 李繼岌과 皇弟 李存紀 등에게 명하여 그를 형님으로 섬기게 하였다.

○ 梁西都留守河南尹張宗奭來朝하니 復名全義한대 獻幣馬千計하니 唐主命皇子繼岌皇弟存紀等하야 兄事之하다

48-1-5

장종이 後梁을 멸망시키고 난 뒤에 사신을 파견하여 吳나라와 蜀나라에 알리니, 오나라와 촉나라 모두 두려워하였다. 이에 오나라의 徐溫[6)]이 嚴可求[7)]를 원망하며

---

2) 袁象先 : 五代 宋州 下邑 사람으로, 後梁 太祖 朱溫의 外甥이자 袁恕己의 후예이다. 처음에 宣武軍內外馬步軍都指揮使가 되었다가 宿州・洺州・除州의 刺史를 역임하였다. 주온이 즉위한 후 여러 관직을 거쳐 宋州節度使가 되었는데, 後唐이 건립되자 휘하의 군사 수십만을 거느리고 솔선하여 투항하여 李紹安이란 이름을 하사받았고, 宋州・亳州・耀州 등의 절도사가 되었다.

3) 留後 : 唐나라 때 관찰사나 절도사가 밖에 나가거나 특별한 사정이 있을 때, 그 직무를 대행하는 관직명이다.

4) 霍彦威 : 五代 後唐 洺州 曲周 사람으로, 자는 子重이고, 霍存의 양자이다. 젊어서 後梁의 태조 朱全忠을 섬기면서 공을 세워 天平節度使와 招討使를 지냈다. 나중에 後唐의 莊宗이 후량을 멸망시키자 항복했고, 李紹眞이란 이름을 하사받았다. 莊宗과 明宗을 섬겨 절도사로서 활약하였다. 그 후 中書令이 되어 정치의 실권을 쥐고 위세를 떨쳤다. 시호는 忠武이다.

5) 張全義 : 五代 濮州 臨濮 사람으로, 자는 國維이다. 초명은 居言이었는데, 朱溫에게 宗奭이란 이름을 하사받았다. 시호는 忠肅이다. 농민의 아들로 태어나 黃巢를 따라 기병하여 吏部尙書・水運使가 되었다가 주온에게 투항하여 河陽節度使가 되었다. 後唐 莊宗 때에는 太師・尙書令을 거쳐 齊王에 봉해졌다.

말하기를, "공은 이전에 나의 계책을 저지하였는데,[8] 이제 장차 어찌해야 하겠소?" 하니, 엄가구가 웃으며 말하기를, "듣건대 장종은 처음으로 중원을 차지하여 志氣가 교만함으로 가득 차 있고 아랫사람을 다스리는 데 법도가 없다고 하니, 몇 년 지나지 않아 장차 내란이 있을 것입니다. 따라서 우리는 단지 말을 공손하게 하고 예물을 후하게 보내는 한편, 국경을 지키고 백성을 편히 살게 하면서 기다리면 될 것입니다." 하였다.

○ 旣滅梁에 遣使告吳蜀하니 吳蜀皆懼러라 徐溫尤嚴可求曰 公前沮吾計러니 今將柰何오하니 可求笑曰 聞唐主始得中原하야 志氣驕滿하고 御下無法이라하니 不出數年에 將有內變이라 吾卑辭厚禮하고 保境安民하야 以待之耳라

48-1-6

11월에 滑州留後 李紹欽[9]이 伶人 景進을 통해 宮掖[10]에 뇌물을 바치고 泰寧節度使에 제수되었다.

○ 十一月에 滑州留後李紹欽이 因伶人景進하야 納貨於宮掖하고 除泰寧節度使하다

---

6) 徐溫 : 五代 吳나라 海州 朐山 사람으로, 자는 敦美이다. 젊었을 때 소금을 팔다가 도적이 되었는데, 楊行密이 吳나라를 건립하자 그를 따라 右衛指揮使가 되었다. 양행밀이 죽고 그의 아들 楊渥이 왕위를 계승하자 張顥와 함께 그를 시해하고 동생 楊隆演을 올렸는데, 나중에 다시 장호를 죽이고 정권을 장악했다. 大丞相에 올라 東海郡王에 봉해졌다. 의심이 많았고 말수가 적었으며 사람들과 사귀는 일도 드물어 사람들이 은연중에 두려워했다. 그러나 장수와 관리를 잘 기용했다. 글을 읽을 줄 몰라 사람을 시켜 獄訟과 관련된 글을 읽게 하고 판결을 내렸는데, 대개가 인정과 이치에 맞았다. 시호는 忠武이다. 養子 李昪이 南唐을 세워 義祖로 추존되었다.

7) 嚴可求 : 五代 同州 사람이다. 어릴 때부터 총민하여 心計가 있었다. 徐溫의 門客으로 있으면서 楊行密의 幕僚가 되었는데, 뒤에 서온과 모의하여 楊渥을 죽였다. 관직이 左僕射에 이르렀다.

8) 공은……저지하였는데 : 莊宗이 雲州를 공격할 때 吳나라에 편지를 보내 남북에서 협공할 것을 요청하였는데, 徐溫이 함대를 파견하여 북쪽으로 올라가려 하였다. 그러나 엄가구는 군사행동을 자제할 것을 요청하여 결국 그만두게 하였는데, 이 일을 가리킨다.(≪資治通鑑≫ 권272 〈後唐紀〉 同光 元年 5월)

9) 李紹欽 : 莊宗의 奸臣이다. 원래 後梁 사람으로 이름이 段凝이었는데, 軍衆 5만을 거느리고 장종에게 투항하여 李紹欽이라는 이름을 하사받았다. 이후 그는 公卿 사이를 출입하면서 의기양양해하고 조금도 부끄러워하는 기색이 없자, 후량의 舊臣들이 모두 그의 얼굴을 씹어 먹고 그의 심장을 후벼 파고 싶어 하였다.

10) 宮掖 : 宮門의 좌우에 있는 小門이나 旁舍를 말하는데, 外廷 신하의 출입이 금해진 깊은 宮內, 즉 妃嬪이 거처하는 곳을 말한다. 宮禁, 宸掖, 內廷이라고도 한다.

장종은 어려서부터 音律을 잘하였기 때문에 伶人들 가운데 총애를 받은 자가 많아 항상 곁에서 시종하였다. 장종은 혹 때때로 자신의 얼굴에 분과 먹을 바르고 광대들과 함께 宮庭에서 놀이를 하며 劉夫人을 기쁘게 하였는데, 광대로 분한 자신의 이름을 '李天下'라 하였다. 일찍이 광대놀이를 하면서 스스로 부르기를, '李天下' '李天下'라고 하니, 광대 敬新磨[11]가 갑자기 앞으로 나아가 그의 뺨을 때렸다. 이에 장종이 아연실색하고 광대들 또한 깜짝 놀라니, 경신마가 천천히 말하기를, "天下를 다스리는 사람은 한 분뿐인데, 오히려 누가 '李天下'라고 부르는 것인가?" 하니, 장종이 기뻐하면서 후하게 물품을 하사하였다.

唐主幼善音律이라 故伶人多有寵하야 常侍左右라 唐主或時自傅粉墨하고 與優人共戲於庭하야 以悅劉夫人한대 優名을 謂之李天下라하다 嘗因爲優하야 自呼曰 李天下李天下라하니 優人敬新磨가 遽前批其頰이어늘 唐主失色하고 群優亦駭愕하니 新磨徐曰 理天下者는 只有一人이어늘 尙誰呼邪아하니 唐主悅하야 厚賜之러라

寵信伶人

한번은 장종이 中牟縣에서 사냥할 때 백성이 농사지은 곡식을 짓밟았는데, 중모현

11) 敬新磨 : 五代 시기 後唐의 莊宗이 아끼던 배우로서 뛰어난 말솜씨로 유명했다고 한다.

의 縣令이 말 앞을 가로막고 간하기를, “폐하께서는 백성의 부모가 되시는데, 어찌하여 그들의 식량을 훼손하여 하여금 구렁에서 뒹굴다가 죽게 하는 것입니까?” 하니, 장종이 노하여 나가라고 질책하며 장차 죽이려 하였다. 그러자 경신마가 뒤쫓아가서 붙잡은 다음 장종의 말 앞에 이르러 꾸짖기를, “너는 현령이 되어서 유독 우리 천자께서 사냥을 좋아하는 것을 몰랐단 말이냐? 어찌하여 백성들을 풀어 농사를 짓게 하여 우리 천자께서 말 달리는 것을 방해하였단 말이냐? 너의 죄는 사형에 해당한다.” 하고, 인하여 형벌을 시행하기를 청하니, 장종이 웃으면서 놓아주게 하였다.

嘗畋於中牟할새 踐民稼한대 中牟令이 當馬前諫曰 陛下爲民父母어늘 柰何毁其所食하야 使轉死溝壑乎아하니 唐主怒하야 叱去將殺之라 敬新磨가 追擒至馬前하야 責之曰 汝爲縣令하야 獨不知吾天子好獵邪아 柰何로 縱民耕種하야 以妨吾天子之馳騁乎아 汝罪當死라하고 因請行刑하니 唐主笑而釋之라

伶人들이 궁궐을 출입하며 搢紳을 업신여기고 희롱하니 신료들은 성내고 미워하면서도 감히 기색을 드러내지 못하였고 또한 도리어 서로 청탁하며 은택을 구하는 자들이 있었다. 그러므로 사방의 지방관들이 다투어 뇌물을 주며 그들과 결탁하였는데, 더욱 政事에 좀이 되고 사람에게 해가 되는 자는 景進이 으뜸이었다. 경진은 閭閻의 천박하고 자잘한 일들을 채집하여 보고하기를 좋아했는데, 장종 또한 바깥일을 알고 싶어하여 마침내 경진에게 耳目의 임무를 위임하였다. 경진이 일을 아뢸 때마다 장종은 일찍이 주위의 사람들을 물리치고 물었는데, 이로 말미암아 경진은 간악하게 참소하며 정사에 간여할 수 있었으니, 將相에서 大臣에 이르기까지 모두 그를 싫어하였다.

諸伶出入宮掖하야 侮弄縉紳하니 群臣憤嫉호대 莫敢出氣하고 亦反有相附託하야 以希恩澤者라 四方藩鎭이 爭以貨賂結之러니 其尤蠹政害人者는 景進爲之首라 進好采閭閻鄙細事聞한대 唐主亦欲知外間事하야 遂委進以耳目이라 進每奏事에 嘗屛左右問之하니 由是로 進得施其讒慝하야 干預政事하니 自將相大臣으로 皆憚之러라

48-1-7

匡國節度使 溫韜[12]가 들어와 조현하니 李紹沖이라는 성명을 하사하였다. 이소충

12) 溫韜 : 五代 京兆 華原 사람이다. 어릴 때 도적이 되어 李茂貞을 섬기고 華原鎭將이 되어 성명

이 황금과 비단을 많이 가져와서 劉夫人 및 權貴와 伶人들에게 뇌물을 주니, 열흘 만에 다시 파견하여 藩鎭으로 돌아가게 하였다. 그러자 郭崇韜[13]가 말하기를, "국가에서는 唐나라를 위해 치욕을 씻으려 하는데, 온도는 당나라의 山陵을 거의 다 발굴하였으니, 그 죄가 朱溫[14]과 같을 따름입니다. 어찌 다시 藩鎭에 거주하게 할 수 있겠습니까. 천하의 義士들이 우리에 대해 어떻게 생각하겠습니까?" 하니, 장종이 이르기를, "처음 汴州로 들어올 때 이미 그의 죄를 용서하였소." 하고, 마침내 그를 파견하였다.

○ 匡國節度使溫韜入朝하니 賜姓名曰李紹沖이라하다 紹沖多齎金帛하야 賂劉夫人及權貴伶官하니 旬日에 復遣還鎭이어늘 郭崇韜曰 國家爲唐雪恥이어늘 溫韜는 發唐山陵殆徧하니 其罪與朱溫相埒耳라 何得復居方鎭이리오 天下義士가 其謂我何오하니 唐主曰 入汴之初에 已赦其罪라하고 竟遣之하다

48-1-8

李繼韜[15]는 장종이 後梁을 멸망시켰다는 소식을 듣고 근심과 두려움으로 어찌할 바를 알지 못하여 북쪽으로 가서 契丹으로 달아나고자 하였는데, 마침 대궐로 오라고 부르는 조서가 내려왔다. 이계도가 장차 가려고 하니 아우 李繼遠이 말하였기를, "형님은 반란을 일으켰다는 명목이 있으니 어느 곳인들 스스로 용납될 수 있겠습니

을 李彦韜로 바꾸었다가 耀州節度使가 되었다. 後梁에 항복하여 靜勝軍節度使가 되어 다시 원래의 성을 회복하고 이름을 昭圖라 바꾸었다. 鎭에 있을 적에 唐나라의 여러 陵을 발굴하였는데, 唐 太宗의 昭陵을 도굴함으로써 그곳에 소장되었던 도서 및 鍾繇와 王羲之의 필적이 세상에 전해지게 되었다.

13) 郭崇韜 : 五代 때 代州 雁門 사람으로, 자는 安時이다. 사람됨이 明敏하고, 才略이 있었다. 李存勗을 섬겨 中門副使가 되고, 이존욱이 後唐을 건국하자 樞密使까지 올랐다. 梁나라를 쳐 멸망시키는 데 공을 세워 侍中에 오르고 成德節度使를 역임하였다. 후에 越國公에 봉해지고, 지위가 將相을 겸하였다. 나중에 副帥로 魏王 李繼岌을 도와 前蜀을 멸하였으나, 宦官의 모략에 빠져 피살되었다.

14) 朱溫 : 五代 後梁의 太祖 朱全忠으로, 후량 왕조를 창건하였다. 宋州 碭山 사람이다. 어릴 때 이름은 朱三이었다. 도적 黃巢의 도당이었다가 882년 관군에 항복하여 唐 僖宗으로부터 全忠이라는 이름을 하사받았다. 그 뒤 황소의 잔당과 그 밖의 군웅을 평정하여 그 공으로 梁王에 봉해지고 각지의 절도사를 겸하는 등 화북 제일의 실력자가 되었다. 뒤에 昭宗을 살해한 뒤 哀帝를 세웠고, 다시 907년에 애제로부터 제위를 선양받아 後梁을 세우고 開封을 수도로 정함으로써 唐나라를 멸망시켰다.

15) 李繼韜 : 汾州 太谷 사람으로, 자는 留得이다. 李克用의 양자이자 後唐의 大臣인 太師 隴西王 李嗣昭의 둘째 아들이다. 장종이 河南을 평정한 후에 후당에 귀순하였으나, 반역을 도모하다가 일이 누설되어 참수되었다.

까? 가도 안 가도 결과는 같을 뿐입니다. 해자를 깊이 파고 보루를 높이 쌓아놓고 앉아서 쌓아놓은 곡식을 먹으며 버티면 오히려 세월을 연장할 수 있는 것만 같지 못하니, 들어가서 조현하면 바로 죽을 것입니다." 하였다. 어떤 사람은 이계도에게 말하기를, "先人이신 令公께서는 나라에 큰 공이 있고 주상은 공에게 季父[16)]가 되니 가신다 해도 반드시 걱정할 것이 없을 것입니다." 하였다.

이계도의 어머니 楊氏는 蓄財에 능하여 가산이 백만금에 달하였다. 이계도는 마침내 양씨와 함께 길을 나섰는데, 銀 40만 냥을 가져가고 다른 재물도 그만큼 준비하여 크게 풀어 뇌물로 보내자, 伶官과 宦官들이 다투어 말하기를, "이계도는 애초에 간사한 도모를 하지 않았고 간악한 자들의 유혹에 빠진 것입니다. 그의 아버지 李嗣昭[17)]는 친척이고 어진 자이니 後嗣가 없게 해서는 안 될 것입니다." 하였다. 양씨는 다시 궁궐로 들어가 울면서 죽여달라고 청하면서 이계도의 선인을 거론하여 이야기하는 한편 또 劉夫人에게 구해달라고 청하니, 유부인 역시 그들을 위해 이야기해주었다. 그렇게 이계도가 들어와 알현하고 대죄하자 장종은 이계도를 놓아주어 한 달 남짓 머물게 하고 누차 함께 수렵을 한 뒤에 옛날과 같이 총애하고 우대하였다.

○ 李繼韜聞唐主滅梁하고 憂懼不知所爲하야 欲北走契丹이러니 會有詔徵詣闕하니 繼韜將行에 其弟繼遠曰 兄以反爲名하니 何地自容이리오 往與不往等耳라 不若深溝高壘하고 坐食積粟이면 猶可延歲月이니 入朝立死矣라하고 或曰 先令公有大功於國하고 主上於公季父也니 往必無虞라하다 繼韜母楊氏善蓄財하야 家貲百萬한대 乃與楊氏偕行에 齎銀四十萬兩하고 它貨稱是하야 大布賂遺하니 伶人宦官爭爲之言曰 繼韜初無邪謀하고 爲姦人所惑耳라 嗣昭親賢하니 不可無後라하다 楊氏復入宮하야 泣請其死호대 以其先人爲言하고 又求哀於劉夫人하니 劉夫人亦爲之言이라 及繼韜入見待罪에 唐主釋之하야 留月餘에 屢從遊畋하고 寵待如故라

48-1-9

吳王이 다시 司農卿 盧蘋을 파견하여 使命을 받들고 來朝하게 할 때 嚴可求가 미리 장종의 질문을 예상하여 노빈에게 응대할 방도를 가르쳐주었는데, 노빈이 당나

---

16) 季父 : 李系韜의 아버지인 李嗣昭가 李克用의 양자였기 때문에 이계도는 이극용의 아들인 장종의 조카가 되기 때문에 그렇게 말한 것이다.

17) 李嗣昭 : 汾州 太谷 사람으로, 자는 益光이다. 본래의 성은 韓氏였는데 晋王 李克用의 양자가 되었다. 河中·邢洺·澤潞 등지에서 누차 後梁 군사를 격파하였고, 太原을 보위하는 전투에 두차례 참여하여 큰 공을 세웠다.

라에 이르렀을 때 모두 엄가구가 미리 예상한 것과 같았다. 노빈은 돌아와서 아뢰기를, “장종은 遊歷과 사냥에 빠져 있는데다가 재물에 인색하고 간언을 막아서 내외가 모두 원망하고 있었습니다.” 하였다.

○ 吳王이 復遣司農卿盧蘋하야 來奉使할새 嚴可求豫料所問하야 教蘋應對러니 既至에 皆如可求所料러라 蘋還言唐主荒于遊畋하고 嗇財拒諫하야 內外皆怨이러라

48-1-10

高季興[18)]이 洛陽에 있을 때, 장종의 곁에 있는 伶人과 환관들이 뇌물을 끝없이 요구하자 고계흥은 분노하였다. 장종이 고계흥을 머물게 하려 하였는데, 郭崇韜가 간하기를, “폐하께서 새로 천하를 얻었을 때 제후들은 子弟와 將佐를 보내 朝貢을 바치는 데 지나지 않았습니다. 오직 고계흥만이 직접 入朝하였으니 마땅히 포상하여 來朝하기를 권면해야 합니다. 그런데 도리어 억류하여 돌아가지 못하게 한다면 신의를 저버리게 되어 四海의 마음을 막는 결과가 될 것이니, 이는 옳은 계책이 아닙니다.” 하니, 장종이 고계흥을 보내주었다.

고계흥은 주야로 달려가서 許州에 이르러 좌우의 사람들에게 이르기를, “이번 행차에는 두 가지 실수가 있었으니, 내가 來朝한 것이 한 가지 실수이고 저들이 나를 놓아주어 떠나게 한 것이 한 가지 실수이다.” 하였다. 襄州를 지날 때 절도사 孔勍이 머물게 하고 연회를 베풀었는데, 한밤중에 관문을 부수고 떠나 江陵에 이르러 梁震[19)]의 손을 잡고 이르기를, “그대의 말을 듣지 않았다가 거의 虎口를 면치 못할 뻔하였소.” 하였다. 또 諸將과 幕僚들에게 이르기를, “新朝는 1백 번을 싸워 비로소 河南을 얻었는데, 오히려 공신들 앞에서 손을 들고 이르기를 ‘내가 이 손바닥 위에 천하를 얻었다.’라고 하였다. 자기 자랑이 이와 같다면 다른 사람들은 모두 공이 없는

18) 高季興 : 五代十國의 하나인 荊南의 시조이다. 자는 貽孫이고 시호는 武信王이다. 汴州에서 노예로 있다가 後梁의 太祖 朱全忠에게 발탁되어 무공을 세웠고, 907년에 荊南節度使가 되었다. 주전충이 죽은 후 湖北에서 자립하였고, 後唐 莊宗 때 朝貢하여 天贊 4년(925)에 南平王에 봉해졌다. 그래서 형남을 南平으로도 부른다. 明宗이 즉위하자 공격했지만 이기지 못했다. 이에 吳나라에 신하로 칭하면서 秦王에 책봉되었다. 5년 동안 재위하였다.

19) 梁震 : 唐나라 말기, 五代 때 荊南의 才士였다. 당나라 말기에 進士에 급제하고, 後梁이 당나라를 대신한 뒤에는 朱全忠을 위해 힘을 쏟기를 원하지 않아 은거하기 위해 고향으로 돌아갔다. 돌아가는 길에 형남의 실권자 高季興의 강압에 의해 할 수 없이 그를 도왔으나, 그가 주는 관직은 받지 않고 늘 자신을 ‘前 進士’라고만 칭하였다. 고계흥이 죽고 난 뒤에 즉시 은거하였다.

것이니, 그 누가 맥이 풀리지 않겠는가? 또 사냥과 여색에 빠져 있으니, 어찌 길이 보전할 수 있겠는가? 나는 아무 걱정이 없다." 하고, 마침내 성벽을 수선하고 군량을 쌓는 한편, 後梁의 옛 병사들을 불러들여 싸우거나 지킬 준비를 하였다.

○ 高季興在洛陽에 唐主左右伶官이 求貨無厭이라 季興忿之러라 唐主欲留季興이어늘 郭崇韜諫曰 陛下新得天下에 諸侯不過遣子弟將佐入貢이로대 惟高季興身自入朝하니 當褒賞以勸來者어늘 乃羈留不遣이면 弃信虧義하야 沮四海之心이니 非計也라하니 乃遣之라 季興倍道而去하야 至許州하야 謂左右曰 此行有二失하니 來朝一失이요 縱我去一失이라하다 過襄州할새 節度使孔勍留宴이어늘 中夜斬關而去하야 至江陵하야 握梁震手曰 不用君言이라가 幾不免虎口라하다 又謂將佐曰 新朝百戰하야 方得河南이어늘 乃對功臣擧手云 吾於十指上得天下라하니 矜伐如此면 則它人皆無功矣니 其誰不解體리오 又荒於禽色하니 何能久長이리오 吾無憂矣라하고 乃繕城積粟하고 招納梁舊兵하야 爲戰守之備라

48-1-11

宋나라 학자 胡寅은 다음과 같이 말하였다.

"수고롭게 일하고도 자랑하지 않고 功이 있는데도 자신의 덕이라 여기지 않는 것은, 賢人君子도 오히려 혹 어렵게 여기는 일이다. 그러나 일은 힘써 노력하는 데 달려 있을 뿐이다. 생각으로는 이와 같이 하고 싶지만 조금 참고 생각하기를, '이와 같이 하는 것은 선하지 못하다.' 하여 끝내 참고 하지 않는다면 이것이 바로 선이고, 생각으로는 이와 같이 하고 싶지 않더라도 조금 생각하고 극복하여 이르기를, '이와 같이 하지 않으면 선하지 않다.' 하여 마침내 극복하고 행한다면 이것이 비로 선이니, 이것이 바로 억지로라도 힘쓰는 도리이다. 생각이 일어날 때 바로 행하고 더 이상 생각을 하지 않는다면, 쇠구슬이 비탈을 굴러 내려가는 것처럼 선하지 못한 데로 들어갈 것이니, 누가 막을 수 있겠는가? 장종의 무리가 바로 이 경우이다.

대저 九五의 尊位[20]는 바란다고 얻을 수 있는 자리가 아니니, 聖人은 그 자리를 얻는 것을 기쁨으로 여기 않고 그 자리에 처하는 것을 두려움으로 여겼다. 이 때문에 천하를 구제할 수 있었던 것이다. 그러므로 이르기를, '높고 높아라! 舜과 禹가

---

20) 九五의 尊位 : 帝位를 뜻한다. ≪周易≫ 乾卦 九五에, 성군과 현신이 만나는 것을 비유하여 "용이 날아올라 하늘에 있으니, 대인을 만나는 것이 이롭다.〔飛龍在天 利見大人〕"라고 한 데서 온 말이다.

천하를 소유하고도 관여하지 않음이여!'[21] 하였고, 또 이르기를, '나는 백성을 대할 적에 마치 썩은 새끼줄로 여섯 마리 말을 모는 것처럼 두려워한다.'[22]라 하였다. 장종은 後梁을 이기고 志氣가 교만에 가득차서 藩鎭이 가만히 엿보는 바가 되었다. 무릇 모든 생각은 메아리처럼 감응하므로 자랑하는 것이 이처럼 해가 되니, 경계하지 않아서야 되겠는가."

宋儒胡寅曰 勞而不伐하고 有功而不德은 賢人君子도 尙或難之나 然事在勉强而已라 意欲如是나 少忍而思之曰 如是不善이라하야 終忍而不爲면 斯善矣요 意不欲如是라도 少思而克之曰 不如是不善이라하야 終克而爲之면 斯善矣니 此强勉之道也라 意動卽行하고 不復加思면 其入於不善이 如丸之下坂이리니 孰能禦之리오 莊宗之徒是也라 夫九五尊位는 非覬望可得이니 聖人不以得之爲喜하고 而以處之爲懼라 是以能濟하니 故曰 巍巍乎舜禹之有天下而不與焉이라하고 又曰 予臨兆民호되 凜乎若朽索(삭)之馭六馬라하다 莊宗克梁하고 志驕氣溢하야 爲藩鎭所窺라 凡所料度(탁)은 其應如響하야 矜伐之爲害乃爾하니 可不戒哉아

48-1-12

同光 2년(924) 봄 정월에 칙명을 내리기를, "內官은 궐 밖에 거처해서는 안 되니, 前朝의 內官 및 여러 道의 監軍들은 私家에서 먼저 양육하던 자까지 아울러 귀천을 가리지 말고 모두 보내어 입궐하게 하라." 하였다.

당시 장종의 좌우에 있는 자들이 이미 500명이었지만 이때에 이르러서는 거의 1,000명에 이르렀는데, 모두 풍족하게 물품을 제공하고 직무를 위임하여 腹心으로 삼았다. 宮內에 있는 여러 관사의 使[23]는 天祐 연간[24] 이후 士人으로 대체하였다가 이때에 이르러 다시 환관을 등용하였는데, 이들이 점점 정사에 간여하였다. 또 얼마 후 다시 여러 道에 감군을 설치하여 절도사가 정벌하러 나갔을 때 혹 대궐에 머물면서 軍府의 정사를 모두 감군이 결정하게 하였는데, 이들은 主帥를 능멸하고 홀대하며 세력을 믿고 권력을 다투었으니, 이로 말미암아 藩鎭의 사람들이 모두 분노하였다.

○ 二年이라 春正月에 敕內官不應居外하니 應前朝內官及諸道監軍幷私家先所畜者는 不以貴

---

21) 높고……않음이여 : 孟子가 말하기를 "임금답도다, 舜임금이여. 높고도 커서 천하를 차지하고도 관여하지 않았다.〔君哉舜也 巍巍乎有天下而不與焉〕" 하였다.(≪孟子≫ 〈滕文公 上〉)
22) 나는……두려워한다 : ≪書經≫ 〈夏書 五子之歌〉에 나오는 말이다.
23) 使 : 관직 이름이다. 唐나라 이후로 특별한 임무를 띠고 각종 政務에 파견된 사람을 使라 불렀다.
24) 天祐 연간 : 天祐는 唐 哀帝의 연호로, 기간은 904년에서 907년까지이다.

賤하고 竝遣詣闕이라 時在左右者已五百人이어늘 至是殆及千人한대 皆給贍優厚하고 委之事任하야 以爲腹心이라 內諸司使는 自天祐以來로 以士人代之라가 至是復用宦者한대 浸干政事라 旣而復置諸道監軍하야 節度使出征에 或留闕下하야 軍府之政을 皆監軍決之한대 陵忽主帥하야 怙勢爭權하니 由是로 藩鎭皆憤怒라

48-1-13

2월에 南郊에서 제사를 올리고 크게 사면령을 내렸다. 孔謙은 세금을 가혹하게 거두어 총애를 구하였는데, 무릇 赦文에서 징수를 면제해준 사람에 대해서도 공겸은 다시 세금을 징수하였다. 이때부터 詔令이 있을 때마다 사람들은 모두 믿지 않았으며, 백성들은 근심하고 원망하였다.

○ 二月에 祀南郊하고 大赦하다 孔謙欲聚斂以求媚한대 凡赦文所蠲者도 謙復徵之하니 自是每有詔令에 人皆不信하고 百姓愁怨이라

48-1-14

魏國夫人 劉氏를 세워 황후로 삼았다. 황후는 한미한 집안에서 태어났는데 신분이 이미 귀해지자 오로지 蓄財에만 힘을 기울였으니, 魏州에 있을 적에는 柴草와 果菜 등을 모두 팔아 재물을 축적하였다. 황후가 되었을 때는 사방에서 貢獻을 모두 둘로 나누어 하나는 천자에게 올리고 하나는 中宮에 올렸으므로 이 때문에 금은보화가 산처럼 쌓였지만, 오직 佛經을 筆寫하고 승려에게 보시하는 데에만 사용할 뿐이었다. 이 당시에는 皇太后의 誥命과 皇后의 敎書 및 황제의 制勅이 藩鎭에 아울러 행해졌으므로 번진에서는 똑같이 봉행하였다.

○立魏國夫人劉氏爲皇后하다 后生於寒微한대 旣貴에 專務蓄財하니 其在魏州에 薪蘇果茹를 皆販鬻之라 及爲后에 四方貢獻을 皆爲二하야 一上天子하고 一上中宮이라 以是로 寶貨山積이로되 惟用寫佛經 施尼師而已러라 是時에 皇太后誥皇后教與制敕이 交行於藩鎭이라 奉之如一이러라

48-1-15

처음에 장종은 右武衛上將軍 李存賢[25]과 手搏을 한 적이 있었는데, 이존현이 자신의 기예를 다 펼치지 않으므로 장종이 이르기를, "네가 능히 나를 이긴다면 마땅

히 藩鎭에 제수해주겠다." 하니, 이존현이 마침내 조서를 받들어 근근이 황제를 넘어뜨린 뒤에 그만두었다. 그 후 李存審이 들어와 朝觀하였을 때 장종은 이존현을 盧龍行軍司馬로 삼았다가 열흘 만에 節度使에 제수하고 이르기를, "手搏하면서 한 약속을 내가 식언하지 않았다." 하였다.

○ 初에 唐主嘗與右武衛上將軍李存賢手搏한대 存賢不盡其技라 唐主曰 汝能勝我면 當授藩鎭이라하니 存賢乃奉詔하야 僅仆唐主而止라 及存審入觀에 以存賢爲盧龍行軍司馬라가 旬日除節度使하고 曰 手搏之約을 吾不食言矣이라하다

48-1-16

처음에 胡柳의 전투[26]에서 伶人 周匝이 後梁의 포로가 되어 장종이 늘 그를 생각하였는데, 汴州로 입성한 날에 주잡이 말 앞에서 알현하니, 장종이 매우 기뻐하였다. 주잡이 울면서 아뢰기를, "신이 온전히 살 수 있었던 것은 모두 후량의 教坊使 陳俊과 內園栽接使 儲德源의 힘입니다. 지금 저들이 폐하에게 오기를 원하고 있으니, 청컨대 두 고을로써 보답해주시기 바랍니다."하니, 장종이 허락하였다.

이에 郭崇韜가 간하기를, "폐하께서 천하를 취할 때 함께 한 자들은 모두 충성스럽고 용감한 영웅호걸입니다. 지금 큰 功이 비로소 이루어진 때에 아직 한 사람에게도 封賞이 미치지 못했는데, 먼저 伶人을 刺史로 삼으신다면 천하의 민심을 잃을까 걱정이 됩니다." 하니, 이 때문에 1년이 지나도록 시행하지 못하였다. 그런데 영인이 누차 말을 하니, 장종이 곽숭도에게 이르기를, "내가 이미 주잡에게 허락하였는데, 공은 나로 하여금 이 세 사람[27] 보기가 부끄럽게 하는구나. 공의 말이 비록 옳긴 하지만 마땅히 나를 위하여 뜻을 굽히고 시행하도록 하라." 하고, 마침내 진준을 景州刺史로 삼고 저덕원을 憲州刺史로 삼았다. 그러자 당시 親軍 가운데 장종을 따라 1백 번이나 전투를 하고도 자사가 되지 못한 사람들이 모두 분하여 탄식하였다.

25) 李存賢 : 본래 許州 사람인 王賢인데, 젊어서 군졸이 되었고 서로 다투어 힘이나 기예를 겨루는 씨름과 같은 경기를 잘하였다. 晉王이던 李克用이 그를 등용하여 성명을 하사하고 양자로 삼았다.

26) 胡柳의 전투 : 918년 8월 後梁의 군사가 胡柳陂에서 남하하는 莊宗의 군사를 맞아 벌인 혈전을 말한다. 이 전투에서 晉나라(後唐의 전신)의 명장 周德威가 후량군의 기병대장 王彦章에게 패해 전사하였다. 당시 위기에 빠진 晉軍을 구한 것은 진군 장수 李嗣昭와 王建及이 이끄는 기병으로 후량의 보병을 격파해 후량은 대패하여 3만에 가까운 사상자가 생겼다.

27) 세 사람 : 周匝, 陳俊, 儲德源을 말한다.

○ 初胡柳之役에 伶人周匝이 爲梁所得하야 唐主每思之러니 入汴之日에 匝謁見(현)於馬前하니 唐主喜甚이라 匝涕泣言曰 臣之所以得生全者는 皆梁敎坊使陳俊內園栽接使儲德源之力也라 願就陛下하니 乞二州以報之라한대 唐主許之라 郭崇韜諫曰 陛下所與共取天下者는 皆英豪忠勇之士라 今大功始就에 封賞未及一人이어늘 而先以伶人爲刺史면 恐失天下心이라하니 以是로 不行踰年한대 伶人屢以爲言하니 唐主謂崇韜曰 吾已許周匝矣어늘 使吾慚見此三人이라 公言雖正이나 當爲我屈意行之하라하고 遂以俊爲景州刺史하고 德源爲憲州刺史하니 時親軍有從唐主百戰未得刺史者가 莫不憤歎이라

48-1-17

宋나라 학자 胡寅은 다음과 같이 말하였다.

"장종은 곽숭도의 말이 옳다는 것을 알았지만 끝내 어기고 말았으니, 그렇게 된 까닭은 克己의 道를 알지 못해서이다. 극기란 사사로운 마음을 스스로 이겨내는 것이니, 사람에게 사사로운 마음이 있을 때 公心을 가지고 이겨낸다면 시간이 오래 지났을 때 공심이 커지는 것이다. 그러나 이겨내지 못하면 사사로운 마음이 전횡하나니, 자신과 국가에서부터 천하에까지 이르기까지 治亂의 근본이 되는 것이다."

宋儒胡寅曰 莊宗은 知崇韜之言正而竟違之하니 所以然者는 不知克己之道也라 克己者는 自勝其私意也니 人有私意에 有公心克之면 久則公心大나 莫之克이면 則私意專하나니 自身及家로 達之天下히 治與亂之源本也라

48-1-18

6월에 武寧節度使 李紹榮을 歸德節度使 同平章事로 삼아 머물며 宿衛하게 하고 매우 후하게 총애하고 대우하였는데, 장종은 때로 太后 및 皇后와 함께 그의 집에 가기도 하였다.

장종에게는 총애하는 寵姬가 있었는데, 얼굴이 예쁜 데다 아들을 낳은 적도 있었으므로 황후 劉氏가 질투하였다. 때마침 이소영이 喪妻하였는데, 하루는 禁中에서 시종할 때 장종이 이소영에게 묻기를, "그대는 다시 장가들 것인가? 내가 그대를 위해 배우자를 구해주겠다." 하니, 황후가 이 말로 인하여 총희를 가리키며 아뢰기를, "大家께서 이소영을 어여쁘게 여기시니, 어찌하여 이 여인을 하사하지 않으십니까?"

하였다. 장종이 불가하다고 말하기가 난처하여 작은 목소리로 허락하였는데, 황후가 이소영을 재촉하여 절하고 하례하게 하였다. 다음 날 일어났을 때 총희를 돌아보니 벌써 肩輿를 타고 出宮하였으므로 장종은 이 때문에 병을 핑계로 며칠이나 밥을 먹지 않았다.

○ 六月에 以武寧節度使李紹榮으로 爲歸德節度使同平章事하야 留宿衛하고 寵遇甚厚한대 唐主或時與太后皇后로 同至其家라 唐主有幸姬한대 色美하고 嘗生子矣라 劉后妬之러니 會紹榮喪妻한대 一日侍禁中에 唐主問紹榮호대 汝復娶乎아 爲汝求昏호리라하니 后因指幸姬曰 大家憐紹榮하니 何不以此賜之오 唐主難言不可하야 微許之어늘 后趣(촉)紹榮拜謝라 比起에 顧幸姬하니 已肩輿出宮矣라 唐主爲之託疾不食者累日이러라

48-1-19

11월에 장종은 親軍을 인솔하여 伊闕에서 사냥을 하였는데, 따르던 관리들에게 명하여 後梁 太祖(朱溫)의 묘에 참배하게 한 다음 험준한 산을 두루 다니며 여러 날이 지나도록 그치지 않았다. 그리고 때로는 밤중에도 합동으로 짐승을 포위하게 하기도 하였으니, 사졸들 가운데 낭떠러지나 계곡에 떨어져서 죽거나 골절상을 입은 사람들이 매우 많았다.

○ 十一月에 唐主帥親軍하야 獵于伊闕한대 命從官拜梁太祖墓하고 涉歷山險하야 連日不止하고 或夜合圍하니 士卒墜崖谷死及折傷者甚衆이라

48-1-20

庚午日에 장종과 황후가 張全義의 집으로 가니, 장전의가 공헌할 물품들을 크게 진열하였다. 술이 거나하게 취했을 때 황후가 아뢰기를, "첩이 어려서 부모를 잃어 노인을 보면 문득 생각이 납니다. 청컨대 장전의를 아버지로 섬기게 해주소서." 하니, 장종이 허락하였다. 장전의가 황공하여 굳이 사양하였으나 황후가 재삼 강요하여 마침내 황후의 절을 받았는데, 장전의는 다시 공헌하며 은혜에 사례하였다.

이튿날 황후가 翰林學士 趙鳳에게 명하여 장전의에게 감사하는 글을 초안하게 하니, 조봉이 몰래 아뢰기를, "예로부터 천하의 母后가 신하에게 절하며 아버지로 삼았던 적은 없었습니다." 하였는데, 장종은 그 직언을 가상히 여겼지만 마침내 황후

의 말을 따랐다. 이때부터 황후는 장전의와 날로 使者를 보내어 왕래하게 해서 문안과 贈與가 끊어지지 않았다

○ 庚午에 唐主及皇后가 如張全義第하니 全義大陳貢獻이라 酒酣에 皇后奏稱 妾幼失父母하야 見老者輒思之라 請父事全義라하니 唐主許之라 全義惶恐固辭나 再三彊之하여 竟受皇后拜하고 復貢獻謝恩이라 明日에 命翰林學士趙鳳하야 草書謝全義하니 鳳密奏 自古無天下母拜人臣爲父者라한대 唐主嘉其直이나 然卒從之라 自是로 后與全義日遣使往來하야 問遺不絶이라

48-1-21

同光 3년(925)에 장종이 義武節度使 王都가 入朝하려 한다는 이유로 격구장을 넓히려 하자, 張憲이 아뢰기를, "근자에 行宮의 뜰을 격구장으로 만들고자 합니다. 지난해에 폐하께서 이곳에서 즉위하셨으니 그 壇은 허물 수 없습니다. 청컨대 궁궐 서쪽에 격구장을 개장하십시오." 하였는데, 며칠이 지나도 완성하지 못하자 장종은 즉위했던 단을 허물라고 명하였다.

장헌이 곽숭도에게 이르기를, "이 단은 주상께서 上帝에게 예를 올리고 처음으로 천명을 받았던 곳이니, 어찌 허물 수 있겠습니까." 하니, 곽숭도가 조용히 장종에게 아뢰었다. 그러나 장종은 즉시 두 虞候에게 명하여 허물게 하였는데, 장헌이 곽숭도에게 사적으로 이르기를, "천명을 잊고 근본을 등졌으니, 상서롭지 못함이 이보다 더 큰 것이 없습니다." 하였다.

○ 三年에 以義武節度使王都將入朝로 欲闢毬場하니 張憲曰 比以行宮(闢)〔闕〕[28]廷爲毬場이라 前年陛下卽位於此하니 其壇不可毁라 請闢毬場於宮西라한대 數日未成하니 唐主命毁卽位壇이라 憲謂郭崇韜曰 此壇은 主上所以禮上帝始受命之地니 若何毁之리오하니 崇韜從容言之나 唐主立命兩虞候毁之어늘 憲私於崇韜曰 忘天背本하니 不祥莫大焉이라하다

48-1-22

南漢의 군주(劉龑)가 〈장종이〉 後梁을 멸망시켰다는 소식을 듣고 두려워서 宮苑使 何詞를 파견하여 공물을 바치게 하고 또 중국이 강한지 약한지 엿보게 하였는데, 하

28) (闢)〔闕〕 : 저본에는 '闢'으로 되어 있으나, ≪資治通鑑≫ 권273 〈後唐紀2〉에 의거하여 '闕'로 바로잡았다.

사가 魏州에 이르렀다가 돌아와서 아뢰기를, "장종은 교만하고 음란하여 정사를 돌보는 일이 없으니, 두려워할 필요가 없습니다." 하니, 남한의 군주가 크게 기뻐하고 이때부터는 더 이상 중국과 通交하지 않았다.

○ 漢主聞滅梁而懼하야 遣宮苑使何詞入貢하고 且覘中國强弱한대 詞至魏라가 及還言 唐主驕淫無政하니 不足畏也라하니 漢主大悅하야 自是로 不復通中國이라

48-1-23

장종은 興唐으로 행차하였다가 德勝에서 황하를 건너 楊村과 戚城을 거쳐 예전에 싸우던 곳을 살펴보고 여러 신하들에게 그곳을 가리키며 즐거워하였다. 洛陽의 궁전이 휑하니 넓고 그윽하였으므로 환관이 궁녀들을 증원하게 하려고 거짓으로 아뢰기를, "궁중에 밤이면 鬼物이 보입니다." 하였는데, 장종이 귀신을 부리는 주술사에게 물리치게 하려고 하였다. 환관이 아뢰기를, "신이 예전에 咸通 천자와 乾符 천자[29]를 직접 섬겼는데, 당시 六宮에 있는 귀하고 천한 사람들이 1만 명 이상이었습니다. 지금 掖廷이 태반은 텅 비어 있기 때문에 귀물이 돌아다니는 것일 뿐입니다." 하니, 장종은 이에 환관 王允平과 伶人 景進에게 명하여 민간의 여자들을 가려 뽑게 하였다.

그리하여 멀리로는 太原과 幽州, 鎭州까지 가서 後庭의 궁녀들을 충원하였으니, 그렇게 뽑아온 궁녀가 3천 명 이상이었는데 그녀들에게는 출신조차 묻지 않았다. 장종은 흥당에서 돌아올 때 이 여인들을 牛車에 태우고 왔는데 그 수레의 행렬이 길에 가득하였으므로, 張憲이 상주하기를, "여러 군영에서 사라진 부녀자가 1천여 명이나 되니, 생각건대 扈從하는 군사들이 잡아다 숨기고 데려간 듯합니다." 하였는데, 사실은 모두 궁궐로 들어간 것이었다.

○ 唐主幸興唐이라가 自德勝濟河하야 歷楊村戚城하야 觀昔時戰處하고 指示群臣以爲樂이라 洛陽宮殿宏邃하야 宦者欲增廣嬪御하야 詐言宮中夜見鬼物한대 唐主欲符呪者禳之라 宦者曰 臣昔逮事咸通乾符天子한대 當是時에 六宮貴賤이 不減萬人이라 今掖庭太半空虛라 故鬼物遊之耳라하니 唐主乃命宦者王允平伶人景進하야 采擇民間女子라 遠至太原幽鎭하야 以充後庭하니 不啻三千人이어늘 不問所從來라 唐主還自興唐에 載以牛車한대 纍纍盈路라 張憲奏 諸營婦女亡逸者千餘人이니 慮扈從諸軍이 挾匿以行이라한대 其實은 皆入宮矣라

29) 咸通……천자 : 咸通은 唐 懿宗의 연호이고, 乾符는 僖宗의 연호이다.

48-1-24

여름 4월의 일이다. 처음에 五臺山의 승려 誠惠가 요망한 술수로 사람을 현혹하고 스스로 말하기를, "天龍을 항복시켜 바람이 불게 하고 비가 내리게 할 수 있다." 하므로 장종이 尊信하여 친히 后妃 및 皇弟와 皇子를 데리고 가서 절하였는데, 성혜가 편안히 앉아서 일어나지 않으니 여러 신하들이 감히 절하지 않을 수 없었다. 당시 큰 가뭄이 들어 장종이 鄴都에서 성혜를 맞이하여 洛陽에 이르러 기우제를 지내게 하였는데, 士民들이 아침저녁으로 앙망하였지만 수십 일이 지나도록 비가 내리지 않았다. 그러자 어떤 사람이 성혜에게 이르기를, "官에서 大師에게 기우제를 지내게 했는데 효험이 없으니, 장차 그대를 불태워버릴 것입니다." 하니, 성혜가 달아나서 부끄러워하고 두려워하다가 죽었다.

○ 夏四月이라 初에 五臺僧誠惠가 以妖妄惑人하고 自言能降伏天龍하야 命風召雨라하야 唐主尊信之하야 親帥后妃及皇弟皇子拜之어늘 誠惠安坐不起하니 群臣莫敢不拜라 時에 大旱하야 唐主自鄴都로 迎誠惠至洛陽하야 使祈雨하니 士民朝夕瞻仰이나 數旬不雨라 或謂誠惠호대 官以師祈雨한대 無驗하니 將焚之라하니 誠惠逃去하야 慙懼而死라

48-1-25

6월에 장종이 무더위에 괴로워하다가 궁궐 가운데 높고 시원한 곳을 골라 보았지만 모두 뜻에 맞지 않았다. 환관이 인하여 아뢰기를, "신이 보건대 長安의 전성기 때에는 大明宮과 興慶宮에 樓觀이 수백 곳이었는데, 오늘 宅家[30]께서는 일찍이 더위를 피할 장소가 없고 궁전의 성대함도 일찍이 당시 公卿의 第舍에 미치지 못하였을 뿐입니다." 하니, 장종이 이에 宮苑使 王允平에게 명하여 따로 樓臺 하나를 건립하게 하여 더위를 식히려 하였는데, 환관이 아뢰기를, "곽숭도가 항상 미간을 펴지 않는 것은 孔謙이 財用이 부족하다고 논의하였기 때문이니, 저어컨대 폐하께서 비록 누대를 경영하거나 수리하고자 해도 끝내 그렇게 할 수 없을 것입니다." 하였다.

장종이 이르기를, "나는 스스로 內府庫[31]의 돈을 쓸 것이니, 經費와는 상관이 없

30) 宅家 : 唐나라 말엽에 궁중에서 천자를 부르던 敬稱이다.
31) 內府庫 : 대궐 안에 있으면서 황제의 씀씀이에 필요한 물품을 수납하는 창고이다.

다. 그러나 오히려 곽숭도가 諫言할까 염려된다." 하고, 中使를 보내어 말하게 하기를, "올해는 무더위가 평년과 다르구나. 짐이 예전에 황하 가에서 後梁 사람들과 겨룰 적에는 行宮이 낮고 습하였지만 갑옷을 입고 말을 타고서 친히 날아오는 돌과 화살을 감당하였는데, 오히려 이런 더위는 없었다. 그런데 지금은 깊은 궁궐 가운데 거처하면서도 더위를 지낼 수가 없으니, 어이할꼬?" 하였는데, 대답하기를, "폐하께서 옛날 황하 가에 계실 적에는 강한 적이 소멸되지 않아 원한과 치욕을 깊이 생각하였으므로 비록 무더위가 있긴 하였지만 聖心에 개의치 않았습니다. 그러나 지금은 外患이 이미 제거되어 海內가 귀의하여 복종하였기 때문에 비록 진귀한 누대나 한적한 객관이라도 오히려 답답하고 무덥다고 느끼는 것입니다. 폐하께서 만일 어려웠던 시절을 잊지 않으신다면 더위의 기운은 절로 사라질 것입니다." 하니, 장종이 아무 말도 하지 못하였다.

환관이 아뢰기를, "곽숭도의 집은 황제의 거처와 다름이 없으니, 그는 至尊께서 더위하시는 것을 알지 못할 것입니다." 하니, 장종은 결국 왕윤평에게 명하여 누대를 경영하게 하였는데, 날마다 役夫 1만 명을 동원하였고 경비는 巨萬이나 들었다. 이에 곽숭도가 간하기를, "지금은 황하 남북에 홍수와 가뭄이 들고 군량이 충분하지 못하니, 원컨대 우선 역사를 중지하고 풍년을 기다리시기 바랍니다." 하였으나, 장종은 듣지 않았다.

○ 六月에 唐主苦溽暑라가 於禁中에 擇高涼之所나 皆不稱旨라 宦者因言 臣見長安全盛時에 大明興慶宮樓觀以百數러니 今日(官)〔宅〕[32]家엔 曾無避暑之所하고 宮殿之盛도 曾不及當時公卿第舍耳라하니 唐主乃命宮苑使王允平하야 別建一樓以淸暑한대 宦者曰 郭崇韜常不伸眉는 爲孔謙論用度不足이니 恐陛下雖欲營繕이나 終不可得이라 唐主曰 吾自用內府錢이니 無關經費라 然猶慮崇韜諫하고 遣中使語之曰 今歲盛暑異常이라 朕昔在河上與梁人相拒엔 行宮卑濕이나 被甲乘馬하야 親當矢石이어늘 猶無此暑러니 今居深宮之中而暑不可度하니 柰何오한대 對曰 陛下昔在河上엔 勍敵未滅하야 深念讎恥라 雖有盛暑나 不介聖懷러니 今外患已除하야 海內賓服이라 故雖珍臺閑館이라도 猶覺鬱蒸也니 陛下儻不忘艱難之時면 則暑氣自消矣라하니 唐主默然이라 宦者曰 崇韜之第는 無異皇居하니 宜其不知至尊之熱也라하니 唐主卒命允平營樓한대 日役萬人하고 所費巨萬이라 崇韜諫曰 今兩河水旱하고 軍食不充하니 願且息役하야 以俟豐年이라하야늘 不聽이라

32) (官)〔宅〕: 저본에는 '官'으로 되어 있으나, ≪資治通鑑≫ 권273 〈後唐紀2〉에 의거하여 '宅'으로 바로잡았다.

48-1-26

8월에 河南縣令 羅貫을 杖殺하였다.

처음에 나관이 禮部員外郎이 되었다가 성품이 강직하여 郭崇韜의 知遇를 받아 하남현령에 임용되었는데, 정사를 수행함에 權豪를 피하지 않았다. 伶人과 환관들이 청탁하여 편지가 책상에 쌓여 있어도 한 통도 답장을 보내지 않고 모두 곽숭도에게 보였는데 곽숭도는 이것을 장종에게 상주하였으니, 이로 말미암아 영인과 환관들이 이를 갈며 미워하였다. 河南尹 張全義 또한 나관이 뜻이 높고 강직하다는 이유로 미워하여 婢女를 보내어 황후에게 하소연하였는데, 황후가 영인·환관들과 함께 비방하니, 장종은 분노를 품고 있었지만 드러내지는 않았다. 마침 壽安으로 가서 坤陵의 役事를 보러 갈 때 도로가 진흙탕이 되고 다리가 대부분 부서져 있었는데, 장종이 주관하는 사람이 누구인지 묻자 환관이 하남 지역 소관이라고 대답하였다. 이에 장종이 노하여 나관을 下獄하게 하니 獄吏가 매질을 하여 몸에 온전한 피부가 없을 정도였는데, 이튿날 詔書를 보내어 죽이게 하였다.

곽숭도가 간하기를, "나관이 다리와 도로를 정비하지 못한 죄에 연루되긴 하였으나 법으로 볼 때 사형에까지 처해서는 안 됩니다." 하니, 장종이 노하여 이르기를, "태후의 靈駕가 장차 출발하려 하고 천자가 조석으로 왕래하는 길인데 다리와 도로가 정비되지 않았다. 그런데도 경은 무죄라고 말하니 이는 경도 같은 패거리인 것이다." 하였다. 곽숭도가 아뢰기를, "폐하께서는 천자의 자리에 계시는 몸으로 일개 현령에게 노하여 천하의 사람들로 하여금 '폐하께서 법을 적용하는 것이 공평하지 못하다.'라고 이르게 하였으니, 이는 신의 죄입니다." 하였는데, 장종이 이르기를, "이미 공이 아끼는 사람이니 공이 결정하는 대로 맡겨두겠다." 하고, 옷을 떨치고 일어나 궁궐로 들어가버렸다. 곽숭도가 따라 가면서 論奏를 그치지 않았지만 장종이 스스로 殿門을 닫아버려서 곽숭도는 들어갈 수 없었는데, 나관은 결국 사형당하여 그 시신이 府門에 걸렸으니, 원근의 사람들이 원통해하였다.

○ 八月에 杖殺河南令羅貫이라 初에 貫爲禮部員外郎이라가 性彊直하야 爲郭崇韜所知하야 用爲河南令한대 爲政에 不避權豪라 伶宦請託하야 書積几案이나 一不報하고 皆以示崇韜한대 崇韜奏之하니 由是로 伶宦切齒러라 河南尹張全義亦以貫高亢惡(오)之하야 遣婢訴於皇后한대 后與伶宦共毁之하니

唐主含怒未發이라 會往壽安하야 視坤陵役者할새 道路泥濘하고 橋多壞어늘 唐主問主者爲誰오하니 宦官對屬河南이라 唐主怒하야 下貫獄하니 獄吏搒掠하야 體無完膚어늘 明日傳詔殺之라 崇韜諫曰 貫坐橋道不修나 法不至死라하니 唐主怒曰 太后靈駕將發하고 天子朝夕往來어늘 橋道不修라 卿言無罪하니 是黨也라 崇韜曰 陛下以萬乘之尊으로 怒一縣令하야 使天下謂陛下用法不平하니 臣之罪也라한대 唐主曰 旣公所愛니 任公裁之라하고 拂衣起入宮이라 崇韜隨之하야 論奏不已나 唐主自闔殿門하야 崇韜不得入한대 貫竟死하야 暴屍府門하니 遠近冤之러라

48-1-27

宋나라 학자 胡寅은 다음과 같이 말하였다.

"장종이 닷새 동안 밥을 먹지 않은 것은 禮를 배운 사람도 행하기 어려운 일이다. 그러나 曾子가 이르기를, '나무 한 그루를 베고 짐승 한 마리를 죽이더라도 때에 맞게 하지 않으면 효가 아니다.' 하였는데,[33] 더구나 伶人과 환관의 참소와 비방 때문에 어진 縣令을 죽이는 경우야 더 말할 것이 있겠는가. 그렇다면 장종이 닷새 동안 밥을 먹지 않은 것은 겨우 작은 절개가 될 뿐이고 어진 현령을 죽인 것은 바로 큰 불효이니, 효자의 부류에 들어갈 수 없다고 할 만하다."

宋儒胡寅曰 莊宗五日不食은 學禮者之所難也라 然曾子曰 斷一樹하고 殺一獸라도 不以其時면 非孝也어든 況爲伶宦譖毁而殺賢令乎아 然則莊宗之不食五日은 才足爲小節이요 而殺賢令은 是乃大不孝니 可謂不能充其類者也라

48-1-28

同光 3년(925)에 11월에 高季興이 蜀이 망했다는 소식을 듣고 막 식사를 하려다가 수저를 놓치며 이르기를, "이는 老夫의 잘못이다."[34] 하니, 梁震이 말하기를, "근심할 필요가 없습니다. 장종은 촉을 얻어서 더욱 교만해질 터이니, 망하는 데에 오랜 시간이 걸리지 않을 것입니다. 어찌 우리의 복이 되지 않으리라는 것을 알겠습니까." 하였다.

○ 三年十一月에 高季興聞蜀亡하고 方食失匕箸曰 是老夫之過也라하니 梁震曰 不足憂也라 唐主

---

33) 曾子가……하였는데 : 이 말은 ≪大戴禮≫ 〈曾子大孝〉에 나온다.

34) 이는……잘못이다 : 전에 高季興이 莊宗에게 蜀을 정벌하자고 권했기 때문에 그렇게 말한 것이다.(≪資治通鑑≫ 권272 同光 원년 11월 19일)

得蜀益驕하니 亡無日矣라 安知其不爲吾福이리오하다

48-1-29

처음에 장종은 魏州의 銀槍效節都[35] 8천여 명을 얻어 親軍으로 삼았는데 모두 용맹하고 사나워 대적할 군사가 없었으니, 황하를 끼고 전투할 때 실제로 그들을 사용한 덕분에 누차 특별한 공을 세웠으므로 後梁을 멸망시키는 날에 포상과 하사품을 크게 더해주겠다고 허락하였다. 이윽고 황하 이남이 평정되었을 때 비록 포상과 하사품을 내려준 것이 한 번뿐만이 아니었지만, 사졸들은 공을 믿고 교만방자하게 행동하며 만족하지 않았고 도리어 원망을 품게 되었다.

이해에 큰 흉년이 들어 백성들이 대부분 흩어지고 도망하여 조세와 부세가 채워지지 않았고 도로는 장마로 진흙탕이 되어 漕運과 육로의 통행이 막히는 바람에 東都의 倉廩이 텅 비고 고갈되어 군사들에게 지급할 것이 없었다. 租庸使 孔謙이 날로 上東門[36] 밖에서 여러 州에서 오는 조운을 기다리고 있다가 도착하는 대로 사졸들에게 지급하였으나, 군사들은 먹을 것이 부족하여 아내에게 품팔이를 시키거나 자식을 파는 자가 생겼고 노약자들은 100명이나 10명씩 무리 지어 들에서 나물을 캐거나 왕왕 굶어 죽기도 하여 원망하고 탄식하는 유언비어가 난무하였다. 그러나 장종은 유람하며 사냥하기를 그치지 않았다.

기묘일에 白沙에서 사냥을 할 때는 황후와 황자 및 후궁들이 모두 따라갔으니, 경진일에 伊闕에서 유숙하고, 신사일에 潭泊에서 유숙하고 임진일에 龕澗에서 유숙한 다음 계미일에 還宮하였는데, 당시 큰 눈이 내려서 吏卒 가운데는 도로에 쓰러지는 사람도 있었다. 伊水와 汝水 사이에서는 기근이 더욱 심하였지만 衛兵들이 지나가는 곳마다 양식 공급을 요구하였는데, 얻지 못하면 집기를 부수고 가옥을 허물어 땔나무로 쓰는 등 그 행패가 도적보다 심하였으니, 縣의 아전들이 모두 도망하여 모두 산골짝으로 숨어버렸다.

○ 初에 唐主得魏州銀(鎗)〔槍〕[37]效節都近八千人하야 以爲親軍한대 皆勇悍無敵하니 夾河之

35) 銀槍效節都 : 銀槍效節軍이라고도 하는데, 後梁 때 魏博節度使 楊師厚의 개인 護衛部隊로, 갑옷을 입고 예리한 병기를 지니고 있었으며 五代 시기에 가장 전투력이 강력했던 군대였다. 병사들의 무기가 長槍인 데서 명칭이 비롯하였다. 效節은 效忠의 의미이다.

36) 上東門 : 洛陽의 성문 이름으로 일명 建春門이다.

37) (鎗)〔槍〕 : 저본에는 '鎗'으로 되어 있으나, ≪資治通鑑≫ 권274 〈後唐紀2〉에 의거하여 '槍'으로

戰에 實賴其用하야 屢立殊功이라 許以滅梁之日에 大加賞賚라 旣而河南平에 雖賞賚非一이나 而士卒恃功驕恣無厭하고 更成怨望이라 是歲大饑하야 民多流亡하야 租賦不充하고 道路塗潦하야 漕輦艱澀하야 東都倉廩空竭하야 無以給軍士라 租庸使孔謙이 日於上東門外望諸州漕運이라가 至者隨以給之나 軍士乏食하야 有雇妻鬻子者하고 老弱은 采蔬於野하야 百十爲群이어나 往往餒死하야 流言怨嗟나 而唐主遊畋不息이라 己卯에 獵於白沙에 皇后皇子後宮畢從하니 庚辰에 宿伊闕하고 辛巳에 宿潭泊하고 壬辰에 宿龕澗하고 癸未에 還宮이어늘 時에 大雪하야 吏卒有僵仆於道路者이라 伊汝間饑尤甚이나 衛兵所過에 責其供餉한대 不得則壞其什器하고 撤其室廬以爲薪하야 甚於寇盜하니 縣吏皆竄匿山谷이라

48-1-30

魏王(李繼岌)의 通謁[38]인 李廷安이 蜀의 樂工 200여 명을 바쳤다. 이 가운데 嚴旭이란 자는 王衍[39]이 등용하여 蓬州刺史로 삼았는데, 장종이 묻기를, "너는 어찌하여 자사가 될 수 있었느냐?" 하니, 대답하기를, "노래 때문입니다." 하였다. 이에 장종이 노래를 부르게 하고는 노래를 잘한다고 하여 옛 직임을 회복하도록 허락하였다.

○ 魏王通謁李廷安獻蜀樂工二百餘人이라 有嚴旭者하니 王衍用爲蓬州刺史한대 唐主問 汝何以得刺史오하니 對曰 以歌라하야늘 使歌而善之하야 許復故任이라

48-1-31

景進을 銀靑光祿大夫 檢校右散騎常侍 兼 御史大夫 上柱國으로 삼았다. 경진은 伶人이다.

○ 以景進爲銀靑光祿大夫檢校右散騎常侍兼御史大夫上柱國하니 進은 伶人也라

48-1-32

租庸使가 창고의 비축이 부족하다는 이유로 자못 군량을 줄이니, 군사들의 유언비어가 더욱 심해졌다. 재상이 이를 두려워하여 백관을 거느리고 표문을 올려 말하

바로잡았다.
38) 通謁 : 명을 받고 알현을 청하는 사람을 말한다.
39) 王衍 : 五代 시기 前蜀의 국왕이다. 어려서 왕위에 올라 음란한 짓을 일삼으며 밤낮으로 술을 마시다가 後唐에게 멸망당하였다.

기를, "금년에 租庸이 이미 고갈되었지만 內庫에는 여유가 있는데 군사들은 집안을 보존할 수 없으니, 만일 진휼하여 구해주지 않는다면 그들의 마음이 離叛할까 두렵습니다. 흉년이 지나가기를 기다려 내고의 재화를 다시 모으십시오." 하였는데, 장종이 바로 이 말을 따르려 하니, 황후 劉氏가 말하기를, "우리 부부가 천하에 군림한 것은 비록 武功을 빌렸다고 하지만 또한 천명으로 말미암은 것입니다. 운명은 이미 하늘에 달려 있으니 사람들이 우리를 어찌하겠습니까?" 하였다.

재상이 다시 편전에서 이 문제에 대해 논의하였는데, 황후가 병풍 뒤에서 엿듣고 있다가 잠시 뒤에 화장도구와 세 개의 銀으로 만든 동이 및 황제의 어린 아들 세 명을 밖으로 내놓고 말하기를, "사람들이 궁중에는 비축해놓은 것이 많다고 말하지만 사방에서 바친 貢物은 수시로 하사품으로 주고 남은 것은 단지 이것뿐이니, 청컨대 이것들을 팔아서 군사들을 넉넉하게 먹이시오!" 하니, 재상이 두려워하며 물러났다.

○ 租庸使以倉儲不足으로 頗朘刻軍粮하니 軍士流言益甚이라 宰相懼하야 帥百官上表言 今年租庸已竭이나 內庫有餘어늘 諸軍室家不能相保하니 儻不振救면 懼有離心이라 俟過凶年하야 其財復集이라한대 唐主卽欲從之하니 劉后曰 吾夫婦君臨萬國은 雖藉武功이나 亦由天命이라 命旣在天하니 人如我何오하다 宰相又於便殿論之한대 后屬耳於屛風後라가 須臾에 出粧具及三銀盆皇幼子三人於外曰 人言宮中蓄積多나 四方貢獻은 隨以給賜하고 所餘止此耳니 請鬻以贍軍이라하니 宰相惶懼而退라

48-1-33

天成 원년(926) 4월에 李嗣源[40]이 鄴都의 병사를 거느리고 大梁[41]으로 진격하였는데, 장종은 關東으로 행차하여 반란군을 招撫하다가 萬勝鎭[42]에 이르렀을 때 대량이 함락되어 諸軍이 離叛하였다는 소식을 듣고는 놀라고 실망하여 높은 곳에 올라가 탄식하기를, "내가 성공하지 못하겠구나." 하고, 즉시 회군할 것을 명하여 돌아와 洛陽城으로 들어갔다.

이때에 이르러 이사원이 장차 이르려 할 때 騎兵을 宣仁門 밖에 배치하고 보병은

40) 李嗣源 : 後唐 明宗 邈佶烈의 별칭으로 李克用의 양자이다. 926년 天平節度使로 있으면서 반란을 일으켜 2대 황제로 즉위하였다.
41) 大梁 : 黃河 남쪽에 있던 도시로 전국시대 魏나라의 도읍이었다.
42) 萬勝鎭 : 中牟縣 동쪽에 있는 鎭으로, 大梁과의 거리가 수십 리에 불과하였다.

五鳳門 밖에 배치한 다음 기다리고 있었는데, 從馬直指揮使 郭從謙[43]은 睦王 李存乂[44]가 이미 죽었다는 사실을 알지 못하고 그를 받들어 반란을 일으키고자 자신의 部兵을 거느리고 군영 안에서부터 칼을 빼어 크게 소리 지르면서 黃甲兩軍과 함께 興教門을 공격하였다. 당시 장종은 식사를 하고 있다가 변란이 일어났다는 소식을 듣고 여러 親王과 近衛騎兵을 거느리고 공격하여 반란군을 문으로 내쫓았다. 당시 蕃漢馬步使 朱守殷이 騎兵을 거느리고 바깥에 있었으므로 장종은 中使를 보내어 급히 부르게 한 다음 그와 함께 적을 동시에 공격하려 하였는데, 주수은은 오지 않고 군대를 인솔하여 北邙山의 무성한 숲 아래에서 쉬고 있었다. 이에 반란군이 흥교문을 불태우고 성을 따라 진입하니, 近臣과 宿衛將들은 모두 갑옷을 벗어 버리고 몰래 달아났는데, 오직 散員都指揮使 李彦卿 및 宿衛軍校 何福進과 王全斌 등 10여 명만이 힘써 싸웠다.

그러던 중에 갑자기 장종이 날아온 화살에 맞았는데, 鷹坊의 관리 善友가 門樓 아래에서부터 부축하여 絳霄殿의 殿廡 아래에 이르러 화살을 뽑아내니 장종은 갈증이 난다고 화를 내며 물을 찾았다. 그런데 유황후는 직접 장종을 보살피지 않고 환관을 보내어 駝酪을 올리게 하였으므로 잠시 후에 장종은 마침내 죽고 말았다.[45] 이에 이언경 등은 통곡한 다음 떠나갔고 좌우의 사람들은 모두 흩어졌는데, 선우가 殿廡 아래의 악기들을 거두어 장종의 시신 위에 덮고 불을 질렀다. 장종은 재위 기간이 3년이었고 향년은 35세였다.

○ 天成元年四月에 李嗣源將鄴兵向大梁이어늘 唐主幸關東招撫之라가 至萬勝(關)〔鎭〕[46]에 聞大梁失守하야 諸軍離叛하고 神色沮喪하야 登高嘆曰 吾不濟矣라하고 卽命旋師하야 歸入洛城하다 至是하야 嗣源將至에 以騎兵陳於宣仁門外하고 步兵陳於五鳳門外俟之어늘 從馬直指揮使郭從謙이 不知睦王存乂已死하고 欲奉之以作亂하야 帥所部兵하야 自營中露刃大呼하야 與黃甲兩軍으로 攻興教門하니 唐主方食이라가 聞變하고 帥諸王及近衛騎兵擊之하야 逐亂兵出門이라 時에 蕃漢馬步使朱守殷이 將騎兵在外라 唐主遣中使急召之하야 欲與同擊賊이어늘 守殷不至하고 引兵憩於北

---

43) 郭從謙 : 본래 광대로 이름은 郭門高였다. 德勝의 전투에 참전하여 전공을 세웠기 때문에 마침내 총애를 얻게 되었고, 잇단 공적으로 그 지위가 指揮使에 이르렀다.

44) 李存乂 : 莊宗의 동생이자 郭崇韜의 사위이다. 郭從謙은 이존예의 양자이다.

45) 황후는……말았다 : 화살에 맞거나 칼날에 다쳐 피를 흘리는 사람은 물을 마시면 살아날 수 있지만 駝酪을 마시면 빨리 죽는다고 한다.

46) (關)〔鎭〕: 저본에는 '關'으로 되어 있으나, ≪資治通鑑≫ 권274 〈後唐紀3〉에 의거하여 '鎭'으로 바로잡았다.

邙茂林之下라 亂兵焚興教門하고 緣城而入하니 近臣宿將은 皆釋甲潛遯이어늘 獨散員都指揮使李彦卿及宿衛軍校何福進王全斌等十餘人力戰이라 俄而唐主爲流矢所中한대 鷹坊善友가 扶自門樓下하야 至絳霄殿廡下하야 抽矢하니 渴懣求水어늘 劉后는 不自省視하고 遣宦者進酪하여 須臾遂殂라 李彦卿等痛哭而去하고 左右皆散이어늘 善友斂廡下樂器하야 覆屍而焚之하다 唐主은 在位三年이요 享年三十五이라

48-1-34

史臣은 다음과 같이 논하였다.

"장종은 兵威로 霸業을 이루어 마침내 後梁 왕실을 옮겨 天下의 왕이 되었다. 그러나 天下가 조금 안정되었을 때 功을 과시하여 스스로 자만하고 백성을 다스림에 법도가 없었으며 便嬖[47]을 총애하고 부녀자의 말을 시행하였으므로 강직한 신하와 교활한 군졸이 한번 唱導하여 반란을 일으키자 재위한 지 겨우 3년 만에 자신은 죽고 친족이 멸망하였으니, 슬프다."

史臣論曰 莊宗은 以兵威霸業하야 遂移梁室而王天下나 天下略定에 矜功自喜하고 御衆無法하며 便嬖是悅하고 婦言是用이라 彊臣驕卒이 一唱而叛하야 纔及三年에 隕身亡族하니 悲夫라

47) 便嬖 : 아첨을 잘하여 임금을 가까이 모시며 총애를 받는 간신을 말한다.

경계할 만한 惡政 惡可爲戒

宋나라

徽宗[1)]

49-1-1

徽宗의 諱는 佶이고 神宗의 11번째 아들이니, 처음에 端王에 봉해졌다. 哲宗이 붕어했을 때 皇太后 向氏(상씨)[2)]가 곡을 하면서 宰臣들에게 이르기를, "大行皇帝께서 後嗣를 두지 못했으니 일을 반드시 일찍 결정해야 할 것입니다." 하였는데, 章惇[3)]이 소리를 높여 말하기를, "예법으로 보면 마땅히 同母弟인 簡王[4)]이 즉위해야 할 것입니다." 하니, 태후가 이르기를, "神宗의 여러 아들 가운데 申王[5)]이 장자이긴 하지만

1) 徽宗 : 1082~1135. 北宋의 제8대 황제로, 이름은 趙佶이다. 神宗의 11번째 아들로 1096년에 端王에 봉해지고, 19세인 1100년에 형인 哲宗이 후사 없이 병사하자 뒤를 이어 즉위하였다. 시문과 서화에 뛰어나 풍류천자라는 칭호를 얻었으며, 도교를 신봉하여 여기저기에 도관을 짓는 등 많은 토목 공사를 일으키고 사치와 향락을 일삼아 백성의 원망을 샀다. 정치는 寵臣들에게 맡기고 자신은 문학과 미술, 정원 경영에 몰두하였다. 1125년에 金나라가 침입하자 아들인 欽宗에게 양위하고 스스로 教主道君皇帝라 일컬으며 책임을 모면하려고 하였다. 그러나 금나라 군사에 의해 開封이 함락되고 흠종과 함께 금나라 군대에 잡힘으로써 북송이 멸망하였으니, 이것이 바로 靖康의 變이다. 금나라는 포로로 잡아간 흠종에게 道教에 심취해 국정을 소홀히 하였다며 정신이 혼미하다는 뜻의 '昏德公'을, 휘종에게는 '重昏候'라는 칭호를 붙이고 온갖 멸시와 학대를 가하였는데, 결국 비참한 귀양살이 끝에 북만주 吉林省에 있는 五國城에서 병사하였다. 재위 기간은 1100년에서 1125년까지이다.(≪宋史≫ 권19 〈徽宗本紀〉)

2) 皇太后 向氏(상씨) : 宋나라의 6대 황제인 神宗의 정실 황후였던 欽聖憲肅皇后 向氏로, 명재상 向敏中의 증손녀이다. 向太后로도 불린다. 신종과의 사이에서 周國長公主를 낳았지만 11세 나이에 요절했고 이후 자녀를 얻지 못했다.

3) 章惇 : 北宋의 문신으로, 자는 子厚이다. 神宗 초에 王安石이 정권을 잡자 編修三司條例官에 발탁되고 參知政事에 올랐다가 일에 연좌되어 蔡州·陳州·定州 등의 知州로 좌천되었다. 哲宗 즉위 후 高太后가 섭정할 때 다시 知樞密院事에 임명되었으나 司馬光과 함께 免役法을 폐지할 수 없음을 강력하게 변론하다가 蘇軾 등의 탄핵을 받아 汝州知州로 축출되었다. 철종이 親政하자 尙書左僕射 兼 門下侍郎으로 재기하여 靑苗와 면역 등 신법을 회복시켰고, 이때 반대파인 元祐黨人들을 배제하고 怨仇에게 보복을 하는 등 많은 사람을 연좌시켰다. 徽宗의 즉위를 극력 저지하다가 휘종 즉위 후 폄출되었다.

4) 簡王 : 1083~1106. 神宗의 13번째 아들로 이름은 趙似이고, 哲宗의 同母弟이다.

宋 徽宗

눈병이 있고, 그 다음은 단왕이니 마땅히 즉위해야 합니다." 하였다. 장돈이 말하기를, "단왕은 경박하니 천하의 군주가 될 수 없습니다." 하였는데, 말이 끝나기도 전에 曾布[6]가 말하기를, "장돈은 신들과 상의한 적이 없으니 황태후의 聖諭대로 하는 것이 매우 타당합니다."라고 하고, 尙書 蔡卞[7]과 許將[8]이 서로 연이어 말하기를, "마땅히 聖旨대로 해야 합니다." 하였다. 태후가 또 말하기를, "先帝께서 일찍이 말씀하시기를, '단왕은 복록과 수명이 있고 또 어질고 효성스럽다.' 하셨으니 여러 親王들과는 같지 않습니다." 하니, 이에 장돈이 잠자코 있었다. 마침내 단왕을 불러들여 황제에 즉위하게 하였다.

徽宗諱佶이요 神宗第十一子也니 初封端王이라 哲宗崩에 皇太后向氏哭謂宰臣曰 大行皇帝無嗣하니 事須早定이라한대 章惇厲聲曰 在禮律에 當立母弟簡王이라하니 太后曰 神宗諸子에 申王

---

5) 申王 : 1082~1106. 神宗의 9번째 아들로 이름은 趙佖이고, 哲宗의 異母弟이다. 철종이 후사 없이 세상을 떠났을 때 조필이 형제 중에 가장 나이가 많았기 때문에 황위를 계승해야 한다는 논의가 있었지만, 그는 눈이 잘 보이지 않았으므로 후보에서 제외되었다.

6) 曾布 : 北宋의 문신으로, 자는 子宣이다. 曾鞏의 아우로 진사에 합격한 후 1069년에 韓維와 王安石의 천거를 받고 중용되었다. 대다수의 신하들이 新法을 반대하였으나 왕안석을 도와 青苗法・免役法・保甲法・農田法 등의 계획을 세우는 데 적극 협조하였다. 이에 起居注로 승진하고 翰林學士 兼 三司使에 임명되었다. 1076년에 신하들의 반대를 무릅쓰고 신종이 그를 시켜 市易法을 밀어붙이게 하였으나 막판에 시역법에 반대하면서 왕안석의 눈 밖에 나 饒州, 潭州 등의 지방관으로 좌천되었다. 1094년에 哲宗이 친정을 하면서 知樞密院事에 임명되어 章惇을 도와 신법을 추진하였다. 徽宗이 즉위한 후 재상이 되어 계속 신법을 추진하였으나 蔡京 등의 배척을 받고 지방관을 전전하다가 潤州에서 죽었다. 觀文殿大學士에 추증되었으며, 시호는 文肅이다.

7) 蔡卞 : 宋나라 興化軍 仙遊 사람으로, 자는 元度이고, 蔡京의 동생이자 王安石의 사위이다. 형 채경과 함께 선량한 士類를 많이 중상하여 司馬光 등 元祐黨人을 극력 배척하였다. 神宗 熙寧 3년(1070)에 進士가 되고, 起居舍人과 同知諫院, 侍御史 등을 지냈다. 哲宗이 즉위하자 禮部侍郎으로 옮겼다. 紹聖 4년(1097)에 尙書左丞이 되어 紹述의 설을 논하면서 황제를 속이고 아랫사람을 위협하여 반대파들을 음해했다. 徽宗 때 간관의 탄핵을 받아 池州에 안치되었다. 大名知府로 재기하여 知樞密院에 발탁되었다. 당시 형 채경이 재상이 되었는데, 뜻이 맞지 않자 河南知府로 내쫓았다. 나중에 승진하여 鎭東軍節度使에 올랐다.

8) 許將 : 宋나라 福州 閩縣 사람으로, 자는 沖元이다. 仁宗 때 진사시에 합격하여 英宗과 神宗 연간에 明州通判, 集賢教理, 知制誥 등이 되었다가 哲宗 때 尙書左丞, 中書侍郎이 되었다. 시호는 文定인데 文恪으로 고쳤다.

長而有目疾하고 次則端王이니 當立이라 惇曰 端王輕佻하니 不可以君天下라한대 言未畢에 曾布曰 章惇未嘗與臣等商議하니 如皇太后聖諭極當이라하고 尙書蔡卞許將相繼曰 合依聖旨라한대 太后又曰 先帝嘗言 端王有福壽하고 且仁孝라하니 不同諸王이라하니 於是에 惇嘿然하니 乃召端王入하야 卽皇帝位라

49-1-2

殿中侍御史 陳師錫[9]이 상소하기를, "蔡京[10]과 蔡卞은 함께 악행을 저질러 나라를 어지럽히고 조정을 그르쳤습니다. 채경은 큰 공적을 좋아하고 고쳐 만들기에 민첩하여 밤낮으로 內侍나 外戚과 결탁하여 크게 쓰이기를 바라고 있으니, 만약 그를 임용한다면 천하의 治亂이 여기서부터 나뉘고 祖宗의 基業이 여기서부터 무너질 것입니다." 하였는데, 모두 회답하지 않았다.

마침 中丞 豐稷[11]이 채경의 간악한 情狀에 대해 論辨하였는데 휘종이 오히려 받아들이지 않자, 臺諫 陳瓘[12]과 江公望[13] 등이 연이어 말하였으나 휘종이 또한 듣지

---

9) 陳師錫 : 宋나라 建州 浦城 사람으로, 자는 伯修이다. 神宗 때 진사시에 합격하여 知臨安縣이 되고 監察御史가 되었다. 哲宗 元祐 초에 蘇軾의 천거를 받아 秘書省校書郎이 되고, 徽宗 때 殿中侍御史가 되었다.

10) 蔡京 : 北宋 말기의 재상으로, 자는 元長이다. 1070년 진사에 합격한 후 起居郎, 中書舍人 등을 지내고, 哲宗 연간에 신법파가 집권하면서 新法을 시행하자 등용되어 劉摯와 范祖禹 등을 유배 보냈다. 徽宗이 즉위하자 파직되었다가 환관 童貫의 도움으로 52세에 돌아와 재상이 된 후 4차례에 걸쳐 16년 동안 국정을 장악하였다. 신법을 회복한다는 명분으로 元祐의 신하들을 폄적하고, 元符 말 新政에 관여한 사람의 명단 309명을 작성하여 자손들까지 모두 禁錮에 처하였다. 金나라와 동맹하여 숙적 遼나라를 멸망시키기도 하였으나, 휘종에게 아첨하여 사치를 권하고 국고를 낭비하여 민심의 이반을 초래하였다. 金軍이 침입하고 欽宗이 즉위하자 국난을 초래한 六賊의 우두머리로 몰려 실각하고, 配所인 儋州로 가다가 병사하였다.

11) 豐稷 : 北宋 明州 鄞縣 사람으로, 자는 相之이고, 시호는 淸敏이다. 仁宗 嘉祐 4년(1059) 進士가 되고 穀城令에 올랐는데 청렴하다는 칭송을 들었다. 監察御史와 國子祭酒, 吏部侍郎 등을 지냈다. 徽宗 때 御史中丞이 되어 蔡京을 탄핵했고, 仁后가 억울하게 무고를 당한 일을 재조사할 것을 주청했다. 工部尙書 兼 侍讀에 올랐다가 禮部로 옮겼다. 정도를 지킬 것을 적극 말하여 권력자들의 앙심을 사서 越州知州로 쫓겨났다가 채경이 정권을 잡자 道州別駕로 폄적되었다. 臺州에 안치되고, 제명되어 建州로 옮겨진 뒤 죽었다.

12) 陳瓘 : 北宋 南劍州 沙縣 사람으로, 자는 瑩中이고, 호는 了翁 또는 了齋, 了堂이며, 시호는 忠肅이다. 神宗 元豐 2년(1079) 進士가 되고, 哲宗 紹聖 초에 幕職官과 太學博士 등을 지냈다. 蔡卞 등이 《資治通鑑》 판본을 훼손하는 것을 저지했다. 校書郎으로 옮겨 紹述에 대해 반대하다가 滄州通判으로 쫓겨났다. 徽宗이 즉위하자 左司諫에 발탁되고, 채변과 章惇의 죄상을 극론하였면서 《國用須知》와 《日錄辨》을 올렸다. 崇寧 중에 黨籍으로 제명되고 袁州와 廉州, 郴州 등지로 유배를 갔다. 劉安世의 학문을 종주로 하고, 司馬光의 私淑弟子가 되었으며, 邵雍과 二程의 학문도 사숙했다. 儒・佛・道 사상을 함께 취했고, 儒・佛 二家의 큰 요지는 일

않았다. 이에 풍직이 말하기를, "채경이 조정에 있으면 우리가 무슨 면목으로 여기에 있겠는가?" 하고, 다시 극력 논변하니 비로소 知永興軍으로 임명하여 내보냈는데, 말하는 사람이 끊이지 않자 그제야 관직을 박탈하고 杭州에 거주하게 하였다.

○ 殿中侍御史陳師錫上疏言 蔡京蔡卞同惡하야 迷國誤朝라 而京好大喜功하고 銳於改作하야 日夜에 交結內侍戚里하야 以覬大用하니 若果用之면 天下治亂이 自是而分이요 祖宗基業이 自是而隳矣라한대 皆未報라 會中丞豐稷이 論京姦狀한대 帝猶未納하니 臺諫陳瓘江公望等이 相繼言之호대 帝亦不聽하니 稷曰 京在朝면 吾輩何面目居此리오하고 復力論之하니 始出知永興軍이러니 言者不已하니 乃奪職居杭州라

49-1-3

建中靖國 원년(1101) 2월에 右正言 任伯雨[14]가 논변하기를, "章惇은 오랫동안 조정의 권력을 훔쳐서 나라를 어지럽히고 황상을 기망하였으니 그 해독이 사대부들에게까지 미쳤습니다. 先帝(哲宗)께서 변고를 당하여 경황이 없는 틈을 타서 문득 다른 뜻을 드러내어 萬乘의 천자를 얕보아 더 이상 신하의 공손한 태도가 없었습니다. 만일 그의 계략이 실행될 수 있었다면 장차 폐하와 황태후를 어느 곳에 留置하였겠습니까? 만약 용서하여 주벌하지 않는다면 천하의 大義가 밝혀지지 않고 大法이 수립되지 않을 것입니다." 하였는데, 상소를 여덟 번 올렸으나 휘종은 회답하지 않았다. 그런데 마침 臺諫 陳瓘과 陳次升[15] 등이 다시 극력 논변하니, 조서를 내려 장돈

치한다고 보았다. 저서에 ≪兩漢議論≫ 80권과 ≪四明尊堯集≫, ≪了齋易說≫ 등이 있다.

13) 江公望 : 宋나라 睦州 사람으로 자는 民表이다. 진사로 급제하여 徽宗 때 左司諫으로 上疏하여 시정에 대해 극론했다. 行誼와 風節로 명망이 있었고, 二程에게 배웠다.

14) 任伯雨 : 北宋의 신하로, 자는 德翁이다. 진사시에 합격한 후 左正言에 올라 章惇과 蔡卞을 탄핵하였다. 徽宗 때 元祐와 紹聖 양 黨이 손잡으려는 것에 반대하면서 군자와 소인은 함께 갈 수 없다고 하였다. 諫官으로 취임한 후 반년 동안 108건의 상소를 올렸으니, 대신들이 그가 말이 많은 것을 두려워하여 給事中으로 자리를 옮겼다. 曾布를 탄핵하려는데 증포가 미리 알고 度支員外郎으로 옮겼으며, 이어 虢州·通州·昌化 등의 지방관으로 전전하였다. 저서에 ≪春秋繹聖新傳≫이 있으며, 시호는 忠敏이다.

15) 陳次升 : 宋나라 興化軍 仙遊 사람으로, 자는 當時이다. 神宗 熙寧 6년(1073) 進士가 되고, 천거를 받아 監察御史가 되었다. 哲宗이 즉위하자 江湖를 察訪하면서 蹇周輔 父子가 江右의 鹽法을 조절하여 민폐가 되고 있다면서 탄핵하고, 정해진 액수 밖의 上供이나 定役法은 폐지하자고 건의했다. 紹聖 연간에 殿中侍御史가 되고, 거듭 상소하여 章惇과 蔡卞을 탄핵하다가 죄를 얻어 南安軍에서 酒稅를 감독하는 일로 쫓겨났다. 徽宗이 즉위하자 부름을 받아 侍御史가 되고, 다시 장돈과 채변, 曾布, 蔡京의 악행을 극론했다. 崇寧 연간에 黨籍에 들어 여러 차례 降職되고 除名을 당해 循州로 編管되었다. 政和 연간에 옛 관직을 회복하고 죽었다.

을 雷州의 司戶參軍으로 삼았다.

○ 建中靖國元年二月에 右正言任伯雨論 惇久竊朝柄하야 迷國罔上하니 毒流縉紳이라 乘先帝變故倉卒하야 輒逞異志하야 睥睨萬乘하야 不復有臣子之恭하니 向使其計得行이면 將寘陛下與皇太后於何地오 若貸而不誅면 則天下大義不明하고 大法不立矣라한대 章八에 上未報러니 會臺諫陳瓘陳次升等復極論之니 乃詔惇爲雷州司戶參軍하다

49-1-4

供奉官 童貫[16]은 성품이 영리하고 아첨을 잘하여 군주의 은미한 뜻을 잘 헤아리고 미리 순종하여 받들었으니, 이 때문에 총애를 받았다. 三吳[17]에 갔을 때 기교한 書畫를 찾아 한 달 남짓 杭州에 머물렀는데, 蔡京이 그와 함께 밤낮으로 쉬지 않고 노닐었다. 당시 채경이 그린 屛幛과 扇帶 등의 물건을 동관이 날로 禁中에 보내고 또 채경이 말한 附語[18]와 그의 言論을 휘종의 처소에 奏達하였으니, 이로 말미암아 휘종은 채경을 등용하려는 마음을 먹었다.

左階道錄 徐知常[19]은 符水의 주술[20]로 元符皇后[21]의 처소에 출입하였는데, 太學博士 范致虛[22]가 그와 교분이 두터웠으므로 인하여 채경의 재능이 재상을 할 만하

16) 童貫 : 北宋 때의 환관으로, 자는 道輔·道通·道夫이다. 간사하고 아첨을 잘하여 徽宗의 총애를 받았으며, 재상이었던 蔡京과 친하게 지내면서 太傅에 오르고 涇國公에까지 봉해졌다. 당시에 채경을 公相이라 하고 동관을 媼相이라고 불렀는데, 동관이 내시로 있다 재상이 된 것을 기롱한 것이다. 1121년 方臘의 난을 평정한 후 太師로 승진되고 廣陽郡王에 봉해졌으며 그 후 20여 년 동안 兵權을 잡고 갖은 작폐를 저질렀다. 河北宣撫로 있다가 金나라 군대가 남침하자 汴京으로 달아났는데, 그때 欽宗이 선양을 받아 그에게 東京留守를 내렸으나 명을 받지 않고 徽宗을 따라 남쪽으로 달아나다가 誅殺되어 저잣거리에 梟示되었다.

17) 三吳 : 漢 高祖가 吳나라를 吳興·吳郡·會稽로 삼등분한 데서 유래한 말로, 장강 하류 일대의 오나라 지역을 가리키는 말이다. 시대에 따라 지칭한 바가 달랐는데, 宋나라 때에는 蘇州·常州·湖州 일대를 통틀어 일컫는 말로 쓰였다.

18) 附語 : 일종의 미신으로, 귀신이 산 사람의 몸에 들어와 하는 말을 가리킨다.

19) 徐知常 : 宋나라 乾州 建陽 사람으로 자는 子中이고 道士이다. 徽宗 宣和 연간에 沖虛大夫가 되었다. 시와 문장을 잘하고 道藏과 神仙術에 조예가 있었다.

20) 符水의 주술 : 일종의 미신이다. 무당이나 도사가 부적을 그려 물에서 태우거나 직접 물에다 대고 주문을 외우며 부적을 그리는 것을 이르는 말로, 이 물을 마시면 악귀를 물리쳐서 병이 치료된다고 여겼다.(≪後漢書≫ 권71 〈皇甫嵩列傳〉)

21) 元符皇后 : 哲宗의 황후인 昭懷皇后 劉氏를 말한다.

22) 范致虛 : 宋나라 建州 建陽 사람으로, 자는 謙叔이다. 哲宗 元祐 3년(1088)에 進士가 되고 太學博士에 올랐으며 徽宗 때 尙書左丞까지 올랐다. 欽宗 靖康 원년(1126) 金나라 군대가 남하했을 때 陝西宣撫使로 일했다. 금나라 군대가 길을 나눠 다시 京師에 침입하자 병사를 모아 가

다고 천거하자 서지상이 궁에 들어가 그대로 말하였으니, 이로 말미암아 宮妾과 宦官 등 여러 사람들이 입을 모아 한결같은 목소리로 채경을 칭송하여 마침내 채경을 등용하였다.

그때 마침 韓忠彦이 曾布와 사이가 좋지 않았는데, 증포는 채경을 끌어들여 자신을 돕게 하려고 모의하여 이에 채경을 불러 翰林學士承旨로 삼았다.

○ 供奉官童貫은 性巧媚하야 善策人主微指하고 先事順承하니 以故得幸이라 及詣三吳에 訪書畫奇巧하야 留杭月餘어늘 蔡京與之游하야 不舍晝夜하니 凡所畫屛幛扇帶之屬을 貫日以達禁中하고 且附語言論을 奏於帝所하니 由是로 帝屬(촉)意用京이라 左階道錄徐知常은 以符水出入元符皇后所한대 太學博士范致虛與之厚라 因薦京才可相하야 知常入宮言之하니 由是로 宮妾宦官衆口一詞譽京하야 遂起京이라 會韓忠彦이 與曾布交惡(오)러니 布謀引京自助하야 乃召爲翰林學士承旨하다

任用六賊

49-1-5

崇寧 원년(1102)에 다시 元祐 연간의 黨籍[23] 司馬光 등 44인의 관직을 追貶하고, 조서를 내리기를, "元祐 연간[24]과 元符 연간[25] 및 지금의 黨人을 黨籍에 올려 京城

서 구원했는데, 승려 趙宗印을 가볍게 믿고 장수로 기용했다가 금나라에 크게 패했다. 高宗이 즉위하자 鄧州知州로 옮겼다. 얼마 뒤 등주를 빼앗기자 문책을 받아 安遠軍節度使에 넘겨져 英州에 안치되었다. 建炎 3년(1129) 鼎州知州로 재기했는데, 부임 도중에 죽었다.

23) 元祐……黨籍 : 神宗 때 司馬光을 위시한 文彦博·蘇軾·程頤 등 舊黨이 王安石 등 新黨과 대립하여 당쟁이 哲宗 元祐 연간까지 치열해졌는데, 이 가운데 舊黨을 가리킨다.

24) 元祐 연간 : 元祐는 哲宗의 연호로, 1086년부터 1093년까지 8년간이다.

25) 元符 연간 : 元符는 哲宗의 연호로, 1098년부터 1100년까지 3년간이다.

에서 差遣[26]에 참여하지 못하게 하라." 하였다. 그리고 채경을 尙書右僕射로 삼았는데, 制書를 내리는 날 延和殿에 자리를 내려주어 앉게 한 다음 명하기를, "神宗께서는 새로 법을 만들어 제도를 수립하시고 先帝께서 이를 계승하셨으나, 두 차례 改變을 만나는 바람에 國是가 아직 안정되지 않았다. 그러므로 위로 父兄의 뜻을 紹述하고자 하니, 경은 어떻게 가르쳐주겠는가?" 하니, 채경이 머리를 조아리고 사례하기를, "감히 死力을 다하지 않을 수 있겠습니까." 하였다.

○ 崇寧元年에 復追貶元祐黨籍司馬光等四十四人官하고 詔籍元祐元符及今黨人하야 不得與在京差遣하라하고 以蔡京爲尙書右僕射한대 制下之日에 賜坐延和殿하고 命之曰 神宗創法立制하시고 先帝繼之나 兩遭變更하야 國是未定일새 欲上述父兄之志하노니 卿何以教之오하니 京頓首謝曰 敢不盡死리오하다

49-1-6

元祐 연간의 法[27]을 불태우고 조서를 내려 司馬光 등 21인의 자제를 京師에서 벼슬하지 못하게 하였다.

○ 焚元祐法하고 詔司馬光等二十一人子弟를 毋得官京師하다

49-1-7

中書省에 조서를 내려 元符 3년(1100)에 疏章을 올린 신료들의 성명을 黨籍에 올려 正上・正中・正下의 3등과 邪上・邪中・邪下의 3등을 정하였다.[28]

○ 詔中書籍元符三年臣僚章疏姓名하야 爲正上正中正下三等과 邪上邪中邪下三等이라

---

26) 差遣 : 實職에 차출한다는 말이다.

27) 元祐……法 : 元祐 연간에 神宗이 승하하고 哲宗이 어린 나이로 제왕에 오르자, 초기 8, 9년 동안 宣仁太后가 수렴청정하면서 王安石이 추진하던 新法을 폐지하고 이에 반대하던 司馬光, 呂公著 등의 舊法派를 다시 등용하였는데, 그들이 주장했던 법을 말한다.

28) 元符……정하였다 : 元符 말엽 일식이 일어났을 때 황제가 백관에게 재변의 대처에 대해 求言하였는데, 건의한 자들이 대부분 熙寧과 紹聖 연간의 정사를 언급하였다. 그래서 이때에 蔡京이 그의 붕당인 葉夢得・强浚明・强淵明 등과 의논한 다음 徽宗에게 청하여 그 당시의 상소를 中書省으로 넘겨 내용을 심리하게 한 다음 정직한 인사로 正上・正中・正下의 3등을 정하고 사특한 인사로 邪等尤甚・邪上・邪中・邪下의 4등을 정하였는데, 당시 鍾世美 이하 41인은 정직한 등급에 들어가 전부 표창을 받아 발탁되었고 范柔中 이하 541인은 사특한 등급에 들어가 차등에 따라 강등의 처벌을 받았다.(≪御批歷代通鑑輯覽≫ 권79 〈宋徽宗皇帝〉)

49-1-8

元祐 및 元符 말엽의 宰相 文彦博 등과 侍從 蘇軾 등과 文臣 程頤 등과 武臣 王獻可 등과 宦者 張士良 등 120명을 黨籍에 올리고 御筆로 써서 비석에 새긴 다음 端禮門에 세웠다.

○ 籍元祐及元符末宰相文彦博等과 侍從蘇軾等과 文臣程頤等과 武臣王獻可等과 宦者張士良等百二十人하고 御書刻石端禮門이라

49-1-9

崇寧 2년(1103)에 조서를 내려 黨人의 子弟들은 마음대로 闕下에 이를 수 없게 하였다.

○ 二年에 詔黨人子弟毋得擅到闕下라

49-1-10

조서를 내려 景靈宮 西宮에 걸린 呂公著・司馬光・呂大防・范純仁・劉摯・范百祿・梁燾・王巖叟의 繪像을 毁撤하게 하였다.

○詔毁呂公著司馬光呂大防范純仁劉摯范百祿梁燾王巖叟景靈西(京)〔宮〕[29]繪像

49-1-11

刊行된 ≪唐鑑≫[30]과 아울러 三蘇[31] 및 秦觀과 黃庭堅 등의 文集을 훼손하게 하였다.

○毁刊行唐鑑과 幷三蘇秦黃等文集이라

---

29) (京)〔宮〕: 저본에는 '京'으로 되어 있으나, ≪宋史≫의 여러 사례를 살펴 '宮'으로 바로잡았다.
30) 唐鑑 : 范祖禹가 唐 高祖에서 昭帝와 宣帝까지 唐朝 300년간의 흥망성쇠를 기록한 책으로, 12권의 편년체 史書이다. 일찍이 司馬光의 ≪資治通鑑≫ 편찬에 참여하였던 편자는 唐나라 부분의 기사를 적출하여 자신의 식견으로 대담하고 객관적인 논평을 붙여 哲宗에게 헌상하였다.
31) 三蘇 : 北宋의 대문장가인 蘇氏 삼부자를 가리키는 말로 蘇洵과 그의 아들 蘇軾, 蘇轍을 말한다. 소순을 老蘇, 소식을 大蘇, 소철을 小蘇라 구별하기도 한다.

49-1-12

뒤이어 程頤의 出身에 대한 기록과 그가 지은 저서를 훼손하게 한 다음 監司로 하여금 점검하여 살피게 하였다.

○ 追毁程頤出身文字와 其所著書하고 令監司覺察이라

49-1-13

조서를 내리기를, "元符 말엽에 上書한 進士들은 대체로 비방하는 자들이 많으니, 州郡으로 하여금 보내어 新學에 입학하게 하고 太學 自訟齋[32]의 法에 따라 1년간 살펴본 뒤에 능히 마음을 바꾸어 스스로 새로워지는 자는 장차 와서 과거에 응시하도록 허락하고 변하지 않는 자는 마땅히 遠方으로 물리쳐야 할 것이다." 하였다.

○ 詔元符末上書進士는 類多詆訕하니 令州郡遣入新學하고 依太學自訟齋法하야 候及一年하야 能革心自新者는 許將來應擧하고 其不變者는 當屛之遠方하라하다

49-1-14

조서를 내려 宗室은 元祐姦黨의 子孫들과 婚姻하지 못하게 하였고, 천하의 監司와 長吏의 관청으로 하여금 각각 元祐姦黨碑를 세우게 하였으며, 元祐 연간의 學術과 政事를 무리를 모아 傳授하는 자는 監司에게 위임하여 낱낱이 살피게 한 다음 용서하지 않고 반드시 처벌하게 하였다.

○ 詔宗室不得與元祐姦黨子孫爲婚姻하고 令天下監司長吏廳으로 各立元祐姦黨碑하고 以元祐學術政事聚徒傳授者는 委監司察擧하야 必罰無赦하다

49-1-15

崇寧 3년(1104)에 蔡京의 아들 蔡攸[33]에게 進士 벼슬을 내려 出身하게 한 다음

32) 自訟齋 : 太學에 설치한 齋舍로 허물 있는 자는 그 안에서 책을 읽게 하였는데, 太學의 校定法의 하나이다.

33) 蔡攸 : 宋나라의 간신 蔡京의 아들로, 후에 徽宗이 아비 채경을 내치려 한다는 사실을 안 뒤는 아비와 선을 긋고 부자간에 門戶를 따로 세우는 등 정치적으로 알력을 빚으면서 원수처럼 지냈다.

祕書郞으로 삼았다.

○ 三年에 賜蔡京子攸進士出身하고 爲祕書郞하다

49-1-16

欽成皇后[34]의 神主를 欽慈皇后[35]의 위에 올렸다.

○ 躋欽成皇后神主於欽慈皇后之上이라

49-1-17

王安石[36]을 孔子의 廟庭에 配饗하였다.

○ 以王安石配饗孔子廟라

49-1-18

조서를 내리기를, "元祐와 元符의 黨人 및 上書한 進士 가운데 邪等에 해당하는 자들을 거듭 확정하여 하나의 黨籍으로 합하게 하니, 모두 309인이었다. 이들의 이름을 비석에 새겨 朝堂에 세우고 나머지는 모두 出籍하라. 그리고 지금부터는 더 이상 탄핵하여 上奏하지 못하게 하라." 하였다.

○ 詔重定元祐元符黨人及上書邪等者하야 合爲一籍하니 通三百九人이라 刻石朝堂하고 餘竝出籍하고 自今으로 毋得復彈奏하라하다

---

34) 欽成皇后 : 神宗의 후실 德妃 朱氏로, 哲宗의 모후이다. 朱皇后로도 불린다.

35) 欽慈皇后 : 神宗의 후실 貴儀 陳氏로, 徽宗의 모후이다.

36) 王安石 : 北宋의 문신으로, 자는 介甫, 호는 半山이다. 1042년 과거에 합격한 후 華南 지방의 각급 지방관으로 근무하면서 관개 사업과 재정 관리에 뛰어난 능력을 보였고, 1058년에는 仁宗에게 자신의 정치적 이상을 서술한 〈萬言書〉를 제출하였으나 채택되지는 않았다. 1067년 황위에 오른 神宗이 정치의 쇄신과 개혁을 추진하며 전격적으로 왕안석을 발탁 등용하였다. 이에 翰林學士, 參知政事 등의 자리에 임명하여 新法을 입안케 하고, 1070년에는 同中書門下平章事에 임명하여 재상으로서 국정 전반을 관장하게 하였다. 이에 均輸法을 시작으로 青苗法·募役法·保甲法·方田均稅法·市易法·保馬法 등의 신법을 잇달아 실시하였다. 그러나 대지주와 상인, 고리대금업자들과 정부 내 보수파의 반발에 부닥쳤고, 1074년 심한 기근마저 일어나 반발이 커지자 江寧府知事로 좌천되었다. 이듬해 다시 동중서문하평장사에 임명되었지만 전권을 위임받지 못하였고, 결국 1076년 모든 관직에서 물러나 은거하였다. 사후 荊國公에 봉해졌다. 저서로는 ≪王臨川文集≫, ≪臨川集拾遺≫ 등이 있다.

49-1-19

崇寧 4년(1105)에 內侍 童貫을 熙河[37]蘭湟路, 秦鳳路의 經略安撫制置使로 삼았다.

○ 四年에 以內侍童貫爲熙河蘭湟秦鳳路經略安撫制置使하다

49-1-20

朱勔[38]에게 蘇州의 應奉局[39] 및 花石綱[40]을 관장하게 하였다.

처음에 蔡京이 蘇州를 방문하였을 때 僧寺의 殿閣을 건립하려 하였는데 들어가는 비용이 모두 鉅萬이나 되었다. 이에 승려가 말하기를, "이 비용을 마련하려면 郡에 사는 사람 朱沖이 아니면 불가능합니다." 하였는데, 채경이 즉시 불러 이야기하니 주충이 혼자 담당하기를 원하였다. 며칠이 지났을 때 주충이 채경에게 僧寺로 가서 殿閣의 터를 살펴주기를 청하였는데, 가보니 큰 재목 수천 그루가 뜰 아래 쌓여 있었으므로 채경은 그의 능력을 중히 여겼다. 일 년이 지나 채경이 召命을 받고 조정으로 돌아올 때 마침내 주충과 그의 아들 주면을 데리고 가서 그들의 성명을 童貫의 軍籍에 함께 끼워 넣어 모두 벼슬을 얻도록 하였다.

○ 以朱勔領應奉局及花石綱于蘇州하다 初蔡京過蘇州에 欲建僧寺閣한대 會費鉅萬라 僧言 欲此댄 非郡人朱沖不可라하야늘 京卽召語之하니 沖願獨任이라 居數日에 沖請京詣寺度地어늘 至則大木

37) 熙河 : 神宗 때 북방의 유목 민족을 막기 위해 설치한 軍鎭으로, 甘肅省 隴西縣에 해당되는 지역인데, 뒤에 熙州로 승격되었다.

38) 朱勔 : 北宋 말기의 간신이다. 부친 朱沖이 蔡京과 童貫에게 아첨하여 관직을 얻게 되었다. 휘종의 기호에 영합하느라 아비 주충과 공모, 진기한 화초 기괴한 수석을 모아 바쳤는데, 그러는 와중에 백성을 수탈하여 개인의 재산을 축적하였고, 方臘의 난이 일어나는 계기를 제공하기도 하였다. 난이 실패로 돌아간 후 더욱 득세하여 한동안 '동남쪽의 작은 조정〔東南小朝廷〕'이라고 불렸으며, 채경 등과 함께 '六賊'이라고 불리기도 하였다. 欽宗이 즉위한 후 삭탈관직당하고 쫓겨났다가 결국 循州에서 참수되었다.

39) 應奉局 : 宋代에 황실에 進奉하는 財貨와 賦稅의 일을 전적으로 관리하던 官署의 이름이다.

40) 花石綱 : 진귀한 꽃과 바위를 운반하기 위해서 만들어진 수송 단위의 명칭이다. 宋 徽宗은 기이한 꽃과 바위를 모으는 취미가 있었는데, 蔡京과 朱沖 등이 浙江 등지에서 생산되는 꽃나무와 바위를 黃河와 揚子江을 통해 수도인 開封으로 가져오기 위해 화석강을 조직하였다. 綱은 하나의 수송 단위를 뜻하며 보통 배 10척을 1綱이라고 한다. 화석강은 특히 나무와 암석을 전문적으로 운반하는 조직이었다.

數千章積庭下하니 京器其能이라 踰年京召還에 遂挾沖子勔하야 與俱竄名姓于童貫軍籍中하야 皆得官하다

휘종이 자못 꽃나무와 바위에 관심을 가지고 있었으므로 채경이 주충에게 넌지시 말하기를, "은밀히 浙江 등지의 진귀하고 특이한 물건을 가져다 진상하도록 하라." 하였는데, 처음에는 黃楊木 세 그루를 진상하니 휘종이 가상하게 여겼다. 그 후 해마다 그 양이 증가하였지만 1년에 두세 번 貢上하는 데 불과하였고, 공상하는 물건도 겨우 5, 6개 품목에 지나지 않았다. 그러다가 이때에 이르러 점차로 많아져서 수송하는 배가 淮水와 汴水에 꼬리를 물고 이어졌는데 이를 '花石綱'이라 불렀다.

이에 蘇州에 應奉局을 설치하고 주면에게 명하여 그 일을 총괄하게 하였는데, 무릇 士庶의 집에 조금이라도 감상할 만한 바위 하나 나무 한 그루가 있으면 즉시 건장한 장졸을 데리고 곧바로 그 집으로 들어가 황색의 보자기로 덮고 재차 표식을 더하여 '御前의 물건'이라고 지목한 다음, 바로 가져가지 않은 채 하여금 보살피게 하였다가 조금이라도 신중히 보살피지 못한 경우에는 즉시 大不敬의 죄를 적용하여 처벌하였다.

應奉花石

帝頗垂意花石이라 京諷沖密取浙中珍異以進이어늘 初致黃楊三本하니 帝嘉之라 後歲歲增加나 然歲不過再三貢이요 貢物이 裁五六品이러니 至是漸盛하야 舳艫相銜於淮汴이어늘 號花石綱이라 置應奉局於蘇州하고 命勔總其事한대 凡士庶之家에 一石一木이 稍堪翫者면 卽領健卒하고 直入其家하야 用黃帊覆之하고 加封識(지)焉하야 指爲御前之物이라하고 未卽取하야 使護視之라가 微不謹이면 卽被以大不恭罪라

가지고 갈 때에는 반드시 집을 철거하거나 담장을 허물고 반출하였기 때문에 人家에 불행히 조금이라도 특이한 꽃이나 바위가 있으면 사람들이 모두 상서롭지 못한 물건이라고 지목하며 속히 없애버리지 못할까 염려할 따름이었다. 그리고 이 일에 참여한 백성은 중산층의 집안은 파산하거나 혹은 자녀를 팔아 그 비용을 제공하기도 하였는데, 산을 깎아내어 바위를 실어 나르는 등 감독이 참혹하고 각박하였으니, 비록 江湖에 있는 헤아릴 수 없이 깊은 연못 속에 있는 물건이라도 온갖 방법을 다 동원하여 반드시 얻어야만 그만두었다. 심지어 여러 道의 糧餉마저 중단한 채 화석강 주변에 商船을 죽 벌여놓고 貢上할 물건을 실은 배라고 揭示하여 배 위에 표시를 하였는데, 篙工과 柁師가 권세에 의지하여 탐욕과 전횡을 일삼으며 州縣의 사람들을 능멸하고 억압해도 도로에 다니는 행인들은 쳐다보기만 할 뿐 아무도 저지하는 사람이 없었다.

及發行에 必撤屋抉墻以出이라 人不幸有一物小異면 共指爲不祥이라하야 惟恐芟夷之不速하고 民預是役者는 中家破產이어나 或鬻賣子女하야 以供其須한대 斸山輦石하야 程督慘刻하니 雖在江湖不測之淵이라도 百計取之하야 必得乃止라 至截諸道糧餉하야 綱旁羅商船하고 揭所貢暴其上한대 篙工柁師가 倚勢貪橫하야 淩轢州縣이라도 道路以目이라

49-1-21

大觀 원년(1107)에 太廟齋郞 方軫[41]이 上書하기를, "채경은 사직을 능멸하고 흉중에 不道한 마음을 품고 있습니다. 오로지 熙寧과 元豐 연간의 제도를 紹述해야 한다고 말하며 자신의 영리를 도모하는 계책으로 삼고 있는데, 안으로 執政과 侍從에

41) 方軫 : 宋나라 興化 軍莆田 사람으로, 자는 叔時이다. 哲宗 때 진사시에 합격하여 太廟齋郞, 右正言 등을 역임하였다. 大觀 원년(1107)에 蔡京을 논핵하였다가 嶺南으로 폄관되었다가 후에 서용되었다.

서부터 밖으로 帥臣과 監司에 이르기까지 그의 門人이나 親戚이 아닌 자가 없습니다. 元符 말기 폐하께서 황위를 계승했을 때부터 投匭[42]하는 忠義의 선비가 없는 날이 없었는데, 채경은 이들을 邪等으로 분류한 다음 黥配[43]하고 編置[44]하여 仕籍에 이름이 등재되지 못하게 하였으니, 그 누가 기꺼이 폐하를 위해 上言하려고 하겠습니까? 채경은 또 그 아들 蔡攸로 하여금 날로 花石과 禽鳥를 헌상하게 하여 폐하를 어리석게 만들어 천하의 治亂을 알지 못하게 하였으니, 신은 채경이 반드시 반란을 일으킬 것이라고 생각합니다. 청컨대, 채경을 주벌하소서." 하니, 휘종이 조서를 내려 이 상서를 채경에게 宣示하게 하였는데, 채경이 방진을 하옥한 다음 嶺南으로 유배하게 하였다.

○ 大觀元年에 太廟齋郎方軫上書言 蔡京睥睨社稷하고 內懷不道라 專以紹述熙豊之說로 爲自謀之計한대 內而執政侍從과 外而帥臣監司가 無非其門人親戚이라 自元符末陛下嗣服으로 忠義之士投匭者가 無日無之어늘 京分爲邪等하고 黥配編置하야 不齒仕籍하니 則誰肯爲陛下言哉아 京又使子攸로 日以花石禽鳥爲獻하야 欲愚陛下하야 使不知天下治亂하니 臣以爲京必反也라 請誅京하소서하니 上詔宣示京한대 京下軫獄하야 流之嶺南이라

49-1-22

조서를 내려 채경의 子孫 가운데 한 사람에게 관직을 제수하게 하고, 〈채경을〉 執政官[45]으로 官等을 한 등급 올려주게 하였다.[46]

○ 詔官蔡京子孫一人하고 進執政官一等이라

49-1-23

大觀 3년(1109)에 右正言 陳禾[47]가 상소하여 童貫이 황제의 총애를 믿고 권력을

42) 投匭 : 신하나 백성이 군주에게 글을 올리는 것을 말한다. 唐나라 則天武后가 銅匭 네 개를 주조하여 朝堂에 배치해놓고 모든 上書를 그곳에 넣게 한데서 유래한 말이다.
43) 黥配 : 옛 형벌의 명칭으로 죄인의 얼굴에 刺字하여 遠方에 유배하는 것을 말한다.
44) 編置 : 관리를 퇴출하여 먼 변방으로 유배한 다음 일반 백성의 호적에 편입하여 지방관으로 하여금 통제하게 하는 것을 말한다.
45) 執政官 : 중국에서 官位의 이름이다. 周나라 때에는 卿의 아래이고 士의 위인 계층을 집정관이라 했는데, 上大夫・中大夫・下大夫의 세 등급으로 나누어진다. 秦・漢 이후로는 御史大夫・光祿大夫 등으로 불리었다.
46) 조서를……하였다 : ≪宋史≫의 내용을 참고하면 이 기사는 大觀 2년(1108)의 일이다.

농단한 죄에 대해 탄핵하고, "원컨대 속히 遠方으로 찬배하소서." 하였는데, 다 奏達하기도 전에 휘종이 옷을 떨치고 일어났다. 이에 진화가 휘종의 옷을 당기며 말을 다하게 해달라고 청하였는데, 휘종의 옷깃이 떨어졌다. 그러자 휘종이 말하기를, "正言이 나의 옷을 망가뜨렸구나." 하니, 진화가 말하기를, "폐하께서 옷이 망가진 것을 아까워하지 않으신다면, 신이 어찌 머리가 부서져가며 폐하께 보답하는 것을 아까워할 수 있겠습니까? 이 무리들은 오늘 부귀의 이익을 누리겠지만 폐하께서는 후일 나라가 위태로워져 패망하는 화를 당할 것입니다." 하였는데, 그 말이 더욱 간절하였다. 그러자 휘종이 안색을 변하며 말하기를, "경이 능히 이와 같이 하니, 짐이 더 이상 무엇을 근심하겠는가?" 하였다.

다음 날 동관 등이 서로 이끌고 御前으로 나와 하소연하기를, "국가가 매우 잘 다스려지고 있는데, 어찌 이렇게 상서롭지 못한 말을 할 수 있단 말입니까?" 하고, 盧航이 아뢰기를, "진화가 狂妄한 말을 하였습니다." 하니, 휘종이 진화를 監信州로 유배하였다가 석방하였다.

○ 三年에 右正言陳禾上疏劾童貫怙寵弄權之罪하고 願亟竄之遠方이라한대 奏未終에 帝拂衣起어늘 禾引帝衣하고 請畢其說하니 衣裾落이라 帝曰 正言碎朕衣矣라하니 禾言陛下不惜碎衣면 臣豈惜碎首하야 以報陛下리오 此曹는 今日受富貴之利나 陛下는 他日受危亡之禍라한대 言愈切이어늘 帝變色曰 卿能如此하니 朕復何憂리오하다 翌日에 貫等이 相率前訴謂 國家極治어늘 安得此不祥語리오하고 盧航이 奏禾狂妄이라하니 謫監信州稅하다

49-1-24

蔡京을 楚國公으로 進封하여 致仕하게 하고, 이어 提擧哲宗實錄으로 삼아 초하루와 보름에 조회하게 하였다.

○ 蔡京을 進封楚國公致仕하고 仍提擧哲宗實錄하야 朝朔望하다

---

47) 陳禾 : 宋나라 明州 鄞縣 사람으로, 자는 秀實이고 시호는 文介이다. 哲宗 元符 3년(1100)에 進士가 되고, 監察御史를 거쳐 左正言에 올랐다. 조정에서 지조 있는 모습을 보였다. 童貫 등이 총애와 권세를 탐낸다면서 탄핵하다가 監信州酒로 유배되었다. 사면을 받아 기용되어 廣德知軍과 和州知州, 秀州知州를 역임했다. 王黼가 정권을 잡자 완강하게 출사를 거부했다. 나중에 舒州知州에 임명되었지만 발령 전에 죽었다. 저서에 ≪易傳≫과 ≪春秋傳≫, ≪論語孟子解≫ 등이 있다.

49-1-25

조서를 내려 蔡京을 다시 太師로 致仕하게 하고 京師에 집을 하사하였는데, 얼마 지나지 않아 조서를 내려 채경을 강등하여 치사하게 한 다음 3일 만에 한번 都堂에 이르게 하여 일을 의논하다가 魯公에 進封하였다.[48)]

○ 詔蔡京復以太師致仕하고 賜第京師러니 已而詔京落致仕하고 三日一至都堂議事라가 進封魯公하다

49-1-26

武信軍節度使 童貫을 太尉로 삼았다.[49)]

○ 以武信軍節度使童貫爲太尉하다

49-1-27

王安石을 追封하여 舒王으로 삼고, 아들 王雱[50)]를 臨川伯으로 삼아 孔子의 廟廷에 從祀하게 하였다.[51)]

○ 追封王安石爲舒王하고 子雱爲臨川伯하야 從祀孔子廟廷하다

49-1-28

方士 王老志에게 洞微先生이란 호를 하사하고 王仔昔에게 通妙先生이란 호를 하사하였다. 또 天神이 강림하여 조서로 帝位에 있는 사람에게 고하였다고 하면서 ≪天眞降臨示現記≫를 지었고, 천하에 조서를 내려 道教의 仙經을 물어 구하게 하였으

48) 조서를……進封하였다 : ≪宋史≫의 내용을 참고하면 이 기사는 政和 2년(1112)의 일이다.
49) 武信軍節度使……삼았다 : ≪宋史≫의 내용을 참고하면 이 기사는 政和 2년(1112)의 일이다.
50) 王雱 : 北宋 撫州 臨川 사람으로, 자는 元澤이고, 王安石의 아들이다. 성격이 민첩하여 약관도 되기 전에 많은 저서를 지었다. 英宗 治平 4년(1067)에 進士가 되었다. 策 30여 편과 ≪老子訓傳≫ 등이 출판되어 많이 읽혔다. 神宗 熙寧 4년(1071)에 太子中允과 崇政殿說書를 지냈고, ≪詩義≫와 ≪書義≫를 지어 天章閣待制 兼 侍講에 오르고 龍圖閣直學士로 옮겼다가 병으로 사직했다. 아버지를 도와 ≪三經新義≫를 찬술하였다. 저서에 道藏의 四家注에 수록된 ≪老子注≫와 ≪道德眞經集義≫, ≪爾雅義≫, ≪論語義≫, ≪孟子注≫, ≪莊子注≫ 등이 있다.
51) 王安石을……하였다 : ≪宋史≫의 내용을 참고하면 이 기사는 政和 3년(1113)의 일이다.

며, 26등급의 道階[52]를 설치하였다.

○ 賜方士王老志號洞微先生하고 王仔昔號通妙先生하고 以天神降하야 詔告在位라하야 作天眞降臨示現記하고 詔天下訪求道教仙經하고 置道階凡二十六等이라

49-1-29

政和 5년(1115)에 童貫에게 6路 변경의 일을 總領하게 하였으니, 이에 西兵의 權柄이 모두 동관에게 소속되었다.

○ 五年에 以童貫領六路邊事하니 於是에 西兵之柄이 皆屬于貫이라

49-1-30

政和 6년(1116)에 方士 林靈素에게 '通眞達靈先生'이란 호를 하사하였다. 임영소는 溫州 사람이니, 어린 시절 승려를 따르다가 스승의 매질과 욕설이 괴로워 그곳을 떠나 道士가 되었는데 妖幻의 술법을 잘하였다. 이후 그는 淮河와 泗水 사이를 왕래하며 사찰에서 밥을 구걸하였는데 사찰에서 괴로워하였다.

○ 六年에 賜方士林靈素號通眞達靈先生이라 靈素는 溫州人이니 少從浮屠라가 苦其師笞罵하야 去爲道士한대 善妖幻하고 往來淮泗間하야 丐食僧寺한대 僧寺苦之라

王老志가 죽고 王仔昔의 총애가 시들해졌을 때 휘종이 左階道錄 徐知常에게 方士에 대해 물으니 서지상이 임영소를 추천하였다. 바로 불러 만나보니, 임영소가 큰소리로 말하기를, "하늘에 九霄가 있는데 그중에 神霄가 가장 높으니 그 治所를 府라고 합니다. 신소의 玉淸王은 上帝의 큰아들로 남방을 주관하고 長生大帝君이라 부르는데 폐하가 바로 옥청왕입니다. 지금의 蔡京은 곧 左元仙伯이고, 王黼[53]는 곧 文華吏이며, 盛章과 王革은 곧 園苑寶華吏이고, 鄭居中[54]과 童貫 등은 모두 이름만 있을

52) 道階 : 도교 관리의 품계를 말한다.
53) 王黼 : 北宋 말기의 간신으로, 초명은 甫이며 자는 將明이다. 徽宗 연간 진사에 합격한 후 左司諫에 올랐다. 蔡京이 재상의 자리에 오르는 것을 도와 御史中丞에 오르고 特進과 少宰에 올라 권세를 잡았다. 집정한 후 기이한 산물을 가혹하게 착취하여 사유하였으며, 조정에서 女眞과 손잡고 遼나라를 공격하려 하자 대대적으로 민간의 재물을 수거하여 원성을 샀다. 빈 城 대여섯 개를 돈으로 사서 수리하고 太傅의 자리에 올랐으나 欽宗 즉위 후 주륙되었다.

뿐입니다." 하였다.

及老志死하고 王仔昔寵衰에 帝訪方士於左階道錄徐知常하니 知常以靈素對라 卽召見하니 靈素大言曰 天有九霄한대 而神霄爲最高하니 其治曰府라 神霄玉淸王者는 上帝之長子로 主南方하고 號長生大帝君이니 陛下是也라 今蔡京은 卽左元仙伯이요 王黼는 卽文華吏요 盛章王革은 卽園苑寶華吏요 鄭居中童貫等은 皆有名而已라하다

당시 劉貴妃가 바야흐로 총애를 받고 있었으므로 임영소가 그녀를 '九華玉眞安妃'라 하니, 휘종이 마음으로 유독 그 일을 기뻐하여 더욱더 총애하고 신임하여 通眞達靈先生이란 호를 하사하고 헤아릴 수 없을 정도로 많은 상을 하사하였다.

時에 劉貴妃方有寵이라 靈素以爲九華玉眞安妃라하니 帝心獨喜其事하야 甚加寵信하야 賜號通眞達靈先生하고 賞賚無筭이라

49-1-31

휘종은 林靈素의 말에 현혹되어 천하에 두루 宮觀을 건립하였다. 얼마 후에는 임영소에게 中大夫에 비견되는 관작을 하사하였는데, 그는 출입할 때 呵引[55]을 두었고 심지어 여러 王들과 길을 다투기까지 하였으므로 도성 사람들이 '道家兩府'라고 불렀으니, 그의 무리들은 좋은 의복을 입고 좋은 음식을 먹는 자들이 거의 2만 명이나 되었다. 당시 道士는 녹봉이 있었지만 늘 한번 齋會를 열어 가르침을 베풀 때마다 수십만 錢을 획득하였고, 하나의 宮觀마다 지급하는 田地가 또한 수백 수천 頃 이상이나 되었다. 반면에 가난한 하층의 사람들은 대부분 靑衣와 幅巾을 사서 착용하고 齋會에 나갔는데, 하루에 한번 배불리 음식을 먹고 300錢을 시주하였으니 이를 '千道會'라 하였다. 또 道學을 설치한 다음 얼마 후 조서를 내려 太學과 辟雍에 각각 ≪黃帝內徑≫·≪道德經≫·≪莊子≫·≪列子≫에 정통한 박사 2명씩을 배치하

54) 鄭居中 : 宋나라 開封 사람으로, 자는 達夫이다. 徽宗 崇寧 연간에 貴妃의 從兄으로 연이어 給事中과 翰林學士에 발탁되었다. 大觀 원년(1107) 同知樞密院에 오르고 3년(1109) 知院事로 승진했다가 얼마 후 외척이라 하여 파직되었다. 政和 연간에 다시 추밀원에서 일하면서 채경과 맞서 士論의 칭송을 받았다. 金나라와 연합하여 契丹을 공격하고 燕雲을 수복하자는 조정의 의론에 극력 반대하였다. 시호는 文正이다. 저서에 ≪政和五札新儀≫가 있다.

55) 呵引 : 呵導와 같은 말로, 封建時代에 官員이 外出할 때 길을 인도하는 差役이 행인들이 길을 비키도록 앞에서 소리치며 길을 열던 일을 말한다.

게 하였다. 또 조서를 내려 채경에게 3일에 한번 조회하게 하고 三公과 재상들에게 三省의 일을 총괄하여 다스리게 하였다.

○ 帝惑於靈素之言하야 建宮觀徧天下하고 尋賜靈素視中大夫한대 出入呵引하고 至與諸王爭道라 都人稱曰道家兩府라하니 其徒美衣玉食者幾二萬人이라 時에 道士有俸이나 每一齋施에 動獲數十萬하고 每一觀에 給田이 亦不下數百千頃이라 貧下之人은 多買靑布幅巾以赴한대 日得一飫餐하고 而襯施錢三百하니 謂之千道會라하다 置道學하고 尋詔太學辟雍에 各置內經道德經莊列博士二員하고 詔蔡京三日一朝하고 正公相位 總治三省事하다

49-1-32

조서를 내리기를, "천하의 監司와 郡守들은 巖谷의 道士를 수소문하되, 비록 우스갯소리를 하고 기괴한 행색을 하며 스스로를 감춘 자라도 모두 이름을 보고하라." 하였다.

○ 詔天下監司郡守는 搜訪巖谷之士호대 雖詼諧譎怪自晦者라도 悉以名聞하라하다

49-1-33

玉淸和陽宮에 이르러 옥황상제에게 徽號를 올리고 또 천하에 조서를 내려 名山과 勝地에 宮觀을 건립하고 聖人의 塑像을 만들게 하였다.

○ 詣玉淸和陽宮하야 上玉帝徽號하고 又詔天下하야 令洞天福地修建宮觀 塑造聖像이라

49-1-34

政和 7년(1117)에 휘종이 上淸寶籙宮에 道士 2천여 명을 모아놓고 林靈素에게 조서를 내려 '帝君이 降臨한 일'에 대해 유시하고, 天下天寧萬壽觀을 神霄玉淸萬壽宮으로 고쳤다. 휘종이 道籙院에 넌지시 이르기를, "짐은 바로 上帝의 元子이자 太霄의 帝君이다. 中華가 金나라 오랑캐의 교화를 받은 것이 민망하여 마침내 상제에게 간청하기를, '원컨대 인간 세상의 군주가 되어 천하로 하여금 正道로 돌아가게 하겠습니다.'라고 하여 〈降臨한 것이니,〉 경들은 表章을 올려 짐을 敎主道君皇帝로 책봉하도록 하라." 하니, 이에 여러 신료들과 도록원이 表文을 올려 책봉하였다. 그러나 그

칭호는 단지 教門의 疏章에서만 사용하고 정사에는 시행하지 않았다.

○ 七年에 會道士二千餘人于上清寶籙宮하야 詔林靈素하야 諭以帝君降臨事하고 改天下天寧萬壽觀하야 爲神霄玉清萬壽宮이라 帝諷道(錄)〔籙〕56)院曰 朕乃上帝元子요 爲太霄帝君이라 憫中華被金狄之教하야 遂懇上帝하야 願爲人主하야 令天下歸于正道하니 卿等은 可上表章하야 冊朕爲教主道君皇帝라하니 於是에 群臣及道籙院이 上表冊之나 然止用於教門章疏內하고 而不施於政事라

上清道會

49-1-35

明堂이 완성되었기[57] 때문에 채경을 進封하여 陳國公과 魯國公으로 삼았는데, 채경이 兩國을 사양하여 숙배하지 않자 조서를 내려 그의 親屬 2명에게 그 관작을 제수하였다. 그리고 채경에게는 명하여 5일에 한번 都堂에 나와 일을 다스리게 하였다.

56) (錄)〔籙〕: 저본에는 '錄'으로 되어 있으나, ≪御批歷代通鑑輯覽≫ 권80에 의거하여 '籙'으로 바로잡았다.

57) 明堂이 완성되었기 : 明堂은 고대 제왕들이 정사와 교화를 선포하고 밝히는 곳으로 朝會·祭祀·褒賞·人選·養老·教育등의 큰 典禮를 모두 여기에서 거행하였다. 元豐 연간에 禮官이 명당의 大慶殿 한쪽에 붙어 있다는 이유로 따로 명당을 건립하여 제사를 엄숙하게 봉행하기를 청하였으나 실행하지 못하다가, 徽宗이 조서를 내려 명당을 건립하게 하였다.

○ 以明堂成으로 進封蔡京爲陳魯國公한대 京辭兩國不拜어늘 詔官其親屬二人하고 命蔡京五日一赴都堂治事하다

49-1-36

宣和 원년(1119)에 조서를 내려 부처는 호칭을 大覺金仙으로 고치고 나머지는 仙人大士로 고치게 하였으며, 승려는 호칭을 德士로 고친 다음 복식을 바꾸고 姓氏를 부르게 하였다. 또 寺는 宮으로, 院은 觀으로 개정하게 하고 女冠은 女道로 고치고 비구니는 女德으로 고치게 하였다. 그리고 천하에 조서를 내려 宮觀을 맡은 道士는 監司나 郡縣官과 客禮로 서로 보게 하였다.

○ 宣和元年에 詔佛改號大覺金仙하고 餘爲仙人大士하고 僧爲德士하고 易服飾稱姓氏하고 寺爲宮院爲觀하고 改女冠爲女道하고 尼爲女德하고 詔天下知宮觀道士 與監司郡縣官 以客禮相見하다

49-1-37

莊周[58]와 列禦寇[59]를 眞君에 봉하여 混元皇帝[60]의 廟庭에 配享하였다. 〈휘종은〉 道德院에 행차하여 金芝[61]를 구경하고 마침내 채경의 집에 행차하였는데, 채경은 휘종을 모실 때마다 항상 임금과 신하가 서로 기뻐하는 내용으로 말을 하였다. 그의 아들 蔡攸가 일찍이 휘종에게 아뢰기를, "이른바 군주는 마땅히 四海를 집안으로 삼고 태평을 즐거움으로 삼아야 합니다. 세월이 얼마나 되겠습니까? 어찌 한갓 스스로 勞苦만 하겠습니까?" 하니, 휘종이 그 말을 깊이 받아들여 마침내 자주 微行을 나갔는데, 인하여 苑囿를 만들게 할 때 모두 江浙 지방[62]을 모방하여 白屋으로 지어 오색을 칠하지 않게 하였다. 그리고 촌락과 野店을 많이 만들어놓고 진귀한 새와 기이한 짐승을 수집할 때는 매번 수백 수천 마리씩 모아 그 가운데 채워 넣게 하였으므로, 도성에 매번 가을바람이 부는 고요한 밤이 되면 禽獸의 소리가 사방으로 울려

---

58) 莊周 : 莊子의 이름이 周이다.
59) 列禦寇 : 列子의 이름이 禦寇이다. 중국 도가의 기본사상을 확립시킨 3명의 철학가 가운데 한 사람이며, 도가 경전인 ≪列子≫의 저자로 전해진다. 그는 도가의 주요 사상가인 노자나 장자와는 달리 인간의 미래는 운명이 아니라 주로 인과 관계에 의해 결정된다고 가르쳤다.
60) 混元皇帝 : 老子의 존칭이다.
61) 金芝 : 금색의 芝草로, 고대 전설 속에 나오는 일종의 仙藥이다.
62) 江浙 지방 : 江蘇省과 浙江省을 말한다.

퍼져 완연히 山林과 川澤 사이에 있는 것 같았는데, 식견 있는 사람은 그것이 상서롭지 못한 징조임을 알았다.

○ 封莊周列禦寇爲眞君하야 配享混元皇帝라 幸道德院하야 觀金芝하고 遂幸蔡京第한대 京每侍上에 恒以君臣相悅爲言이라 子攸嘗言於帝曰 所謂人主는 當以四海爲家하고 太平爲娛니 歲月能幾何오 豈徒自勞苦리오하니 帝深納之하야 遂數微行한대 因令苑囿皆倣江浙爲白屋하야 不施五采하고 多爲村居野店하고 及聚珍禽異獸에 動數千百하야 以實其中이라 都下에 每秋風靜夜면 禽獸之聲四徹하야 宛若山林陂澤之間한대 識者知其不祥之兆焉이라

49-1-38

淮甸[63]에 가뭄이 들어 굶주리는 백성들이 생업을 잃었기 때문에 監察御史를 파견하여 察訪하게 하고, 張邦昌[64]과 王安中[65]을 尙書左丞과 尙書右丞으로 삼았다. 당시에 朱勔이 花石綱으로 휘종에게 아첨하여 동남쪽에 소동이 일어났는데, 太學生 鄧肅이 詩를 올려 諷諫하니 조서를 내려 放歸田里[66]에 처하게 하였다

○ 以淮甸旱하야 飢民失業으로 遣監察御史察訪하고 以張邦昌王安中爲尙書左右丞이라 時에 朱勔이 以花石綱媚上하야 東南騷動이라 太學生鄧肅進詩諷諫이어늘 詔放歸田里하다

49-1-39

宣和 3년(1121)에 洛陽과 京畿에 유언비어가 성행하였는데, 사람 같기도 하고 개 같기도 한 黑眚[67]이 밤에 출현하여 어린아이를 납치해 잡아먹는다고 하더니, 2년이

63) 淮甸 : 淮河 流域을 말한다.

64) 張邦昌 : 北宋 말기 永靜軍 東光 사람으로, 자는 子能이고, 진사 출신이다. 大司成에 올랐는데, 訓導에 문제가 생겨 提擧崇福宮으로 쫓겨났다. 光州와 汝州의 知州를 지내고 洪州知州을 거쳐 禮部侍郎이 되었다가 欽宗이 즉위하자 少宰에 임명되었다. 靖康 원년(1126) 金나라 군대가 汴京을 함락시켰을 때 체포되고 다음 해 금나라 사람들에 의해 황제로 책립되어 大楚라는 이름을 썼다가 趙構(高宗)가 황제에 즉위하자 帝號를 버렸는데, 昭化軍節度副使로 폄직되고 潭州에 안치되었다가 결국 궁정을 문란케 했다는 이유로 賜死되었다.

65) 王安中 : 北宋 中山 陽谷 사람으로, 자는 履道, 호는 初寮이다. 哲宗 元符 3년(1100)에 진사에 급제하고 徽宗 때 翰林學士·尙書右丞 등을 역임한 후 御史中丞에 발탁되었다. 상소를 올려 蔡京을 탄핵하다가 翰林學士承旨로 좌천되었다가 宣和 연간에 尙書右丞, 尙書左丞 등을 거쳐 燕山府路宣撫使, 知燕山府 등을 역임하였다.

66) 放歸田里 : 형벌의 한 가지로, 벼슬을 삭탈하고 고향으로 내쫓는 벌이다. 流配보다는 한 등급 가벼운 형벌이고, 放逐鄕里와 같은 말이다.

지나 그 말이 사라졌다.

○三年에 洛陽京畿訛言호대 有黑眚如人或如犬하야 夜出掠小兒食之라하더니 二歲乃息이라

49-1-40

宣和 4년(1122)의 일이다. 조정에서 이미 金나라 사람들과 약속하여 遼나라를 협공함으로써 燕雲[68]을 수복하려 하였는데,[69] 蔡京과 童貫이 그 일을 주관하였다. 이에 鄭居中이 극력 불가함을 진달하고 채경에게 이르기를, "공은 大臣이 되어 두 나라의 盟約을 지키지 못하고 문득 事端을 만들고 있으니, 참으로 조정의 계획이 아닙니다." 하니, 채경이 말하기를, "황상께서 歲幣 50만을 주기 싫어하기 때문입니다." 하였다. 정거중이 말하기를, "공은 유독 漢나라 시대에 오랑캐와 화친하고 用兵할 때 소요된 경비를 생각해 보지 않았습니까. 백만의 백성이 전쟁으로 참혹한 죽음을 당하게 한다면 이는 실로 공이 그렇게 만든 것입니다." 하니, 이로 말미암아 그 의논이 중지되었다.

이후 금나라가 자주 요나라 군대를 패퇴시키자 동관이 다시 擧兵을 청하니, 정거중이 또 말하기를, "남의 재앙을 다행으로 여겨 병력을 움직이는 것은 옳지 못한 일이니, 그들이 스스로 패망하기를 기다리는 것이 옳습니다." 하였다. 그러나 그 말을 듣지 않고, 이에 동관을 宣撫使로 삼고 蔡攸를 副使로 삼아 군사 15만을 통솔하여 北邊을 순행하며 금나라와 호응하게 하고 또 幽燕 지역을 招諭하게 하였다. 채유와 동관은 어리석어 전쟁의 일을 잘 알지 못한 나머지 쉽게 功業을 이룰 것이라 생각하였는데, 들어가 하직하는 날 두 명의 아름다운 宮嬪이 황제의 곁에 시립한 것을 보

67) 黑眚 : 五行 가운데 水氣로 인하여 생기는 괴이한 현상을 말한다.

68) 燕雲 : 燕雲 16州를 가리키는 말로, 五代 시대 後晉의 石敬瑭이 契丹의 원조를 받아 後唐을 멸망시키고 화북지방을 점거하면서 원조의 대가로 거란에게 할양한 만리장성 이남의 幽州(燕京)·薊州·瀛州·莫州·涿州·檀州·順州·新州·嬀州·儒州·武州·雲州·應州·寰州·朔州·蔚州를 말한다. 이 지역은 오늘날의 河北·山西 북부에 해당하는데, 전략 요충지 연운 16주의 할양은 이후 漢族에게 두고두고 문제가 되었다.

69) 조정에서……하였는데 : 宋나라와 金나라가 연합하여 遼나라를 협공하기로 한 맹약을 말한다. 重和 원년에 徽宗이 馬政으로 하여금 海路를 통해 금나라로 가서 虛實을 정탐하고 요나라를 공격하는 일을 상의하도록 하였고, 宣和 2년에 재차 趙良嗣 등을 금나라로 보내어 은밀히 금나라는 요나라 中京 大定府를 점령하고, 송나라는 요나라 燕京 析津府를 점령하되, 요나라를 멸한 뒤에 송나라에서 요나라에 바치던 歲幣를 금나라에 바치기로 약조하고, 또 송나라와 금나라는 요나라와 講和하지 않기로 약정한 일이 있다.

고 채유가 그녀들을 가리키며 청하기를, "신이 공을 이루고 돌아오면 청컨대 저들을 상으로 주소서." 하였다. 그러나 황제는 웃으며 질책하지 않았다.

○ 四年이라 朝廷이 旣與金人約하야 夾攻遼하야 以復燕雲한대 蔡京童貫主之어늘 鄭居中力陳不可하고 謂京曰 公爲大臣하야 不能守兩國盟約하고 輒造事端하니 誠非廟筭이라하니 京曰 上厭歲幣五十萬故爾라한대 居中曰 公獨不思漢世和戎用兵之費乎아 使百萬生靈으로 肝腦塗地면 公實爲之라하니 由是議寢이라 及金數敗遼兵에 童貫乃復乞擧兵하니 居中又言 不宜幸災而動이니 待其自斃可也라하야늘 不聽하고 乃以童貫爲宣撫使하고 蔡攸副之하야 勒兵十五萬하야 巡北邊하야 以應金하고 且招諭幽燕이라 攸童騃不習事하야 謂功業可唾手致한대 入辭之日에 二美嬪侍帝側하니 攸指而請曰 臣成功歸면 乞以是賞이라하야늘 帝笑而弗責이라

49-1-41

朝散郎 宋昭가 上書하여 極諫하기를, "遼나라는 공격해서는 안 되고 金나라는 이웃해서는 안 되니, 후일 金나라는 반드시 盟約을 깨고 중국의 근심거리가 될 것입니다. 청컨대 王黼·童貫·趙良嗣[70] 등을 주벌하소서." 하고, 또 말하기를, "두 나라가 맹세할 때 '맹약을 깨는 나라는 그 화가 九族에게 미칠 것이다.' 하였습니다. 폐하께서는 효도로 천하를 다스리고 계시니, 어찌 차마 列聖의 영령을 잊을 수 있겠습니까? 폐하께서는 仁愛로 천하 백성을 감싸고 계시니, 어찌 차마 河北의 백성을 도탄 가운데 방치하여 그들이 전쟁으로 참혹한 죽음을 당하게 할 수 있겠습니까?" 하였는데, 왕보가 크게 미워하여 송소의 이름을 仕籍에서 지워버리고 海州에 編管[71]하였다.

○ 朝散郎宋昭上書極言 遼不可攻이요 金不可隣이니 異時에 金必敗盟하고 爲中國患하리니 乞誅王黼童貫趙良嗣等이라하고 且曰 兩國之誓에 敗盟者는 禍及九族이라 陛下以孝理天下하시니 其忍忘列聖之靈乎아 陛下以仁覆天下하시니 其忍置河北之民於塗炭之中而使肝腦塗地乎아한대 王黼大惡之하야 除昭名編管海州하다

70) 趙良嗣 : 遼나라 燕京 출신으로, 본명은 馬植이다. 童貫과 모의하여 金나라와 함께 요나라를 협공하도록 일을 꾸민 장본인이다. 政和 원년(1111)에 동관이 요나라에 사신으로 갔을 때 마식이 동관과 접선하여 연운 16주를 수복하자고 비밀리에 이야기하였고, 동관이 여기에 찬동하면서 마식을 데리고 宋나라로 돌아갔다. 당시 徽宗은 조정 대신들의 반대에도 불구하고 마식의 의견을 받아들이고, 마식에게 趙良嗣라는 이름을 하사한 후 금나라에 사신으로 파견하여 송나라와 연합하여 연운 16주를 공격하자고 논의하게 하였다.

71) 編管 : 宋代 형법의 하나로, 벼슬아치가 죄를 지으면 먼 지방으로 귀양 보내 그 지방의 호적에 편입시켜 그 지방관의 통제를 받게 하던 제도이다.

49-1-42

童貫이 劉延慶과 郭藥師로 하여금 군사를 거느리고 遼나라를 정벌하게 하였는데, 곽약사는 燕山에서 패배하고 유연경은 雄州에서 후퇴하니 燕京 사람들이 宋나라는 도저히 해낼 능력이 없다는 것을 알고 賦와 詩歌를 지어 조롱하였다.

○ 童貫이 使劉延慶及郭藥師帥師伐遼한대 藥師敗績于燕山하고 延慶退保雄州하니 燕人知宋之無能爲하고 作賦及歌詩以誚之라

49-1-43

동관이 재차 擧兵하여 燕京을 쳤다가 능히 공을 이루지 못하게 되자, 죄를 얻을까 두려워한 나머지 비밀리에 王瓌를 金나라로 파견하여 예전에 맹약한 대로 협공하기를 요구하였는데, 금나라 임금(金 太祖)이 마침내 세 갈래로 길을 나누어 군사를 진군하니, 이에 遼나라의 五京[72)]이 모두 금나라 소유가 되었다. 금나라 임금은 騎兵을 파견하여 趙良嗣를 돌려보내고 또 요나라 포로를 바쳤다.

○ 童貫이 再擧伐燕이라가 不克成功하니 懼得罪하고 乃密遣王瓌如金하야 以求如約夾攻한대 金主遂分三道進兵하니 於是에 遼五京이 皆爲金有라 金主遣騎兵하야 送趙良嗣還하고 且獻遼俘하다

49-1-44

金나라 사람들은 이미 하고 싶은 일을 이루고 나서 楊璞을 보내 맹약의 글과 燕京과 6州를 돌려주게 하였는데, 營州・平州・灤州 등 3주는 포함시키지 않았다.〈휘종이〉 조서를 내려 동관과 채유에게 연경으로 들어가 인수인계를 마무리하게 하였는데, 동관과 채유가 성안으로 들어가니 당시 연경의 金帛・子女・職官・富民은 모두 금나라 사람에게 약탈당하여 동쪽 지역(금나라)으로 옮겨지고 빈 성만 남아 있을 뿐이었다. 이때에 이르러 백관을 거느리고 表文을 올려 경하하니,〈휘종이〉 조서를 내려 燕雲 지역을 수복한 공으로 執政者들에게 모두 작위를 올려주게 하고 王黼에게는 玉帶를 하사하게 하였는데, 鄭居中은 스스로 공로가 없다고 아뢴 다음 벼슬을 받지

---

72) 遼나라의 五京 : 遼나라의 上京 臨潢府, 東京 遼陽府, 中京 大定府, 南京 析津府, 西京 大同府를 말한다.

않았다.

○ 金人이 旣遂所欲하고 乃使楊璞으로 以誓書及燕京六州來歸어늘 而營平灤三州不預焉이라 詔童貫蔡攸入燕交割한대 貫攸入城하니 時에 燕之金帛子女職官富民은 皆爲金人所掠而東하고 唯存空城而已라 至是하야 率百官表賀하니 詔以收復燕雲宰執皆進位하고 而賜王黼玉帶어늘 鄭居中은 自陳無功不拜라

49-1-45

宣和 7년(1125)에 여우가 御榻에 올라가 앉는 일이 발생하였다. 당시에 또 都城의 東門 밖에서 채소를 파는 남자가 宣德門 아래에 이르러 갑자기 실성한 듯이 등에 짊어진 짐을 내려놓고 문을 향해 손가락질하고[73] 또 욕하며 이르기를, “太祖皇帝와 神宗皇帝께서 나에게 와서 말하게 하였으니, 오히려 마땅히 빨리 고쳐야 할 것이다.”라고 하는 일이 있어서 나졸이 체포하여 開封의 감옥에 하옥하였는데, 어느 날 저녁에 정신을 차렸다.

○ 七年에 有狐升御榻而坐라 時又有都城東門外鬻菜夫가 至宣德門下하야 忽若迷罔하야 釋荷擔하고 向門戟手하고 (直)〔且〕[74]詈云 太祖皇帝神宗皇帝使我來道하니 尙宜速改也라 邏卒捕之하야 下開封獄이러니 一夕方省이라

49-1-46

휘종은 金나라 군대가 날로 핍박하는 것을 걱정하였는데, 당시에 동쪽으로 거둥하려는 계획이 이미 결정되어 李棁(이절)로 하여금 먼저 나가 金陵을 지키도록 하였다. 이에 吳敏이 물러나 都堂에 이르러 말하기를, “조정에서 문득 京師를 포기할 계획을 세웠으니, 이것이 무슨 이치란 말입니까? 이 명이 과연 시행된다면 모름지기 죽기를 각오하고 조서를 받들지 않을 것입니다.” 하였는데, 宰執[75]이 이 말을 전하니 이절이 마침내 금릉으로 가는 행차를 그만두었다. 〈휘종은〉 태자를 開封牧으로 임명하였다가 얼마 후 조서를 내려 태자에게 傳位하였는데. 태자가 즉위한 뒤에 휘

---

73) 손가락질하고 : 戟手는 손을 펴고 팔꿈치를 굽혀 마치 창의 모양과 같이 한다는 것이다.

74) (直)〔且〕: 저본에는 ‘直’으로 되어 있으나, ≪宋史≫ 및 ≪御批資治通鑑輯覽≫에 의거하여 ‘且’로 바로잡았다.

75) 宰執 : 재상 및 국정을 관장하는 重臣들을 이르는 말이다.

종을 높여 '敎主道君太上皇帝'라 부르고 물러나 龍德宮에 거처하게 하였다.

靖康 원년(1126)[76] 정월에 亳州 太淸宮에 이르러 恭謝禮[77]를 행하고 드디어 鎭江府로 거둥하였다가 4월에 京師로 돌아왔다. 다음 해 2월에 金나라 사람들이 휘종을 협박하여 북쪽으로 가게 하고 太后와 親王·皇孫·駙馬·公主·妃嬪 및 康王(南宋 高宗)의 모친인 韋賢妃와 강왕의 夫人인 邢氏 등을 북쪽으로 보내었는데, 張邦昌이 百官을 거느리고 南薰門에서 먼 길에 작별을 하니, 많은 사람들이 慟哭하다가 땅에 쓰러져 기절하는 사람도 있었다. 紹興 5년(1135) 4월에 五國城에서 세상을 떠나니, 나이는 55세였고 廟號는 徽宗이다. 소흥 12년(1142) 8월에 梓宮이 臨安으로 돌아왔는데, 임시로 永祐陵에 장사 지냈다.

○ 帝以金師日迫爲憂한대 時에 東幸計已定하야 命李梲(절)先出守金陵하니 吳敏退詣都堂言曰 朝廷便爲棄京師計하니 何理也오 此命果行이면 須死不奉詔라한대 宰執以爲言하니 梲遂罷行이라 而以太子爲開封牧이라가 尋下詔하야 禪位于太子한대 太子卽位하야 尊帝爲敎主道君太上皇帝하고 退居龍德宮이라 靖康元年正月에 詣亳州太淸宮하야 行恭謝禮하고 遂幸鎭江府하야 四月에 還京師라 明年二月에 金人脅帝北行하고 以太后與親王皇孫駙馬公主妃嬪及康王母韋賢妃康王夫人邢氏等北去한대 張邦昌이 率百官遙辭於南薰門하니 衆慟哭이라가 有仆絶者러라 紹興五年四月에 崩于五國城하니 年五十有五요 廟號徽宗이라 十二年八月에 梓宮還臨安이어늘 權欑于永祐陵이라

49-1-47

史臣은 다음과 같이 贊하였다.

"宋나라 중엽의 화는 章惇과 蔡京이 首惡이었고 趙良嗣가 재앙의 階梯가 되었다. 그러나 哲宗이 세상을 떠나고 徽宗이 아직 즉위하지 않았을 때 장돈은 휘종은 성품이 경박하여 천하에 군림할 수 없다 하였고 遼나라 天祚가 패망하고 張覺이 平州를

76) 靖康 원년(1126) : 靖康은 宋 欽宗의 연호로 1126년부터 1127년까지이다. 徽宗의 뒤를 이은 흠종은 정강 원년 수도를 포위한 金나라와 강화 교섭을 진행하여, 금은과 재물을 제공하고 북방 영토 中山·河間·太原·三鎭의 할양하며 금나라를 伯父로 하는 등의 조건으로 화의가 성립되었는데, 송나라가 약속을 지키지 않고 금나라의 내부 교란을 획책하였기 때문에 1127년 두 번째 공격을 받아 개봉은 함락되고, 금나라는 휘종과 흠종 두 황제를 비롯하여 后妃와 황족, 관료와 기술자 수천 명을 납치하고, 각종 금은보화와 禮器·藏書 등을 약탈해갔다. 그 뒤 휘종과 흠종은 五國城에 유배되었다가 죽게 된다. 한편 흠종의 동생 康王 趙構(高宗)가 應天府에서 즉위하여 송 왕조를 중건하니 이를 南宋이라 한다.

77) 恭謝禮 : 황제가 거행하는 郊祭 등의 大典을 말한다.

바치며 귀순해왔을 때 조양사는 장각을 받아들이면 金나라에 신용을 잃어서 반드시 외환을 초래할 것이라 하였으니, 만일 이 두 사람의 계책이 시행되어 송나라가 휘종을 세우지 않았거나 장각을 받아들이지 않았다면 금나라가 비록 강대하더라도 어찌 송나라를 정벌할 만한 틈이 있었겠는가? 이로써 본다면 변고가 찾아올 때 비록 소인은 또한 그 기미를 알 수 있더라도 군자는 오히려 〈그 변고를〉 통제하지 못하는 점이 있다는 사실을 알 수 있다.

史臣贊曰 宋中葉之禍는 章蔡首惡이요 趙良嗣厲階나 然哲宗之崩하고 徽宗未立에 惇謂其輕佻하야 不可以君天下라하고 遼天祚之亡하고 張覺擧平州來歸에 良嗣以爲納之면 失信於金하야 必啓外侮라하니 使二人之計行하여 宋不立徽宗이어나 不納張覺이언들 金雖强이나 何釁以伐宋哉리오 以是知事變之來에 雖小人亦能知之而君子有所不能制也라

휘종이 나라를 잃은 이유를 상고해보면, 晉 惠帝[78]의 어리석음이나 孫皓[79]의 폭정과는 같지 않았고 또한 曹操[80]나 司馬懿[81]처럼 나라를 찬탈한 것도 아니었다. 그러나 오직 사사로운 지혜와 잔꾀를 믿었기에 마음 쓰는 바가 한쪽으로 치우쳤고 의로운 선비를 멀리하여 물리쳤으며 간사하고 아첨하는 무리를 가까이하였다. 이에 채경이 경박하고 교묘한 자질로 교만하고 사치스럽고 음탕한 휘종의 뜻을 이루어주어 허황된 일을 맹신하고 유람을 좋아하며 백성의 힘을 고갈시키게 하도록 하였으니, 임금과 신하가 편히 즐기기만 하며 서로 기만하였고 국정을 돌보지 않은 채 날로 터무니없는 짓만 행하였다. 童貫이 권력을 농단할 때에는 또 날카로운 무기로 遠征에만 힘쓴 나머지 재앙을 쌓고 회란을 초래하여 훗날 나라가 무너지고 자신은 치

78) 晉 惠帝 : 晉 武帝의 둘째 아들로 자는 正度, 시호는 惠이다. 昏昧하여 정치가 극도로 문란하고, 민심이 이반하였다. 진 혜제가 즉위한 이후부터 흉년과 재변이 거듭하였는데, 元康 연간에는 氐人 齊萬年이 반란을 일으켜 關西가 요란하고 해마다 흉년이 들어 백성이 유리하여 곡식이 있는 漢川으로 들어간 자가 수만 명이었다.

79) 孫皓 : 삼국시대 吳나라의 4대 임금으로, 孫權의 손자이다. 景帝의 뒤를 이어 임금이 되었으나 酒色에 빠져 정사를 돌보지 않았으며, 무고한 자들을 살육하면서 사람의 눈을 뽑고 얼굴을 벗기는 등 포악하게 굴다가 晉나라에 사로잡혀 洛陽에서 죽었다.

80) 曹操 : 後漢 때의 權臣으로, 董卓의 난을 틈타 丞相이 되어 獻帝를 폐위하고 伏皇后를 弑害하였으며, 뒤에 스스로 魏王이 되었다가 아들 曹丕에게 물려주어 결국 漢나라를 찬탈하게 하였다.

81) 司馬懿 : 삼국시대 魏나라의 장수로, 字가 仲達이다. 武帝, 文帝, 明帝, 哀帝 등 4대를 보필하며 공을 세워 舞陽侯에 봉해졌다. 명제가 임종한 후 曹爽이 軍權을 빼앗으려 하자, 정변을 일으켜 위나라의 권력을 장악하였는데, 이후 승상이 되어 손자인 司馬炎이 제위를 빼앗을 기초를 세웠다.

욕을 당하여 결국 石晉[82]의 石重貴[83]와 같은 죄를 저지르고 말았으니, 어찌 운수가 그러하였다고 핑계를 댈 수 있겠는가?

跡徽宗失國之由컨댄 非若晉惠之愚와 孫皓之暴하고 亦非有曹馬之簒奪이나 特恃其私智小慧라 用心一偏하고 疏斥正士하야 狎近奸諛라 於是에 蔡京以猥薄巧佞之資로 濟其驕奢淫泆之志하야 溺信虛無하고 崇飾遊觀하며 困竭民力하니 君臣逸豫하야 相爲誕謾하고 怠棄國政하야 日行無稽라 及童貫用事엔 又佳兵勤遠하야 稔禍速亂하야 他日國破身辱하야 遂與石晉重貴同科하니 豈得諉諸數哉리오

옛날에 西周는 새로 건국한 나라였지만 召公은 오히려 武王에게 '무익한 일을 하여 유익한 일을 해치지 말며 특이한 물건을 귀하게 여기고 사용하는 물건을 천하게 여기지 마소서.'[84]라는 말로 고하였다. 하물며 宣和와 政和 연간의 宋나라는 熙寧과 元豊과 紹聖 연간의 손상된 뒤의 정치를 계승한 상황이었는데 휘종이 다시 이 두 가지 일의 폐단을 몸소 답습한 경우에 있어서이겠는가. 예로부터 임금이 좋아하는 사물에 정신이 팔려 원대한 이상을 잃고 욕망을 좇아 법도를 무너뜨리면 망하지 않는 경우가 드물었으니, 휘종의 경우는 그 정도가 심하였다."

昔에 西周新造之邦이로대 召公猶告武王以不作無益害有益하며 不貴異物賤用物이어든 況宣政之爲宋은 承熙豊紹聖椓喪之餘어늘 而徽宗又躬蹈二事之弊乎아 自古人君이 玩物而喪志하고 縱欲而敗度면 鮮不亡者니 徽宗甚焉이라

82) 石晉 : 五代 때 石敬塘이 세운 後晉을 가리킨다. 거란족과 맹세한 화친을 배반하였다가 거란에 의해 멸망되었다.

83) 石重貴 : 石敬塘의 조카로 出帝 혹은 少帝로 불린다. 숙부인 석경당이 거란의 지원을 받아 後唐으로부터 자립하여 後晉을 세우자, 河東節度事·左金吾衛上將軍 등을 거쳐 鄭王과 齊王에 봉해졌다가 석경당을 계승하여 후진의 제2대 황제로 즉위하였다. 이후 그는 景延廣의 주장에 따라 우호적인 관계에 있던 거란과 국교를 단절한 결과 마침내 거란의 침공을 야기하여 멸망하고 말았다.

84) 무익한……마소서 : 召公이 武王을 경계한 말로, ≪書經≫ 〈周書 旅獒〉에 "무익한 일을 하여 유익한 일을 해치지 않으면 공이 이에 이루어지며, 특이한 물건을 귀하게 여기고 사용하는 물건을 천하게 여기지 않으면 백성들이 이에 풍족하며, 개와 말이 지방에서 생산된 것이 아니면 기르지 말며, 진기한 새와 짐승을 나라에서 기르지 마소서. 먼 지방의 물건을 보배로 여기지 않으면 멀리 있는 사람이 오고, 오직 현자만을 보배로 여기면 가까운 사람이 편안할 것입니다.〔不作無益 害有益 功乃成 不貴異物 賤用物 民乃足 犬馬非其土性 不畜 珍禽奇獸 不育于國 不寶遠物 則遠人格 所寶惟賢 則邇人安〕"라고 한 데서 온 말이다.

歷代君鑑 권50

경계할 만한 惡政 惡可爲戒

遼나라

天祚[1)]

50-1-1

遼나라 군주 天祚帝의 휘는 延禧, 字는 延寧이고 姓은 耶律氏이니 道宗[2)]의 손자이다. 아버지는 昭懷太子[3)]이니, 太康[4)] 연간에 耶律乙辛[5)]에 의해 시해되었다. 도종은 소회태자가 원통하게 죽은 것을 알고 耶律延禧를 梁王에 책봉하였는데, 도종이 세상을 떠났을 때 황제에 즉위하였다. 천조는 사냥을 좋아하고 술을 지나치게 마셨으며 정사에 태만하였는데, 乾統 2년(1102)에 비로소 야율을신 등의 무덤을 파내어 剖棺

1) 天祚 : 遼나라의 9대 황제이자 마지막 황제로, 본명은 耶律延禧이다. 8대 황제 道宗의 손자로 아버지는 順宗 章懷太子 耶律濬이다. 어릴 때 耶律乙辛에 의해 아버지를 잃고 梁王으로 책봉되었다가 황태자가 되고 1101년 도종의 사망으로 황제에 즉위하였다. 그러나 당시에는 이미 國勢가 미약해진 데다가 천조 역시 혼암하여 정무를 돌보지 않고 가신의 간언에 대해서는 처벌로 임하는 등, 민심의 배반을 불렀고, 외교면에서도 1115년에 요나라에 종속되고 있던 여진족이 金나라를 건국하여 독립하면서 토벌군을 파견했지만 이 전쟁에서 대패하여 요나라는 쇠퇴의 길로 접어들었다. 후에 금나라에 의해 海濱王으로 책봉되어 白頭山으로 보내졌다가 1128년 8월 54세에 병으로 죽었다.

2) 道宗 : 遼나라 8대 임금으로, 성명은 耶律洪基이다. 興宗의 장남으로 어리석고 무능하였다고 한다.

3) 昭懷太子 : 8대 임금 道宗의 황태자로, 성명은 耶律濬이고 어질 때의 자는 耶魯斡이다. 내란과 부패가 끊이질 않던 1077년에 간신 耶律乙辛의 모함을 받아 폐서인된 후 20살에 요절하였는데, 사후에 昭懷皇太子로 추존되었다. 어려서부터 학문을 좋아하였고 말타기와 활쏘기를 잘하였으며, 태자가 되어서는 北南院樞密使를 겸하였다. 天祚帝가 즉위한 후에 시호를 大孝順聖皇帝로, 묘호를 順宗으로 추존하였다.

4) 太康 : 遼나라 道宗의 연호로, 1075년에서 1084년까지이다.

5) 耶律乙辛 : 遼나라 五院部 사람으로, 자는 胡覩袞이다. 처음에 文班吏가 되었다가 여러 번 승진하여 護衛太保에 올랐다. 道宗의 총애를 받아 南院樞密使가 되고 北院樞密使에 발탁되어 魏王에 봉해졌다가 太師에 이르렀다. 세력을 크게 떨처 문하에 뇌물이 끊이지 않았는데, 아부하는 사람은 천거하여 발탁하고 충직한 사람은 배척하고 유배를 보냈다. 太康 초에 태자가 정치에 참여하면서 세력을 떨치지 못하게 되자 황후를 무고하여 죽게 만들고 태자를 무고하여 폐출한 뒤 사람을 보내 살해하였다. 후에 興中府로 폄직되었다가 2년 뒤 일에 연좌되어 체포되고 來州에 유폐되었는데, 사사롭게 병사를 모으다가 발각되어 처형당했다.

斬屍하고 그 자손을 誅罰하였다. 나머지 黨與, 예컨대 耶律撻不也[6]와 蕭達魯古 등은 黨人 가운데 더욱 흉포하고 교활한 자들이었지만 모두 뇌물을 받고 사면하였고, 行軍將軍 耶律涅里 등 3인은 禁地에서 사슴을 쏘아 죽인 죄가 있어서 모두 棄市하였으며, 각 局의 관직에 있던 사람 가운데 허물이 있는 자는 品秩을 강등하여 그 죄를 決斷하고 그 이외에는 모두 從軍하게 하는 등 賞罰에 법도가 없었다. 그 때문에 원망이 날로 일어나고 극악한 도적이 연이어 일어나서 배반하여 도망하는 이들이 뒤를 이어 생겨났으니, 천조는 크게 두려워하여 더욱 嚴酷한 형벌로 죄를 다스리기에 힘썼다. 이로 말미암아 投崖, 砲擲, 釘割, 臠殺 등의 형벌을 만들어 적용하고 五京[7]에 시체를 나누어 棄市하기도 하였으며 심한 경우는 죄인의 심장을 꺼내어 祖廟에 바치기까지 하였다.

遼主天祚의 諱延禧요 字延寧이요 姓耶律氏니 道宗之孫이라 父曰昭懷太子니 太康中에 爲耶律乙辛所害라 道宗覺其寃하고 封延禧爲梁王이러니 道宗崩에 卽皇帝位라 畋獵淫酗하고 怠於政事러니 乾統二年에 始發乙辛等墓하야 剖棺戮屍하고 誅其子孫이라 餘黨如耶律撻不也蕭〔達〕[8]魯古等은 黨人之尤兇狡者로대 皆以賂免하고 行軍將軍耶律涅里三人은 有禁地射鹿之罪하야 皆棄市하고 其職官諸局人有過者는 鐫降決斷之外에 悉從軍하야 賞罰無章이라 怨讟日起하야 劇盜相挻하고 叛亡接踵하니 天祚大恐하야 益務繩以嚴酷라 由是로 投崖砲擲釘割臠殺之刑興하고 或有分屍五京하며 甚者는 至取其心하야 以獻祖廟라

50-1-2

女直의 阿骨打[9]가 習古乃로 하여금 遼나라에 사신으로 가게 하였는데, 그가 돌아

6) 耶律撻不也 : 遼나라의 皇族으로, 자는 撒班이다. 道宗 淸寧 연간에 牌印郎中이 되어 耶律重元을 평정한 공으로 點檢司事에 오르고, 大康 초에 北院宣徽使가 되었다. 耶律乙辛이 태자를 謀害하려는 사실을 알고 야율을신과 그 일당을 살해하려 하였으나, 거꾸로 모함을 받아 廢立의 음모에 가담했다는 이유로 피살되었다. 天祚 때 漆水郡王에 추봉되었다.

7) 五京 : 遼나라의 上京 臨潢府, 東京 遼陽府, 中京 大定府, 南京 析津府, 西京 大同府를 말한다.

8) 〔達〕 : 저본에는 '達'이 없으나, ≪遼史≫ 권62 〈刑法志〉에 의거하여 보충하였다.

9) 阿骨打 : 金나라의 초대 황제로, 성은 完顔이고, 이름은 旻이며 묘호는 太祖이다. 재위 기간은 1115년부터 1123년까지이다. 按出虎水 완안 부족의 우두머리 劾里鉢(世祖)의 둘째 아들로, 어머니는 拏懶氏 출신이다. 遼나라의 혹심한 탄압에 시달린 女眞人들의 쌓인 불만을 이용하여, 政和 4년(1114) 군사를 일으켜 요나라 군대를 만주 동부 寧江州에서 격파한 뒤, 이듬해 제위에 올라 국호를 金이라 하였다. 天會 원년(1123) 병에 걸려 본거지 會寧府로 돌아오다가 객사하였다.

와 천조제가 교만하고 방종하며 정사를 폐기하여 기강이 해이진 상황에 대해 자세히 말하였다. 이에 아골타는 그의 부하를 불러 요충 지대를 방비하게 하는 한편 城砦와 堡壘를 세우고 兵器를 수리하게 하였다. 그리고 요나라의 죄를 낱낱이 열거하여 천지에 고한 다음 寧江州로 진군하여 해자를 매우고 성을 공격하니 영강주 군사들이 동문으로 나갔는데, 아골타는 溫迪痕 阿徒罕[10]으로 하여금 邀擊하게 하여 모두 섬멸하였다. 요나라 統軍司가 그 상황을 보고하니, 당시 천조제는 慶州에서 사슴 사냥을 하다가 조금도 개의치 않고 오직 海州刺史 高仙壽를 파견하여 원조하게 할 뿐이었다.

○ 女直阿骨打使習古乃使遼한대 歸具言遼主驕肆廢弛之狀이어늘 阿骨打乃召其所屬하야 使備衝要하고 建城堡修戎器하고 數遼之罪하야 告於天地하고 進軍寧江州하야 塡塹攻城하니 寧江人自東門出어늘 阿骨打使溫〔迪〕[11]痕阿徒罕邀擊하야 盡殪之라 遼統軍司以聞하니 時遼主射鹿于慶州라가 略不介意하고 唯遣海州刺史高仙壽하야 應援而已라

50-1-3

蕭嗣先이 군사를 거느리고 女直을 정벌하다가 混同江에서 패배하였는데, 樞密使 蕭奉先은 소사선의 兄으로 소사선이 죄를 얻을까 걱정되어 문득 아뢰기를, "동쪽 정벌에서 궤멸된 군사들이 이르는 곳마다 겁탈과 노략질을 일삼고 있으니, 만일 형벌을 완화하여 사면하지 않는다면 무리를 지어 후환이 될 것입니다." 하자 천조제가 그 말에 따르니 소사선은 벼슬만 해면되었을 뿐이었다. 이로부터 무릇 군사가 궤멸되어 패배해도 마침내 벼슬만 해면되고 죄를 더하지 않았으니, 이에 군사들이 서로 이르기를, "싸우면 죽음이 있고 공로는 없으며 후퇴하면 살아남고 벌 받는 일도 없다." 하였기 때문에 군사들이 거의 싸울 의지가 없어서 적군을 만나면 곧바로 궤멸되어 흩어졌다.

○ 蕭嗣先帥師伐女直이라가 敗績于混同江한대 樞密使蕭奉先은 嗣先兄也라 懼嗣先得罪하야 輒奏東征潰軍所至劫掠하니 若不肆赦면 恐聚爲患이라한대 遼主從之하니 嗣先은 但免官而已라 自是로 凡軍潰敗라도 遂止免官而不加罪하니 於是에 諸軍相謂曰 戰則有死而無功하고 退則有生而無罪라 故士庶無鬪志하야 遇敵輒潰散矣라

---

10) 阿徒罕 : 女眞 사람으로 溫迪의 平民이었는데, 耶律撒改 등을 따라 여러 군을 평정하였다. 寧江州의 전투에서 성의 동문으로 나오는 遼나라 군대를 요격하여 섬멸함으로써 큰 공을 세웠다.
11) 〔迪〕: 저본에는 '迪'이 없으나, ≪金史≫ 권2 〈太祖本紀〉에 의거하여 보충하였다.

50-1-4

女直이 이미 강성하여 날로 침략과 핍박을 당하는데도 천조제는 사냥에 빠져 정사를 돌보지 않았고 충신들은 대부분 탄핵을 받아 배척되었다. 이에 文妃 蕭氏[12)]가 노래를 지어 諷諫하였는데, 그 노랫말에 "변경에 이는 자욱한 붉은 먼지를 탄식하지 말고, 난리가 많아 오랑캐를 두려워하는 것을 상심하지 말게. 간사한 자가 등용되는 길을 막고 어진 신하를 선발하여 취하느니만 못하다네. 당장 시급한 것은 와신상담이니 壯士들이 한 몸 흔쾌히 던지도록 격려하여, 아침에 漠北을 깨끗이 청소하면 저녁에는 燕州와 雲州에서 베개 베고 잠을 청할 수 있으리." 하였고, 또 노래하기를, "승상이 조회에 나올 때 허리춤에 찬 칼이 우니, 온갖 간사한 신료들 곁눈질로 눈치만 보며 조용히 입을 닫았네. 외환을 길러 이루었으니 탄식한들 어찌 미칠 수 있었을까. 재앙으로 충신들 모두 쓰러졌으니 상벌이 명확하지 못하였도다. 친척들은 모두 변방의 장수 자리 꿰차고, 개인의 집에서는 몰래 사병을 길렀으니, 가련할손 지난날의 秦나라 천자는, 그렇게 하고도 오히려 궁중의 태평을 바랐던가." 하였는데, 천조제는 이 노래를 듣고 마음에 담아두었다.

여러 皇子 가운데 晉王 耶律敖盧斡[13)]이 가장 현명하여 평소 人望이 있었는데, 元妃의 오빠 蕭奉先이 매우 시기하여 南軍都統 余覩[14)]가 진왕을 세우려 모의하였다고 무고하였고,[15)] 문비도 모반 내용을 들었다는 죄목으로 賜死되었다.

---

12) 文妃 蕭氏 : 晉王 敖盧斡의 어머니인 蕭氏를 말한다. 遼나라 天祚帝는 아들 넷을 두었는데, 장남은 趙王 實訥埒로 어머니는 趙昭容이고, 차남은 晉王 敖盧斡로 어머니는 蕭文妃이며, 다음은 秦王 定과 許王 寧으로 모두 元妃의 소생이다.

13) 耶律敖盧斡 : 天祚帝의 둘째 아들로, 晉王에 봉해졌다. 保大 초에 어머니 文妃가 耶律余覩와 함께 몰래 태자로 세우려고 하다가 발각되었는데, 그는 음모에 참여하지 않았다 해서 처벌은 면하였다. 얼마 지나지 않아 耶律撒八 등이 다시 세우려고 꾀하다가 뜻을 이루지 못하였는데, 천조제는 그가 人心을 얻은 줄 알고 목을 매 죽이게 하였다.

14) 耶律余覩 : 遼나라의 皇族 余都姑로, 天祚帝의 妃인 文妃의 오빠이다. 천조제 保大 원년(1121)에 蕭奉先이 그가 文妃 소생인 晉王을 태자로 세우려고 한다고 무고하자, 후환이 두려워 金나라에 항복하였다. 이후 금나라 군대를 이끌고 요나라의 中京을 함락한 뒤 監軍이 되었다. 금나라 熙宗 天會 10년(1132)에 西夏로 달아났지만 서하 사람들이 받아들이지 않자 다시 韃靼으로 달아났다가 살해당했다.

15) 元妃의……무고하였고 : 樞密使 蕭奉先은 元妃의 오빠로 秦王 定과 許王 寧의 외삼촌인데, 晉王 耶律敖盧斡의 人望이 두터워지자 秦王 定이 왕위에 오르지 못할까 걱정하여 天祚帝에게 무고하여 야율오노알을 제거하게 하였다.(≪宋鑑≫ 권9 〈徽宗皇帝〉)

○ 女直〔旣强〕[16]하야 日見侵迫어늘 遼主畋遊不恤하고 忠臣多被疏斥하니 文妃蕭氏作歌諷諫한대 其詞曰 勿嗟塞上兮暗紅塵하고 勿傷多難兮畏夷人하라 不如塞奸邪之路兮選取賢臣이니라 直須臥薪嘗膽兮激壯士之捐身하야 可以朝淸漠北兮夕枕燕雲이라하고 又歌曰 丞相來朝兮劒佩鳴하니 千官側目兮寂無聲이로다 養成外患兮嗟何及고 禍盡忠臣兮罰不明이로다 親戚竝居兮藩屛位하고 私門潛畜兮爪牙兵하니 可憐往代兮秦天子는 猶向宮中兮望太平이라한대 遼主見而銜之라 諸皇子에 晉王敖盧斡最賢하야 素有人望하니 元(后)〔妃〕[17]兄蕭奉先深忌之하야 誣南軍都統余覩 謀立晉王이라하고 以妃與聞으로 賜死하다

50-1-5

金나라 完顔斜也가 中京과 澤州를 함락시켰다. 천조제가 鴛鴦濼[18]에서 사냥을 하고 있을 때 耶律余覩가 金나라 군사를 이끌고 습격하니, 소봉선이 아뢰기를, “야율여도가 이번에 쳐들어온 것은 생질인 晉王을 세우고자 해서일 뿐입니다. 만일 사직을 위하여 한 명의 자식을 안타까워하지 않고 그 죄를 밝혀 주벌한다면 싸우지 않아도 야율여도는 스스로 돌아갈 것입니다.” 하였다.

당시에 마침 耶律撒八 등이 다시 耶律敖盧斡을 세우기 위해 도모하다가 일이 발각되어 천조제가 사람을 보내어 목매 죽이게 하였는데, 어떤 사람이 야율오노알에게 망명을 권유하자 야율오노알이 말하기를, “어찌 차마 하찮은 몸을 보존하기 위해 臣子의 절의를 잃을 수 있겠는가.” 하고 마침내 죽음에 나아가니, 군사들이 그 말을 듣고 모두 눈물을 흘렸다. 이 일로 말미암아 인심이 흩어지게 되었다.

○ 金斜也陷中京及澤州라 遼主田于鴛鴦濼할새 余覩以金人襲之하니 蕭奉先曰 余覩此來는 欲立甥晉王耳니 若爲社稷計하야 不惜一子하고 明其罪誅之면 可不戰而余覩自回矣라하다 會耶律撒八等이 復謀立敖盧斡이라가 事覺하야 遼主乃遣人縊殺之한대 或勸敖盧斡亡하니 敖盧斡曰 安忍爲蕞爾之軀而失臣子之節이리오하고 遂就死하니 諸軍聞之하고 無不流涕라 由是로 人心解體러라

야율여도가 金나라 군사를 거느리고 천조제의 行宮을 핍박하자 천조제는 衛士 5천여 騎를 거느리고 鴛鴦濼에서 雲中으로 거둥하였는데, 党項의 小斛祿이 사람을

16) 〔旣强〕 : 저본에는 ‘旣强’이 없으나, ≪遼史≫ 권71에 의거하여 보충하였다.
17) (后)〔妃〕 : 저본에는 ‘后’로 되어 있으나, ≪遼史≫ 권71에 의거하여 보충하였다.
18) 鴛鴦濼 : 遼金 시대에 帝王이 수렵하던 장소로, 鴛鴦泊이라고도 한다.

보내어 자신의 領地로 왕림하기를 청하였다. 天德으로 달려가기 위해 사막을 지날 때 金나라 군사가 갑자기 들이닥치자 천조제는 도보로 달아났는데, 近侍가 珠帽를 바치니 이를 물리치고 張仁貴의 말을 타고 그곳을 벗어날 수 있었다. 천덕에 이르렀을 때 눈을 만나 추위를 막을 도구가 없자 耶律朮者가 담비 가죽으로 만든 갖옷과 모자를 바쳤고, 도중에 식량이 떨어지자 야율출자가 보리와 대추를 바쳤으며, 쉬려고 할 때는 야율출자가 즉시 무릎을 꿇고 앉아 거기에 기대어 잠시 잠을 잤는데, 야율출자의 무리들은 오직 얼음과 눈만 먹으며 굶주림을 견뎠다.

余覩引金兵하야 逼遼主行宮하니 遼主率衛士五千餘騎하고 自鴛鴦濼幸雲中한대 党項小斛祿이 遣人請臨其地라 趨天德하야 過沙漠에 金兵忽至하니 遼主徒步出走한대 近侍進珠帽하니 却之하고 乘張仁貴馬得脫이라 至天德하야 遇雪無禦寒具하니 朮者以貂裘帽進하고 途次絶粮하니 朮者進麨與棗하고 欲憩엔 朮者卽跪坐하야 倚之假寐한대 朮者輩는 惟齧氷雪하야 以濟饑라

천덕을 지날 때에 밤이 되어 민가에서 묵어가기 위해 속여 말하기를, "우리는 정탐하는 기병이다."라고 하였는데, 그 집에서 사실을 알고는 말머리를 잡으며 꿇어앉아 크게 통곡하고 몰래 그 집에서 묵어가게 하였다. 며칠을 묵은 후 그 충성심을 가상히 여겨 節度使를 遙授[19]한 다음 마침내 党項으로 달려갔는데, 小斛祿을 西南面招討使로 삼아 군사의 일을 총괄하여 다스리게 하고, 이어 그의 아들과 여러 장교들에게 작위와 상을 차등 있게 하사하였다. 3월에 應州에 이르러 金나라 장군 完顔婁室에게 사로잡혔는데, 금나라에 이르러 海濱王으로 降封되었다가 병으로 죽었다. 천조제는 재위 기간이 24년이고, 향년은 54세였다.

過天德할새 至夜하야 將宿民家하야 紿曰 偵騎라한대 其家知之하고 乃叩馬首하야 跪而大慟하고 潛宿其家라 居數日에 嘉其忠하야 遙授以節度使하고 遂趨党項한대 以小斛祿爲西南面招討使하야 總知軍事하고 仍賜其子及諸校爵賞有差라 三月에 至應州하야 爲金人完顔婁室所獲한대 至金降封海濱王이라가 以疾終이라 遼主는 在位二十四年이요 年五十有四라

50-1-6

史臣은 다음과 같이 논하였다.

---

19) 遙授 : 관직의 직함만 제수하고 실제로 직임에 부임하게 하지는 않은 것을 말한다.

"천조께는 이미 요나라의 末運을 만났고 또 사람들의 信望이 부족하였다. 이에 간사한 자들을 총애하여 신임하고 스스로 태자를 내쳤다가 민심이 離叛하게 되었는데, 金나라 군사가 한번 움직임에 내란이 먼저 발생하여 황제를 폐위하려는 모의와 배반하여 도망하려는 행적이 서로 이어 봉기하여 흙더미가 무너지고 기왓장이 풀어지는 근심[20]을 초래하여 더 이상 지탱할 수 없게 되었으니 참으로 슬픈 일이다."

史臣論曰 天祚既丁末運하고 又觖人望이라 崇信奸回하고 自椓國本이라가 群下離心한대 金兵一集에 內難先作하야 廢立之謀와 叛亡之迹이 相繼蠭起하야 馴致土崩瓦解하야 不可復支하니 良可哀也라

金나라

海陵[21]

50-2-1

金主 廢帝 海陵庶人 亮은 성이 完顏氏이고 본래의 諱는 迪古乃이니, 遼王 完顏宗幹[22]의 둘째 아들이다. 나이 18세에 종실의 자손으로 奉國上將軍이 되었다가 누차 옮겨 光祿大夫가 되었다. 사람됨이 경박하고 조급하고 시기심이 많았으며 잔인하고 권모술수에 능하였다. 처음에 熙宗[23]이 太祖의 嫡孫으로서 皇位를 계승하니, 完顏亮

20) 흙더미가……근심 : 일을 수습할 수 없는 혼란한 상황에 빠지게 된 것을 의미한다. ≪史記≫ 권6 〈秦始皇本紀〉에 "秦나라는 이미 오랫동안 쇠퇴하여 흙더미가 부너지는 듯하고, 기왓상이 풀어지는 듯하였다.[秦之積衰 天下土崩瓦解]"라고 한 班固의 논평에서 온 말이다.

21) 海陵 : 金나라 4대 황제로, 漢名은 亮, 여진 이름은 迪古乃이고 자는 元功이다. 廢帝亮으로 불리기도 한다. 태조 完顏阿骨打의 庶長子인 遼王 宗幹의 차남으로, 天德 원년(1149)에 완안아골타의 적장손이자 사촌형제인 熙宗 完顏亶을 시해하고 황위를 찬탈하였다. 잔인한 성격의 소유자로 종실을 대량 학살하고 宗婦 및 종자매를 후궁에 편입시키는가 하면 태후마저 시해했다. 貞元 원년(1153)에 수도를 華北의 요지인 燕京으로 옮겨 中都라 칭하고 五京의 제도를 정하였는데, 이전 도읍인 上京 會寧府의 많은 건물들을 폐허로 만들었다. 많은 신하들의 반대를 물리치고 평화조약을 맺은 南宋을 치기 위해 남송 토벌군을 일으켜 출병했지만, 거란인의 반란과 토벌군 사이에서도 동요가 일어나는 등 불리한 상황 속에서 남송의 반격을 받아 크게 패하였는데, 귀환하던 중 揚州에서 部將의 손에 살해되었다. 재위 기간은 1122년부터 1161년까지이다.

22) 遼王 完顏宗幹 : 金 太祖의 庶長子이자 제4대 海陵王의 아버지이다. 금나라 건국 초기 재상으로서 법률과 행정조직을 만들고 중국문화를 받아들였다.

23) 熙宗 : 金나라의 3대 황제이다. 女眞 完顏部 사람으로, 본명은 合剌인데, 亶으로 고쳤다. 태조

은 속으로 생각하기를, '종간이 태조의 長子이니, 나도 태조의 손자이다.'라고 하며 마침내 분수에 맞지 않는 희망을 품었는데, 皇統 7년(1147)에 尙書右丞에 임명되자 權柄을 움켜잡는 데에 힘써 자신의 심복을 省臺의 要職에 배치하였다.

皇統 9년에 太保 領三省事에 임명되자 더욱 사람들의 칭송을 희구하여 권세 있고 명망 있는 집안의 자손들을 끌어 등용하여 그들의 환심을 샀다. 희종이 일찍이 어떤 일 때문에 左丞 唐括辯과 右丞相 秉德에게 곤장을 친 적이 있었으므로 당괄변이 이에 大理卿 完顔烏帶와 함께 廢立을 모의하였는데, 완안오대가 먼저 이 모의를 완안량에게 고하여 마침내 희종을 시해하니, 완안병덕 등이 歸屬할 곳이 없었다. 僕散忽土[24]가 말하기를, "처음에 平章[25]을 옹립하기로 모의하였으니, 지금 다시 무엇을 의심하겠는가." 하고, 이에 완안량을 받들어 좌중이 모두 절하고 만세를 부르니, 완안량이 마침내 즉위하였다.

金主廢帝海陵庶人亮은 姓完顔氏요 本諱迪古乃니 遼王宗幹第二子也라 年十八에 以宗室子로 爲奉國上將軍이라가 累遷光祿大夫라 爲人이 僄急多猜忌하고 殘忍任數라 初에 熙宗이 以太祖嫡孫嗣位하니 亮意以爲 宗幹이 太祖長子이니 而已亦太祖孫이라하야 遂懷覬覦러니 皇統七年에 拜尙書右丞하니 務攬持權柄하야 用其腹心爲省臺要職이라 九年에 拜太保領三省事하니 益邀求人譽하야 引用勢望子孫하야 結其驩心이라 熙宗이 嘗以事杖左丞唐括辯及右丞相秉德이라 辯乃與大理卿烏帶謀廢立이어늘 而烏帶先以此謀告亮하야 遂弑熙宗하니 秉德等이 未有所屬이라 僕散忽土曰 始者議立平章하니 今復何疑리오하고 乃奉亮하야 坐皆拜稱萬歲하니 亮遂卽位라

50-2-2

天德 원년(1149) 12월에 이전 황제 完顔亶을 追廢[26]하여 東昏王으로 삼았다.

○天德元年十二月에 追廢其故主亶하야 爲東昏王이라

阿骨打의 嫡長孫이다. 즉위 초에 天會 연호를 그대로 사용하다가 나중에 天眷과 皇統으로 고쳤다. 황통 초에 宋나라와 국경을 확정했고, 송나라는 금나라에 대해 臣이라 불렀다. 어려서부터 漢文經籍을 익혀 초기에는 대신을 禮敬했지만, 말년이 되면서 술에 빠지면서 망령되이 사람을 죽여 사람들을 두려움에 떨게 하다가 完顔亮에게 살해되었다. 14년 동안 재위하였다.

24) 僕散忽土 : 예전에 海陵의 부친 完顔宗幹의 은혜를 입은 적이 있는 사람이다.

25) 平章 : 海陵을 말한다. 皇統 8년(1148) 6월에 平章政事에 제수되었기 때문에 그렇게 말한 것이다.

26) 追廢 : 죽은 사람이 생전에 받았던 封爵을 폐위하는 것을 말한다.

50-2-3

天德 2년(1150) 정월에 해릉이 자신의 嫡母인 徒單氏와 母侯인 大氏를 높여 모두 太后로 삼았다. 처음에 完顏宗幹의 正室 도단씨에게는 아들이 없고 둘째 부인 대씨는 해릉을 낳았는데, 도단씨가 현명하여 아랫사람을 대우함에 恩意가 있었으므로 대씨는 그녀를 매우 깍듯이 섬겨서 서로 간에 사이가 매우 좋았다. 그러나 해릉은 스스로 두 어머니의 신분에 嫡妻와 妾室의 구분이 있었기 때문에 마음이 편치 못하였다. 그러다가 해릉이 熙宗을 시해했을 때 도단씨가 말하기를, "황제가 비록 도리를 잃긴 하였지만 신하가 어찌 이렇게까지 할 수 있단 말인가?" 하였고 입궁하였을 때에는 해릉을 보고도 慶賀하지 않았으므로 해릉은 원망하는 마음을 품었는데, 이때에 이르러 두 어머니를 모두 높여서 황태후로 삼은 다음 도단씨는 東宮에 거처하게 하여 永壽宮이라 호칭하고 대씨는 西宮에 거처하게 하여 永寧宮이라 호칭하였다.

○ 二年正月에 金主尊其嫡母徒單氏及母大氏하야 皆爲太后하다 初에 宗幹正室徒單氏無子하고 次室大氏生金主한대 徒單氏賢하야 遇下有恩意하니 大氏事之甚謹하야 相得至歡이나 而金主自以二母有嫡妾之分으로 心不自安이러니 及弑熙宗에 徒單氏曰 帝雖失道나 人臣豈可至此리오하고 及入宮에 見金主不賀하니 金主銜之어늘 至是하야 二母俱尊爲皇太后하고 徒單氏는 居東宮하야 號永壽宮이라하고 大氏는 居西宮하야 號永寧宮이라

그 후 도단태후의 생일에 술이 거나하게 취하였을 때 대씨가 일어나 도단태후를 위해 獻壽하였는데, 도단태후는 바야흐로 좌중의 하객들과 이야기를 하던 중이어서 대씨가 오랫동안 무릎을 꿇고 있었으므로 해릉은 노하여 밖으로 나가버렸다. 이튿날 도단태후와 이야기를 나눈 여러 公主와 宗婦를 불러서 모두 刑杖을 치자 대씨가 그래서는 안 된다고 하였는데, 해릉이 이르기를, "오늘의 일이 어찌 오히려 예전과 같을 수 있겠습니까?" 하였으니, 이때부터 불화의 틈이 이루어지게 되었다.

後徒單后生日에 酒酣에 大氏起爲壽어늘 徒單后方與坐客語하야 大氏跪者久之라 金主怒而出이러니 明日에 召諸公主宗婦與徒單后語者하야 皆杖之하니 大氏以爲不可라한대 金主曰 今日之事가 豈能尙如前日耶아하니 自是로 嫌隙成矣이라

50-2-4

4월에 대대적으로 종실들을 죽이고 蕭裕[27]를 尙書左丞으로, 蕭玉[28]을 禮部尙書로 삼았다. 처음에 해릉은 熙宗 대에 太宗[29]의 여러 아들이 강성한 것을 보고 시기하였는데, 즉위하였을 때에 마침내 소유 등과 모의하여 그들을 죽였다. 또 이전에 完顔秉德이 처음 廢立을 모의하고도 즉시 황위에 나아갈 것을 권유하지 않았다는 이유로 그에게 유감을 품고 장차 모두 주벌하려 하였다. 그러나 國人들이 완안병덕 등을 모두 황실의 近親이자 大臣이라 여기고 있었기 때문에 죄 없이 죽이면 사람들이 마음으로 복종하지 않을까 두려워하였다. 그러다가 이때에 소유가 소옥으로 하여금 上變하게 하니, 마침내 領三省事 完顔阿魯와 左丞相 唐括辯과 判大宗正寺 胡里甲 등을 불러 擊鞠를 하게 한 다음 그들이 오면 죽이게 하였다.

○ 四月에 大殺其宗室하고 以蕭裕爲尙書左丞하고 蕭玉爲禮部尙書이라 初에 金主在熙宗世에 見太宗諸子盛强忌之러니 及卽位에 遂與裕謀殺之라 又以前者秉德이 首謀廢立而不卽勸進銜之하고 將盡誅焉이나 恐國人以秉德等皆懿親大臣으로 無罪而死면 人心不服이라하더니 於是에 裕敎玉上變하니 遂召領三省事阿魯와 左丞相唐括辯과 判大宗正寺胡里甲等擊鞠하고 至則殺之라

또 이로 인하여 使者를 보내 東京으로 가서 留守 阿隣을 죽이게 하고 北京으로 가서 留守 斛祿補를 죽이게 하고 南京으로 가서 領行臺事 完顔秉德을 죽이게 한 다음 그 親屬을 모조리 죽이게 하였다. 그러고 나서 다시 태종의 자손 70여 명과 粘沒喝[30]의 자손 30여 명과 여러 宗室 50여 명을 죽이니 태종과 점몰갈의 후손이 모두 단절되었는데, 完顔烏帶와 蕭裕·蕭玉 등은 모두 큰 상을 받았다.

27) 蕭裕 : 海陵이 熙宗을 시해하고 제위를 탈취하도록 모의하였는데, 그 공으로 秘書監에 제수된 후 平章政事, 右丞相 兼 中書令으로 승진하였다.

28) 蕭玉 : 소유와 함께 熙宗의 시해를 모의한 사람으로, 해릉 때 參知政事에 발탁된 이후 관직이 左丞相에 제수되고 吳國公에 봉해졌다.

29) 太宗 : 金나라 2대 황제이다. 女眞 完顔部 사람으로, 본명은 吳乞頭였는데, 晟으로 고쳤다. 태조가 정벌에 나설 때 항상 남아 지켰다. 天輔 7년(1123) 형을 이어 황제가 되었고, 그해 天會로 연호를 바꾸었다. 天會 3년(1125) 遼나라의 天祚帝를 포로로 잡고 요나라를 멸망시켰으며, 같은 해에 宋나라와의 전쟁을 개시하여 다음 해에 송나라의 汴京을 함락하고 또 다음 해에 송나라의 徽宗과 欽宗 두 황제를 포로로 잡았다. 제도를 개정하고 토지의 규모가 이에 이르러 정비되었다. 13년 동안 재위하였다.

30) 粘沒喝 : 金나라 宗室 完顔宗翰을 말한다. 太祖를 따라 起兵하여 遼나라를 정벌하였고, 太宗 때에는 西路軍을 거느리고 宋나라 정벌에 공을 세웠다. 熙宗 즉위 후에 太保로 尙書令에 제수되고 晉王에 봉해졌다.

因遣使如東京하야 殺留守阿隣하고 北京하야 殺留守斛祿補하고 南京하야 殺領行臺事秉德하고 并誅其親屬하고 復殺太宗子孫七十餘人과 粘沒喝子孫三十餘人과 諸宗室五十餘人하니 太宗粘沒喝後皆絶이어늘 而烏帶裕王等은 皆受重賞이라

일을 마치고 나서 다시 蕭玉의 아들로 하여금 부마가 되게 하고, 소옥에게 이르기를, "짐이 처음에 천하를 얻었을 때 일찍이 태종의 여러 아들이 바야흐로 강성한 것을 걱정하였는데, 사직의 영령에 힘입어 경이 그들의 간교한 음모를 드러내었으니, 짐은 이러한 공로에 보답할 길이 없다. 그러므로 짐의 딸로 하여금 경의 며느리가 되게 하니, 짐을 대신하여 경을 섬길 것이다." 하였다.

旣又使玉子尙主하고 謂之曰 朕始得天下에 嘗患太宗諸子方强이러니 賴社稷之靈하야 卿發其奸하니 朕無以報此功이라 使朕女爲卿男婦하니 代朕事卿也라하더라

50-2-5

天德 3년(1151) 3월에 燕京에 宮室을 경영하였다. 해릉은 經史를 조금 익혔으므로 中國 조정의 존귀한 文物을 사모하여 마음속으로 遷都할 생각을 가지고 있었다. 마침내 조서를 내려 直言을 구하였는데, 上書하는 자들이 대부분 이르기를, "上京[31]은 한쪽에 치우쳐 있어서 관리들은 轉漕[32]하기 어렵고 백성들은 달려와 호소하기 어려우니, 燕京으로 옮겨 天地의 가운데 웅거하는 것만 못합니다." 하였으니, 해릉의 생각과 합치하였다.

○ 三年三月에 營宮于燕京이라 金主稍習經史라 慕中國朝著之尊하야 密有遷都意러니 遂下詔求直言한대 而上書者多謂上京僻在一隅하야 官艱於轉漕하고 民難於赴訴하니 不若徙燕하야 以應天地之中이라하니 與金主意合이라

이에 조서를 내려 燕京의 城을 넓히고 宮室을 짓게 하였는데, 左丞相 張浩[33]와 右

31) 上京 : 熙宗 대의 수도이다. 天眷 원년(1138)에 京師 會寧府를 上京이라 하였다.
32) 轉漕 : 물품을 운반할 때 陸路를 통해 수레로 운반하는 것을 轉이라 하고, 水路를 이용하여 배로 운반하는 것을 漕라 한다.
33) 張浩 : 金나라 遼陽 渤海 사람으로, 자는 浩然이고 본성은 高氏이다. 經史에 정통하고 특히 시에 뛰어났다. 태조 때 御前文字를 담당하였다. 태종 天會 8년(1130) 진사시에 급제하여 秘書郎에 올랐다. 海陵王 때 戶部尙書와 參知政事, 尙書右丞, 平章政事, 尙書令 등을 역임하였는데,

丞相 張通古[34] 등을 파견하여 여러 지역의 丁夫와 公匠을 징발하여 燕京의 宮室을 짓게 하였으니, 城의 둘레가 9里 30步이고 宮室은 한결같이 汴京[35]의 制度를 따랐다. 나무 한 그루를 운반하는 데 든 비용이 2천만 錢이나 되었고 수레 하나를 끄는 데 든 인력이 500명이나 되었으며, 宮殿의 장식은 황금으로 두루 칠하되 후면에는 五采를 사용하였으니, 허공에 날리는 금가루가 마치 눈이 내리는 것과 같았다. 그렇게 하여 전각 한 채를 짓는 데 든 비용이 억만 錢이나 되었지만 완성한 뒤에는 다시 허물어 극도로 화려하고 아름답게 하는 데 힘썼다.

乃詔廣燕城하고 **建宮室**한대 **遣左丞相張浩右丞相張通古等**하야 **調諸路夫匠**하야 **築燕京宮室**하니 **城周九里三十步**요 **其宮室**이 **一依汴京制度**라 **運一木之費至二千萬**하고 **牽一車之力至五百人**하며 **宮殿之飾**은 **徧傅黃金而後間以五采**하니 **金屑飛空如落雪**이라 **一殿之費以億萬計**이나 **成而復毁**하야 **務極華麗焉**하더라

50-2-6

5월에 해릉은 徒單貞[36]에게 명하여 宰臣들에게 말하게 하되, "전에 주벌되었던 黨人의 여러 부인 가운데에 짐의 中表親(이종사촌)이 많으니, 그들을 궁중에 들이고자 한다." 하니, 平章政事 蕭裕가 불가하다고 하였는데, 해릉은 따르지 않았다. 그리고 마침내 完顔宗本[37]의 아들 莎魯啜과 完顔宗固[38]의 아들 胡里剌과 胡失打 및 完顔秉德의 동생 糺里 등의 아내를 궁중으로 들어오게 하고, 또 崇義軍節度使 完顔烏帶의 아내 唐括定哥에게 명하여 남편을 죽이고 궁으로 들어오게 하였으며, 蒲察阿虎迭의 딸 叉察을 죽였다.

燕京의 성곽과 汴京의 궁실을 증축하는 일을 전담했다. 世宗 때 太師와 상서령을 지냈다. 저서에 ≪華表山人集≫이 있다.

34) 張通古 : 金나라 易州 易縣 사람으로, 자는 樂之이다. 遼나라 때 진사시에 합격하였고, 금나라 때 樞密院主奏, 江南招諭使 등을 거쳐 해릉 때 平章政事가 되고 曹王에 봉해졌다.

35) 汴京 : 北宋 이후 後梁, 後唐, 後晉, 後漢, 後周의 도읍으로, 오늘날의 하남성 開封府에 속한다.

36) 徒單貞 : 女眞 사람으로, 본명은 特思이다. 完顔宗幹의 딸이자 海陵의 동복 여동생과 결혼하였는데, 해릉과 함께 熙宗을 살해했다. 해릉이 즉위하자 左衛將軍이 되고 駙馬都尉가 더해졌으며, 大興令이 되었다. 世宗이 즉위하자 太原尹이 되었다가 咸平으로 옮겼다. 탐욕스럽고 불법을 멋대로 자행해 받은 뇌물만 수만에 이르러 좌천되어 博州防御使가 되었다. 나중에 희종을 살해한 혐의로 처형당했다. 시호는 莊簡이다.

37) 完顔宗本 : 金나라 태종의 아들로 본명은 阿魯이다. 熙宗 때 右丞相이 되었다가 太保, 太傅가 되었다.

38) 完顔宗固 : 金나라 태종의 아들로 본명은 胡魯이다. 熙宗 때 燕京留守가 되고 豳王에 봉해졌으며, 太保, 右丞相 兼 中書令이 되었다.

차찰은 해릉의 누나인 慶宜公主 소생으로, 어려서 宮中에서 성장하였는데, 해릉이 여러 차례 궁중으로 들이려 하였으나 太后가 불가하다고 하여 해릉이 죽였던 것이다.

○ 五月에 金主命徒單貞語宰臣호대 前所誅黨人諸婦人中에 多朕中表親하니 欲納之宮中이라하니 平章政事蕭裕不可어늘 金主不從하고 遂納宗本子莎魯啜宗固子胡里剌胡失打秉德弟糺里等妻宮中하고 又命崇義軍節度使烏帶之妻唐括定哥하야 殺其夫而納之하고 殺蒲察阿虎迭女叉察하다 叉察은 慶宜公主出로 幼鞠宮中이러니 金主屢欲納之나 太后不可라하니 金主殺之라

50-2-7

天德 4년(1152) 11월에 烏古迪烈部와 蒲與路에서 진주를 사들이고 백성들이 사적으로 서로 貿易하는 것을 금지시켰다. 이어 두 지역의 民夫를 징발하여 1년 동안 진주를 캐도록 하였다.

○ 四年十一月에 買珠于烏古迪烈部及蒲與路하고 禁百姓私相貿易이라 仍調兩路民夫하야 採珠一年이라

50-2-8

貞元 원년(1153) 3월에 해릉이 燕京으로 遷都할 때 친속들이 모두 따라갔으나 오직 도단태후는 會寧에 남겨두었으니, 도단태후는 늘 걱정하고 두려워하며 中使[39]가 올 때마다 반드시 옷을 갈아입고 皇命을 기다리곤 하였다

○ 貞元元年三月에 金主遷都于燕할새 親屬皆從이나 獨留徒單太后于會寧하니 徒單后常憂懼하야 每中使至면 必易衣以俟命이라

50-2-9

10월에 良鄉[40]에서 사냥하다가 料石岡의 神을 봉하여 靈應王으로 삼았다. 처음에 해릉이 일찍이 이 사당 앞을 지날 때 杯珓[41]를 잡고 기도하기를, "내가 천명을 받는다면 응당 길한 운을 얻을 것이다." 하고, 배교를 던지니 길한 운이 나왔다. 그러자

39) 中使 : 궁중에서 파견한 使者를 말한다.
40) 良鄉 : 북경의 남쪽에 있는 지명이다. 현재 북경 房山에 속한다.
41) 杯珓 : 옥이나 대나무 따위로 만든 길흉을 점치는 도구이다.

다시 기도하기를, "과연 점괘와 같이 된다면 훗날 마땅히 보답이 있을 것이고, 그렇지 않다면 너의 祠宇를 없애버릴 것이다." 하고 배교를 던졌는데 다시 길한 운이 나왔다. 그러므로 영응왕에 봉한 것이다.

○ 十月에 獵于良鄕이라가 封料石岡神爲靈應王이라 初에 金主嘗過此祠에 持杯珓禱曰 使吾有天命이면 當得吉卜이라하고 投之吉하니 又禱曰 果如所卜이면 他日當有報요 否則毁爾祠宇라하고 投之又吉이라 故封之하다

50-2-10

내외의 관원들에게 명하여 大功[42] 이상의 喪이 있다는 말을 들으면 당일에만 휴가를 주게 하고 만일 부모가 죽었을 경우에는 3일의 휴가를 주게 하여, 이를 법령으로 만들었다.

○ 命內外官하야 聞大功以上喪이면 止給當日假하고 若父母喪엔 聽給假三日하야 著爲令하다

50-2-11

특별히 貴妃 唐括定哥의 家奴 孫梅에게는 進士의 及第를 하사하였다.

○ 特賜貴妃唐括定哥家奴孫梅進士及第라

50-2-12

常武殿에서 격구를 하고 寶昌門에서 씨름〔角觝〕을 관람할 때 두 곳 모두 백성들에게 마음대로 구경하게 하였다.

○ 常武殿擊鞠하고 寶昌門觀角觝할새 皆令百姓縱觀이라

50-2-13

貞元 3년(1155) 10월에 大房山 雲峯寺에 山陵을 만들라 명하고 右丞相 僕散思恭

42) 大功 : 大功服으로, 五服의 하나이다. 從兄弟, 姉妹, 衆子婦, 衆孫, 衆孫女, 姪婦와 남편의 祖父母, 伯叔父母, 姪婦, 남편이 入後일 경우 남편의 생가부모의 喪事에 아홉 달 동안 입는 복제이다.(≪朱子家禮≫ 〈大功條〉)

등을 파견하여 會寧으로 가서 太祖와 太宗의 梓宮을 받들어 옮겨오게 하였다. 徒單太后를 영접할 때에는 도단태후가 沙流河에 이르렀을 때 해릉이 친히 영접하였고, 또 좌우의 사람들에게 명하여 회초리 두 다발을 묶어 수행하게 한 다음 태후 앞에 꿇어앉아 사죄하기를, "제가 불효하여 오래도록 자식의 도리[43]를 행하지 못하였으니, 바라건대 태후께서는 통렬히 매를 쳐주소서. 그렇게 하지 않으면 마음이 편치 않습니다." 하였다. 그러자 태후가 친히 부축하여 일으킨 다음 회초리 다발을 묶어 들고 있는 자를 꾸짖어 물러가도록 하고는 태후가 이르기를, "지금 庶民 가운데 가업을 잘 계승한 아들[44]이 있어서 집에 百金의 家產만 이루어도 오히려 또한 애지중지하여 차마 회초리를 때리지 못하는데, 나는 이와 같은 아들을 두었으니 어찌 차마 회초리를 칠 수 있겠는가?" 하였다.

○ 三年十月에 命以大房山雲峯寺爲山陵하고 遣右丞相僕散思恭等하야 如會寧奉遷太祖太宗梓宮이라 及迎徒單后하얀 至沙流河에 金主親迎之하고 且命左右約杖二束自隨하고 跪於太后前謝罪曰 亮不孝하야 久缺溫淸하니 願太后痛笞之하소서 不然이면 不安이라하니 后親扶起하고 叱約杖者退하고 后曰 今庶民有克家子하야 立百金之產이라도 尙且愛之하야 不忍笞어든 我有子如是하니 寧忍笞乎아하다

태후가 연경에 이르고 나서는 壽康宮에 거처하게 하고 해릉이 겉으로는 매우 恭順하게 섬겨서 태후가 일어나면 직접 부축하였고 항상 도보로 태후의 輿輦을 수행하였으며, 태후 처소에서 사용하는 물건은 혹 친히 집행하기도 하였다. 그러자 보는 사람들이 지극한 효성이라고 하였으니, 비록 태후라도 또한 그의 효성을 믿었다

旣至燕에 居于壽康宮하고 金主事之를 外極恭順하야 后起則自扶掖之하고 常從輿輦徒行하고 后所御物은 或自執之하니 見者以爲至孝라하니 雖太后라도 亦信其誠이라

43) 자식의 도리 : 원문의 '溫淸'은 부모를 잘 봉양하는 자식의 도리를 의미하는데, 《禮記》〈曲禮上〉에 "자식 된 자의 예는 겨울에는 따뜻하게 해드리고 여름에는 시원하게 해드려야 하며, 저녁에는 잠자리를 살펴드리고 아침에는 문안을 올려야 한다.〔凡爲人子之禮 冬溫而夏淸 昏定而晨省〕"라고 한 데서 온 말이다.

44) 가업을……아들 : 원문의 '克家子'는 조상의 사업과 집안일을 잘 계승한 훌륭한 자제를 가리키는데, 《周易》 蒙卦 九二 爻辭에 "구이는 몽매함을 포용해주면 길하고 부인의 말을 받아들이면 길할 것이니, 자식이 집안일을 잘하도다.〔九二 包蒙吉 納婦吉 子克家〕"라고 한 데에서 온 말이다.

50-2-14

正隆 원년(1156) 정월의 일이다. 해릉은 9월부터 이때까지 조회를 폐하고 평상시에는 몇 달 동안 밖으로 나가지 않았으니, 급한 上奏가 있어도 안에 누워서 左右司의 郎中을 불러 살피게 하였다.

○ 正隆元年正月이라 金主自九月廢朝至是하고 常數月不出하니 有急奏라도 召左右司郎中省于臥內라

50-2-15

2월에 宣華門에 행차하여 불상을 맞이하는 행사를 관람하고, 여러 절의 승려들에게 명주 500匹과 비단 50段과 은 500兩을 하사하였다.

○ 二月에 御宣華門하야 觀迎佛하고 賜諸寺僧絹五百匹綵五十段銀五百兩하다

50-2-16

正隆 2년(1157) 2월에 親王 이하 封爵의 등급을 改定하였는데, 담당 부서를 두어 살아 있는 자와 죽은 자의 告身을 좇아 거두어 온 다음 살아 있는 자에 대해서는 2品 이상을, 죽은 자에 대해서는 1品을 참작하여 삭감하여 강등하라고 명하였다. 그리고 公私의 文書에 대해서는 단지 '王爵'이란 글자만 있어도 모두 기한을 정해 말소하게 하였으니, 비록 墳墓의 碑志라 할지라도 모두 찾아내어 毁撤하였다.

○ 二年二月에 改定親王以下封爵等第한대 命置局하야 追取存亡告身하야 存者二品以上死者一品을 參酌削降하고 公私文書는 但有王爵字者라도 皆立限毁抹하니 雖墳墓碑志라도 竝發而毁之라

50-2-17

正隆 3년(1158) 정월에 아들 矧思阿補가 죽자 太醫副使 謝友正과 乳母 등을 죽였다.

○ 三年正月에 子矧思阿補死하니 殺太醫副使謝友正及其乳母等이라

처음에 신사아보를 해릉은 小底[45]인 東勝의 집에서 양육하도록 명하였는데, 이때에 이르러 죽자 宿王에 追封하였다. 이에 諫議大夫 楊伯雄[46]이 함께 직숙하는 사람

에게 말하기를, "숙왕이 죽은 것은 대개 황궁 밖에서 양육하였기 때문이니, 비록 供養하여 돌보는 데에 신중하기는 했겠지만 부모의 슬하에 있는 것만 못하였을 것이다. 어찌 국가의 풍속이 평소 이처럼 제대로 돌보지 않는 것을 숭상한단 말인가?" 하였다.

해릉이 그 말을 듣고 노하여 양백웅을 불러 이르기를, "너는 신하인데, 君父가 한 일에 대해 어찌 풍속을 들먹일 수 있으며, 禁中의 일에 대해 어찌 네가 말할 수 있단 말인가? 짐이 더러 몸이 좋지 못하여 간혹 조회를 보지 않고 단지 몇 차례 절하는 신하들의 예만 잠시 받고 마칠 뿐이었지만 여러 가지 정사는 모두 便殿에서 上奏하면 裁決하였다. 비록 死刑囚에 대해 즉시 論決하지 않은 일이 있긴 하였지만 이는 대개 수금된 죄인에게 죽음을 늦추어주기 위한 것이었고, 관직의 제수와 칙령의 선포에 이르러서는 비록 다시 지체하더라도 어찌 해될 것이 있었겠는가? 짐은 매양 한가한 때를 만날 때마다 자못 敎坊[47]의 노래와 음악을 들으며 에오라지 스스로 즐거워하였다. 《書經》에 이르기를, '안으로 女色을 좋아하여 정신이 혼미하거나, 밖으로 鳥獸를 사냥하느라 정신이 혼미하거나, 술과 음악을 지나치게 좋아하거나, 궁실을 높이 짓고 담장을 조각하여 꾸미거나 간에 이 가운데 한 가지만 있어도 나라가 혹 망하지 않은 경우가 없다.'[48] 하였으니, 이는 군주가 나랏일을 돌보지 않고 이러한 일에 탐닉하는 경우를 경계한 말이다. 예컨대 짐이 비록 천지가 울릴 정도로 성률과 음악을 연주하게 하더라도 감히 함부로 사람들에게 벼슬을 주는 재상이 있겠으며 감히 뇌물을 받은 관리가 있겠는가? 외부에서 감히 삼가 의론하는 자가 있겠는가? 너는 諫官이므로 말할 만한 일이 있으면 마땅히 공개적으로 말해야 할 것이니, 말을 해도 따르지 않는 것은 짐의 잘못이다. 그런데 도리어 개인적으로 의론하는 것이 옳은 일이겠는가?" 하였다.

양백웅이 대답하기를, "폐하께서는 덕이 지극하시며 명철하고 거룩하시니, 실로 삼가 의론할 만한 일이 없습니다. 어리석은 신이 실언하였으니, 그 죄는 만 번 죽어 마땅합니다. 오직 폐하께서는 애처로이 여기시고 가련하게 여기소서." 하니, 이에

---

45) 小底 : 遼나라의 관직으로, 內侍를 가리킨다.
46) 楊伯雄 : 金나라 藁城 사람으로, 자는 希云이다. 熙宗 연간에 진사시에 합격하고 韓州軍事判官에 제수되었다. 海陵 때 右諫議大夫가 되고 世宗 때 大興府尹, 太子詹事, 翰林學士 등을 역임하였다.
47) 敎坊 : 궁중의 음악을 담당한 관서이다.
48) 안으로……없다 : 《書經》 〈夏書 五子之歌〉에 나오는 내용이다.

刑杖을 친 다음 방면하였다.

初에 矧思阿補를 金主命養于小底東勝家러니 至是死하니 追封宿王이어늘 諫議大夫楊伯雄이 語同直曰 宿王之死는 蓋養于宮外니 供護雖謹이나 不若父母膝下라 豈國家風俗素尙如此리오한대 金主聞之怒하야 召伯雄謂曰 爾臣子也어늘 君父所爲를 豈得言風俗하며 禁中事를 豈汝當言이리오 朕이 或體中不佳하야 間或不視朝하고 祗是少得人幾拜耳나 而庶事는 皆奏決便殿이라 縱有死刑에 不卽論決이나 蓋使囚者로 得緩其死요 至於除授宣敕하얀 雖復稽緩이나 有何利害리오 朕每當閒暇에 頗閱敎坊聲樂하야 聊以自娛니 書云 內作色荒이어나 外作禽荒이어나 酣酒嗜音이어나 峻宇雕墻이어나 有一于此하야 未或不亡이라하니 此는 戒人君不恤國事하고 溺於此者耳라 如朕이 雖使聲樂喧動天地라도 宰相敢有濫與人官하고 而吏敢有受賕者乎아 外間敢有竊議者乎아 爾諫官也라 有可言之事면 當公言之니 言而不從은 朕之非也어늘 而乃私議可乎아한대 伯雄對曰 陛下至德明聖하니 固無竊議者라 愚臣失言하니 罪當萬死라 惟陛下哀憐하소서하니 乃杖而釋之라

50-2-18

7월에 張仲軻[49]가 말하기를, "신이 듣건대, 宋나라 사람들이 戰馬를 사들이고 무기를 수리하는 한편 배반하여 달아난 山東 사람들을 불러들이고 있다 하니, 어찌 죄가 없다고 할 수 있겠습니까?" 하니, 해릉이 반색하며 이르기를, "지난번에 梁珫이 일찍이 짐을 위해 말하기를, '宋나라에 劉貴妃란 여인이 있으니, 자태가 아름다워 蜀의 華蕊(화예)[50]와 吳의 西施[51]도 그녀의 미색에 미칠 수 없을 정도입니다.'라고 하였는데, 지금 한꺼번에 두 여인의 아름다움을 얻게 되었으니, 이는 속담에 이른바 '발을 내딛어 걸으면 양팔이 그에 따라 흔들린다.'라는 말이 바로 이런 경우에 해당한다. 江南 사람들은 내가 군사를 일으킨다는 소문을 들으면 필시 멀리 도망갈 것이다." 하였다.

○ 七月에 張仲軻曰 臣聞宋人買馬修器械하고 招納山東叛亡이라하니 豈得爲無罪리오하야늘 金主

---

49) 張仲軻 : 金나라 사람으로 어릴 때 이름은 牛儿이다. 海陵 때 秘書郞, 少監 등의 벼슬을 하였다. 해릉의 近臣으로 활동하였다.

50) 華蕊(화예) : 蜀主 孟昶의 寵姬이다. 촉주 때에 靑城 사람 費氏가 재능과 미색이 뛰어나 궁중에 들어갔는데, 촉주가 그녀를 총애하여 華蕊夫人으로 호칭하였으니, 그녀는 시에 능하여 宮詞 1백 수를 지었다.

51) 西施 : 春秋時代 越나라의 미녀이다. 越王 句踐이 會稽에서 패한 뒤 吳王 夫差에게 서시를 바쳐 그 마음을 어지럽히고 정사에 태만하게 하였다고 하는데, 미녀의 대명사처럼 쓴다.

喜曰 向者에 梁珫嘗爲朕言 宋有劉貴妃者하니 資質美艷하야 蜀之華蕊吳之西施所不及也라하더니 今一擧而兩得之하니 俗所謂因行掉臂也라 江南聞我擧兵이면 必遠竄耳라하더라

당시 해릉은 여러 대에 걸쳐 강성한 국력을 믿고 대규모의 정벌을 단행하여 천하를 통일하고자 하였다. 그래서 일찍이 말하기를, "천하가 하나의 집안처럼 통일된 뒤에야 正統이 될 수 있다." 하였는데, 李通을 參知政事에 제수하였을 때에 이통은 해릉의 의도를 파악하고 마침내 張仲軻・馬欽・梁珫 및 측근의 群小輩와 함께 '江南은 물산이 풍부하고 미녀와 玉帛이 많다.'라고 선동하면서 해릉의 뜻에 영합하여 먼저 창도하였다. 해릉은 그 말을 믿고 이통을 謀主로 삼은 다음 마침내 使者를 파견하여 여러 지역〔路〕[52] 猛安[53]의 部族 및 州縣과 渤海의 장정들을 軍籍에 편입시켜 군대에 충원하였는데, 무릇 나이 20세 이상에서 50세 이하의 장정은 모두 군적에 등록하되, 비록 집안에 부모가 늙고 장정이 많아서 자식 한 명을 남겨 부모를 모시게 해달라고 청해도 허락하지 않았다.

時에 金主恃其累世强盛하고 欲大肆征伐하야 以一天下하야 嘗曰 天下一家然後에야 可以爲正統이라하더니 及拜李通參知政事에 通揣知金主意하고 遂與張仲軻馬欽梁珫及近習群小輩로 盛言江南富庶하고 子女玉帛之多라하야 逢其意而先導之하니 金主信其說하고 以通爲謀主하야 遂遣使籍其諸路猛安部族及州縣渤海丁壯充軍한대 凡年二十以上五十以下者를 皆籍之호대 雖親老丁多하야 求一子留侍라도 亦不許也라

50-2-19

正隆 4년(1159) 3월에 해릉은 南侵의 뜻을 결정한 다음 使者를 파견하여 여러 道의 總管府로 나누어 가서 兵器의 제조를 독려하게 하고, 여러 지역〔路〕에 조서를 내

52) 여러 지역〔路〕: 원문의 '路'는 宋・金・元 시대의 행정구역을 말한다. 宋나라는 전국을 21路로 나누었고, 金나라는 송나라 제도를 따라 19路로 나누었다.

53) 猛安 : 金나라 초기 軍政合一의 기반이 되는 행정 조직의 단위, 또는 그 조직의 으뜸이 되는 武官의 이름이다. ≪金史≫ 〈兵志〉에 "금나라 초기에 여러 部의 백성들은 다른 요역이 없고 장정은 모두 군대에 편입되었다.……그 部長을 孛菫(발근)이라 부르고 用兵하는 무관을 猛安과 謀克이라 불렀는데, 군사의 수효에 따라 호칭한 것이니, 맹안은 千夫長이고 모극은 百夫長이다.〔金之初年 諸部之民無它徭役 壯者皆兵……其部長曰孛菫 行兵則稱曰猛安謀克 從其多寡以爲號 猛安者千夫長也 謀克者百夫長也〕" 하였고, 또 ≪金史≫ 〈循吏傳 序〉에는 "300戶가 모극이 되고 10모극이 맹안이 된다.〔三百戶爲謀克 十謀克爲猛安〕" 하였다.

려 예전에 저장해둔 兵器를 모두 燕京으로 가져오게 하였다. 당시에 바야흐로 汴京에 宮室을 건설하고 燕京에 城郭을 수축하고 있었는데, 그 財用을 모두 민간에 賦課하였으므로 백성들이 감당하지 못하였다. 그래서 화살을 만드는 데 쓰는 깃털 1尺의 값이 1천 錢이나 되었고, 村落에서는 왕왕 소를 잡아 힘줄과 가죽을 공급하였으며, 심지어 까마귀・까치・개・돼지까지도 피해를 입지 않은 것이 없었다.

○ 四年三月에 金主決意南侵하고 遣使分詣諸道總管府하야 督造兵器하고 詔諸路舊貯軍器를 竝致于燕이라 時에 方建宮室于汴하고 修城郭于燕한대 其財用을 皆賦于民이라 民不能堪하야 箭翎一尺이 至千錢하고 村落間에 往往椎牛하야 以供筋革하고 至於烏鵲狗彘가 無不被害者라

50-2-20

8월에 각 지역〔路〕에 조서를 내려 말을 징발하되 戶口에 따라 차등을 두게 하니 모두 56만여 마리나 되었는데, 부유한 집은 60마리까지 할당되는 곳도 있었다. 이어 令을 내려 각각의 집에서 스스로 꼴을 먹여 기르며 대기하게 하였다.

○ 八月에 詔諸路調馬호대 以戶口爲差하니 計五十六萬餘匹이어늘 富室有至六十匹者라 仍令戶로 自養飼以俟하다

50-2-21

12월에 太醫使 祁宰가 上疏하여 宋나라를 정벌하는 일에 대해 간언하니, 그를 죽였다.

○ 十二月에 太醫使(祈)〔祁〕[54]宰上疏하야 諫伐宋하니 殺之라

50-2-22

正隆 6년(1161) 정월에 汴京으로 遷都한다고 조서를 내리고, 2월에 中都를 출발하였다. 3월에 獲嘉에 도착하려 할 때 어떤 남자가 上書하여 일에 대해 논하자 참수하였는데, 그가 말한 내용은 알려지지 않았다. 河南府에 머무를 때 사냥 나갔다가

---

54) (祈)〔祁〕: 저본에는 '祈'로 되어 있으나, ≪金史≫ 권83 〈祁宰列傳〉에 의거하여 '祁'로 바로잡았다.

汝州 溫湯으로 행차하여 行宮 터를 살펴보았다. 中都에서 河南에 이르기까지 지나는 길에 보리밭이 모두 텅 비어 있자, 다시 호종하는 자들에게 금령을 내려 함부로 머무는 곳을 이탈하거나 琓賞하며 술을 마시지 못하게 하고, 이를 어기는 자는 모두 사형에 처하게 하였으나 따르는 자가 아무도 없었다.

○ 六年正月에 詔遷都于汴하고 二月에 發中都라 三月에 將至獲嘉할새 有男子上書言事하니 斬之한대 所言莫得聞이라 次河南府할새 因出獵하야 幸汝州溫陽하야 視行宮地라 自中都로 至河南히 所過에 麥皆爲空하니 復禁扈從하야 毋輒離次及游賞飲酒하고 犯者는 罪皆死나 而莫有從者라

50-2-23

7월에 대규모로 贏馬[55]를 거두어들이되, 官等이 7品에 이른 사람에게는 1필을 남겨두도록 윤허하고 품등에 따라 남겨두는 贏馬의 수를 올려주었다.

○ 七月에 大括贏馬호대 官至七品이면 聽留一匹하고 等而上之라

예전의 장부에 올라 있던 백성의 贏馬까지 아울러 동쪽에 있는 것은 서쪽의 군대에 공급하고 서쪽에 있는 것은 동쪽의 군대에 공급하게 하니, 동서 간에 서로 왕래하는 행렬이 주야로 끊임없이 이어지고 도중에 죽은 贏馬가 길가에 여기저기 어지럽게 흩어져 있었다. 죽거나 잃어버린 贏馬가 많은 지역에서는 관리들이 처벌을 두려워하여 혹 자살하기도 하였고, 贏馬가 지나가는 지방에서는 말이 백성의 田畓을 짓밟았으므로 贏馬를 끌고 가기 위해 役夫를 징발하였다.

河南의 州縣에 조서를 내려 비축된 양식을 大軍의 군량으로 준비하되 다른 용도로는 쓸 수 없게 하였는데, 贏馬가 도착하였을 때 여물을 공급해야 하는데 지급할 것이 없어서 有司가 비축된 양식을 내어주도록 요청하니, 해릉이 이르기를, "이 지방에는 근년에 민간에 저축된 것이 아직 많고 지금 벼가 들판에 가득하니, 贏馬는 田畓에다 放牧해도 될 것이다. 가령 2년 동안 수확하지 않더라도 또한 무슨 지장이 있겠는가?" 하였다.

55) 贏馬 : 노새의 한 종류이다. 《說文解字》 〈馬部〉에, "贏의 아비는 노새이고 어미는 말이다." 하였고, 《漢書》 〈匈奴傳〉에 "가축 중에 많은 것은 말・소・양이고, 기이한 가축은 橐佗・驢・贏・駃騠・騊駼・驒奚이다." 하였는데, 顔師古의 주에, "贏는 노새의 종류로 말이 낳은 것이다."라고 하였다.

幷舊籍民馬하야 其在東者는 給西軍하고 在西者는 給東軍하니 交相往來하야 晝夜絡繹不絶하고 死者狼籍于道라 其亡失多者는 官吏懼하야 或自殺하고 所過蹂踐民田하니 調發牽馬夫役이라 詔河南州縣하야 所貯粮米를 以備大軍호대 不得他用한대 贏馬所至에 當給芻粟而無可給하야 有司以爲請하니 金主曰 此方比歲에 民間儲蓄尙多하고 今禾稼滿野하니 贏馬可就牧田中이라 借令再歲不穫이라도 亦何傷乎아하다

이에 나라 안에 소란이 생기고 도적이 벌 떼처럼 일어나 큰 도적은 城邑을 연이어 점거하고 작은 도적은 山澤을 차지하였는데, 도적의 일에 대해 보고하는 사람이 있으면 해릉은 문득 刑杖을 쳐서 관직에서 파출하였으니, 이로 말미암아 신하들이 누구도 감히 말하지 못하였다

於是에 國內騷然하고 盜賊蠭起하야 大者連城邑하고 小者保山澤이어늘 有以賊盜事聞者면 金主輒杖而黜其官하니 由是로 群臣不敢言이라

50-2-24

8월에 徒單太后가 해릉이 南侵하려 한다는 소식을 듣고 자주 말로 간하니, 해릉이 불쾌하여 늘 도단태후를 알현하고 환궁할 때마다 반드시 화를 내었는데, 사람들은 그 이유를 알지 못하였다. 그러다가 汴京에 도착하여 도단태후가 寧德宮에 거처할 때 侍婢 高福娘으로 하여금 해릉의 안부를 묻게 하니 해릉은 그녀를 총애하여 동침한 후 인하여 그녀로 하여금 도단태후의 동정을 감시하게 하였는데, 무릇 도단태후의 행동은 크고 작은 일을 막론하고 고복랑의 남편 特末哥가 고복랑으로 하여금 말을 부풀리고 꾸며서 보고하게 하였다.

○ 八月에 徒單后聞金主欲南侵하고 數以言諫之하니 金主不悅하야 每謁見還宮에 必忿怒어늘 人不知其故라 及至汴하야 后居寧德宮에 使侍婢高福娘으로 問金主起居하니 金主幸之하고 因使伺后動靜이어늘 凡后所爲는 事無大小히 福娘夫特末哥가 敎福娘增飾其言하야 以聞이라

契丹이 반란을 일으켜 樞密使 僕散忽土로 하여금 가서 토벌하게 하였을 때 그가 도단태후에게 하직 인사를 드리니, 도단태후가 말하기를, "국가가 대대로 上京에 거주하였는데, 이미 中都로 옮기고 나서 지금 또 汴京으로 옮겼다. 그렇게 하고도 다

시 군사를 일으켜 長江과 淮河를 건너 宋나라를 정벌하려고 함으로써 중국을 피폐하게 만들었다. 그러므로 내가 일찍이 간언하여 만류하였으나 듣지 않았다. 그런데 거란에 대한 일이 다시 이와 같이 되고 말았으니, 어찌한단 말인가?"라고 하였는데, 고복랑이 이 말을 해릉에게 보고하였다. 그러자 해릉은 속으로 생각하기를, '도단태후가 일찍이 鄭王 完顔充을 양육하여 자신의 아들로 삼았고 완안충의 아들 네 명이 모두 장성하였으니, 복산홀토가 군사를 거느리고 외부에 있으면 혹 달리 도모하여 반역을 꾀하는 일이 있을 수 있다.'라고 염려하여, 이에 點檢 大懷忠 등을 불러 도단태후를 시해하게 하고 또 도단태후의 좌우에 있는 몇 사람을 지명하여 모두 죽이게 하였다.

及契丹反하야 樞密使僕散忽土往討에 辭謁后하니 后謂曰 國家世居上京이어늘 旣徙中都하고 今又至汴이러니 復將興兵하야 涉江淮伐宋하야 疲弊中國이라 我嘗諫止之나 不見聽也러니 契丹事復如此하니 柰何오한대 福娘以告金主하니 金主意謂后嘗養鄭王充爲己子하고 充四子皆成立하니 恐忽土將兵在外면 或有異圖라하야 乃召點檢大懷忠等하야 使弑后하고 且指名后左右數人하야 皆令殺之라

도단태후가 바야흐로 樗蒲 놀이를 하고 있을 때 대회충 등이 이르러 도단태후로 하여금 무릎을 꿇고 조서를 받게 하니, 도단태후가 깜짝 놀라 堂下로 내려가 무릎을 꿇으려고 하였다. 그때 尙衣局使 虎特末이 뒤에서 가격하니 도단태후는 쓰러졌다가 다시 일어나기를 두 번 거듭하였다. 고복랑 등이 도단태후를 목매 죽이고 아울러 그녀의 곁에 있던 사람 몇 명을 죽이니, 해릉이 도단태후를 궁중에서 불태워 뼈를 강물에 버리라고 명하였다. 아울러 鄭王 完顔充의 아들 完顔檀奴와 完顔阿里白 등 세 사람을 죽이게 한 다음 마침내 복산홀토 등을 소환하여 모두 죽이게 하였는데, 그렇게 하고 나서 고복랑을 勛國夫人에 봉하고 特末哥를 澤州刺史로 임명하였으며, 또 尙書令 張浩와 左丞相 蕭玉이 宋나라를 정벌하는 일에 대해 간언하였다는 이유로 刑杖을 친 후 석방하였으니, 이때부터 누구도 감히 간언하는 자가 없었다.

后方樗蒲에 懷忠等至하야 令后跪受詔하니 后愕然하야 方下跪할새 尙衣局使虎特末이 從後擊之하니 仆而復起者再라 高福娘等이 縊殺之하고 幷殺其左右數人하니 金主命焚后于宮中하야 棄骨于水라 幷殺鄭王充之子檀奴阿里白等三人하고 遂召忽土等還하야 皆殺之러니 封高福娘하야 爲勛國夫人하고 以特末哥로 爲澤州刺史하고 又以尙書令張浩와 左丞相蕭玉諫伐宋으로 杖而釋之하니 自是로 莫有敢諫者矣라

50-2-25

9월에 해릉이 대대적으로 병력을 동원하여 南侵을 단행하였다. 여러 道의 군사를 나누어 32軍으로 편성하였는데, 軍마다 總管을 두고 左右領軍大都督 및 三道都統制府를 설치하여 총괄하게 하였다. 여러 장수를 불러 方略을 알려주고 尙書省에서 연회를 베풀어주었는데, 해릉이 軍服 차림으로 말에 올라 軍裝을 갖추고 출발하니 妃嬪들이 모두 뒤를 따랐다. 전쟁에 나선 군사의 수는 60만이었는데 1백만이라고 불렀으니, 氈帳[56]이 즐비하게 늘어서고 징소리와 북소리가 끊이지 않았다

○ 九月에 金主大擧南侵이라 分諸道兵하야 爲三十二軍한대 軍置總管하고 置左右領軍大都督 及三道都統制府以總之라 召諸將授方略하고 賜宴于尙書省한대 金主戎服乘馬하야 具裝啓行하니 妃嬪皆從이라 衆六十萬이어늘 號百萬하니 氈帳相望하고 鉦鼓之聲不絶이라

50-2-26

10월에 和州로 들어갔는데, 梁山의 濼水가 말라서 이전에 건조한 戰艦이 나아갈 수 없었다. 이에 李通으로 하여금 다시 배를 건조하도록 하였는데, 독촉이 가혹하고 급박하여 장교와 사졸이 밤낮으로 휴식할 수 없었다. 성안에 거주하는 백성들의 가옥을 훼철하여 재목으로 사용하고, 죽은 사람의 지방을 끓여 기름으로 사용하였다.

○ 十月에 入和州어늘 以梁山濼水涸하야 先所造戰船不得進하니 命李通更造船한대 督責苛急하야 將士日夜不得休息이라 壞城中民居하야 以爲材木하고 煮死人膏하야 爲油用之라

50-2-27

采石에 도착하여 해릉이 군사를 지휘하여 강을 건너게 하자, 宋나라에서는 虞允文과 李顯忠 등을 보내어 海鰌船[57]으로 맞아 공격하였는데 군사들이 자못 죽기를 각오하고 싸웠다. 이에 만여 척의 배가 침몰하였는데, 패배하여 돌아와 언덕으로 올라오는 군사를 해릉은 모두 죽였다.

56) 氈帳 : 毛氈으로 만든 帳幕을 말한다.
57) 海鰌船 : 소형 戰船을 말한다.

○ 至采石하야 金主麾衆渡江하니 宋遣虞允文李顯忠等하야 用海鰌船迎擊한대 士殊死戰이라 舟沈溺者萬數어늘 軍回上岸者를 金主皆殺之라

50-2-28

해릉이 瓜洲에 이르러 龜山寺에 머물러 있을 때 〈宋나라의〉 虞允文이 楊存中과 함께 江邊에서 배의 성능을 시험하되, 戰士에게 명하여 車船[58]의 槳片을 밟아 中流에서 오르내리게 하고 金山을 세 바퀴 돌게 하였는데, 왕래하며 회전하는 속도가 새가 나는 듯이 신속하였다. 이에 해릉의 군사들이 활시위를 팽팽하게 당긴 채[59] 기다리고 있다가 서로 쳐다보면서 깜짝 놀라니, 해릉이 웃으며 이르기를, "〈송나라의 軍船은〉 종이배일 뿐이다." 하였는데, 한 장수가 꿇어앉아 아뢰기를, "南軍(송나라 군대)은 방비가 잘 갖추어져 있으니, 경시해서는 안 됩니다. 원컨데, 揚州에 주둔하였다가 천천히 진격하여 공격할 방도를 도모하소서." 하니, 해릉이 노하여 刑杖 50대를 쳤다.

그런 다음 여러 장수를 불러 기약하기를, "3일 내에 강을 건너야 한다. 그렇지 않을 경우에는 전부 죽일 것이다." 하였는데, 驍騎[60] 高僧이 자신의 黨與들을 꾀여 도망치려고 하다가 일이 발각되었다. 그러자 해릉이 군사들에게 명하여 칼로 그를 난도질하게 한 다음 이에 명령을 내리기를, "군사가 도망한 경우에는 蒲里衍[61]을 죽이고, 포리연이 도망한 경우에는 謀克을 죽이고, 모극이 도망한 경우에는 猛安을 죽이고, 맹안이 도망한 경우에는 總管을 죽이겠다." 하니, 이로 말미암아 군사들이 더욱 두려워하였다.

○ 至瓜洲하야 居于龜山寺할새 虞允文與楊存中臨江按試호대 命戰士踏車船하야 中流上下하고 三周金山하니 回轉如飛하니 軍士持滿以待라가 相顧駭愕이어늘 金主笑曰 紙船耳라한대 有一將跪奏 南軍有備하니 不可輕이라 願駐揚州라가 徐圖進取라하니 金主怒하야 杖之五十하고 召諸將하야 約以三日濟江하니 否則盡殺之라한대 驍騎高僧이 欲誘其黨以亡이라가 事覺하니 金主命衆刃剉之하고 乃下令호대 軍士亡者는 殺其蒲里衍하고 蒲里衍亡者는 殺其謀克하고 謀克亡者는 殺其猛安하고 猛安亡者는 殺其總管이라하니 由是로 軍士益危懼라

58) 車船 : 槳輪船으로, 배 양쪽에다 바퀴를 설치하고 바퀴 위에 槳片을 달아 사람이 바퀴를 발로 밟으면 槳輪이 움직여 전진하게 만든 배를 말한다.
59) 활시위를……채 : 원문의 '持滿'은 화살을 쏘기 위해 활시위를 힘껏 당기는 것을 말한다.
60) 驍騎 : 武官의 관명이다.
61) 蒲里衍 : 金나라 군대 편성 단위에서 謀克의 副長을 蒲里衍이라 하였다.

50-2-29

11월에 浙西兵馬都統制 完顔元宜 등의 군대가 반란을 일으켜 해릉이 이들을 만나 시해되어 죽었으니, 재위 기간은 13년이고 향년은 40세였다.

○十一月에 浙西兵馬都統制完顔元宜等軍反하야 金主遇弑崩하니 在位十三年이요 年四十이라

해릉은 늘 본심과 외모를 꾸며 가식적으로 신하들을 다스렸으니, 尙食官[62]이 올린 거위 고기를 물리치며 검소함을 보였으나 사냥을 나가 幕次에 주둔할 때는 불시에 요구하였으므로, 거위 한 마리나 메추라기 한 마리를 민간에서는 혹 수만 錢에 팔기도 하여 소 한 마리를 메추라기 한 마리와 바꾸는 일도 있었다. 혹 낡은 이불을 뒤집어 입고 近臣들에게 보이기도 하였고, 혹 기운 옷을 입고 記注官으로 하여금 보게 하기도 하였으며, 혹 군사들이 먹는 묵은 쌀로 지은 밥을 가져다 尙食과 함께 올리게 한 다음 먼저 군사들이 먹는 밥을 거의 다 먹기도 하였고, 혹 백성들의 수레가 진흙 속에 빠진 것을 보면 衛士들로 하여금 내려서 수레를 끌게 한 다음 수레가 빠져나오기를 기다린 뒤에 가기도 하였다.

근신들과 평소 담론할 때마다 옛날 어진 군주의 일을 인용하여 스스로 비유하였고, 大臣들을 공개적으로 책망하며 그들에게 직언을 하도록 하였는데, 張仲軻로 하여금 諫官이 되게 하였지만 祁宰는 마침내 直諫을 하였다는 이유로 죽였다. 여러 소인배들과 가까이 어울리며 관직 제수와 賞罰에 일정한 법도가 없었고, 좌우의 신료 가운데 권원이 있을 때에 어떤 사람이 혹 자신의 이름을 부르며 칭송하면 바로 높은 품계의 관직을 제수하였으며, 항상 황금을 이불 속에 넣어두었다가 자신을 기쁘게 하는 사람이 있으면 직접 가져가게 하였다. 음란하고 여색을 밝혀서 골육을 가리지 않았고, 형벌을 내려 죽일 때에는 죄의 유무를 따지지 않았다. 말이나 소를 부리는 것처럼 백성들을 부려 힘이 다하게 하였고, 보잘것없는 물건을 쓰는 것처럼 재물을 허비하였으며, 國庫를 텅 비게 하면서 남의 나라를 도모하다가 마침내 실패하기에 이르렀다. 大定 2년(1162)에 海陵郡王으로 강등되어 시호를 煬이라 하였다가 후에 다시 海陵庶人으로 강등되었고, 山陵 서남쪽 40리 지점에 改葬되었다.

62) 尙食官 : 帝王의 膳食을 담당하는 관원이다.

金主는 每飾情貌하야 以御臣下하니 却尙食進鵝以示儉이나 及游獵頓次에 不時需索(색)이라 一鵝一鶉을 民間或用數萬售之하야 有以一牛易一鶉者라 或以弊衾覆衣하야 以示近臣하고 或服補綴하야 令記注官見之하고 或取軍士陳米飯하야 與尙食同進하야 先食軍士飯幾盡하고 或見民車陷泥澤이면 令衛士下挽하야 俟車出然後行이라 與近臣燕語에 輒引古昔賢君以自況하고 顯責大臣하야 使進直言한대 使張仲軻爲諫官이나 而(祈)〔祁〕[63]宰이 竟以直諫死라 比昵群小하야 官賞無度하고 左右有曠僚者에 人或以名呼之면 卽授以顯階라 常置黃金裀褥間이라가 有喜之者어든 令自取之하고 而淫嬖하야 不擇骨肉하고 刑殺호대 不問有罪라 殫民力을 如馬牛하고 費財用을 如土苴며 空國以圖人國하야 遂至於敗라 大定二年에 降封爲海陵郡王하고 謚曰煬이러니 後에 又降爲海陵庶人하고 改葬于山陵西南四十里하다

50-2-30

史臣은 다음과 같이 논하였다.

"해릉은 지혜는 諫言을 막을 만하고 언변은 허물을 꾸밀 만하였다. 군주가 되고자 하면 그 임금을 시해하고 나라를 정벌하고자 하면 그 어머니를 살해하였으며 남의 아내를 빼앗고자 하면 그녀로 하여금 자기 남편을 죽이게 하였으니, 三綱이 끊어진 것이다. 어느 겨를에 다른 일을 논할 수 있겠는가? 심지어 宗親을 屠戮하여 없애고 충성스럽고 어진 신하들을 베어 죽였으며 며느리와 시어머니 및 누이와 여동생을 모두 후궁으로 들이고 바야흐로 32總管의 군대를 가지고 천하를 통일하고자 도모하였는데, 마침내 戾氣가 感應하여 그 자신이 악행으로 말미암아 생을 마치고 천하 후세 사람들로 하여금 부도한 군주를 일컬을 때 해릉을 첫 손가락에 꼽게 하였으니, 어찌 경계하지 않을 수 있겠는가? 경계하지 않을 수 있겠는가?"

史臣論曰 海陵은 智足以拒諫하고 言足以飾非라 欲爲君則弑其君하고 欲伐國則弑其母하며 欲奪人之妻則使之殺其夫하니 三綱絶矣라 何暇他論이리오 至於屠滅宗族하고 翦刈忠良하며 婦姑姊妹를 盡入嬪御하고 方以三十二總管之兵으로 圖一天下러니 卒之戾氣感召하야 身由惡終하야 使天下後世로 稱無道主에 以海陵爲首하니 可不戒哉아 可不戒哉아

63) (祈)〔祁〕: 저본에는 '祈'로 되어 있으나, ≪金史≫ 권83 〈祁宰列傳〉에 의거하여 '祁'로 바로잡았다.

元나라

順帝[64)]

50-3-1

順帝는 諱가 妥懽帖睦爾이고 姓은 奇渥溫氏이니, 明宗[65)]의 長子이다. 母后는 罕祿魯氏이니, 명종이 周王이 되어 朔北에 있을 때 그 땅을 지나다 맞아들여 순제를 낳았다. 처음에 순제는 文宗[66)]에게 참소를 당하여 廣西로 옮겨 살았다. 그러다가 寧宗[67)]이 崩御하였을 때 靜江에서 순제를 맞이하였는데, 순제가 이르러 上都에서 즉위하였다.

順帝는 諱妥懽帖睦爾요 姓奇渥溫氏니 明宗之長子라 母는 罕祿魯氏니 明宗이 爲周王하야 居朔北할새 過其地納之하야 生帝라 初에 帝被讒於文宗하야 移居廣西러니 寧宗崩에 迎帝於靜江한대 帝至하야 卽位于上都라

50-3-2

元統 원년(1333) 여름 6월의 일이다. 순제가 즉위한 뒤에 명종이 가까이하던 신

---

64) 順帝 : 元나라 마지막 황제로, 이름은 妥懽貼睦爾이고, 明宗의 맏아들이다. 至順 3년(1332)에 文宗과 寧宗이 연이어 세상을 떠나자 영종의 뒤를 이어 즉위하였다. 연희와 환락에 빠져 정치를 돌보지 않았다. 황태자와 정권을 다투어 각기 외부 원조 세력과 결탁하자 內戰이 발발하였는데, 朱元璋이 이 틈을 타 남방 지역을 손에 넣고 北伐을 단행하였다. 1368년 明나라 군대가 大都를 압박하자 북쪽 應昌으로 달아났다가 2년 뒤 병사했다. 묘호는 惠宗인데, 명나라에서 순제란 호를 더해주었다.

65) 明宗 : 武宗의 長子이다. 무종이 죽은 뒤에 무종의 同母弟인 仁宗이 즉위하여 자기의 장자인 英宗을 황태자로 삼고 명종을 周王에 봉하여 雲南에 出鎭하게 하자, 명종이 자기를 따르는 신하들과 무종의 舊臣을 규합하여 關中의 군대로 叛旗를 들었으나 실패하였다. 그 후 晉宗이 죽은 뒤에 명종의 아우인 文宗이 大都에 웅거하면서 영접하여 황제의 자리에 등극하게 하였는데, 재위 8개월 만에 순행 도중에 독살당하였다. 元나라 마지막 황제인 順帝는 명종의 장자이다.

66) 文宗 : 明宗의 동생으로, 이름은 圖帖睦爾이다. 泰定帝 때 懷王에 봉해지고, 致和 원년(1328) 태정제가 죽은 뒤 燕鐵木兒 등이 옹립했는데, 연호를 天曆으로 고쳤다. 다음 해에 형 명종에게 양위하고 황태자가 되었는데, 얼마 뒤 연철목아가 명종을 독살하자 다시 등극한 후 연호를 至順으로 고쳤다. 연철목아를 右丞相에 앉히고 左丞相은 두지 않았다. 陝西와 雲南 등지에서 발생한 宗王의 반란을 진압하였으며, ≪經世大典≫을 편찬하였다. 몽고어로는 札牙篤皇帝라 한다.

67) 寧宗 : 元나라 10대 황제로, 이름은 懿璘質班이다 明宗의 차남이다. 문종이 형의 아들을 자신의 후계자로 삼으라고 유언을 남겼기 때문에 즉위하였다고 한다. 즉위한 뒤에 2달 만에 사망하고 그의 형 惠宗이 즉위하였다.

하 阿魯輝帖木兒라는 자가 순제에게 말하기를, "천하의 일은 중대하니 마땅히 재상에게 위임하여 결정하게 하면 거의 성공을 구할 수 있을 것입니다. 그러나 만일 직접 政事를 듣고 결단하신다면 반드시 惡名을 떠맡게 될 것입니다." 하니, 순제가 그의 말을 믿었는데, 이로 말미암아 궁중에 깊이 거처하면서 매사를 직접 처리하는 일이 없었다.

○ 元統元年夏六月이라 帝旣卽位에 阿魯輝帖木兒者는 明宗之親臣也라 言於帝曰 天下事重하니 宜委宰相決之면 庶可責其成功이라 若躬自聽斷이면 必負惡名이라하니 帝信之어늘 由是로 深居宮中하야 每事를 無所專焉이라

50-3-3

처음에 唐其勢가 반역을 도모하다가 사로잡혀 殿閣의 기둥을 부여잡고 기둥이 부러져도 기꺼이 나가려 하지 않았다. 〈그때 그의 아우〉 塔剌海가 달아나 皇后 伯牙吾氏의 자리 밑에 숨자 황후가 옷으로 덮어 가렸는데, 좌우의 사람들이 끌어내어 참수하니 피가 황후의 옷에 뿌려졌다. 伯顔이 사람으로 하여금 황후까지 아울러 체포하게 하니, 황후가 큰 소리로 황제를 부르며 말하기를, "폐하 나를 구해주소서." 하였는데, 순제가 이르기를, "너희 형제[68]가 반역을 하였으니, 어찌 구해줄 수 있겠는가?" 하고, 이에 황후를 출궁하게 하였다가 얼마 후 開平의 民家에서 독살하게 하였다.

○ 初에 唐其勢謀不軌被擒하야 攀折殿檻不肯出에 塔剌海走匿皇后伯牙吾氏坐下어늘 后蔽之以衣한대 左右曳出斬之하니 血濺后衣라 伯顔이 使人幷執后하니 后呼帝曰 陛下救我라한대 帝曰 汝兄弟爲逆하니 豈能相救耶아 乃遷后出宮이라가 尋酖之於開平民舍라

50-3-4

至元 2년(1336) 봄 3월에 누대에 걸쳐 황제가 입던 珠衣와 七寶項牌를 백안에게 하사하였다.

○ 二年春三月에 以累朝御服珠衣七寶項牌로 賜伯顔라

68) 너희 형제 : 唐其勢가 황후의 오빠이고 塔剌海가 황후의 동생이었기 때문에 그렇게 말한 것이다.

50-3-5

至元 3년(1337) 봄 정월에 순제가 柳林에서 사냥한 것이 모두 35일이었다.

○ 三年春正月에 帝獵於柳林이 凡三十五日이라

50-3-6

至元 5년(1339) 겨울 12월에 백안이 郯王의 죄를 날조하여 모함한 다음 賜死하도록 上奏하였을 때 순제가 윤허하지 않았는데도 도리어 御旨를 전하여 형벌을 시행하였고, 다시 宣讓王과 威順王의 貶斥을 상주한 다음 御旨를 기다리지 않고 형벌을 시행하였으니, 순제가 더욱 분노하였다.

○ 五年冬十二月에 伯顔搆陷郯王하고 奏賜死에 帝未允이어늘 輒傳旨行刑하고 復奏貶宣讓威順二王하고 不待旨而行刑하니 帝益忿之라

50-3-7

至元 6년(1340) 여름 6월에 文宗의 廟主를 毁撤하였고 太皇太后를 東安州로 옮겨 安置하였으며 太子 燕帖古思를 高麗로 추방하였다.

○ 六年夏六月에 撤文宗廟主하고 徙太皇太后於東安州安置하고 放太子燕帖古思於高麗하다

50-3-8

겨울 11월에 哈麻와 禿魯帖木兒 등이 은밀하게 순제에게 西域의 승려를 進獻하여 방 안에서 運氣術을 행하게 하고 그 방술의 이름을 演揲兒法이라 하였는데, 演揲兒法이란 漢語로 매우 즐겁다는 뜻이다. 또 西番[69]의 승려 善秘의 密法을 進獻하였는데, 순제가 모두 익혔다.

○ 冬十一月에 哈麻及禿魯帖木兒等이 陰進西(北)〔天〕[70]僧於帝하야 行房中運氣之術하고 號演揲兒法한대 演揲兒法者는 華言大喜樂也라 又進西番僧善秘密法한대 帝皆習之라

---

69) 西番 : 티베트를 비롯하여 중앙아시아 등지의 西域을 총칭하는 말이다.

70) (北)〔天〕 : 저본에는 '北'으로 되어 있으나, ≪元史≫ 권43 〈順帝本紀〉에 의거하여 '天'으로 바로잡았다.

50-3-9

순제는 內苑에다 龍船을 만들게 하고 內官인 供奉少監 塔思不花에게 위임하여 工役을 감독하게 하였는데, 순제가 직접 그 모양을 설계하였다. 배는 앞뒤의 길이가 120尺이고 너비가 20尺이었는데, 앞에는 기와를 이고 발을 친 船室 및 穿廊과 두 개의 暖閣[71]을 만들고 뒤에는 殿閣 형식으로 지은 防禦 樓臺를 세웠다. 龍身은 殿宇와 아울러 모두 五彩의 金으로 장식하였는데 앞에는 두 개의 발톱이 있었고, 배 위에는 24인의 선원이 있었는데 몸에는 자줏빛 적삼을 입고 金荔枝帶(금으로 장식된 요대)를 띠고 四帶頭巾을 두른 채 배의 양쪽 아래에서 각각 상앗대를 하나씩 잡고 있었다. 〈이렇게 만든 용선을 띄워〉 後宮에서 前宮의 산 아래 海子 안까지 왕래하며 유희를 즐겼는데, 용선이 나아갈 때는 용의 머리와 눈 및 발톱과 꼬리가 모두 움직였다.

○ 帝於內苑에 造龍(舡)〔船〕[72]하고 委內官供奉少監塔思不花監工한대 帝自製其樣이라 (舡)〔船〕首尾長一百二十尺이요 廣二十尺이니 前瓦簾棚穿廊兩暖閣하고 後(五)〔吾〕[73]殿樓子라 龍身幷殿宇用五彩金粧하니 前有兩爪하며 上用水手二十四人하니 身衣紫衫金荔(려)枝帶四帶頭巾하고 於(舡)〔船〕兩傍下에 各執篙一이라 自後宮至前宮山下海子內하야 往來游戲하니 行時龍首에 眼口爪尾皆動이라

50-3-10

또 스스로 宮漏를 만들었는데, 대략적인 높이는 6, 7척이고 너비는 높이의 절반이었다. 나무로 궤짝을 만들고 그 속에 여러 개의 壺를 보이지 않게 넣은 다음 물을 넣고 빼서 아래위로 오르내리게 하였다. 궤짝 위에는 西方의 三聖殿을 설치하고 궤짝 허리에는 玉女가 시계 바늘을 받들고 서 있다가 시각이 되면 문득 물 위에 떠오르게 하였다. 좌우에는 金甲을 입은 두 명의 神人이 도열하게 하되 하나에는 종을

71) 暖閣 : 큰 방과 벽으로 격리되어 있으면서 문을 통해 연결된 작은 방으로, 난로를 설치하여 따뜻하게 한 곳, 또는 난로가 설치된 작은 전각을 가리킨다.

72) (舡)〔船〕: 저본에는 '舡'으로 되어 있으나, ≪元史≫ 권43 〈順帝本紀〉에 의거하여 '船'으로 바로잡았다. 아래도 같다.

73) (五)〔吾〕: 저본에는 '五'로 되어 있으나, ≪元史≫ 권43 〈順帝本紀〉에 의거하여 '吾'로 바로잡았다.

매달고 하나에는 징을 매달아 밤이면 神人이 저절로 시각을 살펴 종과 징을 치게 하였는데 시각이 조금도 어긋나지 않았으며, 종과 징이 울릴 때에는 옆에 있는 사자와 봉황이 날며 춤을 추었다. 궤짝 동쪽과 서쪽에는 日宮과 月宮이 있고 飛仙 6인이 궁 앞에 서 있었는데, 子時와 午時가 되면 飛仙이 스스로 짝을 맞추어 나아가서 仙橋를 건너 三聖殿까지 갔다가 이윽고 다시 물러나 먼저 있었던 대로 서 있었다. 〈이 궁루의 제도는〉 그 정교함이 매우 빼어나서 사람들이 말하기를 前代에도 드문 것이라고 하였다.

○ 又自製宮漏한대 約高六七尺이요 廣半之니 造木爲匱하고 陰藏諸壺(中)[74]其中하야 運水上下라 匱上에 設西方三聖殿하고 匱腰에 立玉女捧時刻籌라가 時至에 輒浮水而上이라 左右에 列〔二〕[75]金甲神人호대 一懸鐘하고 一懸鉦하야 夜則神人이 自能按更而擊한대 無分毫差하고 當鐘鉦之鳴에 獅鳳在(前)〔側〕[76]者皆翔舞라 匱之東西에 有日月宮하고 飛僊六人이 立宮前한대 遇子午時면 飛僊이 自能耦進하야 度僊橋하야 達三聖殿이라가 已而復退立如前이라 其精巧絶出하니 人謂前代罕有라하다

50-3-11

또 궁녀 三聖奴, 妙樂奴, 文殊奴 등 16인으로 춤을 만들고 이름을 '十六天魔舞'라 하였는데, 머리에는 머리칼을 몇 가닥으로 땋아 늘어뜨리고 象牙佛冠을 썼으며, 몸에는 纓絡[77]과 大紅綃金長短裙 및 金雜襖와 雲肩과 合袖天衣와 綬帶鞋襪을 착용하고 각각 加巴剌般器를 손에 쥐었는데, 안에 있는 한 사람이 鈴杵[78]를 잡고 음악을 연주하였다. 또 궁녀 11인은 練槌髻과 勒帕 차림에 평상복을 입었는데, 어떤 사람은 唐帽와 窄衫을 입기도 하였으며, 음악을 연주하는 악기는 龍笛·頭管·小鼓·箏·蓁·琵琶·笙·胡琴·響板·拍板을 사용하였다. 그렇게 구성한 다음 宦者 長安迭不花로 하여금 관장하게 하여 궁중에 가서 讚佛할 때가 되면 춤을 추며 음악을 연주하게 하였는데, 宮官은 祕密戒를 받은 사람이라야 들어갈 수 있었고 그 외에는 참여할 수

74) (中) : 저본에는 '中'이 있으나, ≪元史≫ 권43 〈順帝本紀〉에 의거하여 삭제하였다.
75) 〔二〕 : 저본에는 '二'가 없으나, ≪元史≫ 권43 〈順帝本紀〉에 의거하여 보충하였다.
76) (前)〔側〕 : 저본에는 '前'으로 되어 있으나, ≪元史≫ 권43 〈順帝本紀〉에 의거하여 '側'으로 바로잡았다.
77) 纓絡 : 구슬을 꿴 관의 장식품이다.
78) 鈴杵 : 자루를 金剛杵로 만든 방울로, 승려나 도사가 가지고 다니는 악기의 일종이다.

없었다. 순제는 재위 기간이 36년이고 향년이 51세였다.

○ 又以宮女三聖奴妙樂奴文殊奴等一十六人按舞하고 名爲十六天魔라한대 首垂髮數辮하고 戴象牙佛冠하며 身被纓絡大紅綃金長短裙金雜襖雲肩合袖天衣綬帶鞋韈하고 各執加巴剌般之器한대 內一人執鈴杵奏樂이라 又宮女一十一人은 練槌髻勒帕常服한대 或用唐帽窄衫하고 所奏樂은 用龍笛頭管小鼓箏纂琵琶笙胡琴響板拍板하고 以宦者長安迭不花管領하야 遇宮中讚佛則按舞奏樂한대 宮官受祕密戒者得入하고 餘不得預라 帝는 在位三十六年이요 享年五十一이라

大明 太祖 高皇帝(朱元璋)가 순제에 대해 "天命에 순종할 줄 알아 물러나 피하여 떠났다.'라고 하며 특별히 '順帝'라는 廟號를 더해주었다.

大明太祖高皇帝가 以帝知順天命退避而去라하야 特加其號曰順帝라

50-3-12

史臣은 다음과 같이 논하였다.

"순제는 성품이 유약하고 과단성이 부족하였다. 奸臣 伯顔과 哈麻가 서로 연이어 권력을 농단하는 바람에 조정이 날로 혼란해졌고, 이로부터 群盜가 봉기하여 彌勒佛이라 칭하면서 治世에 興亡을 거듭하였다. 조정에서 장수에게 명을 내렸지만 이들은 스스로 원수와 역적이 되어 해마다 서로를 공격하였고, 순제는 다시 이를 깨닫지 못한 채 西域의 승려를 맞이하여 運氣術을 행하고 궁녀들을 가르쳐 天魔舞를 추게 하였다. 政事를 돌보지 않고 음란하게 놀고 즐기다가 群雄이 割據하여 稱帝하고 稱王하는 시대를 초래하였고, 이 시기가 거의 30년간 이어진 뒤에 천운이 大明에 귀속되어 四海와 九州와 六合이 다시 一統으로 돌아가게 하였다."

史臣論曰 帝性柔弱少斷이라 奸臣伯顔哈麻 相繼弄權에 朝政日紊하고 自後로 群盜蠭起하야 稱彌勒佛하야 治世迭興迭滅이라 朝廷命將이나 自爲仇敵하야 連年攻擊하고 帝復不悟하야 迎西僧하야 行運氣之術하고 教宮女하야 作天魔之舞하니 不恤政事하고 荒於淫樂이라가 致群雄割據하야 稱帝稱王하고 垂三十年에 曆數屬于大明하야 四海九州六合이 復歸于一統矣라

附 錄

〔附錄 1〕- 索引

〔附錄 2〕- 參考資料

索 引

索引凡例

1. 색인의 대상

본서의 색인은 ≪譯註 歷代君鑑≫(全4冊)의 原文을 대상으로 하였다.

2. 색인의 종류

1) 색인은 〈綜合索引〉을 작성하였다.

3. 색인 작성 방법

1) 索引語

(1) 색인어는 人名, 官職, 地名, 書名, 國名, 篇名 등의 고유명사와 주요 用語, 故事 등을 중심으로 추출하였다.

(2) 해당 색인어의 변별력을 높이고 내용을 전달하기 위하여 官職, 爵位, 地名, 國名, 書名, 篇名, 年號, 建物 등의 부가 정보를 ( ) 안에 표기하였다.

예) 中書令(官) 武進伯(爵) 廣化里(地) 龜玆(國)

書經(書) 康誥(篇) 建光(年號) 太極殿(建物)

(3) 人名, 國名, 地名, 書名 등의 경우 일반적으로 통용되는 名稱을 대표 색인어로 설정하고 異稱, 略稱, 別稱 등을 추출하여 상호 참조하게 하였다. 다만 제시된 인명이 이름이나 姓의 略稱으로 쓰인 경우에는 完稱을 색인어로 추출하였다.

예) 太公望→呂尚(周) 呂尚(周)←師尚父, 尚父, 呂望, 太公, 太公望

唐→南唐(五代 國) 南唐(五代 國)←唐, 江南

洛邑→洛陽(地) 洛陽(地)←東京, 東都, 洛, 洛邑, 雒陽, 成周

易→周易(書) 周易(書)←易

2) 人名

(1) 人名의 경우 ( ) 안에 國名을 기입하여 인물의 구별을 容易하게 하였다. 국명만으로 불확실한 경우에는 시대명도 같이 표시하였다.

예) 元暉業(北齊)　　劉龑(五代 南漢)　　王弘(南朝 宋)

(2) 人名이 2인 이상 合稱으로 쓰인 경우 색인어를 따로 뽑아서 상호 참조하게 하였다. 또 아래 '三楊'처럼 여러 사람을 별칭으로 표기한 경우 역시 따로 뽑았다. 다만 堯舜의 경우 시기나 성현의 나타내는 경우가 많으므로 따로 뽑지 않았다.

예) 貢薛韋匡→貢禹(西漢), 薛廣德(西漢), 韋賢(西漢), 匡衡(西漢)
貢禹(西漢)←貢薛韋匡
三楊→楊駿(西晉), 楊珧(西晉), 楊濟(西晉)　　楊駿(西晉)←三楊

(3) 人名의 從屬項目은 인물 간의 관계, 問答, 行跡, 官爵, 著書, 評價, 관련된 事件이나 故事 등을 추출하여 참조하게 하였다. 동일한 색인어는 '——'를 사용하여 생략하였다.

예) 朱熹(南宋)←朱呂, 朱, 周程張朱
—— 大學章句(書)
—— 論語集註(書)
—— 孟子集註(書)
—— 白鹿洞學規(書)
—— 崇道觀
—— 信國公(爵)
—— 安貧樂道廉退 可嘉
—— 從祀孔子廟廷
—— 朱在(子)

2) 官爵

(1) 官爵의 從屬項目은 해당 관작에 관련된 인물을 추출하였다.

예) 侍中(官)
—— 敬暉(唐)
—— 孔安國(西漢)
—— 金敞(西漢)
—— 盧珽(西晉)

3) 書名

(1) 書名의 경우 '(書)'라고 부기하였으며, 異稱은 함께 추출하여 상호 참조하게 하였다. 다만 ≪詩經≫, ≪書經≫이 '詩', '書'로 표기된 경우 完稱으로 추출하였다.

예) 尙書→書經(書) 書經(書)←尙書

'詩', '書'의 경우 : 詩經(書), 書經(書)

(2) 書名의 從屬項目은 관련 篇名, 인용문인 경우 주요 語彙와 句節을 추출하였다. 어휘와 구절의 경우 ( ) 안에 해당 편명을 표기하였다.

예) 詩經(書)

—— 愷弟君子 民之父母(泂酌)

—— 車攻(篇名)

—— 鷄鳴(篇名)

—— 南山(篇名)

—— 撻彼殷武 奮伐荊楚 罙入其阻 裒荊之旅 有截其所 湯孫之緒(殷武)

—— 文武吉甫 萬邦爲憲(六月)

4) 故事・成語

(1) 본문의 중요한 語彙와 句節을 색인어로 추출하였다. 인용문인 경우 색인어의 종속항목으로 뽑았다.

예) 書經(書)

—— 不作無益害有益 不貴異物賤用物(旅獒)

光武帝(東漢)

—— 明見萬里之外

4. 항목 배열 및 표시

1) 색인어의 배열은 한글 가나다 순서를 따랐으며 두음법칙을 적용하였다.

2) 색인어의 위치는 '冊數-面數'의 형태로 하고, 冊數와 面數는 아라비아숫자로 표기하였으며, 같은 책은 面數가 다른 경우에는 冊數는 생략하고 面數만 ','로 이어 표기하였다.

예) 歐陽脩(北宋)←韓歐 1-350, 2-37, 3-153, 4-197, 218

3) 색인에 사용한 부호는 다음과 같다.

——: 동일한 색인어 생략 표시

→ : 대표 색인어로 나간 표시

← : 대표 색인어로 모아주는 표시

( ): 색인어에 대한 부가정보 표시

, : 面數와 面數 구분, 상호참조 색인어가 둘 이상일 때 구분하는 표시

綜合索引

【ㄴ】

【ㄷ】

【ㅂ】

【ㅅ】

【ㅇ】

【ㅊ】

【E】

【ㅍ】

1. ≪歷代君鑑 4≫ 參考書目

◇ 底本

- ≪歷代君鑑≫, 明 代宗 撰, 朝鮮 木版本 규장각 소장본(奎中 1927)

◇ 底本 관련자료

- ≪歷代君鑑≫, 明 代宗 撰, 四庫全書存目叢書, 影印本, 齊魯書社, 1995.
- ≪歷代君鑑≫, 明 代宗 撰, 日本 內閣文庫 소장본(287-0140, 文政13年(1830) 刊本)

◇ 原典 및 字典類

〔經部〕

- ≪論語集註大全≫, 朱熹(宋) 集註, 胡廣(明) 等 編, 朝鮮 內閣本, 影印本, 學民文化社.
- ≪大戴禮記≫, 戴德(漢) 撰, 盧辯(南北朝) 注, 中華書局, 1985.
- ≪大學章句大全≫, 朱熹(宋) 集註, 胡廣(明) 等 編, 朝鮮 內閣本, 影印本, 學民文化社.
- ≪孟子集註大全≫, 朱熹(宋) 集註, 胡廣(明) 等 編, 朝鮮 內閣本, 影印本, 學民文化社.
- ≪尙書大傳≫, 伏勝(漢) 撰, 鄭玄(後漢) 註, 제68책, 臺灣商務印書館, 1983~1986.
- ≪尙書正義≫, 阮元(淸) 校刻, 十三經注疏(淸 嘉慶刊本), 中華書局, 2009.
- ≪書傳大全≫, 蔡沈(宋) 集傳, 胡廣(明) 等 編, 朝鮮 內閣本, 影印本, 學民文化社.
- ≪說文解字≫, 許愼(後漢) 撰, 文淵閣四庫全書 제223책, 臺灣商務印書館, 1983~1986.
- ≪詩傳大全≫, 朱熹(宋) 集傳, 胡廣(明) 等 編, 朝鮮 內閣本, 影印本, 學民文化社.
- ≪禮記集說大全≫, 陳澔(元) 集說, 胡廣(明) 等 編, 朝鮮 內閣本, 影印本, 學民文化社.
- ≪周禮注疏≫, 鄭玄(後漢) 注, 賈公彦(唐) 疏, 阮元(淸) 校刻, 十三經注疏(淸 嘉慶刊本), 中華書局, 1980.
- ≪周易傳義大全≫, 程頤(宋) 傳, 朱熹(宋) 本義, 胡廣(明) 等 編, 朝鮮 內閣本, 影印本, 學民文化社.

• ≪朱子家禮≫, 朱熹(宋) 撰, 文淵閣四庫全書 제142책, 臺灣商務印書館, 1983~1986.
• ≪春秋經傳集解≫, 左丘明(周) 傳, 杜預(晉) 註, 林堯叟(宋)·朱申(宋·元) 附註, 朝鮮 金屬活字本(戊申字), 影印本, 保景文化社.
• ≪春秋公羊傳注疏≫, 何休(後漢) 註, 徐彦(唐) 疏, 北京大學出版社, 2000.
• ≪韓詩外傳≫, 韓嬰(漢) 撰, 文淵閣四庫全書 제89책, 臺灣商務印書館, 1983~1986.

〔史部〕

• ≪建康實錄≫, 許嵩(唐) 撰, 文淵閣四庫全書 제370책, 臺灣商務印書館, 1983~1986.
• ≪景定建康志≫, 周應合(宋) 撰, 文淵閣四庫全書 제488~489책, 臺灣商務印書館, 1983~1986.
• ≪古今歷代標題註釋十九史略通攷≫, 曾先之(元) 編, 余進(明) 通攷, 朝鮮 木版本, 국립중앙도서관(한古朝50-13).
• ≪舊唐書≫, 劉昫(後晉) 等 撰, 中華書局, 1975.
• ≪國語≫, 左丘明(周) 撰, 文淵閣四庫全書 제406책, 臺灣商務印書館, 1983~1986.
• ≪金史≫, 脫脫(元) 撰, 點校本二十四史修訂本, 中華書局, 2020.
• ≪南史≫, 李延壽(唐) 撰, 中華書局, 1975.
• ≪梁書≫, 姚思廉(唐) 撰, 點校本二十四史修訂本, 中華書局, 2020.
• ≪北史≫, 李延壽(唐) 撰, 中華書局, 1974.
• ≪北齊書≫, 李百藥(唐) 撰, 中華書局, 1972.
• ≪史記≫, 司馬遷(漢) 撰, 中華書局, 1959.
• ≪宋史≫, 脫脫(元) 等 撰, 中華書局, 1977.
• ≪宋書≫, 沈約(南朝 梁) 撰, 點校本二十四史修訂本, 中華書局, 2018.
• ≪水經注≫, 酈道元(北魏) 撰, 文淵閣四庫全書 제573책, 臺灣商務印書館, 1983~1986.
• ≪隋書≫, 魏徵(唐) 等 撰, 點校本二十四史修訂本, 中華書局, 2018.
• ≪新唐書≫, 歐陽脩(北宋)·宋祁(北宋) 等撰, 中華書局, 1975.
• ≪兩漢博聞≫, 楊侃(宋) 撰, 제461책, 臺灣商務印書館, 1983~1986.
• ≪御批歷代通鑑輯覽≫, 傅恒(淸) 等奉勅撰, 文淵閣四庫全書 제335~338책, 臺灣商務印書館, 1983~1986.
• ≪歷代史選≫, 李時善(朝鮮) 撰, 세종대왕기념사업회, 2016~2020.
• ≪遼史≫, 脫脫(元) 等 撰, 中華書局, 1974.

- ≪元史≫, 宋濂(明) 等 撰, 中華書局, 1976.
- ≪資治通鑑≫, 司馬光(北宋) 撰, 胡三省(元) 音註, 中華書局, 1956.
- ≪周書≫, 令狐德棻(唐) 等 撰, 中華書局, 1971.
- ≪晉書≫, 房玄齡(唐) 等 撰, 中華書局, 1974.
- ≪通志≫, 鄭樵(宋) 撰, 文淵閣四庫全書 제372~381책, 臺灣商務印書館, 1983~1986.
- ≪漢書≫, 班固(後漢) 撰, 中華書局, 1962.
- ≪後漢書≫, 范曄(南朝 宋) 撰, 中華書局, 1965.

〔子部〕

- ≪老子道德經≫, 王弼(魏) 注, 文淵閣四庫全書 제1055책, 臺灣商務印書館, 1983~1986.
- ≪論衡校注≫, 王充 撰, 張宗祥 校注, 上海古籍出版社, 2010.
- ≪說苑≫, 劉向(漢) 撰, 文淵閣四庫全書 제696책 子部2, 臺灣商務印書館, 1983~1986.
- ≪說苑≫, 劉向(漢) 撰, 文淵閣四庫全書 제696책, 臺灣商務印書館, 1983~1986.
- ≪世說新語≫, 劉義慶(南朝 宋) 撰, 文淵閣四庫全書 제1035책, 臺灣商務印書館, 1983~1986.
- ≪抱朴子≫, 葛洪(晉) 撰, 文淵閣四庫全書 제1059책, 臺灣商務印書館, 1983~1986.

〔字典類〕

- 戴逸 主編, ≪二十六史大辭典≫, 吉林人民出版社, 1993.
- 山腰敏寬, ≪中國歷史公文書讀解辭典≫, 汲古書院, 2004.
- 山根幸夫, ≪新編明代史研究文獻目錄≫, 汲古書院, 1993.
- 施丁・沈志華 共譯, ≪資治通鑑大辭典≫ 上・下, 吉林人民出版社, 1994.
- 呂宗力 主編, ≪中國歷代官制大辭典≫, 北京出版社, 1994.
- 日中民族科學研究所 編, ≪中國歷代職官辭典≫, 國書刊行會, 1980.
- 中國大百科全書總編輯委員會 編, ≪中國大百科全書≫, 中國大百科全書出版社, 2009.
- 中國歷史大辭典編纂委員會 編, ≪中國歷史大辭典≫, 上海辭書出版社, 2000.
- 陳振江, ≪二十六史典故辭典≫ 上・下, 天津人民出版社, 1994.
- 倉修良 主編, ≪史記辭典≫, 山東教育出版社, 1991.
- ――――――, ≪漢書辭典≫, 山東教育出版社, 1996.
- 貝塚茂樹 等 編, ≪アジア歷史事典≫, 平凡社, 1952~1962.

- Endymion Wilkinson, *Chinese History : A Manual*(中國歷史手冊), Harvard-Yenching Institute Monograph Series, 1998.
- L.C.Goodrich & C.Y.Fang, *Dictionary of Ming Biography*(明代名人傳), Columbia Univ. Press, 1976.
- T. Farmer & Ann Walter, *Ming history. An Introductory Guide to Research*, Minnesota Univ. Press, 1994.
- W. Franke, *An Introduction to the Sources of Ming History*(明代史籍彙考), Malaya Univ. Press, 1968.

◇ 硏究論著 및 飜譯書

〔韓國〕

- 權重達, ≪資治通鑑≫ 1~32, 삼화, 2007~2010.
- ———, ≪續資治通鑑≫ 1~14, 삼화, 2018~2020.
- 김문식, 〈조선시대 중국 서적의 수입과 간행〉, ≪규장각≫ 29, 2006.
- 사회과학원, ≪조선전사≫, 과학백과사전출판사, 1979~1982.
- 成百曉 譯註, ≪譯註 通鑑節要≫, 傳統文化硏究會, 2005~2011.
- 辛承云 等 譯註, ≪譯註 思政殿訓義 資治通鑑綱目≫, 傳統文化硏究會, 2011~2021.
- 이근명 譯, ≪宋名臣言行錄≫ 1~4, 소명출판사, 2019.
- 鄭景姬, 〈英祖後半期(1749~1776) 經筵과 英祖의 義理論 강화〉, ≪歷史學報≫ 162, 1999.
- 趙啓榮, 〈조선시대 ≪歷代君鑑≫·≪歷代臣鑑≫의 수용 양상과 특징〉, ≪규장각≫ 38, 2011.

〔日本〕

- 氣賀澤保規, ≪中國の歷史 6 -絢爛たる世界帝國：隋唐時代-≫, 講談社, 2005.
- 杉山正明, ≪中國の歷史 8 -疾驅する草原の征服者：遼・西夏・金・元≫, 講談社, 2005.
- 上田信, ≪中國の歷史 9 -海と帝國：明淸時代-≫, 講談社, 2005.
- 小島毅, ≪中國の歷史 7 -中國思想と宗教の奔流：宋朝-≫, 講談社, 2005.
- 川本芳昭, ≪中國の歷史 5 -中華の崩壞と擴大：魏晉南北朝-≫, 講談社, 2005
- 鶴間和幸, ≪中國の歷史 3 -ファーストエンペラーの遺産：秦漢帝國-≫, 講談社, 2004.

〔中國・臺灣〕

- 張大可 等 注譯, ≪新譯資治通鑑≫, 三民書局, 2017.
- 吳榮曾 等 注譯, ≪新譯漢書≫, 三民書局, 2013.
- 魏連科 等 注譯, ≪新譯後漢書≫, 三民書局, 2013.
- 韓兆琦 注譯, ≪新譯史記≫, 三民書局, 2008.
- 許嘉璐 主編, ≪二十四史全譯≫, 漢語大詞典出版社, 2004.

〔英美〕

- Denis Twitchett, John K. Fairbank (eds.), *The Cambridge history of China, Vol. 1~8,* Cambridge Univ. Press, 1978~2016.

◇ 데이터베이스(DB) 자료

- 한국고전종합DB(http://db.itkc.or.kr)
- 동양고전종합DB(http://db.cyberseodang.or.kr)
- 상우천고(http://www.s-sangwoo.kr)
- 電子版 文淵閣四庫全書, 上海古籍出版社.

2. ≪歷代君鑑 4≫ 參考圖版 目錄

3. ≪歷代君鑑≫ 總目次

※ 總目次는 QR코드를 통해 스마트 기기로만 이용 가능

總目次

4. ≪歷代君鑑≫ 解 題

※ 解題는 QR코드를 통해 스마트 기기로만 이용 가능

解 題

責任飜譯

洪起殷

復齋 奉奇鍾 先生과 松潭 李栢淳 先生 師事
民族文化推進會 國譯硏修院 및 常任硏究院 卒業
朝鮮大學校 史學科 卒業
成均館大學校 大學院 史學科 碩士課程 卒業
高麗大學校 大學院 古典飜譯協同科程 博士科程 修了
韓國古典飜譯院 責任硏究員(現)

論文 및 譯書
〈日省錄의 毁損과 그 復元에 관한 연구〉
譯書 《檢身錄》 《明齋遺稿》 《鹿門遺稿》
共譯 《葛庵集》 《記言》 《大山集》 《樊巖集》 《政經·牧民心鑑》
《星湖全集》 《日省錄》 《承政院日記》 등 多數

共同飜譯

全百燦

慶山大學校(現 大邱韓醫大學校) 漢文學科 卒業
啓明大學校 大學院 漢文學科 碩士課程 卒業
慶北大學校 大學院 漢文學科 博士課程 修了
韓國古典飜譯院 先任硏究員(現)

論文 및 譯書
〈泰齊 柳方善의 詩世界〉
〈松穆館 李彦瑱의 작가의식〉〈鄭齊斗 경학의 철학적 기저〉
譯書 《竹巖日記》
共譯 《日省錄》 《星湖全集》 《竹石館遺集》 《政經·牧民心鑑》
《滄溪集》 《誠菴文集》 《謙齋文集》 등 多數

東洋古典譯註叢書 129

譯註 歷代君鑑 4 38,000원

2021년 12월 31일 초판 발행
2022년 04월 30일 초판 2쇄

企劃編輯 東洋古典飜譯編輯委員會
撰　者 明 代宗
責任飜譯 洪起殷
共同飜譯 全百燦
索　引 全百燦
常任原文校閱 吳圭根
飜譯研究管理 南賢熙
潤　文 朴勝珠
校　訂 李孝宰
裝　幀 김진디자인

發 行 人 朴洪植
發 行 處 社團法人 傳統文化研究會
등록 : 1989. 7. 3. 제1-936호
서울시 종로구 삼일대로 428 낙원빌딩 411호
전화 : (02)762-8401 전송 : (02)747-0083
전자우편 : juntong@juntong.or.kr
홈페이지 : juntong.or.kr
사이버書堂 : cyberseodang.or.kr
온라인서점 : book.cyberseodang.or.kr

인쇄처 : 한국법령정보주식회사(02-462-3860)
총　판 : 한국출판협동조합(070-7119-1750)

ISBN 979-11-5794-500-9 94910
978-89-85395-71-7 (세트)

※ 이 책은 2021년도 교육부 고전문헌 국역지원사업 지원비에 의해 초판(비매품) 간행.